Berno Hoffmann
Das sozialisierte Geschlecht

Fragen der Gesellschaft

Berno Hoffmann

Das sozialisierte Geschlecht

Zur Theorie
der Geschlechtersozialisation

Leske + Budrich, Opladen 1997

Die Deutsche Bibliothek – CIP-Einheitsaufnahme

Hoffmann, Berno

Das sozialisierte Geschlecht : Zur Theorie der Geschlechtersozialisation / Berno Hoffmann. –
Opladen : Leske und Budrich, 1997
   (Fragen der Gesellschaft)
   ISBN 3-8100-1664-0

Druck: Druck Partner Rübelmann, Hemsbach
Printed in Germany

Inhalt

Einleitung

Die Frage nach dem Unterschied zwischen Mann und Frau und seinen Ursachen muß neu beantwortet werden. Die gegebenen Beschreibungen des Geschlechtsunterschiedes machen wütend, das gesellschaftliche Männlichkeits- und Weiblichkeitsbildes ist ein Ärgernis; es spottet jedweder Lebenserfahrung und ist ohne empirische Evidenz und Relevanz. Ziel der Untersuchung ist daher, eine kritische Theorie der geschlechtsspezifischen Sozialisation zu entwickeln und das falsche Geschlechterbewußtsein abzuschaffen. Der gesellschaftliche Umgang mit der Geschlechterfrage ist zu verändern und die Geschlechterpädagogik über die gesellschaftlichen Voraussetzungen der Geschlechtererziehung aufzuklären. Mit mehr Bescheidenheit formuliert: Ich möchte versuchen, unsere Annahme über den sozialisierten Geschlechtsunterschied zu verbessern, weil unser Wissen darüber, wie Männer und Frauen werden, nicht ausreicht. Es ist dringend geboten, die Suche nach dem Unterschied zwischen den Geschlechtern zu intensivieren und geschlechtsspezifische Sozialisation zu einem zentralen Forschungsgegenstand zu machen; damit die Demokratisierung des Geschlechterverhältnisses voranschreitet und illegitime Fremdbestimmung bei der alltäglichen Artikulation von Männlichkeit und Weiblichkeit vermindert wird.

Wer seine Unzufriedenheit mit der geschlechtsspezifischen Sozialisationsforschung artikuliert, hält sich zur Zeit in guter Gesellschaft auf und kann sich allgemeiner Zustimmung sicher sein. Indes löst Verwunderung aus, wenn man die Bestimmung des Unterschiedes zwischen den Geschlechtern zum Forschungsprogramm macht. Die Meinungsführerschaft haben nämlich diejenigen übernommen, die das Ende der geschlechtsspezifischen Sozialisationsforschung verkünden. Beispielhaft sei Yvonne Schütze zitiert, die unter der programmatischen Überschrift „Geschlechtsrollen. Zum tendenziellen Fall eines Deutungsmusters" den aktuellen Stand geschlechtsspezifischer Sozialisationsforschung reflektiert und die These vertritt, „daß sich die Begriffe der Geschlechtsrolle und der Geschlechtsrollenidentifikation gegenwärtig in einer Art Rollenkrise befinden, die die Sozialisationsforschung vor die Frage stellt, was diese Begriffe überhaupt noch zum Konzept der Persönlichkeitsentwicklung beitragen" (Schütze, 1993, S. 551). Radikaler argumentiert Helga Bilden, immerhin seit 1980 Repräsentantin der geschlechtsspezifischen Sozialisationsforschung in der Bundesrepublik Deutschland. Während sie noch 1980 im ersten Handbuch der Sozialisationsforschung engagiert die Notwendigkeit geschlechtsspezifischer Sozialisationsforschung begründet, eröffnet sie 1991 ihren Aufsatz „Geschlechtsspezifische Sozialisation" im Neuen Handbuch der Sozialisationsforschung mit dem Eingeständnis: „Ich habe Schwierigkeiten, noch einmal einen Artikel über „geschlechtsspezifische Sozialisation" zu schreiben" (Bilden, 1991, S. 279). Diese rühren daher, „daß die Frage nach geschlechtsspezifischer Sozialisation bedeutet, nach geschlechtsdifferenzierenden „typischen" Sozialisationsbedingungen und nach Geschlechtsunterschieden im Verhalten, Denken, Fühlen zu fragen. Solche Fragen laufen fast zwangsläufig auf die Konstruktion eines männlichen und eines weiblichen Sozialcharakters hinaus. Damit aber vollziehen wir die polarisierende gesellschaftliche Konstruktion der zwei Geschlechter einfach nach und *reproduzieren den schemantisierenden Dualismus von männlich-weiblich. (...) Das gefiel mir noch vor 5 Jahren*" (ebd.); jetzt hält sie dies für „arg polarisierend" (ebd.). Man meint, die Frage, wie Männer und wie Frauen sind und wie sie geworden sind, könne nicht beantwortet werden; denn die Frage ist falsch gestellt. Die Annahme, die Geschlechter unterschieden sich, sei unhaltbar; sich auf die Suche nach dem Geschlechtsunterschied zu begeben, hieße, einem Hirngespinst nachzujagen respektive - wissenschaftlich ausgedrückt - eine soziale Konstruktion für wirklich zu nehmen: wir bildeten uns nur ein, daß Jungen und Mädchen sowie Frauen und Männer unterschiedlich seien: Zu rechtfertigen ist, warum die Suche nach dem Unterschied zwischen den Geschlechtern sowie seinen Ursachen eine sinnvolle Forschungsaufgabe ist.

Ein methodologisches Argument reichte, um die Legitimität von geschlechtsspezifischer Sozialisationsforschung darzulegen, ohne selbst eine intensive Kritik des postmodernen Konstruktivismus leisten zu müssen, nämlich: Ein *nur scheinbar triviales* Merkmal aller Problemlösungsprozesse ist, „daß Probleme stets die Problematisierung von bestimmten *Sachverhalten* sind, deren Existenz und allgemeine Beschaffenheit man schon *voraussetzt*, sobald man ein Problem hat" (Herrmann, 1984, S. 23f.). Geschlechtsspezifische Sozialisation kann nur erforscht werden, wenn angenommen ist: Es gibt geschlechtsspezifische Sozialisation, es gibt Männer und Frauen, sie werden zu Männern und Frauen, und man weiß über diesen Prozeß nicht genügend. Das Forschungsprogramm zur geschlechtsspezifischen Sozialisation ist demnach wie andere institutionalisierte Forschungsprogramme durch programmspezifische invariante Kernannahmen charakterisiert. Diese Kernannahmen kann man negieren, problematisieren und kritisieren. Indessen kann dies nicht innerhalb eines spezifischen Forschungsprogramms geleistet werden, weil durch die Kritik das Forschungsproblem verdrängt wird. Konzentriert man sich auf die Kritik, hat man ein anderes Problem, auf keinen Fall jenes, welches das Forschungsprogramm konstituiert, das man kritisiert. Wer nicht annehmen möchte, daß es geschlechtsspezifische Sozialisation gibt, wird nicht geschlechtsspezifische Sozialisationsforschung praktizieren. Die Frage, ob die Antithese besser als die These begründet ist, kann wiederum ein neues Forschungsprogramm konstituieren, zum Beispiel die Anti-Geschlechtersozialisationsforschung. Man kann indes keinen Wissenschaftler zwingen, ein bestimmtes Problem zu haben oder nicht zu haben. Mein Problem ist die geschlechtsspezifische Sozialisation, und ich hoffe, im Forschungsgang demonstrieren zu können, daß es geschlechtsspezifische Sozialisation gibt und daß das Plädoyer für Anti-Geschlechtersozialisationsforschung auf unzureichenden Argumenten beruht: Fruchtbar ist weiterhin, das Erkenntisprogramm der geschlechtsspezifischen Sozialisationsforschung zu verfolgen, namentlich die psychische Mann- und Frauwerdung aufzuklären.

Die Aufgabe ist gestellt, geschlechtsspezifische Sozialisationsforschung zu tradieren und das „Wesen" der Geschlechter freizulegen, und zwar jenseits der klischeehaften Bipolarisierung (die z. B. Bilden zu recht bemängelt) und jenseits einer individualisierenden Bestimmung (die z. B. Bilden fälschlicherweise vornimmt), bei der das Geschlecht verschwindet. Dies kann nur gelingen durch weitere theoretische und empirische Arbeit an dem Forschungsprogramm der geschlechtsspezifischen Sozialisationsforschung. Anders gesprochen: Die geschlechtliche Differenzierung ist offenkundig. Männer und Frauen werden auseinandergehalten, der Unterschied wird kulturell ins Bewußtsein gesetzt und ist in Geltung. Dies muß im Sinne des Begriffs jedoch nicht dazu führen, daß man von einem anthropologisch fixierten Wesen der Geschlechter ausgeht, in eine Metaphysik der Geschlechter verfällt oder ideale Männlichkeit und Weiblichkeit konstruiert (vgl. Tyrell, 1986, S. 452f.). Eine sozialisationstheoretische gehaltvolle Bestimmung des Niederschlags der gesellschaftlichen Geschlechterdifferenzierung in ihrer vielfältigen Ausprägung in der menschlichen Psyche, die dadurch zu einer geschlechtlichen Psyche wird, bleibt möglich. Die These zu vertreten, männliche und weibliche Menschen unterschieden sich nicht, bedeutet, das Kind mit dem Bad auszuschütten. Sicher, man kann die radikal klingende These vertreten, die Zweigeschlechtlichkeit sei ein soziales Konstrukt ohne materiale Basis, und einem radikalen sozialen Konstruktivismus frönen sowie den gesamten Geschlechterdiskurs für eine Fata Morgana halten. Aber diese sogenannten sozialen Konstrukte sind handlungsleitend und führen zum geschlechtersozialisierten Subjekt, stellen eine gesellschaftliche Bedingung geschlechtsspezifischer Sozialisation dar. Und in diesem Sinne ist ein Teil unserer Geschlechterwirklichkeit sozial konstruiert. Zu behaupten, alles sei konstruiert, hilft nicht weiter. Die Tatsache, daß Menschen ohne technische Hilfsmittel nicht fliegen können, ist auch nicht dadurch aus der Welt zu schaffen, daß ich oder jemand anders sagt: Alles Quatsch, wir können fliegen. Oder mit Marx und Engels formuliert: „Ein wackrer Mann bildete sich einmal ein, die Menschen ertränken nur im Wasser, weil sie vom Gedanken der Schwere besessen wären. Schlügen sie sich diese Vorstellungen aus dem Kopfe, etwa indem sie dieselbe für eine abergläubige, für eine religiöse Vorstellung erklärten, so seien sie über alle Wassergefahr erhaben. Sein Leben lang bekämpfte er die Illusion der Schwere, von deren schädlichen Folgen jede Statistik ihm neue und zahlreiche Beweise lieferte. Der wackre Mann war der Typus der neuen deutschen revolutionären Philosophen" (Marx/Engels, 1958, S. 13f.), ein Typus, der heute als Geschlechterforscher durchs Land zieht und an der Bezweiflung zu verzweifeln scheint. Kurz, es scheint nicht erforderlich zu sein, auf den Begriff geschlechtsspezifische Sozialisation zu verzichten; unser Wissen über das empirische Korrelativ ist zu verbessern. Der Glaube an die Notwendigkeit geschlechtsspezifischer Sozialisationsforschung ist nicht nur methodologisch legitimiert, sondern wird auch durch die Beschaffenheit der Realität provoziert.

Meine methodologische Argumentation sei in die den Forschungsgang strukturierende zweidimensionale These überführt: Die Genese der Anti-Geschlechtersozialisationsforschung beziehungsweise die Unzufriedenheit mit den Ergebnissen geschlechtsspezifischer Sozialisationsforschung wird durch zwei ungelöste Forschungsprobleme provoziert; vor diesen kapituliert die Anti-Geschlechtersozialisationsforschung: Zum einen fehlt uns ein explizierter Begriff der Geschlechtersozialisation respektive des sozialisierten Geschlechts; sein Fehlen wird nicht einmal bemerkt[1]; man stochert im Nebel, geschlechtsspezifische Sozialisationsforschung ist Forschung ohne Gegenstand. Zum anderen ist von der geschlechtsspezifischen Sozialisationforschung die Auswirkung des Wandels der Lebensverhältnisse und des Geschlechterverhältnisses auf die Geschlechtersozialisation nicht verarbeitet worden. Dies verwundert nunmehr wenig, setzt doch die Bestimmung der Auswirkung die Existenz eines Gegenstandes voraus, der einer Wirkung ausgesetzt ist.

Zwei Probleme sind zu bewältigen, um das ärgerliche Männlichkeits- und Weiblichkeitsbild aus der Welt zu schaffen: Erstens die Explikation des Begriffs der Geschlechtersozialisation respektive des sozialisierten Geschlechts, und zweitens darauf aufbauend die Beschreibung der neuen Geschlechtersozialisation. Mit anderen Worten: Es ist nötig, den Ausgangs- und Reibungspunkt geschlechtsspezifischer Sozialisationsforschung zu explizieren. Diese Aufgabe ist zu bewältigen, bevor ein neuer theoretischer Ansatz auf dem Markt der Wissenschaften angeboten wird. Die Krise der geschlechtsspezifischen Sozialisationsforschung ist nicht durch einen neuen theoretischen Ansatz überwindbar, sondern nur dadurch, daß das zu lösende Problem neu bestimmt wird. Eine Theorie ohne Problem ist so überflüssig wie ein Kropf

---

[1]   Die fehlende Definition zentraler Begriffe kommt in der Wissenschaft häufiger vor. Ralf Dahrendorf (1957) machte zum Beispiel darauf aufmerksam, daß Marx nie den Begriff der Klasse definiert hat. Geulen (1989) weist nach, daß der Sozialisationsbegriff nicht bestimmt ist.

(Popper, 1993, S. 105). Ist das Problem nicht bekannt, ist es zu bestimmen. Demnach stellt sich die Frage, welches der Gegenstand der zu erarbeitenden Theorie ist, systematisch vor der Arbeit an der Theorie. Ist unklar, welches der Gegenstand der Theorieentwicklung ist, herrscht demnach ein diffuses Spannungsgefühl vor, hat die Arbeit an der Theorie mit der hinreichend exakten Ausarbeitung und Definition des zu lösenden Problems zu beginnen, mit der Entwicklung einer Metatheorie nämlich (vgl. Geulen, 1989, S. 43f.). Die Modifikation des Definiendum, die Präzisierung des als geschlechtsspezifische Sozialisation bezeichneten ist zu leisten. Schließlich können von einer Wissenschaft empirische Tatsachen erst in systematische Satzsysteme gebracht werden, wenn ein Begriff existiert, durch den die zu beobachtenden empirischen Phänomene überhaupt erst zu solchen werden. Das begriffliche Instrumentarium, mit dem die Realität festgehalten werden soll, kann prinzipiell nicht ausschließlich aus bereits vorliegenden Ergebnissen empirischer Forschung generiert werden. Vielmehr handelt es sich um eine dialektische Bewegung, bei der die Arbeit am Begriff der empirischen Forschung einerseits vorausgeht, andererseits die empirische Forschung der bestehenden Begrifflichkeit nachfolgt, um zu testen, ob dieses begriffliche Instrumentarium der zu erfassenden Wirklichkeit adäquat genug ist (auch Bortz, 1989, S. 3; ähnlich Geulen, 1989, S. 15f.).

Es geht darum, in Auseinandersetzung mit dem theoretischen und empirischen Stand der geschlechtsspezifischen Sozialisationsforschung eine Begrifflichkeit zu entwickeln, durch die eine geschlechtsspezifische Sozialisationsforschung das „sozialisierte Wesen" der Geschlechter freilegen kann. Hierbei heißt Explikation eines Begriffes nicht Erfindung neuer Worte oder Namen. Begriffe sind Namen zur Bezeichnung von explizierten Inhalten. Ohne explizierten Inhalt sind Begriffe das Papier nicht Wert, auf das sie geschrieben werden. Man könnte anstelle von geschlechtsspezifischer Sozialisation auch von x sprechen, wenn man deutlich macht, daß x gleichbedeutend mit der Wortkombination geschlechtsspezifische Sozialisation, Geschlechtersozialisation, Geschlechtertypisierung, sex-typing, Genese von Geschlechtsidentität usw. usw. ist. Es ist weniger entscheidend, wie etwas, sondern was bezeichnet wird. Denn man kann „beliebigen Ausdrücken beliebige Bedeutungen" zuschreiben (Opp, 1970, S. 135) - so weit man die semantischen Regeln beherrscht, weil bei der Begriffsbildung bestimmten Phänomenen der Realität, oder was man dafür hält, bestimmte Wörter beziehungsweise Designata zugeordnet werden (a. a. O., S. 89). Ein Wort, dem Designata mittels spezifischer semantischer Regeln respektive Korrespondenzregeln zugeordnet worden sind, heißt Begriff (a. a. O., S. 90). Eine begriffliche Debatte ist nicht mit einem überflüssigen Namensstreit zu verwechseln (vgl. auch Albert, 1993b, S. 208f.).

Meine methodische Annahme: Der Begriff Geschlechtersozialisation ist zu gewinnen durch eine historisch-systematische Aufbereitung des Forschungsstandes im Bereich der geschlechtsspezifischen Sozialisationsforschung und angrenzender Wissensgebiete mit der Methode der dialektisch-hermeneutischen Selbstexplikation des Bewußtseins. Die Explikation ist mit der Frage durchzuführen, welches Modell der Geschlechtersozialisation überzeugend beschreibt, wie Männer und Frauen werden.

Die Verarbeitung des bestehenden Wissens zur psychischen Mann- und Frauwerdung beginnt mit der Darstellung der Explikationsversuche geschlechtsspezifischer Sozialisation, welche die Debatte bis zum Ende der achtziger Jahre dieses Jahrhunderts beherrscht haben. Diese Bestimmungen psychischer Mann- und Frauwerdung werden hier mit Bezug auf den aktuellen Diskurs innerhalb der geschlechtsspezifischen Sozialisationsforschung als „bipolare Geschlechtersozialisation" bezeichnet und als ein Idealtypus aufgefaßt. Im zweiten Kapitel wird gleichfalls Bezug genommen auf den aktuellen und dominanten sozialwissenschaftlichen Diskurs zur geschlechtsspezifischen Sozialisation. Dieser Diskurs wird mit dem Idealtypus „biplurale Geschlechtersozialisation" begrifflich gebündelt und entsprechend seinem Inhalt aus- und weitergeführt. Dieser Typus stellt gewissermaßen die aktuelle und sich zumindest innerhalb der geschlechtsspezifischen Sozialisationsforschung langsam verbreitende Antithese zum Modell „bipolarer Geschlechtersozialisation" dar. Es wird gleichsam geprüft, ob dieses Modell hält, was es vom Programm her verspricht, nämlich eine theoretisch überzeugende Antwort auf die Menschheitsfrage nach dem „Wesen der Geschlechter" zu geben und damit die Schwächen des Modells „bipolarer Geschlechtersozialisation" aufzuheben. Die Gegenthese zu diesem mit dem Modell „biplurale Geschlechtersozialisation" verbundenen Anspruch lautet, daß eben dieser Anspruch deshalb nicht erfüllt werden kann, weil das Modell „bipluraler Geschlechtersozialisation" die Fehler der Vorgängerin „bipolarer Geschlechtersozialisation" nur mit anderen Vorzeichen wiederholt: die zentrale forschungsleitende Kategorie Geschlecht zu reifizieren (Preuss-Lausitz, 1991a, S. 6) und diese eben nicht auf der Basis einer subjekttheoretischen Sozialisationstheorie zu explizieren, wie sie von Geulen (1989) erarbeitet worden ist (Preuss-Lausitz, 1991a, S. 7), mithin eine geschlechtliche Sozialisationstheorie auf der Basis einer subjekt-theoretisch Sozialisationstheorie zu bauen (Kapitel 3). Wird nicht fälschlischerweise der Geschlechtsunterschied mit Blick auf das andere Geschlecht und nicht mit Blick auf das Menschliche zu bestimmen versucht wird? Wird der Sozialisationsbegriff nicht als Leerformel anstatt als begriffliches Konzept verwendet? Kurzum, zu erarbeiten ist die Kategorie der subjekttheoretischen Geschlechtersozialisation, eine neue Metatheorie der Geschlechtersozialisation. Diese ermöglicht, den Wandel der Geschlechtersozialisation auszuarbeiten und eine Theorie der Geschlechtersozialisation zu skizzieren. Die Frage lautet, ob die feministische Generation durch die Berufsstruktur reprimiert wird und wie sie diese Situation verarbeitet (Kapitel 4). Infolge der differenzierten Beantwortung dieser Frage, sprich: einer sensiblen Wahrnehmung der äußeren Realität psychischer Mann- und Frauwerdung und der Formulierung von Hypothesen zur Verarbeitung dieser Realität eröffnen sich nicht nur neue geschlechterpolitisch und -pädagogische, sondern auch forschungspraktische Perspektiven.

Ich möchte mich bei allen bedanken, die mich bei der Herstellung dieses Buches unterstützt haben, vor allem jedoch bei Ulf Preuss-Lausitz und Dieter Geulen, die mich - der Kritik der Hochschullehre trotzend - vorbildlich bei der Ausarbeitung meiner Dissertation, auf der das vorliegende und erheblich gekürzte Buch basiert, betreut haben. Auch Fred Mengering sei namentlich erwähnt, nicht nur, weil er meine Einsicht in die quantitative empirische Sozialforschung verbesserte, sondern auch wegen seiner Bereitschaft, meine Probleme mit dem wissenschaftlichen Arbeiten zu seinen zu machen. Meinem Vater Gerhard Hoffmann sei für sein unermüdliches Korrekturlesen, seine vielen stilistischen Ratschlägen und die finanzielle Unterstützung gedankt. Ferner möchte ich meiner Familie, insbesondere meiner Frau Andrea, dafür danken, daß ich in Ruhe, soweit das bei zwei Kleinkindern möglich ist, Wissen schaffen konnte. Schließlich sei noch der TU Berlin gedankt, die mir ein Promotionsstipendium gewährte und damit den Rahmen herstellte, in dem ein wesentlicher Teil des Buches zustande kam.

Berlin, Juni 1996   Berno Hoffmann

1. Modelle bipolarer Geschlechtersozialisation: Vom Verschwinden des Menschen

Die lange Zeit vorherrschende Antwort auf die Frage, wie Männer und wie Frauen zu denen werden, die sie sind, lautet: sie werden zu zwei unterschiedlichen Persönlichkeiten, und dieser Persönlichkeitsunterschied hat seine Geschichte; dies ist für Vertreter des Modells bipolarer Geschlechtersozialisation unstrittig. Hingegen wird die Frage ausgesprochen kontrovers diskutiert, wie es zu diesem Unterschied kommt, wobei wiederum nicht bestritten wird, daß Männer und Frauen *werden*. Die Erklärungsansätze zur Genese des Geschlechtsunterschieds, zur psychischen Männlichkeit und Weiblichkeit, können vom Schwerpunkt ihrer Argumentationskerne grundsätzlich in eine anthropologisch und eine sozialisationstheoretische Variante unterteilt werden. Die sozialisationstheoretische Sichtweise kann in eine affirmative und eine kritische Variante geschieden werden. Innerhalb der jeweiligen Ansätze gibt es diverse psychologische Bezugspunkte.

1.1 Biologistische Varianten

Es steht, in Anlehnung an die wissenschaftshistorische Abfolge, zuerst das tendenziell biologisierende Modell „bipolarer Geschlechtersozialisation" im Mittelpunkt der Betrachtung. Dieses beherrscht bis in die siebziger Jahre das alltägliche und wissenschaftliche Denken weitgehend (vgl. Keupp, 1989, S. 11; Tillmann, 1989, S 42-54), und zwar mit der Annahme: Der biologische Unterschied, wie er in den primären Geschlechtsmerkmalen sichtbar wird, determiniert maßgeblich die soziale und psychische Differenzierung zwischen Mann und Frau. Man kann auch sagen, die soziale und psychische Geschlechterdifferenzierung, das heißt die normative Zuweisung geschlechtstypischer Verhaltensweisen wie die geschlechtsspezifischen Arbeitsteilung, besäße, folgt man dieser Argumentation, anthropologische Funktionalität (vgl. Geulen, 1989, S. 45-52). Es gäbe eine optimale Passung zwischen geschlechtsspezifischer Psyche und geschlechtsspezifischer Gesellschaft. Weil die menschliche Biologie geschlechtsspezifisch ist, sei die menschliche Psyche gleichfalls geschlechtsspezifisch, und deshalb wäre die soziale Umwelt auch geschlechtsspezifisch. Etwas anderes wäre eine Verschwendung menschlicher Ressourcen und bedrohte die Reproduktion der Gattung in biologischer und ökonomischer Hinsicht.

Die biologisierend-bipolare Sichtweise auf das Phänomen Geschlechtersozialisation in dem weiten Sinn des Begriffs Geschlechtersozialisation, der das gesamte Nachdenken über den Unterschied zwischen Mann und Frau, seine Ausprägung, Ursache, Bedeutung und Auswirkung umfaßt, läßt sich bis zu den Anfängen des abendländischen Kulturkreises zurückverfolgen (vgl. z. B. Badinter 1991; French 1988; Janssen-Jurreit 1987). Demnach hat es eine lange Tradition, Geschlechtersozialisation in biologisierend-bipolarer Perspektive zu beschreiben, zumindest für den weiten Begriff von Geschlechtersozialisation, der all die Konzepte vereinigt, die sich um die Frage der Auswirkung der Tatsache von zwei Geschlechtern drehen.

Den historischen Ursprung und die inhaltliche Ausprägung der biologisierenden Variante, der für die Moderne relevant ist, hat Karin Hausen bereits 1978 (S. 161-191) grundlegend herausgearbeitet. In den uns so vertrauten und mittlerweile sogenannten Geschlechtsstereotypen wird die Theorie der Geschlechter des 18. und 19. Jahrhunderts popularisiert (Bilden, 1991, S. 292f.). Diese Denkungsart spielt heute in den Sozialwissenschaften keine Rolle mehr; daran wird auch der Ansatz einer sogenannten kritischen Männerforschung nichts ändern können, der das Elend unserer Welt in der männlichen Anthropologie verortet (vgl. Hoffmann 1996).

Bei der sogenannten bürgerlichen Theorie der Geschlechter, der streng genommen mehr der Charakter einer „bürgerliche(n) Geschlechtermetaphysik" (Tyrell, 1986, S. 466) zukommt, handelt es sich um ein „Gemisch aus Biologie, Bestimmung und Wesen" (Hausen, 1978, S. 161). Die zentralen Merkmale beim Mann sind Aktivität und Rationalität, bei der Frau Emotionalität und Passivität. Vervollständigt wird die Bestimmung des männlichen und des weiblichen Wesens durch eine große Zahl entsprechender Zusatzmerkmale, die um die genannten Grundbegriffe kreisen, zu ihnen nicht im Widerspruch stehen und die wir heute allesamt als Geschlechtsrollenstereotype bezeichnen (Bilden, 1991, S. 292f.). Dieses männliche Geschlechtsrollenstereotyp kreist um die Begriffe Kompetenz und Leistungsfähigkeit: „Aktivität, Wettbewerbsorientiertheit, Ehrgeiz, Entscheidungsfähigkeit, Abenteuerlust, Führungsqualitäten, Selbstbewußtsein, Unabhängigkeit, Geschäftstüchtigkeit, Objektivität, logisches Denken. Das weibliche Stereotyp ist durch relative Abwesenheit dieser Eigenschaften gekennzeichnet ..." (Schenk, 1979, S. 110). Dies haben unzählige repräsentative empirische Untersuchungen an Erwachsenenstichproben nachweisen können (vgl. Bierhoff-Alfermann 1989). Allerdings gilt zu berücksichtigen: Was als Wissen über die kulturelle Geschlechtsstereotypisierung bezeichnet und gemessen wird, ist nicht mit der normativen Akzeptanz der Männlichkeits- und Weiblichkeitsstereotype gleichzusetzen. Es ist zwischen Geschlechtsrollenstereotypen und subjektiven Geschlechtsrollennormen beziehungsweise Geschlechtsrollenkonzepten zu unterscheiden. Diese Kategorie kann mit der alltagstheoretischen Beantwortung der Frage übersetzt werden, wie Männer und wie Frauen sind. Die mit den drei Kategorien bezeichneten Inhalte korrelieren statistisch im übrigen nicht miteinander. Es hat bis in die späten siebziger Jahre dieses Jahrhunderts gedauert, bis sich die sozialwissenschaftliche Forschung zu dieser begrifflichen Trennung durchringen konnte (vgl. Krampen, 1979, S. 255; Trautner, 1991, S. 345).

Bei dieser Theorie der Geschlechter, die ich für einen sozialisationstheoretischen Ansatz halte, weil mit ihr auch eine Antwort auf die Genese von Geschlechtsidentität respektive psychischer Männlichkeit und Weiblichkeit gegeben worden ist, wenn auch nur eine biologisierende, handelt es sich um ein Kontrastprogramm, das auf der Annahme beruht: Der „Mann (ist; B. H.) für den öffentlichen, die Frau für den häuslichen Bereich" (Hausen, 1978, S. 161) bestimmt, weil dieses ihrem Wesen entspräche. Das Neue an dieser Theorie psychischer Mann- und Frauwerdung ist das gewählte Bezugssystem. Es wird im Unterschied zur Theoriebildung, die bis zum Beginn des abendländischen Kulturkreises zurückreicht, „ein partikulares durch ein universales Zuordnungssystem ersetzt, statt des Hausvaters und der Hausmutter wird jetzt das gesamte männliche und weibliche Geschlecht, statt der aus dem Hausstand abgeleiteten Pflichten werden jetzt allgemeine Eigenschaften der Person angesprochen" (a. a. O., S. 163). Dieses komplementäre Kontrastprogramm gilt seinen Verfechtern und Begründern als Ausdruck der vollendeten Aufklärung und Harmonie der Menschheit (a. a. O., S. 166). Die Poeten, Literaten und Philosophen des siebzehnten und achtzehnten Jahrhunderts malen diese Harmonie in vielen schönen Worten aus (vgl. Beck-Gernsheim 1990a, b). Es steht in einem engen Zusammenhang mit der Herausbildung der kapitalistischen Industriegesellschaft und ihrer strikten Trennung von Erwerbs- und Familienleben (Hausen 1978), wodurch die Produktionsweise des „ganzen Hauses" abgelöst wird (vgl. auch Bock/Duden 1977). Eine Zitation der bedeutenden Philosophen mag dieses geschlechtertheoretische Modell veranschaulichen. Begonnen sei mit Immanuel Kant, der in der Abhandlung „Beobachtungen über das Gefühl des Schönen und Erhabenen" (1764) einen ersten Beitrag zur philosophischen Einordnung von Mann und Frau leistet, und zwar im Sinne der Aufklärung. In seiner Deutung des Wesens der Geschlechter stößt man zwar auf eine Reihe an Argumentationsfiguren, welche die gesamte Geschichte des Abendlandes begleiten, wie zum Beispiel die Gleichsetzung von Frau und Natur sowie Mann und Geist. Aber bei dieser Bestimmung verzichtet er vollständig auf die Behauptung einer gesellschaftlichen Minderwertigkeit der psychischen und physischen Kompetenzen, die das weibliche Geschlecht charakterisierten. Trotzdem gelangt die Frau bei ihm nicht aus der „selbstverschuldeten Unmündigkeit" hinaus und damit in den aufgeklärten Zustand hinein. Das indiziert für ihn jedoch keine Minderwertigkeit, sondern hierin ist geradezu der gesellschaftliche Wert der Frauen und der Reiz des Frauseins zu sehen. In einem neuen Satz formuliert: Kant bestimmt das weibliche Wesen als das zu Schönheit begabte Wesen, dessen Bestimmung in der Dimension des Ästhetischen zu sehen sei. Kant behält den „reizenden Unterschied" der Tradition gemäß bei, ohne jedoch daraus eine gesellschaftliche Minderwertigkeit zu machen und sich in sexistischen Ergüssen zu verlieren. „Wir finden im Gegensatz des Schönen und des Erhabenen gleichsam die klassische Polarisierung von Natur und Geist, aber ohne ethisches Prädikat" (Gerl, 1988, S. 12). Mit den Worten von Immanuel Kant selbst gesprochen: „Eben so werden sie (die Frauen; B. H.) von dem Weltgebäude nichts mehr zu kennen nötig haben, als nötig ist, den Anblick des Himmels an einem schönen Abende ihn rührend zu machen, wenn sie einigermaßen begriffen haben, daß noch mehr Welten und daselbst noch mehr schöne Geschöpfe anzutreffen sein ... Niemals ein kalter und spekulativer Unterricht, jederzeit Empfindungen und zwar die so nahe wie möglich bei ihrem Geschlechterverhältnis verbleiben" (Kant, 1975, S. 854, A 55). Demnach ist der Wert des Mannseins nicht in der Dimension des Ästhetischen anzusiedeln. Der Mann wird durch die Ausbildung seiner Rationalität für die Gesellschaft wertvoll; und das scheint sich, jedenfalls im achtzehnten und neunzehnten Jahrhundert, nicht mit Schönheit zu vertragen.

Nur im Detail unterscheidet sich Hegel von der Kantschen Definition des Wesens der Geschlechter. Er bestimmt es hauptsächlich in den §§ 161-169 seiner „Grundlinien der Philosophie des Rechts" aus dem Jahr 1821. Er legt die Natur des Mannes fest als „das Geistige, als das sich Entzweiende in die *für sich* seiende persönliche Selbständigkeit und in das Wissen und Wollen der *freien* Allgemeinheit, des Selbstbewußtseins des begreifenden Gedankens und Wollens des objektiven Endzwecks". Demgegenüber wird die Natur der Frau als der ergänzende Gegenpol definiert, nämlich als das „in der Einigkeit sich erhaltende Geistige als Willen und Wollen des Substantiellen in Form der konkreten Einzelheit und der Empfindung" (Hegel, 1821, § 166, zit. n. Stopczyk, 1980, S. 166). Und ein weiteres Mal Hegel: „Der Mann hat daher sein wirkliches substantielles Leben im Staate, der Wissenschaft und dergleichen, und sonst im Kampfe und der Arbeit mit der Außenwelt und mit sich selbst, so daß er nur aus seiner Entzweiung die selbständige Einigkeit mit sich erkämpft, deren ruhige Anschauung und die empfindende subjektive Sittlichkeit er in der Familie hat, in welcher die *Frau* ihre substantielle Bestimmung und in dieser Pietät ihre sittliche Gesinnung hat" (ebd.). An dieses Modell gleichwertiger Differenz schließt sich ebenfalls Fichte an: Das Weib gibt, indem sie sich zum Mittel der Befriedigung des Mannes macht, ihre Persönlichkeit; sie enthält dieselbe, und ihre ganze Würde nur dadurch wieder, daß sie es aus Liebe für den Einen getan hat" (Fichte, 1845, n. d. Ausg. 1967, S. 303). Und fünfzehn Jahre später schreibt der Pädagoge, Theologe und Philosoph Schleiermacher: Der Mann waltet „auch draußen ganz allein, und schafft dadurch ohne des Weibes zuthun dem Hause mit Freude und Ehre auch wieder Leid und Sorge: dennoch, kehrt er nur, wie es durch jene göttliche Ordnung gesetzt ist, von draußen immer wieder zurück, anhangend dem Weibe, das ihm Gott gegeben, erquickt er sich in dem Bunde treuer Liebe, wenn er ermüdet, stärkt er sich wenn er gehemmt war, so fühlt auch das treue Weib in allem, was er thut, ordnet und schafft, ihre Kraft und ihren Segen (...)" (Schleiermacher, 1860, zit. n. Stopczyk, 1980, S. 162).

Schließlich seien noch Schopenhauer und Nietzsche zitiert, die man der Kategorie „philosophische(r) Frauenverachtung" (Hilgers, 1994, S. 27) zu subsumieren pflegt. Schopenhauer schreibt „Über die Weiber" (1851) die auf heutige Zeitgenossen beinahe brutal wirkenden, aber mit Sicherheit als deutlich und hart zu charakterisierenden Worte, die eine zumindest implizite Anerkennung eines weiblichen Leistungspotentials signalisieren: „Schon der Anblick der weiblichen Gestalt lehrt, daß das Weib weder zu großen geistigen, noch körperlichen Arbeiten bestimmt ist. Es trägt die Schuld des Lebens nicht durch Thun, sondern durch Leiden ab, durch die Wehen der Geburt, die Sorgfalt für das Kind, die Unterwürfigkeit unter den Mann, dem es eine geduldige und aufheiternde Gefährtin seyn soll. (...) Zu Pflegerinnen und Erzieherinnen unserer ersten Kindheit eignen sich die Weiber gerade dadurch, daß sie selbst kindisch, läppisch und kurzsichtig, mit einem Worte, Zeit lebens große Kinder sind; eine Art Mittelstufe, zwischen dem Kinde und dem Manne, als welcher der eigentliche Mensch ist" (Schopenhauer 1851 , zit. n. Stopczyk, 1980, S. 182f.). Diese Sicht faßt Nietzsche 1872 kurz zusammen: „Das Glück des Mannes heißt: ich will. Das Glück des Weibes heißt: er will (1975a, S. 75). Im weiteren vertritt er ebenfalls die These, daß die Frau von der Natur geprägt sei: „Wenn ein Weib gelehrte Neigungen hat, ist gewöhnlich etwas an ihrer Geschlechtlichkeit nicht in Ordnung" (Nietzsche, 1975b, S. 87). An einem tiefsitzenden Frauenhaß oder einer substantiellen Frauenverachtung läßt uns das folgende Zitat zweifeln: „Man muß es in aller Tiefe nachempfinden, welche Wohltat das Weib ist ... Erst durch die Berührung des Weibes kommen viele Große auf ihre Bahn" (Nietzsche, 1975b, S. 82).

Dieser Entwurf der Geschlechter, der die Frage nach der psychischen Mann- und Frauwerdung mit Rekurs auf eine anthropologisch-funktionale Argumentationsfigur beantwortet, nach der die geschlechtsspezifische Arbeitsteilung dem Wesen der Geschlechter entspricht, wird über die Konservationslexika und sogenannte Räteliteratur mit einer ausdrücklichen pädagogischen Intention erst einmal dem gehobenen Bürgertum als Erziehungsideal nahegebracht. Hierfür stehten die Namen Rousseau, Pestalozzi, Basedow,

Campe, Jean Paul und Fröbel, die entsprechende Ansätze zur Jungen- und Mädchenerziehung entwickeln. Im 19. Jahrhundert werden über das mittlerweile etablierte Volksbildungssystem auch die übrigen Bevölkerungsschichten mit den Kerngedanken der bürgerlichen Geschlechtermetaphysik konfrontiert (vgl. auch Hilgers, 1994, S. 23-30). Noch 1966 wird an den Universitäten zur Frage der „seelische(n) Entwicklung des Menschen im Kindes- und Jugendalter" den angehenden Pädagogen und Pädagoginnen gelehrt: es wäre erwiesen, „daß die Entwicklung der Knaben und Mädchen eine durch den angelegten Geschlechtstypus bedingte Abwandlung der Grundlinien seelischer Entwicklung" darstellt (Remplein, 1966, S. 542), wobei diese Entwicklung mit den Männlichkeits- und Weiblichkeitsstereotypen beschreibbar wäre. Der Verweis auf die Pädagogik schwächt zwar den biologistischen Charakter ab und bringt implizite normative Interessen zum Vorschein, er negiert ihn aber nicht. Dazu müßte die Pädagogik in ein „tabula-rasa-Konzept" eingebettet sein. Das ist sie nicht. Ihr kommt nur die Funktion zu, die Anlagen optimal und effektiv zu entfalten, nicht jedoch gegen sie zu arbeiten. Eine andere Erklärungsvariante, welche die Kausalitätsstruktur umdreht und mit der die sozialisationstheoretische Auseinandersetzung mit psychischer Mann- und Frauwerdung im engeren Sinne des Wortes Sozialisation beginnt, steht im Mittelpunkt der nächsten Abschnitte.

1.2 Affirmative Varianten: Sie müssen sich unterscheiden

Die biologisierende Sichtweise auf die geschlechtsspezifische Sozialisation dankt mit den siebziger Jahren wissenschaftlich ab. Der Grund für die massenhafte Abwendung vom biologisierenden Modell bipolarer Geschlechtersozialisation im Laufe der siebziger Jahre dürfte nicht allein in der sich konstituierenden Neuen Frauen-, der Männer- und Schwulenbewegung sowie deren Expansion in akademische Gefilde zu sehen sein (vgl. Hoffmann 1994). Der partielle Rückgriff auf seit längerem in der Psychologie wie Soziologie vorhandene lern- und sozialisationstheoretische Konzepte zur Mann- und Frauwerdung ist wohl darüber hinaus mit einer gesamtgesellschaftlichen Interessenlage zu erklären, die eine Identifikation mit dem Kerngedanken des Sozialisationskonzepts nahelegt und als opportun erscheinen läßt (vgl. Geulen, 1980, S. 44ff.; 1991, S. 36ff.). Denn diesem Konzept ist eine Negation biologisierender Argumentationen begriffsimplizit. In kleiner werdenden Teilen der Bevölkerung scheint sich dessen ungeachtet das biologisierende Konzept geschlechtsspezifischer Sozialisation in negativer Abhängigkeit vom Bildungsgrad weiterhin zustimmender Aufmerksamkeit sicher zu sein (Allerbeck/Hoag 1986; Hilgers 1994; Hollstein 1990; Sinus 1983, 1985). An dieser Stelle ist jedoch von hervorragender Bedeutung: geschlechtsspezifische Arbeitsteilung und soziale Geschlechtsrollen werden jetzt von der Wissenschaft als Grundlage geschlechtsspezifischer Vergesellschaftungsvorgänge angesehen. Man trifft gleichsam auf die Vokabeln Geschlechtersystem und Geschlechterverhältnis. Die geschlechtertheoretische Wende und Perspektive unterstützen des weiteren biologische, psychologische, sozialisationstheoretische, anthropologische, kulturvergleichende und ethnologische empirische und theoretische Forschungen, welche die Unhaltbarkeit der These vom angeborenen Geschlechtscharakter nachweisen und in der Folge sowohl die Popularisierung als auch die wissenschaftliche Differenzierung der These vom angelegten Geschlechtscharakter unterstützen. Aus kulturanthropologischer Perspektive ist zentral, daß sich unterschiedliche Formen geschlechtsspezifischer Arbeitsteilung nachweisen lassen (z. B. Mead, M. 1985). In manchen Kulturen werden zum Beispiel Tätigkeiten von Männern ausgeführt, die in unserem Kulturkreis lange Zeit über als typisch weiblich angesehen worden sind (Tillmann, 1989, S. 43ff.). Zwar gibt es kulturübergreifend gewisse Muster, die in der Mehrzahl bei dem einem Geschlecht anzutreffen sind und bei dem anderen eben nicht. Aber mit dem Blick auf die Entwicklungsgeschichte moderner Gesellschaften lassen sie sich auf die Reproduktionsnotwendigkeiten weniger entwickelter Gesellschaften zurückführen, die eine typische geschlechtsspezifische Arbeitsteilung nahelegen, um die optimale Reproduktion der Gattung zu gewährleisten (Eckert 1979b). Eine biologisch angelegte Geschlechtsspezifik des Psychischen wie Sozialen läßt sich mit diesen Befunden jedenfalls nicht vereinbaren[2] (vgl. Degenhardt/Trautner 1979; Hagemann-White, 1984, S. 29ff.; Tillmann, 1989, S. 52ff.; Trautner, 1991, S. 366ff.). Eine biologisch fixierte Geschlechtsspezifik des Psychischen und Sozialen ist empirisch nicht nachzuweisen und erscheint theoretisch problematisch. Das Sozialisationskonzept ist mehr als eine ideologisch und politisch motivierte These innerhalb des gesellschaftlichen Geschlechterkampfes, es kann als empirisch gehaltvoll charakterisiert werden.

Angesichts dieser empirischen Forschungslage dürfte es nicht mehr verwundern, daß eine sozialisationstheoretische Sichtweise zunehmend in den Vordergrund rückt und daß diese die biologisierende Denkungsart ablöst; zumindest verdrängt sie die letztgenannte aus ihrer jahrhundertealten Vormachtstellung, so daß sich langsam eine zweite Art und Weise des geschlechtertheoretischen Denkens gesellschaftlich etabliert und kulturelle Hegemonie erlangt. Bei dieser sozialisationstheoretischen Art und Weise der Bestimmung der Besonderheit von Mann und Frau steht die Auffassung im Vordergrund, daß die Geschlechtscharaktere, der Geschlechtsunterschied, männliche und weibliche Identität, männliches und weibliches Arbeitsvermögen, und wie die verschiedenen, den gleichen Inhalt bezeichnenden Begriffe auch heißen mögen, gesellschaftlich bedingt sind und einer Steuerung durch Lernprozesse"

---

[2] Trautner (1991, S. 360ff.) und Hirschauer (1989, 1993) geben interessante Hinweise auf die Dialektik von Biologie und Sozialität bei der Geschlechtersozialisation.

unterliegen (Trautner, 1979, S. 53). Damit wird am Ende des zwanzigsten Jahrhunderts langsam und sicher eine Sichtweise auf die psychische Mann- und Frauwerdung vorherrschend, die sich fragmentarisch bereits im 17., 18. und 19. Jahrhundert zeigt (vgl. Badinter, 1991, S. 151ff.; Hilgers, 1994, S. 29; Hoffmann, 1994, S. S. 53ff.).

Eine tieferes Verständnis des hier im Zentrum stehenden Problems eröffnet sich durch eine Unterscheidung einer strukturell-funktionalistisch Tradition innerhalb der geschlechtsspezifischen Sozialisationsforschung und einer gesellschaftspolitischen Grundhaltung, die sich mehr im Windschatten der Kritischen Theorie bewegt. Diese überwindet die Hegemonie des strukturell-funktionalistischen Ansatzes und seiner affirmativen Wirkungen zumindest in der bundesdeutschen Sozialisationsforschung im Laufe der siebziger Jahre. Das Sozialisationskonzept wird popularisiert. Die These vom angelegten Geschlechtscharakter verschwindet nicht nur wissenschaftlich, sondern auch gesamtgesellschaftlich. Inwieweit die affirmativen Wirkungen durch Parsons selbst intendiert sind, wird kontrovers diskutiert (vgl. Schulze/Künzler, 1991, S. 128).

Die „geschlechtsspezifische Arbeitsteilung" oder das Synonym „soziale Geschlechtsrolle" ist der Ausgangspunkt der Theorie zur Geschlechtersozialisation in einem engeren Sinne des Wortes, die vom Programm her eine Negation biologisierender Sichtweisen - in ihrer Ausprägung als nativistische oder essentialistische Variante - anstreben. Inwieweit dieser Ausgangspunkt beziehungsweise die als unabhängig definierte Variable einer Theorie geschlechtsspezifischer Sozialisation bei der Theoriebildung explizit oder implizit auftaucht, ist in der Regel davon abhängig, ob die Autoren einem genuin psychologischen oder einem originär soziologischen Forschungsschwerpunkt haben. Der Ausgangspunkt „geschlechtsspezifische Arbeitsteilung" taucht im Grunde selbst in den biologisierenden Konzeptionen des vorigen Abschnitts auf. Sie unterscheiden sich von den sozialisationstheoretischen Herangehensweisen vorrangig in der präferierten Kausalitätsstruktur. Während bei den biologisierenden Ansätzen die geschlechtsspezifische Arbeitsteilung existiert, weil sie dem Wesen der Geschlechter entspricht und die geschlechtsspezifische Arbeitsteilung daher anthropologische Funktionalität besitzt[3], ist bei den sozialwissenschaftlichen Ansätzen das Wesen der Geschlechter die Wirkung der Ursache geschlechtsspezifische Arbeitsteilung. Die sozialisationstheoretische Debatte mit dem Gegenstand psychische Mann- und Frauwerdung wird bis in die siebziger Jahre hinein vor einem strukturell-funktionalistischen Hintergrund geführt wird (Schütze, 1993, S. 551). Dieses sozialisationstheoretische Modell ist für den als Geschlechtersozialisation bezeichneten Gegenstand insbesondere von Parsons/Bales (1955) entwickelt worden. Es taucht in leicht modifizierter Form bei den Exponenten psychologischer Theoriebildung jener

---

[3] Die grundsätzliche Kritik aus subjekttheoretischer Perspektive liefert Geulen (1989, S. 49ff.).

Zeit als zumindest impliziter gesellschaftstheoretischer Hintergrund wieder auf (Bandura 1969;, Bandura/Walters 1963; Kohlberg 1974; Mischel 1966, 1970).

1.2.1 Parsons

Es ist an dieser Stelle nicht von eminentem Interesse, daß Parsons' konkrete Darstellung des geschlechtsspezifischen Sozialisationsprozesses nicht als empirisch geprüft gilt (Zahlmann-Willenbacher, 1979a, S. 99). Das gilt mehr oder weniger für die gesamte Theoriebildung zur geschlechtsspezifischen Sozialisation, abgesehen von empirischen Betrachtungen vereinzelter Hypothesen, die auf keinen Fall als Prüfungen des Gesamtzusammenhangs angesehen werden können (vgl. zusammenfassend Bilden 1991; Degenhardt/Trautner Hrsg. 1979; Trautner 1991). Unwichtig ist hier gleichfalls, ob diese Theorie überhaupt einer empirischen Prüfung zugänglich ist: Geulen (1991, S. 33) meint nein; die gegenteilige Auffassung verfechten Schulze/Künzler (1991). Ebenfalls von nachrangiger Bedeutung sind die massenhaften theoretischen Auseinandersetzungen mit diesem Werk. An dieser Stelle interessiert die von Parsons als dem Begründer des strukturellen Funktionalismus gegebene Antwort auf die Frage, wie Männer und Frauen zu denen werden, die sie sind. Und mit Blick auf diese Problemstellung wird schnell deutlich, daß der strukturelle Funktionalismus sich ohne Schwierigkeiten dem Modell „bipolarer Geschlechtersozialisation" subsumieren läßt, obwohl bei dieser Ausprägung bipolarer Theoriebildung zur Mann- und Frauwerdung einige auffällige und anregende Besonderheiten entdeckt werden können.

Parsons selbst zieht die Freudsche Psychoanalyse heran, um den psychologischen Part seiner Sozialisationstheorie auszuführen, wobei er diese in eigenständiger Weise mit dem Meadschen allgemeinen sozialisationstheoretischen Ansatz verknüpft (vgl. z. B. Parsons 1968). Eine seiner Grundannahmen lautet, daß eines der „eindrucksvollsten Beispiele" (Parsons, 1952, S. 35) für die sozialisatorische Herausbildung Handlungsfähigkeit ermöglichender psychischer Strukturen beim menschlichen Individuum die „geschlechtliche Kategorisierung" (ebd.) ist, die man ohne Bedeutungsverlust mit „Erlernen der Geschlechtsrolle" (ebd.) übersetzen kann. Während Freud von konstitutioneller Bisexualität ausgeht und diese als Ausgangspunkt psychischer Mann- und Frauwerdung interpretiert, demonstriert Parsons`, daß auf diese Annahme verzichtet werden kann, ohne damit die These mit dem Namen geschlechtsspezifische Sozialisation zu negieren: Die Kategorisierung menschlicher Personen in zwei Geschlechter, einschließlich der Kategorisierung des Akteurs durch sich selbst, sei außerhalb ihrer somatischen Bezugspunkte nicht biologisch angelegt. Es sei mithin eine fundamentale Lernaufgabe für das Individuum, sich das richtige Geschlecht anzueignen. Die psychologische

Bedeutung der gesellschaftlichen Geschlechterklassifikation müsse vom Kind erlernt werden. Aber das hieße nicht, daß sie bisexuell seien oder überhaupt als sexuelle Wesen geboren würden (heute wird dieser Unterschied mit „Sex" und „Gender" benannt):

Grundlegend sei „, daß Kinder beiderlei Geschlechts das Leben mit wesentlich derselben Beziehung zur Mutter beginnen .... daß der Prozeß, durch den der Junge sich in geschlechtlicher Hinsicht von der Mutter differenziert und in diesem Sinne mit dem Vater „identifiziert", während das Mädchen sich mit der Mutter zu identifizieren beginnt, ein Lernprozeß ist. Aufwachsen heißt ..., die eigene Geschlechtsrolle als wesentlichen Bestandteil des Selbstbildes zu verinnerlichen. ... daß diese Art der Betrachtung des Prozesses den Vorteil hat, die Vermutung konstitutioneller Bisexualität als Erklärung der geschlechtlichen Identifizierung des Individuums wenigstens teilweise überflüssig zu machen. Auf jeden Fall hat sie den großen Vorteil, daß sie die Bestimmung der geschlechtlichen Kategorisierung in einem theoretischen und auch in einem empirischen Sinn direkt mit der Rollenstruktur des sozialen Systems verknüpft. Jeder Soziologe wird das zu schätzen wissen, da er mit der grundsätzlichen Bedeutung der Differenzierung und Konstituierung der Geschlechtsrolle für das soziale System vertraut ist" (Parsons, 1952, S. 35f.).

Parsons geht also davon aus, daß das Neugeborene in einem psychischen Sinne geschlechtslos ist und ihm sein psychisches Geschlecht von der Gesellschaft zugewiesen wird. Zur adäquaten Beschreibung dieses Vorgangs brauche man nicht die Annahme „Bisexualität" oder die einer biologisch angelegten geschlechtsspezifischen Persönlichkeitsstruktur. Psychobiologische Forschungen, welche die physiologischen und biochemischen Vorgänge vor der vorgeburtlichen Entwicklung zum Gegenstand haben, konnten im übrigen die Unhaltbarkeit der Annahme von der konstitutionellen Bisexualität belegen (vgl. Trautner, 1991, S. 369).

Die zweite Kernannahme in diesem Zusammenhang ist, daß der Ausgangspunkt des funktionalistischen Konzepts geschlechtstypischer Arbeitsteilung die als notwendig angesehene innerfamiliale Arbeitsteilung ist. Diese wurzele in der Aufgabe, Kinder zu versorgen und zu erziehen. Die Ausprägung der gesellschaftlichen Geschlechtsrollen nehme an diesem als notwendig angesehenen Phänomen ihren Ausgang. Das heißt, geschlechtstypische Rollenzuschreibungen, die über die innerfamiliale Aufgabenteilung hinausgehen, leiten sich von eben dieser ab (vgl. Neuendorf-Bub, 1979, S. 78ff.). Parsons arbeitet also heraus, daß das gesamte außerfamiliale geschlechtstypische Handeln vom innerfamilialen geschlechtstypischen Handeln durch Sozialisation bestimmt, determiniert, verursacht, veranlaßt wird. Alters- und Geschlechtskategorien bildeten soziologisch die hauptsächlichen Ordnungselemente, die es in psychologischer Hinsicht dem Individuum ermöglichen, die differenzierte Struktur gesellschaftlicher Teilsysteme zu einem Kontinuitätserlebnis werden zu lassen (vgl. Parsons, 1942, S. 65).

Parsons übernimmt mithin Teile der Freudschen Konzeption dessen, was hier als geschlechtsspezifische Sozialisation bezeichnet wird, reformuliert dessen Theoriekonstruktion indes mittels einer rollentheoretischen Begrifflichkeit, die er in vielfach kritisierter Weise (vgl. Geulen, 1991, S. 32ff.; Reichwein 1970/71; Schulze/Künzler, 1991, S. 125ff.) auf einem für seine Zwecke adaptierten Georg H. Mead aufbaut. Als zentrale Sozialisationsinstanz gilt ihm die sogenannte bürgerliche Kernfamilie. Die allgemeine Struktur dieser Konstellation stimmt für ihn weitgehend mit der Struktur überein, die sich aus der Interaktion kleiner Gruppen entwickelt (Bales 1953). Hierbei gilt als wesentlich, daß sich in Gruppen ein instrumenteller und ein expressiver Führer herausbilde sowie die einzelnen Gruppenmitglieder unterschiedlich mächtig wären. „Das Kind kann mit einem der untergeordneten Mitglieder einer kleinen experimentellen Gruppe verglichen werden" (Parsons, 1954, S. 53). Der Mann wird mit der Rolle des instrumentellen und die Frau mit der Rolle des expressiven Führers gleichgesetzt. Das Parsons'sche Grundmodell geschlechtsspezifischer Sozialisation umfaßt mit anderen Worten zwei Differenzierungsdimensionen: instrumentelle versus expressive Rollen und mächtige versus machtlose Rollen. Der Vater wird als ein instrumenteller Führer des familiären Systems gesehen, der die Familie an externen und allgemeinen gesellschaftlichen Werten orientiert. Diese würden vorzugsweise im Berufsleben von Bedeutung sein. Konkret aufzuzählen sind Leistungsorientierung, Selbständigkeit, Rationalität, Individualität (Parsons, 1952, S. 79). Die durch die Mutter ausgefüllte weibliche Geschlechtsrolle sei analog dem expressiven Führer in den bereits erwähnten Kleingruppen von z. B. Bales (1953). Sie lege hauptsächlich Wert auf die affektiv-emotionale Beziehungen innerhalb der familiären Rollenstruktur. Sie sorge für eine Stabilität der internen, die Familienmitglieder umfassenden Beziehungen, reguliere die das familiäre System bedrohenden Konflikte zwischen Familienmitglieder und sei demnach für Ausgleich und interne Probleme des Familienlebens verantwortlich. Demgegenüber gelten bei Parsons die Kinder als den Eltern unterlegen. Sie übernähmen die elterlichen Werte und Verhaltenserwartungen durch die sogenannte Geschlechtsrollenidentifikation, womit eine umfassende und fundamentale Identifikation mit dem gleichgeschlechtlichen Elternteil gemeint ist. Die Entwicklung von Geschlechtsidentität respektive psychischer Männlich- oder Weiblichkeit wird demnach als Prozeß gesehen, an dem das Individuum eigenen Anteil hat. „... teilweise auf Grund seiner (des Kindes; B. H.) geringen Beteiligung (d. h. an allgemeinen Familienangelegenheiten) erfolgt seine primäre Bindung an den „soziometrischen Mittelpunkt" - an seine Mutter. Sobald seine Beteiligung und damit seine Verantwortung zunimmt, muß es immer mehr dem „funktionalen Führer" Beachtung schenken, als welcher, mit vielen Variationen natürlich, wahrscheinlich der Vater auftritt" (Parsons, 1954, S. 53). Und an anderer Stelle führt er die Geschlechtersozialisation mit den Worten aus: „An erster Stelle steht die solidarische dyadische Gruppe, die durch die frühe Bindung des Kindes an seine Mutter gebildet wird - das erste Beispiel der von Freud so genannten „echten Objektbesetzung". Es muß angemerkt werden, daß es sich dabei um eine Gruppierung handelt, die nicht von vornherein mit der Geburt gegeben ist, sondern über einen beträchtlichen Zeitraum hinweg aufgebaut wird, in welchem das Kind allmählich eine Orientierung gegenüber seiner Mutter als einem „komplexen Objekt" entwickelt und aktiv an positiver Interaktion mit ihr teilnimmt, indem es ihr seine Liebe für sie zeigt - und ebenso umgekehrt. Auf dieser Beziehung beruht die Sicherheit, die in späteren Phasen zur Wirkung gelangt; sie erreicht den Höhepunkt strategischer Bedeutung in der unmittelbar vor-ödipalen Phase. In ihr spielt der Vater für die Kinder beiderlei Geschlechts eine minimale oder wenigstens sekundäre Rolle" (Parsons, 1954, S. 51). Zu berücksichtigen sei, daß „die kleine Gruppe von Mutter und Kind naturgemäß niemals unabhängig (ist), sondern zunächst ein Subsistenz des größeren Systems der Kernfamilie, die wiederum ein Subsistenz noch umfassenderer Systeme ist. Der Vater, aber keineswegs nur er allein, ist eines der wichtigsten Verbindungsglieder zwischen dem Subsistenz seiner Familie und dem weiteren gesellschaftlichen System. Das ist die primäre Basis seiner symbolischen Bedeutung" (Parsons, 1954, S. 51). „Die Grundstimmung des Verhaltens gegenüber der Vatergestalt ist deshalb Ambivalenz. Sie stellt den symbolischen Mittelpunkt des Druckes seitens der Umwelt dar, der für die Zerstörung des „paradiesischen" Zustandes glücklicher Sicherheit des Kindes mit seiner Mutter verantwortlich ist. Obwohl die Mutter aktiv an dieser Zerstörung beteiligt ist, gibt es gute Gründe für die Annahme, daß die aus diesem Prozeß resultierende Aggression in der Regel auf den Vater übertragen wird. Damit tendiert der Vater dazu, die „höheren" Forderungen und Ansprüche, die das Kind erfüllen soll, zu personifizieren und damit ein hohes Maß an Respekt und Autorität zu gewinnen. Zur gleichen Zeit ist er das primäre Ziel der Aggression (und Angst), die aus diesem Prozeß hervorgeht" (Parsons, 1954, S. 53).

Es sei nicht ausreichend, sich einzig und allein mit einem gleichgeschlechtlichen Elternteil zu identifizieren. Vielmehr setze die Rede vom Rollencharakter der Geschlechtsrollenidentifikation die gleich- und andersgeschlechtliche Identifikation zueinander in Beziehung. Die Identifikation mit dem gleichgeschlechtlichen Elternteil genüge bei beiden Geschlechtern allein nicht für die Ausarbeitung von Geschlechtsidentität. Vielmehr sei die Verinnerlichung beider Elternteile, also gleich- und andersgeschlechtliche Identifikation, die Basis für die Herausbildung einer Geschlechtsidentität des männlichen oder des weiblichen Kindes, die soziale Handlungsfähigkeit ermögliche. Es ginge nicht um die Verinnerlichung der konkreten Elternpersonen. Vielmehr müßte das abstrakte Rollenmodell „männlich-weiblich" verinnerlicht werden, das die Eltern repräsentierten[4]. In diese Identifikation gingen kulturelle Wertvorstellungen mit ein. Folge dieses Identifikationsprozesses wäre auch die Aneignung des Wissens um die andersgeschlechtliche Rollenattribu-

---

[4]   Leider wartet man vergeblich auf die Erklärung dieser Unterscheidung.

te, denen in der Regel die gleichgeschlechtlichen Verhaltensdispositionen quantitativ überlegen seien. Dabei wird in der gelungenen Identifikation mit dem geschlechtsspezifischen Rollensystem Voraussetzung für soziale Anpassung gesehen. Im Original wird der Sachverhalt folgendermaßen ausgedrückt: Das Erlernen der gemeinsamen Kultur führe „entweder zur Übernahme einer Rolle, die identisch mit der des Objektes der Identifizierung, oder einer Rolle, die von der Rolle des Objektes verschieden ist, führen kann. Im Fall des Knaben und seiner Mutter befähigt so das Erlernen der geschlechtlichen Kategorisierungen den Knaben dazu, die Tatsache zu verstehen und zu akzeptieren, daß er hinsichtlich des Geschlechts von seiner Mutter verschieden ist. Die Standards des richtigen Verhaltens beider Geschlechter werden von den Mitgliedern beider Geschlechter geteilt, aber ihre Anwendung ist verschieden. Der Gebrauch des Begriffs Identifizierung war oft zweideutig, da er verwendet wurde, um eine Übereinstimmung sowohl der Maßstäbe als auch ihrer Anwendung auszudrücken. Vom augenblicklichen Gesichtspunkt aus kann ganz richtig gesagt werden, daß ein Junge seine Geschlechtsrolle sowohl durch Identifizierung mit der Mutter erlernt (indem er die geschlechtliche Kategorisierung teilweise von ihr lernt) als auch durch die Tatsache, daß er und sie verschiedenen Geschlechtskategorien angehören, was wichtige Implikationen für sein Verhalten hat. Das ist deshalb von der Identifizierung mit seinem Vater verschieden, weil er lernt, daß er hinsichtlich des Geschlechts zusammen mit seinem Vater und nicht mit seiner Mutter klassifiziert wird" (Parsons, 1952, S. 39).

Nach der ödipalen Krise folge ein längere Phase der Latenz, in der der Geschlechtsunterschied von nachrangiger Bedeutung sei. Das ändere sich erst mit dem Eintritt in die Adoleszenz und dem Entstehen des sexuell gefärbten Interesses am anderen Geschlecht. Von durchschlagender Bedeutung sei der Geschlechtsunterschied respektive die soziale Geschlechtsrolle oder geschlechtsspezifische Arbeitsteilung jedoch erst in der nachadoleszenten Phase. „Im vollen Erwachsenenstatus ... (wird; B. H.) die asymmetrische Beziehung der beiden Geschlechter zur Berufsstruktur ..." (Parsons, 1942, S. 67) zur markanten sozialen Tatsache in industriellen Gesellschaften; erst dann gelange der Geschlechtsunterschied zu seiner vollständigen Geltung. Parsons schreibt weiter: „Für beide Geschlechter bringt der Übergang zum vollen Erwachsenendasein den Verlust eines gewissen „Glamourelementes" mit sich. Aus dem Sporthelden oder dem Salonlöwen der Universitätsbälle wird ein prosaischer Geschäftsmann oder Rechtsanwalt. Zwar haben die erfolgreicheren unter den Erwachsenen teil an einer wichtigen Klasse von Prestigesymbolen, doch sind dies sehr andere als diejenigen der Jugendkultur. Im Falle der weiblichen Rolle ist der Gegensatz vielleicht genauso scharf, da zumindest die Tendenz sehr stark ist, mit der Heirat und der Geburt von Kindern ein "häusliches" Verhaltensmuster aufzunehmen" (Parsons, 1942, S. 71). Demgegenüber wären die Männer der Kategorie Spezialistentum zuzuordnen:

„Durch die Arbeit wird ein außergewöhnlich großer Teil der Energie und der emotionalen Interessen des Individuums in einer Rolle absorbiert, deren Inhalt oft verhältnismäßig eng ist. Dadurch schränkt sich vor allem der Bereich ein, in dem man gemeinsame Interessen und Erfahrungen mit anderen teilen kann, die nicht den gleichen Spezialberuf haben" (Parsons, 1942, S. 78).

Sozialisation heißt, sich von einer geschlechtsunspezifischen zu einer geschlechtsspezifischen Persönlichkeit zu wandeln, zumindest wenn mit Parsons' Sozialisationsmodell gearbeitet wird. Dieser Vorgang sei mit dem Übergang in den Erwachsenenstatus beendet, sollte zu seinem Ende gekommen sein, sonst drohe Psychopathologie, die gesellschaftliche Reproduktion wäre gefährdet.

1.2.2 Mischel, Walter, Bandura

An diese theoretische Grundstruktur geschlechtsspezifischer Sozialisation mit soziologischem Schwerpunkt, nach der das Neugeborene langsam, aber sicher zu einer geschlechtsspezifischen, für die gesellschaftlichen Reproduktionsbedürfnisse funktionalen (was positiv bewertet wird) Persönlichkeit wird, die sich mit den Männlichkeits- und Weiblichkeitsstereotypen beschreiben läßt, knüpfen die tonangebenden psychologischen Theorieschulen an. Auf der Basis ihrer allgemeinen Annahmen über menschliche Lern- und Entwicklungsprozesse wollen sie das Problem lösen, welche Bedeutung die biologische Tatsache der zwei Geschlechter für den individuellen Entwicklungsprozeß hat. Sie geben damit eine Antwort auf die uns hier interessierende Frage nach dem „Wesen" der Geschlechter. Ihr besonderes Ziel ist, und hierdurch geben sie sich als psychologische Ansätze zu erkennen, das Zusammenwirken biologischer, soziologischer und psychologischer Determinanten bei der Hervorbringung intraindividueller Veränderungen und interindividueller Unterschiede bei der Genese psychischer Männlichkeit und Weiblichkeit aus der Binnenperspektive des Individuums zu beschreiben und zu erklären.

Der Ansatz der Sozialen Lerntheorie kann in das Theorem Bekräftigungslernen und das Theorem Lernen am Modell unterschieden werden. Geschlechtstypisches Verhalten wird nach dem Theorem Bekräftigungslernen durch differentielle Belohnung/Bestrafung respektive positive und negative Sanktionierung des Verhaltens männlicher und weiblicher Individuen verursacht. Dabei wird jenes Verhalten, das mit der Geschlechtsrolle übereinstimmt, belohnt, das von dieser abweichende bestraft oder ignoriert, jedoch auf keinen Fall auf irgendeine Art und Weise unterstützt. Unwichtig im Sinne der Theorie ist, von wem die differentielle Einflußnahme erfolgt und ob die Einfluß nehmende Person sich selbst geschlechtsspezifisch verhält. Man nimmt zwar an, daß eine derartige Übereinstimmung die Herausbildung geschlechtsspezifischen Verhaltens bei Heranwachsenden erleichtert und/oder beschleunigt, notwendig sei dies aber keineswegs. Des weiteren berücksichtigt die Bekräftigungstheorie, daß unterschiedliche Situationen unterschiedliche Geschlechtstypisierungen notwendig machen, also erworbene Geschlechtstypisierungen auf andere Situationen hin verallgemeinert werden müßten. Es gehen somit insgesamt drei Grundannahmen in die Bekräftigungstheorie der Geschlechtsrollenentwicklung ein:

Erstens erwarten Eltern oder auch andere Personen in der sozialen Umwelt, daß Jungen und Mädchen sich unterschiedlich verhielten. Das könne mit der sozialen Tatsache der Geschlechtsrolle erklärt werden, die von den Mitgliedern der sozialen Umwelt erlernt worden sei und nun den Umgang mit dem neuen Leben in der alten Welt bestimme. Da man sich selbst geschlechtsspezifisch verhielte, würden andere gleichfalls geschlechtsspezifisch erzogen und somit für die Tradierung relevanter kultureller Erfahrungen und Erfordernisse gesorgt. Zweitens verhielten Eltern und andere Personen in der sozialen Umwelt der Heranwachsenden sich gegenüber Jungen und Mädchen unterschiedlich. Das heißt, sie bekräftigten Jungen und Mädchen für jeweils verschiedenes Verhalten, das mit der Geschlechtsrolle deckungsgleich wäre. Es gäbe also eine geschlechtsspezifische Erziehung. Diese zweite Annahme ergibt sich aus der ersten. Drittens wird angenommen, daß das Verhalten von Kindern durch die erfahrenen Bekräftigungsmuster, durch die geschlechtsspezifische Erziehung, beeinflußt würde, und zwar in dem Sinne, daß die zunehmende Annäherung des Verhaltens an die normativen Vorgaben der Geschlechtsrolle bewirkt würde. Es komme konsequentermaßen zur Herausbildung einer sozial erwünschten geschlechtsspezifischen Persönlichkeit. Der Sozialisationsprozeß sei dann beendet, wenn die Geschlechtsidentität des Individuum mit der Geschlechtsrolle der Gesellschaft deckungsgleich sei (vgl. Trautner 1979a).

Eine leicht modifizierte Perspektive auf die Geschlechtersozialisation legt das Theorem Lernen am Modell, auch bekannt als Imitations- oder Identifikationstheorem. Bei der Imitationstheorie steht weniger die geschlechtsspezifische Bekräftigung als die Kategorie „Beobachtung", die Wahrnehmung der sozialen Umwelt durch das Individuum im Vordergrund der Theoriebildung. Die Übernahme der Geschlechtsrolle, was gleichbedeutend mit der Mann- und Frauwerdung sei, würde durch die Beobachtung von männlichen und weiblichen Verhaltensmodellen veranlaßt, die das individuelle Verhalten in analogen Situationen orientierten und motivierten (vgl. Bandura/Walters 1963; Bandura 1969; Mischel 1970; Bandura 1986). Menschen lernten die kulturelle Geschlechtsrolle, indem sie ihre soziale Umwelt beobachten, mithin mit ihren Augen und Ohren, mit denen sie andere Personen und Ereignisse beobachten. Sie lernten sie nicht nur durch die Konsequenzen, die sie unmittelbar für ihr eigenes, konkretes Verhalten erführen, sondern darüber hinaus auch durch die Wahrnehmung der Sanktionierung von anderen Personen, von sogenanntem Modellverhalten. In Abgrenzung zur Theorie geschlechtsspezifischer Erziehung wird der Grad der Annäherung der individuellen Geschlechtsidentität an die normativen Männlich- und Weiblichkeitsstandards der Kultur, wie sie Eltern als auch andere weibliche und männliche Personen repräsentierten, als bedeutsam für den geschlechtsspezifischen Vergesellschaftungsprozeß angesehen. Das heißt, implizit werden Abweichungen vom bipolaren Modell zugestanden, die jedoch als tendenziell psychopathologische Phänomene gelten. Allerdings spiele nicht nur die Geschlechtsidentität von weiblichen und männlichen Verhaltensmodellen eine Rolle, sondern auch, und hier wird auf die Theorie geschlechtsspezifischer Erziehung beziehungsweise Sanktionierung zurückgegriffen, inwieweit die soziale Umwelt bestimmte Verhaltensmodelle positiv oder negativ sanktioniere. „Die am Modell beobachtete Bekräftigung (stellvertretende Bekräftigung genannt) soll im wesentlichen darüber bestimmen, ob das durch Beobachtung (latent) gelernte Verhalten später in einer ähnlichen Situation geäußert wird oder nicht" (Trautner, 1979a, S. 62). Dieses Theorem kann wiederum mit Trautner (1979a) in drei Hypothesen überführt werden:

Erstens wird angenommen, daß Kinder mehr Gelegenheit haben, gleichals gegengeschlechtliche Verhaltensmodelle zu beobachten, und daß das sozialisationsrelevant ist. Dies kann als die Hypothese der geschlechtsspezifischen Beobachtungshäufigkeit bezeichnet werden. Zweitens wird die Hypothese der geschlechtsspezifischen Nachahmung genannt. Sie besagt, daß eher gleich- als gegengeschlechtliche Verhaltensmodelle imitiert und beobachtet werden. Drittens wird behauptet, daß, zumindest im Kindesalter, der gleichgeschlechtliche Elternteil das am häufigsten imitierte Modell ist, es demnach im Verlauf der geschlechtsspezifischen Sozialisation zu einer Vater-Sohn- und Mutter-Tochter-Ähnlichkeit kommt.

Zusammenfassend ergibt sich hier ein dem vorherigen Teilabschnitt analoges Bild. Mann- und Frauwerdung wird als ein Prozeß aufgefaßt, der seine Wurzel in der gesellschaftlichen Differenzierung zwischen den Geschlechtern hat, die wiederum auf die besondere Produktions- und Reproduktionsstruktur der industriellen Gesellschaft zurückgeführt wird, wenngleich das in den psychologischen Ansätzen im Vergleich zu den stärker soziologischen Ansatz von Parsons implizit geschieht. Primärer Betrachtungsgegenstand ist die vom Individuum zu erbringende Lernleistung. Über das Ergebnis dieser Lernleistung besteht Konsens: es ist das geschlechtliche Individuum, das sich mit Bezug auf die Expressivitäts- und Maskulinitätsskala beschreiben ließe, die uns schon bei der Betrachtung der Geschlechterkonzepte des 18. und 19. Jahrhunderts begegnet ist. Albert Bandura, der exponierteste Vertreter der Sozialen Lerntheorie, hat sich bis 1986 nicht von dieser Sichtweise abbringen lassen:"Sex-typing ist promoted throug a vast system of socialisation practicies beginning at birth with infants clothed in pink or blue apparel depending on their sex. Before long boys are attired in rugged trousers, girls in pastel skirts, and they are given different hair styles as well. Children come to use differential physical attributes, hair styles, and clothing as indicants of gender ... It does not take them long to learn that children are categorized into boys and girls, and adults into mothers and fathers, women and men. Gender labeling gives salience not only sorting people on the basis of gender but also to the feature and activities that charakterize each gender" (Bandura, 1986, S. 92).

Die Geschlechtsrolle wird in den psychologischen Modellen psychischer Mann- und Frauwerdung kaum explizit definiert. Betrachtet man aber die gängigen Operationalisierungen in der feingliedrigen empirischen For- schungspraxis, so wird deutlich, daß sich bis in die neunziger Jahre die vom soziologischen Übervater Parsons vorgegebene Definition gehalten hat (vgl. Trautner 1991; Trautner u. a. 1988, 1989). Als feminine Verhaltensitems bei der Erwachsenenrolle gelten: zu Hause häkeln und stricken, putzen und sau- bermachen, kochen und backen, im Kaufhaus an der Kasse sitzen, bei der Ar- beit viel auf der Schreibmaschine schreiben[5], oft weinen, schön aussehen und anderen gefallen wollen, oft Angst haben, zärtlich sein. Bei der Kinderrolle werden folgende Verhaltensitems genannt: Kaufladen spielen, mit Puppen spielen, viel malen, mit Halsketten und Armbändern spielen, der Mutter bei Hausarbeit helfen, Gummitwist spielen, oft weinen, schön aussehen und ande- ren gefallen wollen, oft Angst haben, zärtlich sein. Für die maskuline Erwach- senenrolle werden als Verhaltensitems genannt: zu Hause den Rasen mähen, einen Bus steuern, bei der Arbeit viel mit Werkzeugen zu tun haben, zu Hau- se das Auto waschen, reparieren, was in der Wohnung kaputt gegangen ist, stark sein, mutig sein, immer bestimmen wollen, grausam sein. Für die männ- liche Kinderrolle werden als Verhaltensitems genannt: Cowboy und Indianer spielen, mit Lastautos spielen, Fußball spielen, mit Hämmern und Schrauben- ziehern spielen, Schiffe und Modellflugzeuge basteln, dem Vater beim Hand- werken helfen, stark sein, mutig sein, immer bestimmen wollen, grausam sein (vgl. Trautner u. a., 1987, S. 111).

Besonders auffällig ist bei diesem psychologischen Ansatz zur Theorie geschlechtsspezifischer Sozialisation das implizite Zugestehen der Abwei- chung von der bipolaren Geschlechtsidentität, die als normativer Endpunkt ei- ner gesunden Persönlichkeitsentwicklung angesehen wird: „Does the level of sex-role development affect general psychological or social adjustment? The- re are no data to answer this questions adequately, but clinical experience suggest that the factors of paramount importance are the individual's accep- tance of the behaviors and charakteristics, and his confidence that these fulfill adequately, if not completely, the cultural prescriptions for mebers of his sex. It may be hypothesized further, that such self-acceptance and confidence are charakteristic of individuals whose sex-role development is rooted in sub- stantial identification" (Mussen, 1973, S. 729). Es ist die besondere Intention dieser Theoriebildung, die Gesetzmäßigkeiten zu erkennen, mit denen die

---

[5]   Ich mache das schon seit mehreren Jahren ganztägig.

professionellen Sozialisatoren in die Lage versetzt werden, die Heranwachsenden ohne Reibungsverluste zu geschlechtsspezifischen Persönlichkeiten zu machen. Der Mensch soll zur geschlechtsspezifischen Persönlichkeit werden, mithin bipolare Geschlechtersozialisation passieren.

1.2.3 Kohlberg

Die dritte zentrale Theorie geschlechtsspezifischer Sozialisation ist von Kohlberg (1974) im Jahre 1966 auf der Basis des von Piaget erarbeiteten Stufenmodells kognitiver Entwicklung konzeptualisiert worden. Er betont die aktive Rolle des heranwachsenden Individuums bei der Auseinandersetzung mit der Umwelt und die enge Beziehung zwischen kognitiven Prozessen im Sinne von Denken und Urteilen, Motivation und Verhalten. Das heißt übertragen auf die Geschlechtersozialisation, daß nicht die Kategorien Bekräftigung und Nachahmung im Vordergrund der Erklärung stehen. Vielmehr würde die Geschlechtersozialisation durch die Wahrnehmung von und die fortschreitende Fähigkeit zu differenzierter Urteilsbildung über die vermeintlichen Geschlechtsunterschiede in der sozialen Umwelt verursacht. Er nimmt an, daß die Aneignung von Wissen über die kulturellen Geschlechtsunterschiede wie Geschlechtsrollen von kognitiven Kompetenzen in gleicher Weise abhängig sei wie der Erwerb von Wissen über die physikalische und soziale Umwelt allgemein. Die ausgebildete Geschlechtsidentität sei das Ergebnis der Konstruktion, die das Kind auf der Basis der Auseinandersetzung mit seiner Umwelt selbständig erarbeite. Auf der Basis einer solchen ersten und noch vorläufigen eigenständigen Geschlechterkonstruktion vollzöge sich eine Kategorisierung anderer Personen und der eigenen Person auf der Dimension „männlich-weiblich". Dabei orientiere sich das Kind zunächst an äußerlich sichtbaren Merkmalen wie Kleidung, Haartracht, Körperbau und Stimme. Mit zunehmendem Alter und fortschreitender Entwicklung würden Verhaltensweisen, Interessen und Einstellungen kategorisiert. Der Endpunkt der Entwicklung wäre die geschlechtsspezifische Persönlichkeit, die sich wiederum mit Bezug auf die Instrumentalitäts- / Expressivitätsskala beschreiben läßt.

Formal ist die Geschlechtsrollenentwicklung ergo wie folgt vorstellbar: Im Alter von zwei bis drei Jahren würde die eigene Geschlechtszugehörigkeit erkannt, so daß Geschlechtsidentität im Sinne der Aussage, ich bin ein Junge / ich bin ein Mädchen, entstehen könne. Im Alter von drei bis vier Jahren stabilisiere sich die Geschlechtsidentität; es erfolge eine Generalisierung der Konzepte „männlich-weiblich" im Sinne der Aussage: wir Jungen / wir Mädchen, wir Männer/wir Frauen. Im Alter von fünf bis sieben Jahren komme es zu einer weiteren Stabilisierung der eigenen Geschlechtsidentität im Sinne eines Verständnisses der bleibenden Unveränderlichkeit (Invarianz und Konstanz) auch bei einzelnen Veränderungen, und zwar parallel zum Erwerb anderer

Invarianzbegriffe. Das heißt, konnte man bis zu dieser Stufe zum Beispiel durch Verkleiden oder geschlechtsuntypische Verhaltensweise auf irgendwelche Art das eigene Geschlecht wechseln, so wisse man nun, daß die Geschlechtszugehörigkeit von derartigen Konkreta unabhängig ist.

In der Konsequenz postuliert Kohlberg eine andere Kausalkette als die Soziale Lerntheorie der Geschlechtersozialisation. Ausgangspunkt der Geschlechtersozialisation ist für ihn der Erwerb von Geschlechtsidentität. Die Geschlechtsidentität organisiert aufgrund des Bedürfnisses nach kognitiver Konsistenz das Verhalten in Richtung einer Übereinstimmung mit der eigenen Geschlechtsidentität, die von der kulturellen Geschlechtsrolle vorgegeben wird. Die Gelegenheit, Dinge zu tun, die mit dem übereinstimmen, was das Individuum für geschlechtsspezifisch hält, ist in sich selbst bekräftigend. Bekräftigung wird somit in ihrer Feed-back-Funktion gesehen und nicht, wie bei der Sozialen Lerntheorie, als psychisches Instrument zur Bedürfnisbefriedigung. Außerdem wird das Verhältnis von Beobachtung geschlechtsspezifischer Modelle und geschlechtsspezifischer Sozialisation umgekehrt. Die Nachahmung von Personen des eigenen Geschlechts ist eine Folge der geschlechtsspezifischen Selbstkategorisierung und der damit einhergehenden Höherbewertung geschlechtsspezifischer Aktivitäten. Eine enge emotionale Bindung an das geschlechtsspezifische Verhaltensmodell steht erst am Schluß der gesamten Lernsequenz. Kurzum, die Kinder würden ihre Geschlechtszugehörigkeit erkennen, entwickelten Geschlechtsidentität; dies führte zur Akzeptanz der Realität, zur Geschlechtsrollenübernahme, was mit einer Höherbewertung des eigenen Geschlechts einherginge, mit sogenannter Geschlechtsrollenpräferenz. Kohlbergs Theorie der Geschlechtsrollenentwicklung läßt sich wiederum mit lockeren Bezug auf Trautner (1979a) zu einem dreistufigen Hypothesensystem modifizieren:

Die kognitive Selbstkategorisierung als männlich beziehungsweise weiblich, die im Habermasschen Sinne (1976a) als Erwerb einer vorreflexiven Geschlechtsidentität bezeichnen werden kann, bildete die wesentliche Grundlage der geschlechtsspezifischen Sozialisation; Psychische Mann- und Frauwerdung hat demnach bei Kohlberg ein kognitives Fundament. Geschlechtsidentität, Geschlechtsrollenübernahme und Geschlechtsrollenpräferenz fielen weitgehend zusammen. Es ist die Hypothese, daß Kognition, Motivation und Verhalten kongruent wären. Die Entwicklung geschlechtsspezifischer Kognitionen, Motivationen und Handlungen und die allgemeine kognitive Entwicklung verliefen weitgehend parallel. Indes, trotz anderer Kausalkette, die als solche von einer gewissen Evidenz ist, wird das Ergebnis von geschlechtsspezifischer Sozialisation gleichlautend beschrieben: es ist die geschlechtsspezifische Persönlichkeit, die sich mit den Männlichkeits- und Weiblichkeitsstereotypen beschreiben läßt.

Fazit: Den Geschlechtsrollen wird in den Theorien geschlechtsspezifischer Sozialisation jener Zeit, die eine besondere Variante des Modells „bipolarer Geschlechtersozialisation" darstellen, funktionaler Charakter zugewiesen; sie werden sogar als universalistisches Phänomen dargestellt. Die Arbeitsteilung zwischen Mann und Frau, die mit der Kategorie der Geschlechtsrolle auf den Begriff gebracht wird, wäre nicht nur für die Industriegesellschaft, sondern darüber hinaus auch für die individuelle Persönlichkeitsentwicklung funktional: Das polarisiernde Geschlechtsrollensystem wäre eine notwendige Bedingung für eine gesunde Persönlichkeitsentwicklung. Andersherum formuliert: Die Aneignung oder der Erwerb der Geschlechtsrolle wird im Rahmen der Persönlichkeitsentwicklung mit sehr unterschiedlichen psychologischen oder sozialisationstheoretischen Modellen beschrieben und erklärt. Aber so unterschiedlich die psychologischen Mechanismen in diesen geschlechtsspezifischen Sozialisationstheorien Theorien auch sind, was erworben wird oder werden soll, ist in keiner Weise umstritten (vgl. Schütze, 1993, S. 553). Dies läßt sich in der Bewertung von Verhaltensmustern zeigen, die nicht im Einklang mit den Merkmalen stehen, welche die Geschlechtsrolle umfaßt. Man befürchtet, daß die Kinder erwerbstätiger Mütter geschlechtsuntypische Merkmale erwerben (vgl. Lamb 1982), oder hält den Rollentausch für schizophrenogen, weil er verhindere, daß das Kind Geschlechtsrollenidentität erlänge (Lidz 1959). Die Antwort auf unsere Untersuchungsfrage ist also, glaubte man den strukturellen Funktionalisten: wir werden zu Männern und Frauen aufgrund der geschlechterpolarisierenden Sozialisationsbedingungen. Dies ist auch gut so, weil wir sonst psychotisch würden. Pädagogisch und politisch folgte daraus, die Bedingungen herzustellen, die eben das massenweise Auftreten psychopathologisierender Sozialisationsbedingungen verhinderten. Als Widerspruch ist aufgefallen, daß implizit eine empirische Abweichung von dem bipolaren Modell zugestanden ist. Das führt zu der These, daß die affirmative Norm einer gesunden Persönlichkeitsentwicklung die Theoriebildung insoweit beeinflußt, als sie sich als Beschreibung der Genese einer geschlechtsspezifischen Persönlichkeiten explizieren läßt.

1.3 Kritische Varianten: Sie müssen sich nicht unterscheiden

Im Verlauf der siebziger Jahre wird die paradigmatische Vorherrschaft des struktur-funktionalistischen Konzepts vor dem Hintergrund der Studentenbewegung und insbesondere der sich neuerlich konstituierenden Frauenbewegung sowie der Männer- und Schwulenbewegung, kurz: Geschlechterbewegung, in Verbindung mit gesamtgesellschaftlichen Modernisierungsschüben durch ein kritisch-theoretisches Forschungsinteresse zurückgedrängt. Das Ziel, das erreicht werden soll, ist „die Herbeiführung des vernünftigen Zustandes" (Horkheimer, 1937, S. 270). Das wird durch die „Not der Gegenwart" (ebd.) motiviert, die unvernünftige gesellschaftlich Verhältnisse indiziert" (ebd.). Der paradigmatische Umschlag in den bundesdeutschen Sozialwissenschaften, insbesondere seine normativen Implikationen, läßt die dortige Diskussion des Prozesses, der als geschlechtsspezifische Sozialisation benannt wird, nicht unberührt. Innerhalb dieses Diskurszusammenhangs lassen sich stärker marxistisch und stärker feministisch orientierte Autoren unterscheiden. Die Verwurzelung in der kritisch-theoretischen Geschichtsphilosophie vereint diese beiden Ansätze, die sich insbesondere bei der Frage, ob das „Patriarchat" oder der „Kapitalismus" das vorrangige respektive ursprüngliche Problem sei, in langwierige Streitgespräche vertiefen (neuerlich Beer 1991).

1.3.1 Habermas u. a.

Es dürfte wenig verwundern, daß auch Jürgen Habermas zeitweilig an einem Ansatz zur Geschlechtersozialisation gebastelt hat. Er leistete dies am ausführlichsten im Rahmen seiner thesenartigen „Stichworte zu einer Theorie der Sozialisation", die auf ein Vorlesungsmanuskript aus dem Jahre 1968 zurückgehen (Habermas 1973b). Die Grundstruktur dieser Thesen zur psychischen Mann- und Frauwerdung aus kritisch-theoretischer Sichtweise übernimmt Habermas vorwiegend von Parsons, obzwar er partiell Ausführungen von dem bereits referierten Lawrence Kohlberg übernimmt. „Parsons macht einen interessanten Versuch, die psychosexuelle Kindheitsentwicklung aus dem Interaktionszusammenhang der Familie zu begreifen" (Habermas, 1973b, S. 138). Der entscheidende Unterschied zwischen diesen Theorierichtungen besteht wohl in der gesellschaftspolitischen Grundhaltung, die theoretisch darin zum Ausdruck kommt, daß er den Begriff Sozialisation in der Meadschen Tradition fortführt und daher den prekären Charakter alltäglicher interaktiver Identitätsarbeit besser als Parsons herausarbeiten kann.

Für Habermas ist die für die Säugetierreihe untypische Familialisierung des Mannes, die eine zureichende Pflege und Aufzucht des extrem abhängigen Nachwuchses erst ermöglicht (Habermas, 1973b, S. 134), der Ausgangspunkt für seine Theorie der geschlechtsspezifischen Sozialisation. Dieses Phänomen der untypischen männlichen Familialisierung beruhe auf der Integration der sonst getrennten Funktionsbereiche von Sexualität und Nahrungsvorsorge. Daher vereinige das Institut der Ehe eine privilegierte sexuelle Beziehung mit einer geschlechtsspezifischen Arbeitsteilung in der privaten und öffentlichen Dimension der Gesellschaft. Durch die Grundstruktur der Kernfamilie wird somit auch bei Habermas das für unsere Kultur typische Muster des Sozialisationsprozesses festgelegt: „Das Kind lernt durch Identifikation mit den Eltern Geschlechts- und Generationenrolle. An der Unterscheidung der Generationen (der „mächtigen" Eltern und der „abhängigen" Kinder) hängt die Verinnerlichung der elterlichen Autorität, die die motivationale Grundlage für sekundäres Rollenlernen überhaupt bildet. Die Identifikation mit der Geschlechtsrolle (d. h. mit den reziproken, aber nicht austauschbaren komplexen Verhaltensweisen der Geschlechter zueinander) steht unter dem (durch Reifeprozesse und Inzestverbot gesicherten) Vorbehalt einer antizipierten Rolle, die erst mit dem Erreichen des Erwachsenenstatus eingelöst werden kann. Mit dem virtuellen Rolleninhalt verbinden sich aber geschlechtsspezifische Bündel von Motivationen. Diese unterscheiden sich nach Kultur und Entwicklungsstand der Gesellschaft, aber die Variation der geschlechtsrollenspezifischen Verhaltensweisen hält sich im allgemeinen innerhalb des Spielraums einer Rollendifferenzierung, die durch die fundamentale Verknüpfung von Sexualität und Nahrungsversorge in der Familienstruktur selbst verankert ist" (a. a. O., S. 135). Mit anderen Worten: Parsons läßt an dieser Stelle grüßen und Habermas klinkt sich in die Tradition der bipolaren Geschlechtersozialisation ein. Das indiziert auch deutlich die von Jürgen Habermas zitierte Literatur, die ich gleichfalls wortgetreu wiedergebe, um die wundersame Einmütigkeit in der Beschreibung und Erklärung des männlichen und des weiblichen Wesens weiter dem Gipfelpunkt zuzutreiben. Lassen wir also den jüngsten Vertreter kritischer Theorie noch einmal selbst zu Wort kommen. Dabei wird auch der kleine, aber politisch hoch bedeutungsvolle Unterschied zwischen der von Habermas und Parsons repräsentierten Theorierichtungen unverkennbar.

Jürgen Habermas referiert erst einmal die Untersuchung von Zelditch, der sich bemüht habe, eine durchgängige geschlechtsspezifische Rollenstruktur der Kernfamilie auf der Grundlage von anthropologischem Material aus 56 Gesellschaften nachzuweisen (in; Parsons/Bales, 1955, S. 353ff). Seine beiden Annahmen lauten zum ersten: Wenn die Kernfamilie ein über Zeit stabiles soziales System darstelle, so wird sie die Rollen der instrumentellen wie der expressiven Führung ausdifferenzieren. Zum zweiten behauptet er: Wenn die Kernfamilie darin besteht, daß sie als die „normale" Ergänzung des männlichen und weiblichen Erwachsenen und ihrer direkten Nachkommen gilt, so wird der männliche Erwachsene die instrumentelle, der weibliche Erwachsene die expressive Führungsrolle spielen. „Entsprechend ist die Geschlechtsrolle der heranwachsenden Jungens eher mit Orientierungen des zweckrationalen und des leistungskompetiven Handelns, die der heranwachsenden Mädchen eher mit Orientierungen des kommunikativen und gefühlsintegrativen Handelns besetzt ..." (Habermas, 1973b, S. 136f.). So weit geht Jürgen Habermas mit der struktur-funktionalistischen Sichtweise auf die psychische Mann- und Frauwerdung mit. Aber darauffolgend macht er deutlich, daß er diese geschlechtsspezifische Persönlichkeitsstruktur nicht für ein universalistisches Phänomen halten will, daß eben ein anderes Geschlechter-Leben auf dieser Erde nicht zu realisieren wäre. Er stellt daher fest: „Die heute noch erkennbaren Unterschiede zwischen den um Geschlechtsrollen spezifisch gebündelten Motivationen lassen sich gattungsgeschichtlich aus der biosozialen Ausgangslage der Familialisierung des Mannes erklären" (Habermas, 1973b, S. 136f.)

und wären eben nicht eine Grundstruktur von Gruppen überhaupt, womit die Familie gleichfalls benannt wird. Welche Motivationen spezifisch um die Geschlechtsrolle gebündelt wären, verrät er nicht. Mit dem Hinweis auf die biosoziale Ausgangslage grenzt er sich also von Zelditch ab, der mit seinen Forschungen die von Parsons verfochtene strukturfunktionalistische Auffassung von Parsons stützen wolle, welche die Geschlechtsspezifik der Kernfamilie von biosozialen Tatsachen ganz ablöse. Die zur Kennzeichnung der Geschlechtsrollen herangezogenen Dimensionen erwiesen sich als Funktionsbereiche von gesellschaftlichen Systemen überhaupt: die Rollenstruktur der Kernfamilie entspräche dieser Auffassung zufolge *„allgemeinen* Existenzbedingungen beliebiger sozialer Gruppen und nicht den *bestimmten* Existenzbedingungen jener (universal verbreiteten) fundamentalen Einrichtung, mit deren Hilfe die Menschengattung *bestimmte* Probleme gelöst hat" (Habermas, 1973b, S. 136f.).

Diese Aussage impliziert, daß diese Probleme auch anders gelöst werden könnten, daß es andere Problem geben kann, die andere Lösungen mit sich brächten. Habermas wehrt sich also gegen den konservativen Impetus strukturfunktionalistischer Argumentation, durch die im Grunde die Geschlechtscharaktere durch die Hintertür biologistisch reduziert werden. Allerdings fragt sich, ob der Rückgriff auf vermeintliche biosoziale Tatsachen eine Lösung des Problems mit normativen Implikationen ist. Kurz, Habermas gelingt es nicht, dieses Andere zu formulieren. Er fällt nicht nur hinter seine eigenen Vorgaben, sondern auch hinter Parsons zurück, der immerhin voll und ganz auf Biologie verzichtet hat; greift man nämlich nicht auf Biologie zurück, so gibt es keine Legitimation mehr für die geschlechtsspezifische Zuweisung von öffentlichen und privaten Arbeiten des gesellschaftlichen Lebens. Indessen ist er bei der Beschreibung geschlechtsspezifischer Sozialisation Parsons zum Verwechseln ähnlich. Dieses Phänomen wird besonders deutlich, wenn man sich die Habermas'schen Ausführungen zur abweichenden und gelungenen Geschlechtsrollensozialisation anschaut. Ich zitiere: „Die Geschlechtsrollenidentifikation gelingt heranwachsenden Mädchen durch eine dauerhafte Bindung an das Modell einer Mutter, die sich eher permissiv verhält und ihrer eigenen Geschlechtsrolle sicher ist, während heranwachsende Jungens ihre primäre Identifikation mit der Mutter etwa im 4. Lebensjahr lösen und sich mit einem eher gewährenden als strafenden Vater identifizieren sollten ... es Jungens weniger oft als Mädchen gelingt, das Problem einer angemessenen Geschlechtsrollenidentifikation zu lösen. Ein punitives Erziehungsverhalten der Mutter erschwert die Geschlechtsrollenidentifikation der Söhne. Das gleich gilt für überfürsorgliche Mütter" (S. 140f.; vgl. auch Lynn, 1965, S. 74ff)" (a. a. O., S. 156f).

Von diesem Modell gelingender Geschlechtersozialisation ausgehend gelangt Habermas zu den Thesen, die das Bedingungsgefüge mißlingender Sozialisation beziehungsweise Geschlechtersozialisation nahelegen, zwei

Phänomene, die er analytisch nicht scheidet. „Auf der Folie der abweichenden Verhaltensweisen, die auf Identitätsschwäche zurückgehen, können wir die sozialen Bedingungen studieren, unter denen die Grundqualifikationen des Rollenhandelns nicht hinreichend erworben werden können. An ihnen können die Annahmen kontrolliert werden, die dahin gehen, daß die Grundqualifikationen des Rollenhandelns in der primären Kindheitsentwicklung nur dann für die Ausbildung einer relativ starken Ich-Identität zureichen, wenn in dieser Periode eine bestimmte motivationale Grundlage geschaffen und eine bestimmte Form der Kommunikation erlernt (und die kognitive Entwicklung in diesen Rahmen integriert) wird. Die motivationale Grundlage wird durch eine komplexe Geschlechtsrollenidentifikation und durch eine Verinnerlichung der elterlichen Autorität (moralisches Bewußtsein); die Sprachkompetenz wird durch Einübung in die gebrochenen Individuierung ermöglichende Intersubjektivität der Verständigung zwischen Familienmitgliedern (und der Familie mit ihrer Umwelt) gewonnen" (Habermas, 1973b, S. 157). Wenn diese Grundlagen zustande gekommen sind, die „Internalisierung von sog. Basisrollen (Geschlecht/Generation)" (ebd.) dem Subjekt gelungen ist, dann sind weiterhin zwei unterschiedliche Formen abweichender Sozialisation möglich, die er am Beispiel schizophrenoger Familienkonstellationen ausführt: „Die *Untersuchungen schizophrenogener Familien* ... sind geeignet, die Grundannahmen einer Theorie der Sozialisation zu stützen: psychotische Störungen, die wir als eine extreme Hemmung der Genese von Ich-Identität auffassen können, treten dann ein, wenn am Ende der primären Kindheitsentwicklung die Grundqualifikationen des Rollenhandelns nicht erlernt, d. h. zwei Probleme nicht oder nicht zureichend gelöst sind - eine komplexe Geschlechtsrollenidentifikation und eine auf dem Generationsunterschied beruhende reflexionsfähige Verinnerlichung der elterlichen Autorität einerseits, die Einübung in die gebrochene Intersubjektivität umgangssprachlicher Kommunikation, d. h. vor allem in den reflexiven Sprachgebrauch andererseits" (a. a. O., S. 170f.; vgl. Lidz 1963; Lidz u. a. 1959;, Foudraine 1961; Misher/Waxler 1967). Hierbei hält er für zentral:

„Ferner finden sich in schizophrenogenen Familien keine klar differenzierten Geschlechtsrollen. Das unbalancierte der Eltern hat meistens in der diffusen Ausprägung ihrer Geschlechtsrolle ihre Ursache. *Wo aber die Identität der Geschlechter entweder verwaschen ist oder wo die Geschlechtsrollen zwischen den Eltern faktisch vertauscht sind, fehlen die Modelle, die für die Identifikationsprozesse der Kinder notwendig sind.*
Die Deformation der Geschlechts- und Generationsrollenstruktur führt zu *Eltern-Kind-Beziehungen*, die durch Exploitation des Machtgefälles bestimmt sind. Es ergeben sich zweiseitige Koalitionen zwischen dem Kind und einem Elternteil und entsprechende Rivalitätsverhältnisse, die eine gleichzeitige Orientierung des Kindes an einer Elternkoalition unmöglich machen. So können die Kinder im Konflikthaushalt der Eltern Funktionen übernehmen, ohne daß sie Anregungen empfingen oder über den Spielraum verfügten, um eine eigene Identität auszubilden. Das Fehlen der Generationsschranke ermöglicht die Absorption der Abhängigen, die das Leben eines Elternteils leben müssen. Zusammengenommen

mit der diffusen Ausprägung der Geschlechtsrolle können sich unter diesen Bedingungen quasi-inzestuöse Bindungen und symbiotische Beziehungen in allen denkbaren Kombinationen über die frühe Kindheit hinaus erhalten. Die deformierte Rollenstruktur verhindert, was Freud den Untergang des ödipalen Konflikts genannt hat" (Habermas, 1973b, S. 172).

„Die Rollenstruktur der Familie soll die Aufrechterhaltung der Generationsschranke ebenso wie eine klare Differenzierung der Geschlechtsrollen erlauben. Ferner soll ein balanciertes Verhältnis zwischen den Eltern bestehen, das bei erkennbar konfligierenden Rollen, problematisierbarer Arbeitsteilung und Unterschieden der Orientierung vor den Augen der Kinder ein komplementäres Verhalten, als ein gewisses Maß an solidarischem Handeln ermöglicht, ohne daß ein Partner den anderen dominiere" (a. a. O., S. 176; Hervorhebung durch B. H.).

Die Differenz zwischen Habermas und Parsons scheint einzig und allein die normative Grundlage des Forschungsprozesses zu sein. Während Parsons mit dem existierenden geschlechtsspezifischen Sozialcharakter zufrieden ist, befindet sich Habermas auf der Suche nach einer Alternative, weil er mit den gesellschaftlichen Verhältnissen hadert. Diese Alternative findet er allerdings nicht. Dies zeigt sich insbesondere in den Ausführungen zu Psychosen fördernden Sozialisationsbedingungen, bei denen er wiederum die Argumentationsfiguren des Modells wiederholt, dem affirmative Wirkungen unterstellt sind. Kurzum, als Eindruck bleibt hängen, daß auch Habermas der Denkungsart bipolarer Geschlechtersozialisation nicht zu entkommen vermag. Das wird besonders deutlich, wenn wir uns abschließend seiner Theorie des kommunikativen Handelns widmen. Dort bestimmt er nochmalig die Elemente des männlichen und des weiblichen Sozialcharakters sowie dessen Ursachen: „Im übrigen verfügen die Frauen aus dem historischen Erbe der geschlechtlichen Arbeitsteilung, der sie in der bürgerlichen Kleinfamilie unterworfen waren, über Kontrasttugenden, über ein zur Männerwelt komplementäres, der einseitig rationalisierten Alltagspraxis entgegengesetztes Wertregister" (Habermas, 1988b, S. 579). Analog zu Habermas argumentiert ebenfalls an einschlägiger Stelle Klaus Hurrelmann (1973, S. 24, S. 28f.), den ich aus Platzgründen nicht zitieren kann.

Vergleicht man die struktur-funktionalistische und die kritisch-theoretische Antwort mit marxistischem Schwerpunkt auf die Frage nach der psychischen Mann- und Frauwerdung, so kommt man zu dem Schluß, daß sie das Sein gleichartig bestimmen. Sie unterscheiden sich indes erheblich in der Bestimmung des Sollens, was auf die Erklärung der gesellschaftlichen Wirklichkeit rückwirkt. Vorsichtiger formuliert: Die letztgenannte Richtung hält ein anderes Sein für möglich, während die erstgenannte sich aufgrund der Forschungslage nicht dazu durchringen kann, eine derartige Position zu vertreten. In der Bestimmung der männlichen und weiblichen Geschlechtsidentität in der gesellschaftsgeschichtlichen Ausprägung in der Zeit nach dem zweiten Weltkrieg besteht auf jeden Fall schulenübergreifender Konsens (Bertram, 1981, S. 67). Hieran ändert auch die schichtenspezifische Differenzierung der Geschlechtersozialisation nichts, der ja eine Pluralität der Geschlechter begriffsimplizit ist. Man konstatiert: „Die geschlechtsspezifische Arbeitsteilung und das Autoritätsgefälle zwischen den Eltern ist stärker in der Unterschicht als in der Mittelschicht (wo das Verhältnis zwischen den Eltern eher balanciert ist)" (Habermas, 1973b, S. 178); die Konsequenzen werden nicht diskutiert; die Bestimmung des Geschlechtscharakters als bipolar, dualistisch, dichotom wird nicht aufgegeben, bipolare Geschlechtersozialisation wird behauptet.

1.3.2 Bilden u. a.

Es gilt nun zu fragen, inwieweit sich der feministische Ansatz zur Geschlechtersozialisation in die Tradition der bipolaren Geschlechtersozialisation einreiht. Immerhin wird mittlerweile geschlechtsspezifische Sozialisationsforschung mit dem feministischen Ansatz synonymisiert. Im Rahmen einer Gesamtschau der Sozialisationsforschung stellt Geulen fest: „Bei der vorrangig durch die untersuchte Population definierten Sozialisationsforschung ist an erster Stelle die Literatur zur geschlechtsspezifischen Sozialisation zu nennen, die überwiegend durch das Selbstverständnis der neueren Frauenbewegung bestimmt wird" (Geulen, 1991, S. 38). Diese Gleichsetzung von feministischer Forschung und geschlechtsspezifischer Sozialisationsforschung ist ganz im Sinne der Protagonisten dieser wissenschaftlichen Disziplin, die diese expansiv okkupiert haben, derzeit jedoch das Fehlen von Männern innerhalb der geschlechtsspezifischen Sozialisationsforschung beklagen.

Die feministische Theoriebildung zur geschlechtsspezifischen Sozialisation beginnt laut Metz-Göckel (1986, S. 86) mit dem Modell geschlechtsspezifische Leistungskompetenz. Als deren herausragende Vertreterinnen können - ohne Anspruch auf Vollständigkeit - Bilden (1980), Scheu (1977) sowie Beck-Gernsheim (1980) angeführt werden. Es stellt den feministischen bundesdeutschen sozialwissenschaftlichen Mainstream in dem Zeitraum von Mitte der siebziger bis Mitte der achtziger Jahre dar. Außerhalb des feministischen Diskurses scheinen diese Antworten auf den Geschlechtsunterschied wenig positive Resonanz gefunden zu haben. „Diese Publikationen wurden in Frauenzusammenhängen breit rezipiert. (Es fällt auf, daß diese Texte vor allem von Frauen gelesen und in Lehrveranstaltungen und Publikationen verbreitet wurden. Sie sind noch „mit Schaum vor dem Mund" geschrieben, deutete mir ein Kollege an ...)" (Metz-Göckel, 1988, S. 86). Meiner Kenntnis nach werden die Kerngedanken von Helga Bilden im Handbuch für Sozialisationsforschung unter dem Stichwort „Geschlechtsspezifische Sozialisation" (1980, S. 785-807) exakt wiedergegeben und der nichtfeministischen Sozialisationsforschung unterbreitet. Mittlerweile bildet dieser Ansatz das theoretische Fundament sozialpädagogischer Bemühungen vermeintlich moderner Jungen- und Mädchenerziehung (vgl. Hoffmann 1994). Bilden orientiert sich an den anderen genannten Autorinnen und verzichtet vollständig auf eine kritische Reflexion bisher geleisteter sozialwissenschaftlicher Theoriebildung zur geschlechtsspezifischen Sozialisation. Es wird der Eindruck untergeschoben, geschlechtsspezifische Sozialisationsforschung begänne mit der feministischen Frauenforschung. Deutlich wird darüber hinaus, daß nicht nur ein Konzept zur weiblichen, sondern eines zur weiblichen und männlichen Sozialisation vorgelegt wird: Die Tradition geschlechtsspezifischer Sozialisationsforschung wird demnach tradiert.

Als zentrales Moment der Sozialisation zum Mann und zur Frau wird die sogenannte „geschlechtsspezifische Arbeitsteilung" beziehungsweise „geschlechtshierarchisierende Arbeitsteilung" angenommen. Diese Kategorien werden zu jener Zeit hauptsächlich von Elisabeth Beck-Gernsheim ausgearbeitet, wobei ich mich auf die Monographie von 1980 beziehe. Dort überträgt sie den subjektbezogenen Ansatz der Berufstheorie (Beck/Brater 1978) auf die geschlechtsspezifische Sozialisationsforschung und Geschlechtersoziologie[6]. Das Sozialisationsergebnis benennt sie dementsprechend „männliches Arbeitsvermögen" und „weibliches Arbeitsvermögen". Dabei wird von Beck-Gernsheim nicht als Problem gesehen, daß es zu Forschungsartefakten führen kann, wenn ohne metatheoretische Reflexion Kategorien des einen Forschungsbereichs auf einen anderen übertragen werden (vgl. Geulen/Hurrelmann, 1980, S. 82). Das heißt, es wird die Frage zum Beispiel von Beck-Gernsheim nicht erörtert, ob es in diesem Fall zulässig ist, den berufsbezogenen Forschungsansatz, der von einer Vielzahl an Berufen und Anforderungsstrukturen ausgeht, auf zwei Berufe und Fähigkeitsmuster, nämlich den Berufsmann und die Hausfrau zu reduzieren, ohne daß die Kategorie Arbeitsvermögen ihre erkenntnisaufschließende Kraft verliert oder geschlechtsspezifische Sozialisationsforschung in die Irre geführt wird. Schließlich werden die Differenzierungen unter Männern und unter Frauen, die durch den berufsbezogenen Forschungsansatz betont werden, kategorial negiert. Dieser offensichtliche Widerspruch müßte wenigstens diskutiert werden, damit er nicht in eine Forschungssackgasse weist, sondern als Problem erkannt und gelöst werden kann.

Wie dem auch sei, sie stellt fest: „*Die Zuweisung zu Beruf / Hausarbeit ist die soziale Grundlage der Geschlechtsrollen, wie wir sie heute kennen. Sie bestimmt das, was männliche / weibliche „Normalbiographie"* (Levy 1977) *uns vertraut ist; sie ist das wesentliche Unterscheidungsmoment zwischen männlichem und weiblichem Lebenszusammenhang.* Darin angelegt sind je bestimmte Erfolgsziele und Lebenspläne, je typische Erwartungen und Ängste, Hoffnungen und Enttäuschungen. Hier Heirat, Geburt der Kinder, Erwachsenwerden der Kinder; dort Berufseintritt, Beförderung, Pensionierung -

---

[6] Ich verzichte auf die Untersuchung der Frage, ob dieser Ansatz den sozialisationstheoretischen Postulaten genügt oder Geschlechtersoziologie ist.

all diese Ereignisse, die zu Fixpunkten der individuellen Biographie werden, sind Folgen der geschlechtsspezifischen Arbeitsteilung, die in die unmittelbarste, persönlichste Erfahrung von Männern und Frauen sich umsetzen" (Beck-Gernsheim, 1980, S. 24). Dieses gesellschaftstheoretische Axiom wird sozialisationstheoretisch vor allem mittels kritisch-psychologischer und tätigkeitspsychologisch-kulturhistorischer Kategorien ausgeführt, deren normative Implikationen mit der kritischen Theorie deckungsgleich sind. Ich zitiere den Kerngedanken der feministischen Theorie geschlechtsspezifischer Sozialisation in voller Länge: „Für die Sozialisation von Männern und Frauen heißt das ... Ihr zentrales Moment ist die *Arbeitsteilung nach Geschlecht* in ihrer historisch gewordenen Form: Männern ist *Berufsarbeit*, die anerkannte gesellschaftliche Form von Arbeit / Produktion, zugewiesen, Frauen vorrangig *private Reproduktionsarbeit*, d. h. Hausarbeit incl. Kindererziehung .... Diese unterschiedlichen Formen von Arbeit in unserer Gesellschaft unterscheiden sich in der Art, wie ihr Gegenstand strukturiert und organisiert ist, in Arbeitsmitteln und -methoden, in der „Konstruktion" des Wissens, in Zeitstrukturen und Verkehrsformen. Sie haben sich in dieser Form, in ihrer Getrenntheit und Komplementarität mit dem Kapitalismus, der Industrialisierung entwickelt ..." (Bilden, 1980, S. 785).

Bei Berufs- und Hausarbeit handelte es sich der Theorie nach demnach um zwei grundverschiedene Tätigkeiten. „Berufsarbeit als diejenige Arbeit, die den Gesetzen des Marktes untersteht, folgt primär der Logik des Tausches; ihr entsprechen Einstellungen und Verhaltensweisen, die Durchsetzung in solchen Tauschbeziehungen ermöglichen, also etwa Sachlichkeit und nüchterne Kalkulation, aber auch Karrieredenken, Konkurrenzstrategien und eine gewisse Portion Rücksichtslosigkeit. Im Gegensatz dazu ist die Arbeit in der Familie auf unmittelbare Bedürfnisbefriedigung, und zwar im Kontext naher und vertrauter Personen, ausgerichtet; ihr entsprechen Fähigkeiten und Situationsdeutungen, die ein unmittelbares Eingehen auf physische und psychische Bedürfnisse ermöglichen, so z. B. intuitiv-gefühlsbestimmte Verhaltensweisen, Geduld und Beharrlichkeit, Einfühlungsvermögen, Bereitschaft zur Einfügung und Anpassung an andere" (Beck-Gernsheim, 1980, S. 25). Um sie ausüben zu können, müßten Frauen und Männer im Verlauf ihrer Sozialisation differente Kompetenzen und Bedürfnis- wie Motivstrukturen erwerben. Diese unterschiedlichen Fähigkeitsmuster seien weitgehend identisch mit den Eigenschaften, die im Sinne der vermeintlich vorurteilsbeladenen Geschlechtsstereotype, Männer und Frauen zugeschrieben würden. „Die wissenschaftlichen und alltäglichen Vorstellungen von polar-komplementären Geschlechtsrollen und Geschlechtscharakteren bzw. Geschlechtsrollenstereotypen sind Reflex und harmonisierende ideologische Legitimierung dieser Arbeitsteilung und der Unterdrückung von Frauen und Männern durch sie. ... *Als organisierende Momente männlicher und weiblicher Sozialisation* sehe ich sowohl die *Arbeitsteilung* direkt, über die zugewiesen Tätigkeit, als auch diese *normativen Rollen- und Charaktervorstellungen* und die damit verbundene *gesellschaftliche Macht und Bewertung* von Mann und Frau, Männlichkeit und Weiblichkeit; denn sie *konstituieren unterschiedliche Lebensbedingungen* für Männer und Frauen innerhalb derselben Gesellschaft, derselben Familie, Schulklasse usw." (ebd.). Mit anderen Worten, die unterscheidbaren und als polar-komplementär zu bezeichnenden weiblichen und männlichen Kompetenzmuster würden zum einen direkt durch ein Leben in der Arbeitsteilung gewonnen; und mit dieser Annahme wird das Geschlechtsstereotyp zu einer hinreichend genauen Wirklichkeitsbehauptung, das nicht mehr, wenn zum Beispiel feministisch argumentiert wird, als Stereotyp bezeichnet werden kann. Zum anderen bestimmten diese Fähigkeitsmuster in der Form von verdinglichten Annahmen über das Wesen, über die Rolle und den Charakter von Mann und Frau die konkreten und alltäglichen Verhaltenserwartungen an Männer und Frauen. „Sie *leiten*, sei's durch *sachlich-soziale* Anforderungsstrukturen (Umgang mit Puppen - mit technischem Gerät; sich im Haus bewegen, häusliche Aufgaben übernehmen - weitergespannten, stark außerhäuslichen Aktionsradius haben), sei's durch *elterliche Stimulation, Unterstützung, Kanalisierung*, durch Vorbild, Lob und Tadel die Art, wie Mädchen und Jungen schon als Kinder die Welt, incl. ihres eigenen Körpers, aneignen"." (Bilden, 1980, S. 786). Somit wird behauptet, daß männliche und weibliche Individuen „von der Geburt an mit unterschiedlichen „Welten" konfrontiert" (a. a. O., S. 785) wären und zu differenten Persönlichkeiten würden, die sich in ihrer Unterschiedlichkeit auf eindrucksvolle Art und Weise ergänzten.

Dieser feministischen Theorie geschlechtsspezifischer Sozialisation liegt mit anderen Worten der Annahmenkomplex zugrunde: Das männliche Subjekt als auch die ihm zugewiesene beziehungsweise seinem Fähigkeitspotential angemessene Produktionssphäre sei durch die männlichen Geschlechtsrollenstereotype beschreibbar; das weibliche Subjekt als auch die ihm zugewiesene beziehungsweise seinem Fähigkeitspotential angemessene Reproduktionssphäre hingegen sei durch die weiblichen Geschlechtsrollenstereotype charakterisierbar; grundsätzlich wäre die gesellschaftliche Stellung des männlichen Subjekts höherwertig[7]. Die männlichen Subjekte würde mit dem Erwartungshorizont „Berufsmann/Familienernährer/Ehemann/Heterosexualität/Männlichkeitsstereotype" und die weiblichen Subjekte mit „Hausfrau/Mutter/Ehefrau/Heterosexualität/Weiblichkeitsstereotype" sozialisiert. Damit einher gingen die „differierenden Lebens- und d. h. Sozialisationsbedingungen" (Bilden, 1980 S. 778) für beide Geschlechter, die vom ersten Lebensmonat an quasi lebenslänglich verarbeitet werden müßten, die alle gesellschaftlichen Teilbereiche durchzögen und als Geschlechtsrollenstereotypen ein symbolisches Eigenleben hätten. Zwar spricht Bilden (wie auch andere) von „im Prin-

---

[7] Ist es nicht die feministische Gesellschaftstheorie, die die These von der Ungleichwertigkeit der Sphären argumentiert, um die feministische Politik zu legitimieren?

zip differierenden ..." (Bilden, 1980, S. 778) und kennzeichnet ihre Argumentation als idealtypisch. Aber wird das unterstellt, so ist die Theorie bipolarer Geschlechtersozialisation nicht mehr kritisierbar. Zumindest gilt hier festzustellen, daß sie dem Problem „Idealtypus" nicht weiter nachgeht; vielmehr und damit im Widerspruch stehend wird suggeriert, die Argumentation sei empirisch abgesichert, werden doch eine Vielzahl an empirischen Belegen für das Zwei-Welten-Theorem aufgeführt. Jedenfalls wird das Problem nicht diskutiert, das aus der Arbeit mit Idealtypen folgt (vgl. Hempel 1965), und somit wird es forschungsstrategisch nicht fruchtbar gemacht. Daher ist es legitim, diesen Ansatz forschungsmethodisch als eine realistische Wirklichkeitsbehauptung zu explizieren.

Vergleicht man diese Argumentation mit den bisher referierten, so fällt auf, daß die Beschreibung des Produkts geschlechtsspezifischer Sozialisation traditionell ausfällt und die Gesellschaft in nahezu gleichlautender Art beschrieben wird. Der Unterschied liegt zum einen in der Ablehnung eines universalistischen Geschlechtscharakters, eine These, die sich bereits bei den marxistischen Theoretikern an zentraler Stelle nachweisen läßt. Zum anderen ist die Differenz in den angenommenen psychologischen Gesetzmäßigkeiten zu sehen. Hier wird vor allem auf die kritisch-psychologische und kulturhistorisch-tätigkeitspsychologische Argumentation rekurriert. Das hat bei Bilden (1980) und Scheu (1977) zur Folge, daß das geschlechtsspezifische Spiel als dominanter Sozialisationsmechanismus erscheint und nicht die Kategorien „Identifikation", „Imitation" oder „Sanktion". „Wenn das Spiel eine entscheidende Rolle in der Entwicklung von Kindern hat, bedeutet diese frühe Unterscheidung der Aktivitäten, der geschlechtsspezifische Umgang mit geschlechtsspezifisch ausgewählten Gegenständen, mit einer in Vorwegnahme der Arbeitsteilung der Geschlechter vororganisierten Kinderwelt, daß scheinbar in ganz derselben Welt lebende Mädchen und Jungen zu einem beträchtlichen Teil verschiedene Entwicklungsbedingungen haben" (Bilden, 1980, S. 790). Diese Sicht der Dinge gipfelt in der Aussage, „daß die Mädchenspiele Unterwerfung unter Monotonie wie die der Hausarbeit oder Fließbandarbeit vorwegnehmen" (ebd.) und wird von der Autorin in der These zusammengefaßt: „Viele Mädchen „werden mehr sozialisiert", ihr Sozialisationsmodus ist eher „passiv". Bei Jungen spielt meist die Selbstsozialisation eine größere Rolle, ihr Sozialisationsmodus ist mehr „aktiv" (a. a. O., S. 792). Mit anderen Worten, man geht gleichfalls von der These aus, „daß die heute bestehenden psychischen und physiologischen Unterschiede zwischen den Geschlechtern (ausgenommen die direkt mit Gebär- und Zeugungsfunktion verbundenen biologischen Unterschiede) einzig Resultate der herrschenden gesellschaftlichen Verhältnisse zwischen den Geschlechtern - der geschlechtsspezifischen Arbeitsteilung - sind" (Scheu, 1977, S. 113). Als Erklärungsmechanismus wird das kindliche Spiel genannt, wodurch interessanterweise die unmittelbare sozialisatorische Wirkung geschlechtsspezifischer Arbeitsteilung in der Familie in der Form der subjektiven Wahrnehmung theoretisch nachrangig wird. Das ist ein wissenschaftsgeschichtlich hervorragendes Phänomen für einen Ansatz zur geschlechtsspezifischen Sozialisationstheorie mit soziologischem Schwerpunkt. Indes halte ich es für naheliegend, daß das Spiel eine von mehreren Sozialisationsbedingungen psychischer Mann- und Frauwerdung ist, deren jeweilige Relevanz und Interaktion empirisch aufgeklärt werden könnte.

1.3.3 Hagemann-White u.a.

Das Modell, dessen Charakteristikum Metz-Göckel (1988, S. 86ff.) in der Behauptung einer geschlechtsspezifischen Beziehungskompetenz sieht, taucht in der Bundesrepublik Deutschland zu Beginn der achtziger Jahre auf. Es scheint sich jedoch mehr durch eine eigenwillige Weiterführung psychoanalytischer Begrifflichkeit auszuzeichnen, die in begründeter Abgrenzung zum kulturhistorischen Ansatz einer feministischen Sozialisationstheorie skizzenhaft ausgeführt wird. Schließlich überzeugt die Metz-Göckelsche Begriffsbildung, sprich ihre Dichotomisierung von Leistungs- und Beziehungskompetenz, wenig, weil eine Leistungskompetenz ohne Beziehungskompetenz so wenig vorstellbar ist wie eine ohne Leistungskompetenz realisierte Beziehungskompetenz. Anders ausgedrückt, es ist davon auszugehen, daß „in feministischen Erklärungsansätzen zur Genese polarer Geschlechtscharaktere und zur Reproduktion männlich dominierter Institutionen ... sich seit etwa 1983/84 eine Dimension etabliert (hat), der bis dahin in soziologischen Untersuchungen und sozialhistorischen Rekonstruktionen wenig Bedeutung beigemessen wurde: die Dimension psychoanalytischer Erklärungen der in Primärbeziehungen gestifteten geschlechtsgebundenen Identität" (Großmaß, 1989, S. 172). Korrekter gesprochen, die feministische geschlechtsspezifische Sozialisationsforschung fängt Mitte der achtziger Jahre an, das psychoanalytische Vokabular wiederzuentdecken. Denn vor der feministischen Offensive ist es das zentrale Konzept zur Explikation des psychologischen Parts von (geschlechtsspezifischer) Sozialisation. Von der Freudsche feministischen Sozialwissenschaft wird es allerdings, insbesondere die Konzeption der ödipalen Krise, vernichtend kritisiert (vgl. Mertens, 1991, S. 84, Tillmann, 1989, S. 69ff.).

Die feministische Weiterentwicklung psychoanalytischer Konzeptionen psychischer Mann- und Frauwerdung geht vor allem auf Diskussionen im englischsprachigen Raum zurück. Die bekannteste Vertreterin und eigentliche Entwicklerin dieses Modells ist Nancy Chodorow (deutsch 1985, englisch 1978), wie Bilden (1991, S. 280, S. 295) zu recht feststellt. Hagemann-White (1984) faßt es hinreichend genau für die bundesdeutsche Fachöffentlichkeit zusammen. Exponierte Vertreterinnen der bundesdeutschen Frauenforschung behaupten sogar in einem auf eine Vorlesungsreihe „Einführung in die Frauenforschung" an der Universität Dortmund zurückgehenden Buch, mit dem der Anspruch verbunden ist, eine „Zwischenbilanz der Frauenforschung" (Metz-Göckel/Nyssen 1990) zu ziehen: Bei der Arbeit von Carol Hagemann-White (1984) handle es sich um „die einzige bisher vorliegende Theorie geschlechtsspezifischer Sozialisation, die „Geschlecht als soziale Kategorie" systematisch in die Analyse mit einbezieht" (Nyssen, 1990, S. 11).

Wie dem auch sei, dieser Ansatz wird gegenwärtig in unterschiedlichen Zusammenhängen verwendet und hat beispielsweise in der Diskussion um eine geschlechtsspezifische Moralentwicklung hitzige Diskussionen ausgelöst (zusammenfassend Nunner-Winkler Hrsg. 1991). In den sozialpädagogischen Konzepten für eine scheinbar zeitgemäße Jungen- und Mädchenerziehung stellen diese Argumentationen einen wichtigen theoretischen Hintergrund dar, egal, ob man nur „Jungenarbeit", nur „Mädchenarbeit" oder beides praktiziert (vgl. Hoffmann 1994). Interessant für die weitere Theorieentwicklung erscheint mir, daß das psychoanalytische Modell in expliziter Abgrenzung zu dem Modell entwickelt wird, das von Bilden u. a. bevorzugt wird. Die Gründe für den „Paradigmenwechsel" sind anzuführen.

Carol Hagemann-White (1984) gesteht dem tätigkeitspsychologischen Modell einerseits eine gewisse wissenschaftliche und politisch Fruchtbarkeit zu, wenn sie mit Bezug auf Scheu (1977) schreibt: Diese habe exemplarisch deutlich gemacht, daß es sich bei diesem Ansatz um „eine vielversprechende Strategie, dem Biologismus entgegenzutreten" handelt (Hagemann-White, 1984, S. 76); es ist meiner Auffassung nach von einer gewissen Kuriosität, daß die struktur-funktionalistischen Ansätze, wie sie von Parsons/Bales, Bandura, Mischel oder Kohlberg vertreten werden, als biologistisch bezeichnet werden. Andererseits formuliert sie die vernichtende Bewertung: „Die Logik des Rückgriffs auf Erziehung in frühen Jahren kann als systematischer Rekurs stringenter gemacht und bis zur Geburt fortgesetzt werden. In einer Gesellschaft, die nach Geschlecht polarisiert, ist die These von Scheu einleuchtend, daß jede erscheinende Unterschiedlichkeit schon eine Geschichte hat. Die Grenze dieser theoretischen Strategie wird aber in der Umsetzung sichtbar, indem *„die Logik des Gegners"* beibehalten wird. Um mit Belegen aus der positivistischen Empirie die frühe Beeinflussung zu verdeutlichen, gerät Scheu in den Zwang, eine zu große Einheitlichkeit des Verhaltens von Müttern und Vätern, sowie eine gradlinige Wirksamkeit der Erziehungsmaßnahme zu unterstellen" (Hagemann-White, 1984, S. 76; Hervorhebung durch B. H.). Dies sei nicht sehr überzeugend, weil „die ausgedehnte empirische Forschung zur Geschlechtersozialisation (insbesondere in den USA) ... enttäuschend wenig Ergebnisse hervorgebracht (hat), die auffällige Unterschiede zwischen den Geschlechtern begründen würden" (Metz-Göckel, 1988, S. 86), wie Hagemann-White auf den Seiten achtundvierzig bis dreiundsiebzig unter der Überschrift „Mittel, Wege und Wirkungen geschlechtsspezifischer Erziehung" und auf den Seiten neun bis siebenundvierzig unter der Fragestellung „Sind geschlechtsspezifisch unterschiedliche Charaktere empirisch nachweisbar?" ausführt.

Vor diesem empirischen Hintergrund, der uns noch im Kapitel zum Modell „biplurale Geschlechtersozialisation" beschäftigen wird, stellt Hagemann-White weiterhin in Abgrenzung zu der feministischen Theoriebildung der siebziger Jahre fest: „Zwar betont Scheu (anders als z. B. Belotti 1975) das Widerstandspotential von Mädchen, das sie gewissermaßen existentialistisch ableitet: Es ist schlechthin menschlich, sich mit Unterdrückung und Beschränkung nicht abfinden zu wollen. Doch was als Widerlegung von biologistisch behaupteten Unterschieden begann, gerät in den Sog, eine eigene Erklärung für den weiblichen[8] Sozialcharakter zu liefern, so daß am Ende der Eindruck siegt: Mädchen sind gefühlsbetonter, an Personen interessierter, abhängiger, braver - aber eben nicht so geboren, sondern dazu gemacht worden. Um dem Argument gesellschaftlicher Verursachung Gewicht zu verleihen, wird dem *Gegner* am Ende viel mehr zugestanden, als er auf empirisch-positivistischer Basis hätte beanspruchen können" (Hagemann-White, 1984, S. 76f.; Hervorhebung durch B. H.). Deshalb vertritt sie die These, daß „eine zureichende Theorie des weiblichen Sozialcharakters" (a. a. O., S. 77), und damit eine adäquate Antwort auf die Frage nach der psychischen Mann- und Frauwerdung, „nicht an der Subjektivität vorbei(kommt)" (ebd.).

Zwar ist diese These von Hagemann-White zutreffend. Aber das ändert nichts an der Tatsache, daß ihre Kritik nachhaltig irritiert. Denn Bilden wie Scheu beziehen sich explizit auf einen psychologischen Ansatz, der sich darauf konzentriert, die Genese psychischer Strukturen, sprich: die Herausbildung von Subjektivität, zu erklären. Kurz, es dürfte jeden Sozialisationstheoretiker verwundern, daß der Sozialisationstheorie unterstellt wird, sie thematisiere nicht die Subjektivität. Die Behauptung, dies würde nur die Psychoanalyse leisten, überzeugt wenig, weil deren besonderes Merkmal nicht die Untersuchung von Subjektivität ist, vielmehr zeichnet sie sich durch eine besondere Art der Untersuchung der Genese von Subjektivität aus: Ihr Erkenntnisgegenstand, jedenfalls in ihrer Ausprägung als psychoanalytische Sozialisationsforschung, ist der Prozeß der Subjektwerdung des Individuums, und zwar in der Weise, und hier liegt das zentrale Charakteristikum eben dieser Form von Sozialisationsforschung, wie er sich als psychische Realität erinnern läßt. Primärer Ort der Erkenntnisgewinnung ist die therapeutische Situation, in der sich Analysand und Analytiker dialogisch aufeinander beziehen. Aus den unzähligen kasuistischen Erfahrungen und Mitteilungen praktizierender Psychoanalytiker wird im Laufe der Jahre ein tendenziell generalisierungsfähiges Bild über zeit- und kulturspezifische konflikthafte Sozialisationserfahrungen und über die konstituierenden Momente eigener Subjektivität entwickelt. Ne-

---

[8] Es sei ein weiteres Mal betont, daß auch eine explizite Theorie männlicher Sozialisation formuliert wird.

ben dem analytischen Dialog werden mittlerweile eine Reihe an Erkenntnisverfahren verwendet, wie sie in der empirischen Sozialisationsforschung üblich sind. Diese konstituieren jedoch eine grundsätzlich andere Erkenntnisebene (vgl. Mertens, 1991, S. 78).

Hagemann-White versucht sich also an einer psychoanalytischen Theorie geschlechtsspezifischer Sozialisation, wobei sie sich hauptsächlich auf Nancy Chodorow (1985) bezieht, deren Kernthese sie ausführt. Festzuhalten bleibt erst einmal, daß der Rezipient bereits vor Kenntnisnahme dieser Theorie vermuten darf, daß die Frage nach dem Wesen der Geschlechter auf andere Art und Weise beantwortet wird. Schließlich grenzt sich Hagemann-White ja explizit von der Tradition feministischer und nichtfeministischer Theoriebildung ab. Ob hier tatsächlich eine neuartige Antwort gegeben wird, soll nun geklärt werden.

Das feministische psychoanalytische Modell basiert auf einer eigenwilligen Verbindung von psychoanalytischer Begrifflichkeit und feministischer Gesellschaftstheorie. Bei diesem feministischen Ansatz wird nicht das Konstrukt der polaren Geschlechtscharaktere, sondern das „biologistische" Erklärungsmodell der klassischen Psychoanalyse kritisiert: „Es gibt keine einzige biologische Erklärung dafür, warum Mütter ihre kleinen und größeren Kinder bemuttern" (Chodorow, 1985, S. 44). Mit anderen Worten formuliert, die stark an die marxistische Theoriebildung zur geschlechtsspezifischen Sozialisation erinnern: „Die ausgedehnte und nahezu exklusive Rolle der Frauen als Mutter ist ein Produkt der sozialen und kulturellen Übertragung ihrer Fähigkeiten, zu gebären und zu stillen" (a. a. O., S. 45). Das heißt, die polaren Geschlechtscharaktere seien Ausdruck konkreter soziohistorischer Verhältnisse, die den Mädchen und Jungen jedoch nicht übergestülpt würden, sondern die sie sich aktiv aneigneten. Damit begännen die Heranwachsenden bereits in den ersten Lebensmonaten, so will es zumindest die vielgelesene Nancy Chodorow, kürzer argumentiert Hagemann-White (1984) und größere Differenziertheit wird Jessica Benjamin (1990) zugesprochen (vgl. z. B. Bilden, 1991, S. 295).

Die geschlechtsspezifische Welt fordert geschlechtsspezifische Kompetenzen, die mit Beginn der ersten Lebensmonate erworben werden müßten. Dies geschähe innerhalb der vollständigen bürgerlich-patriarchalen Kleinfamilie, in der die erste Kontaktperson des Kindes die Mutter wäre. Das Kind wolle und müsse sich schrittweise aus der psychischen Abhängigkeit von der allmächtigen Mutter befreien. Ansonsten könnte es keine Autonomie erlangen. Dieser Autonomisierungsprozeß verlaufe für Jungen und Mädchen grundsätzlich anders, sprich polar. Einmal mit Hagemann-White gesprochen: „Selbst wenn wir annehmen könnten, daß die Erwartungen, mit denen die Eltern das Neugeborene begrüßen, für Mädchen und Jungen völlig gleich wären, so wäre die Ausgangslage der Kinder je nach Geschlecht grundlegend verschieden. Denn aufgrund der asymmetrischen Geschlechterverhältnisse in der Gesellschaft ist die Person, die dem Kind Lust, Geborgenheit, Anerkennung und Befreiung vom Leid verschafft, in dem einen Fall desselben, im anderen Fall des anderen Geschlechts, d. h. auf jeden Fall eine Frau. In diffuser Einheit mit der Mutter erlebt der Säugling zunächst Entbehrung und Befriedigung, Schmerz und Lust, und vieles spricht dafür, daß dies sehr tiefe und intensive Erfahrungen sind, zumal keine Möglichkeiten der Relativierung ... verfügbar sind" (Hagemann-White, 1984, S. 87). Leider wird nicht ausgeführt, was alles dafür spricht. Und mit Parsons und Habermas im Hinterkopf fällt auf, daß die Ausgangslage auch als gleich interpretiert werden kann, weil ja von beiden Geschlechtern das Geschlechtsrollensystem erlernt, angeeignet, übernommen werden muß; beide müssen sich Geschlechtsidentität erarbeiten.

Weiter im Text. Recht bald erkenne das noch bis zu diesem individuellen Entwicklungspunkt psychisch geschlechtslose Individuum, daß es entweder ein männliches oder ein weibliches Subjekt ist. Ein wenig später folgt die Einsicht in die Unveränderlichkeit der eigenen Geschlechtlichkeit. Klar würde dem sich vergesellschaftenden Subjekt darüber hinaus, daß Jungen / Männer und Mädchen / Frauen zwei vollständig andere Aspekte des Lebens repräsentierten. Was Männlichkeit" allerdings konkret ausmache, könnte ein Junge nur indirekt erfahren, da sein Vater in der Regel außerhäuslich tätig sei. Ihm bliebe daher nur die Möglichkeit, seine Männlichkeit durch Abgrenzung von der permanent anwesenden weiblichen Mutter zu entwickeln. Da er sinnlich erfahre, was „Weiblichkeit" ist, wisse er, daß „Männlichkeit" das Gegenteil sein muß. Denn im Sinnsystem der Zweigeschlechtlichkeit (Cucciari, 1981, S. 38) gibt es nur das weibliche und das männliche Geschlecht. Entweder ist ein Mensch „männlich" oder „weiblich". Zwischenstufen kennen wir nicht. Außerdem drängte die Mutter den Sohn dazu, sich gegen sie zu behaupten. Denn sie „erlebt den Sohn als das andere Geschlecht. Dies vermittelt sie ihm, indem sie ihn eher dazu drängt, sich gegen sie zu behaupten" (Hagemann-White, 1984, S. 87; vgl. Chodorow 1985). Daraus folgt für Hagemann-White wiederum in Anlehnung an Nancy Chodorow (1985): „Frau ist, wer kein Mann sein kann. Eine Frau ist Nicht-Mann. Dem Jungen aber wird seine Männlichkeit zunächst durch Abgrenzung von der Mutter vermittelt; und diese ihm am nächsten stehende Erwachsene ist das, was er nicht sein darf, um ein Mann zu werden. So wird sein Geschlecht als Nicht-Nicht-Mann bestimmt" (Hagemann-White, 1984, S. 92). Für die Identitätsentwicklung von Jungen führe das dazu, daß die „Vermittlung der Männlichkeit durch doppelte Negation" erfolge (ebd.). Die Mutter würde diesen Prozeß der Identitätsentwicklung verstärken. „So wird der Prozeß der Ich-werdung des Jungen als Abgrenzung gegen die erste Bezugsperson erfahren und sexualisiert" (a. a. O., S. 87).

Diese in das System geschlechtshierarchischer Arbeitsteilung eingebettete Mutter-Kind-Beziehung hätte einen männlichen Sozialcharakter zum Ergebnis. Dieser wäre dadurch charakterisiert, daß sich eine psychische Struktur beim Jungen herausbilde, die Nähe, Subjektivität, Geborgenheit, Ruhe und Statik, also alles „Weibliche" als Bedrohung erlebe und sich gegen „Weiblichkeit" notfalls mit Gewalt abgrenzen müßte. Diese psychische Struktur unterstütze unsere kulturelle Symbolik der Geschlechter, und sie vertiefe sie weiter. Denn bei dieser Symbolik erschiene „Männlichkeit" als das Objektive, Unabhängige, Dynamische usw. Damit würden dem Mann genau die Eigenschaften zugewiesen, die er benötigt, um den Erwartungen der Berufsrolle gerecht zu werden, was schulische und mediale Sozialisationsprozesse und Sozialisation in der Gruppe der Gleichaltrigen vorantrieben (vgl. a. a. O.). Des weiteren wäre eine fundamentale Unsicherheit, was die eigene Männlichkeit angeht, die Folge, da dem Jungen konkrete Männer fehlten. In der modischen Geschlechterdebatte stehen für diese Perspektive vor allem Schnack / Neutzling (1990) ein. Uwe Sielert (1989) bündelt die Theorie in einer Metapher, die alle relevanten Annahmen enthält: „Zuviel Mutter, zuwenig Vater: Männliche Identitätssuche als ewiges Spiel im „Als-ob" (Sielert, 1989, S. 28ff.). Bei Klees u. a. (1989, S. 22) wird sogar von einem *„psychischen Matriarchat"* gesprochen, das die frühe Kindheit auszeichne. Und dieses hätte gewaltige Auswirkungen: „Hier finden wesentliche Weichenstellungen für oder wider eine ganzheitliche Entwicklung des Menschen statt" (ebd.).

Es dürfte an diesem Punkt der theoretischen Studie niemanden mehr verwundern, daß die weibliche Sozialisation als ergänzender Gegensatz konzeptualisiert wird und behauptet wird, es müßten komplementäre Entwicklungsaufgabe bewältigt werden. Die Unterschiedlichkeit des Sozialisationsverlaufs wird auf die Tatsache der Gleichgeschlechtlichkeit von Mutter und Tochter zurückgeführt. Das bedeutet nämlich, daß für die Mutter keinerlei Notwendigkeit bestünde, „der Tochter zu vermitteln, daß sie etwas anderes ist; ihre psychische Abtrennung wird im günstigen Fall von der Mutter angenommen, aber nicht vorangetrieben. Das dialogische Moment tritt eher in den Vordergrund, aber die Tendenz besteht auch, die Grenze eher schwimmend zu belassen" (Hagemann-White, 1984, S. 87). Es sei angemerkt: Mit Blick auf die Kategorie Alter, also die asymmetrische Generationenbeziehung, verschwindet die Gleichheit von Mutter und Tochter jedoch sehr schnell - ein Gedanke, der in der feministischen Sozialisationstheorie verlorengegangen ist.

Die Mutter-Tochter-Beziehung in einer patriarchalischen Gesellschaft hätte nicht nur eine positive Komponente. Anders formuliert: „Man kann diese Differenz auch von der Seite des Mißlingens her sehen" (ebd.). Für die männliche Sozialisation ist diese These bereits argumentiert. Welche Gefahren werden für das weibliche Geschlecht gesehen? „Bei der Tochter ... liegen die Probleme meist in der Vereinnahme, im Verbot der Abgrenzung, so daß die Grenzen zwischen Tochter und Mutter verschwimmen. Aber auch eine liebevolle, gelungene Bewältigung dieser Phase wird unterschiedlich verlaufen ... Mit der Tochter wird im günstigsten Fall eher eine Beziehung angestrebt, in der jeder Teil sich in den anderen hineinfühlt - wobei die Mutter gezielter daran arbeiten kann, weil sie sicherer ist, die Tochter zu verstehen (ob das objektiv zutrifft, ist hier ohne Belang; sie greift mit mehr Sicherheit vor und ein, weil sie zu verstehen glaubt, und erwartet mehr Verständnis vom Kind" (Hagemann-White, 1984, S. 88).

Die bürgerliche Theorie der Geschlechter scheint nicht nur Ideologie, die Geschlechtsstereotype nicht nur konzentriertes Klischee zu sein. Sie ist, folgt man zum Beispiel den Ausführungen der feministischen Sozialisationstheorie psychoanalytischer Provenienz, hinreichend genaue Beschreibungen wirklicher Männer und Frauen sowie Jungen und Mädchen. Das wäre nicht angeboren, sondern würde durch Sozialisation zu einer psychischen Struktur gemacht, die dazu führe, daß das Individuum sich entsprechend der geschlechtsspezifischen Arbeitsteilung verhalten wolle, weil es seinen Bedürfnissen und Interessen entspräche. Oder mit Nancy Chodorow gesprochen: „Als Ergebnis ihres Aufwachsens in Familien, in denen Frauen Muttern, entwickeln also Knaben und Mädchen unterschiedliche Beziehungsfähigkeiten und eine unterschiedliches Selbstgefühl. Die Geschlechterpersönlichkeiten werden durch Unterschiede in den Differenzierungsprozessen verstärkt, die ebenfalls durch das Muttern der Frauen ausgelöst werden. Die unterschiedlichen Beziehungsfähigkeiten und Identifikationsweisen bereiten Frauen und Männer auf die Übernahme ihrer Erwachsenen-Geschlechterrollen vor, durch die Frauen hauptsächlich in der Reproduktionssphäre einer geschlechtlich ungleichen Gesellschaft angesiedelt werden" (Chodorow, 1985, S. 224).

Wissenschaftsgeschichtlich sei an dieser Stelle der Hinweis gestattet, daß Parsons bereits 1942 diese These, die für die eigenwilligen feministischen Integrationsversuche von Psychoanalyse und Soziologie bezeichnend ist, unter der Überschrift „Alter und Geschlecht in der Sozialstruktur der vereinigten Staaten" vertreten hat. Ich zitiere zur Veranschaulichung: „Die wichtigsten Unterschiede sind vielleicht mehr als alles andere eine Widerspiegelung der Differenzierung in den Geschlechtsrollen der Erwachsenen. Es scheint eine erwiesene Tatsache zu sein, daß die Mädchen sich im allgemeinen gelehriger zeigen, den Erwartungen der Erwachsenen entsprechen und „brav" sind, während die Jungen eher dazu neigen, sich der Disziplin, der Autorität und den Erwartungen der Erwachsenen zu widersetzen. Dies läßt sich, zumindest teilweise, wohl aus der Tatsache erklären, daß es schon vom frühen Alter an möglich ist, die Mädchen direkt in viele wichtige Aspekte der weiblichen Erwachsenenrolle einzuführen. Die Mutter ist fast immer zu Hause, und der Sinn ihrer Tätigkeiten ist verhältnismäßig greifbar und leicht verständlich für ein Kind. An vielen dieser Tätigkeiten kann die Tochter sich auch aktiv und nützlich beteiligen. Im Gegensatz dazu arbeitet der Vater, vor allem in der städtischen Mittelklasse, nicht zu Hause, und der Sohn kann seine Arbeit weder beobachten noch von frühem Alter an daran teilnehmen. Darüber hinaus haben viele der männlichen Funktionen einen verhältnismäßig abstrakten und schwer faßbaren Charakter, so daß ihr Sinn dem Kind fast völlig unzugänglich ist. So bleibt der Junge ohne ein faßbares, sinnvolles Modell, dem er nacheifern könnte und hat keine Möglichkeit, allmählich in die Tätigkeiten der männlichen Erwachsenenrolle hineinzuwachsen. Diese Analyse könnte durch eine Untersuchung der Situation, wie sie in unserer Gesellschaft auf dem Lande besteht, verifiziert werden. Mein Eindruck ist, daß Bauernjungen „brav" sind in einem Sinn, wie dies für ihre städtischen Altersgenossen ganz und gar nicht typisch ist" (Parsons, 1942, S. 66f.). Heute würde man sagen, zumindest wenn man die aktuelle feministische Position zur geschlechtsspezifischen Sozialisation übernehmen würde: „Die geschlechtsspezifische Arbeitsteilung in der Familie ... bewirkt in Töchtern und Söhnen eine Aufspaltung psychologischer Fähigkeiten, weshalb sie dann diese geschlechtsspezifische familiäre Arbeitsteilung weitertragen" (Chodorow, 1985, S. 15).

Selbst die feministischen Ansätze der achtziger Jahre[9], die sich als Weiterentwicklung verstehen, geben nur die übliche Antwort auf die Frage nach dem Geschlechtsunterschied. Wir würden nicht zu Menschen, sondern wir entwickelten uns in Auseinandersetzung mit der geschlechtsspezifischen Welt, die keine Menschen kenne, zu Männern und Frauen, zu Mensch und Menschin. Wir wären reduzierte Persönlichkeiten, die lebensfähig dadurch würden, daß sie sich in der Ehe lebenslänglich zusammenschlössen. Gesellschaftstheoretisch wird zum wiederholten Male die Kategorie „geschlechtsspezifische Arbeitsteilung" herangezogen. Neu ist die psychoanalytische Argumentation, die allerdings bereits aus der nichtfeministischen Theoriebildung bekannt ist. Während dort der entscheidende Entwicklungsschub durch die ödipale Konstellation gebildet wird, verlegen die feministischen Autorinnen die Genese des Geschlechtscharakters in die präödipale Situation. Am Ergebnis ändert das nur wenig, wenngleich durch die biographische Vorverlagerung der Zirkel geschlechtsspezifischer Sozialisation um einiges übermächtiger und schicksalhafter erscheint. Zu fragen, ob Jungen und Mädchen, Männer und Frauen nicht ganz anders sind, als die Menschheit bisher dachte, kommt auch den kritischen Theoretikerinnen der achtziger Jahre nicht in den Sinn. Das verwundert, weil die Kombination von Psychoanalyse und soziologischer Herrschaftstheorie erfolgt, um die empirische Irrelevanz der Geschlechterpolarisierung kritisch zu transzendieren (vgl. Eckert, 1979, S. 235; Gildemeister, 1988, S. 494f.; Knapp, 1990, S. 21). Es besteht Einigkeit über das Ergebnis von der Geschlechtersozialisation, also darüber, wie Männer und wie Frauen, wie Jungen und wie Mädchen sind. Frauen sein „intuitiv, verharrend, einfühlsam, geduldig, kontextbezogen, sorgend, anpassungsfähig, mimetisch, kooperativ, expressiv, wir verfügen auch über eine eigene Logik. Wir sind nicht: nüchtern, rational kalkulierend, instrumentell, machtbetont, ehrgeizig, aggressiv, usw." (Knapp, 1990.S. 18f.).

---

[9] Auf „Männerforschung" der neunziger Jahre (Böhnisch/Winter 1993) sei verzichtet, weil man die Aussagen der Frauenforschung wiederholte (vgl. Hoffmann 1995, 1996).

2. Modell bipluraler Geschlechtersozialisation: Vom Verschwinden des sozialen Geschlechts

Seit Mitte der achtziger Jahre verbreitet sich innerhalb der geschlechtsspezifischen Sozialisationsforschung zunehmend eine Auffassung, die ich als biplurale Geschlechtersozialisation bezeichnen möchte. Bestritten wird, daß es überhaupt einen Unterschied zwischen den Geschlechtern gibt. Daran ändere selbst die Tatsache nichts, daß bereits durch die Begriffe männlich und weiblich ein Geschlechtsunterschied deutlich hervortritt. Hierzu müsse man sich nur der postmodernen Theorieperspektive anschließen, die diesen Unterschied als gesellschaftliches Konstrukt zu dekonstruieren vermag, indem zum Beispiel mit Wittig gefragt wird, warum wir nicht unsere Münder, Hände oder Rücken sexuell nennten. Denn man könne die Menschheit gleichermaßen mit Blick auf unterschiedliche Ohrläppchen, Haarfarben und ähnliches klassifizieren. Und Kristeva kommt sogar zu der Feststellung, daß der Glaube, man sei eine Frau, beinahe so absurd und obskurantisch ist wie der Glaube, man sei ein Mann (vgl. Butler, 1991, S. 56ff.). Die „biplurale Geschlechtersozialisation" setzt sich zum einen zusammen aus der empirischen Problematisierung des Theorems der zwei Persönlichkeiten (2.1.1) und des Theorems der Zwei-Welten (2.1.2); zum anderen wird diese empirische Problematisierung in diverse theoretische Ansätze überführt (2.2). Es wird gezeigt werden, biplurale Geschlechtersozialisation ist zwar eine gelungene Kritik bipolarer Geschlechtersozialisation, nicht jedoch eine Theorie der Geschlechtersozialisation - sie ist eine Antithese.

2.1 Empirisches

2.1.1 Zur Frage der zwei Persönlichkeiten

Die Psychologie bemüht sich seit ihrer Etablierung als empirische Sozialwissenschaft um die Jahrhundertwende, die Geschlechtsspezifik erfahrungswissenschaftlich zu verifizieren und zu falsifizieren - implizit und explizit -, die das Modell bipolare Geschlechtersozialisation und seine diversen realen Variationen theoretisch als wirklich behaupten (vgl. z. B. Hagemann-White, 1984, S. 9). Es verwundert daher nicht, daß es zu der Fragestellung psychische Mann- und Frauwerdung mittlerweile eine unübersehbare Menge und im Detail nicht mehr zu überschauende Anzahl an empirischen Forschungsberichten gibt, die alles andere als leicht zu interpretierende Ergebnisse hervorgebracht haben (vgl. Bilden, 1991, S. 281). Diese werden in erster Linie von der amerikanischen Psychologie produziert. Das ist allerdings das kleinere Problem, weil im Moment auf einer metatheoretischen Ebene argumentiert wird, die für moderne Gesellschaften Geltung beansprucht, - unterscheidet sich deren Vergesellschaftung doch nur im Detail (vgl. Raschke 1988). Vollständig unübersichtlich wird die Forschungslage, wenn man nicht nur psychologische Forschungen, sondern die Gesamtheit sozialwissenschaftlicher Forschungen sichten will, bei der die Variable Geschlecht gewohnheitsmäßig als demographisches Merkmal und somit als unabhängige Variable mitläuft, wie zum Beispiel in der Kindheits- und Jugendforschung, Rechtsextremismusforschung, Koedukationsforschung usw.

Das Charakteristikum der Thematisierung von Geschlechtersozialisation in der empirischen Forschung ist, Geschlecht als unabhängige Variable zu definieren und zu überprüfen, inwieweit sich bei der abhängigen Variablen ein Geschlechtsunterschied einstellt, der mit diversen Koeffizienten gemessen wird. Wenn das der Fall ist, dann spricht man davon, daß Männer so und Frauen so, Jungen so und Mädchen so sind. Es werden sowohl Unterschiede in der subjektiven Einschätzung und Überzeugung beziehungsweise den Selbstbildern (2.1.1.3) als auch objektiv zu beobachtende Verhaltensunterschiede im engeren Sinne untersucht (2.1.1.1). Einen besonderen Schwerpunkt bildet die explizite entwicklungspsychologische Perspektive (2.1.1.4). Alle forschungsstrategischen Fokussierungen beeinflussen sich wechselseitig. Die hier vorgenommene getrennte Darstellung versteht sich als idealtypische Stilisierung. Sie wird durch die Ergebnisse soziologischer und erziehungswissenschaftlicher Kindheits- und Jugendforschung vervollständigt (2.1.1.2).

2.1.1.1 Verhaltensunterschiede

Bei der Erforschung geschlechtsspezifischer Verhaltensunterschiede im engeren Sinn geht es um die objektive Feststellung von Verhaltens- und Leistungs-
unterschieden zwischen den Geschlechtern, also nicht um die Selbsteinschätzung durch den Probanden, sondern die Fremdeinschätzung durch das For-
scherteam (vgl. Trautner, 1991, S. 326). Die gefundenen Unterschiede werden als bedeutsam angesehen, wenn sie mit einer signifikante Mittelwertsdifferenz auftreten - und als „geschlechtstypisch" bezeichnet. Zu bedenken ist,
daß mit „geschlechtstypisch" nicht nur Merkmale im Sinne der herkömmlichen Stereotype gemeint sind, sondern „geschlechtstypisch" im Sinne der Definition einzig und allein auf die signifikante Mittelwertsdifferenz rekurriert.

Ein kurzer und informativer Abriß der Geschichte „objektiver Ge-
schlechtsunterschiedsforschung" findet sich zum Beispiel bei Heidi Keller
(1979), die jedoch nur die Forschungen bis Mitte der siebziger Jahre reflektiert. Eine wesentlich ausführlichere Darstellung des empirischen Forschungsstandes und Problembewußtseins findet sich bei Lehr (1972, S. 886-954), an
die sich Schmerl (1978, S. 134-164) anschließt. Für die vorliegenden Zwecke
ist die geraffte Darstellung von Keller ausreichend. Sie wird im folgenden
durch aktuelle Forschungsergebnisse und Sichtweisen erweitert, die sich, wie
es scheint, dem bereits Ende der sechziger und Anfang der siebziger Jahre erreichten Problembewußtsein über erstaunliche Umwege wieder annähern (z.
B. Bilden 1991; Gildemeister 1988; Hagemann-White 1984; Schütze 1993)
und die empirische Dimension des Modells „biplurale Geschlechtersozialisation" konstituieren.

Heidi Keller macht ansatzweise deutlich, daß die Fragestellungen - besser
die Schwerpunkte bei der Untersuchung der psychischen Mann- und Frauwerdung, denn um diese geht es ja immer bei der Erforschung dessen, was hier
geschlechtsspezifische Sozialisation heißt, sich im zeitgeschichtlichen Verlauf
und Kontext mehrfach gewandelt haben (vgl. Keller, 1979c, S. 11ff., wo sich
auch die Literaturangaben finden). Als Forschungsrichtung ist die empirische
geschlechtsspezifische Forschung innerhalb der Psychologie seit der Jahrhundertwende etabliert, wobei sich nicht allein, wie man heute zu sagen pflegt,
patriarchtstradierende Motive finden lassen. Zum Beispiel führt Burt (1912)
großangelegte Untersuchungen durch über die Leistungen von Jungen und
Mädchen in Schulen der Sekundarstufe in Oxford und Liverpool. Hierbei
stellt er fest, daß Mädchen bessere Leistungen zeigen in Gedächtnisaufgaben
sowie in Diskriminationsleistungen auf Berührungsreize. In Amerika beginnt
sich die Psychologie ebenfalls für Geschlechtsunterschiede zu interessieren,
und sie nimmt sich dieses Problems gleichfalls mit den vorhandenen methodischen Möglichkeiten an. In der Folge werden zu diesem Zeitpunkt Über-
sichtsartikel zum Thema Geschlechtsunterschiede publiziert. Hierbei schluß-
folgert beispielsweise Wooley (1914) angesichts der in diesen Artikeln refe-

rierten Ergebnisse, daß Frauen eher zur Wahrnehmung kirchlicher Aufgaben geeignet seien. Goodenough (1927) geht dem Problem der geschlechtsspezifisch differierenden generellen Leistungsbereitschaft längsschnittlich nach. Hierbei gelangt er zu dem Ergebnis, daß Mädchen mit drei und mit vier Jahren intelligenter sind als Jungen. Dieser Unterschied ist mit zwei Jahren jedoch noch nicht festzustellen. In der detaillierten Betrachtung des komplexen Konstrukts „Leistungsfähigkeit" sind Mädchen in der Regel besser in Aufgaben zum Gedächtnis und im verbalen Bereich, Jungen in Bewegungsimitationen, Rechts-Links-Unterscheidungen und einigen Verfahren zur visuellen Wahrnehmung. Aus diesen Ergebnissen wird die noch heute verbreitete Ansicht einer Dichotomie angenommen, die Allen (1930) wie folgt bestimmt: Jungen wären in allen die Mathematik betreffenden Aufgaben Mädchen überlegen, hingegen überträfen Mädchen in Sprach- und Erinnerungsleistungen Jungen. Indes wird das dichotomisierten Bild in der Folge relativiert, weil weitere empirische Überprüfungen diese Hypothese widerlegen konnten. Die Möglichkeiten anderer Schlußfolgerungen werden in der ersten Hälfte des zwanzigsten Jahrhunderts besonders angesprochen von Schiller (1934) und Garrett, Bryan & Perl (1935).

Einen Schub in der empirisch-psychologischen Geschlechterforschung ist für die fünfziger Jahre dieses Jahrhunderts zu konstatieren. Zu diesem Zeitpunkt erscheinen die ersten Textbuchfassungen beziehungsweise zusammenfassenden Kapitel in Lehrbüchern. Hier sind als besonders auffällige und einflußreiche Autoren Terman & Tyler (1956), die auch den Entwicklungsaspekt berücksichtigten, Tyler (1956) sowie Anastasi (1964) zu nennen. Bei ihnen zeigt sich noch deutlich, daß die Forschung darauf konzentriert war, Unterschiede in einzelnen Leistungen aufzuweisen. „In den Kommentaren wird jedoch bereits deutlich, daß eine solche Vorgehensweise unfruchtbar ist" (Keller, 1979c, S. 12), weil selbst gesicherte Geschlechtsunterschiede hinsichtlich spezifischer Aspekte der menschlichen Persönlichkeitsstruktur nicht eindeutig zu interpretieren sind. Es kann nicht empirisch entschieden werden, ob die Unterschiede biologisch oder kulturell bedingt sind. Einer derartigen Entscheidung haftet so lange das Manko von Willkürlichkeit an, wie nicht geklärt worden ist, ob sich die potentiellen Geschlechtsunterschiede auf die subjektive Geschlechtsrollennormierung zurückführen lassen respektive mit dieser zumindest positiv korrelieren. Nur für diesen Fall einer positiven Korrelation von geschlechtstypischer Merkmalsausprägung und entsprechender subjektiver Geschlechtsrollennormierung eines spezifischen Probanden ist eine eindeutige kulturelle Verursachung anzunehmen und eine biologisch bedingte Verursachung auszuschließen. Dabei ist selbstverständlich unterstellt, daß die subjektive Geschlechtsrollennormierung verhaltensrelevant ist (z. B. Krampen 1979). Kurz, eine reine geschlechtsspezifische Merkmalsausprägung spricht weder für eine Vererbung noch für eine erlernte Tradierung des vermeintlichen Geschlechtscharakters. Die jeweilige Position bleibt eine These.

1966 wird schließlich der erste umfassende Sammelband von Maccoby (1966) mit einer kommentierten Bibliographie von Untersuchungen über Geschlechtsunterschiede in der Kindheit publiziert. An diese Arbeit, die für die damalige Zeit und den vorherrschenden Bewußtseinsstand als bahnbrechend zu charakterisieren ist, schließen sich Garai und Scheinfeld (1968) an, indem sie ebenfalls unter der Fragestellung empirisch abgesicherter Geschlechtsunterschiede eine fundierte Zusammenfassung vorlegen. Allerdings, so wird von der Zunft bemängelt: Es werden „weder Altersbereiche getrennt betrachtet noch die referierten Artikel kritisch beleuchtet .... So sind auch die Schlußfolgerungen häufig, und besonders aus heutiger Sicht, eher belustigend" (Keller, 1979c, S. 12).

In den 70er Jahren verändern sich eine weiteres Mal die Forschungsschwerpunkte im Feld empirischer geschlechtsspezifischer Sozialisationsforschung. Das geschieht in Wechselwirkung mit der zunehmenden Dominanz des lerntheoretischen Paradigmas, wobei eine gewisse Wechselwirkung zwischen theoretischer und empirischer Forschung sowie gesamtgesellschaftlichen Modernisierungsprozessen anzunehmen ist. „Die Forscher bemühen sich nachzuweisen, daß es keine substantiellen, angeborenen Geschlechtsunterschiede gibt", wie Heidi Keller (1979c, S. 13) mit Blick auf Maccoby (1966) und Greer (1971) konstatiert. Geschlechtsunterschiede stellen sich nun als eine Frage des Mehr oder Weniger dar. Dieser Gesinnungswandel wird dadurch provoziert, daß bis zu diesem Zeitpunkt so gut wie keine Eigenschaften gefunden worden sind, die ausschließlich bei dem einen oder dem anderen Geschlecht aufgetaucht wären. Ursula Lehr stellt daher in einem Handbuch für Psychologie fest: „Einmal sind die grundsätzlichen, tiefgreifenden Unterschiede, wie sie in solchen Globalkategorien (männlich und weiblich; B. H.) zum Ausdruck kommen, in Frage zu stellen und durch die Erkenntnisse differenzierender Analysen einzelner Verhaltenseinheiten zu ersetzen. Zum anderen wäre hier vor allem auf die Resultate neuerer Forschung hinzuweisen, denen zufolge geschlechtsspezifisches Verhalten in nur sehr geringem Maße auf eine angeborene männliche oder weibliche „Natur" oder auf physiologische Einflüsse ... zurückzuführen ist" (1972, S. 886). Dieser Erkenntnisfortschritt innerhalb der geschlechtsspezifischen Sozialisationsforschung kommt dort begrifflich zum Vorschein, indem man in der Folgezeit davon abkommt, den Terminus „geschlechtsspezifisches" Verhalten zu verwenden, der nun wie folgt definiert ist: *„Geschlechtsspezifisch* ist ein Merkmal nur dann, wenn es *ausschließlich* bei einem Geschlecht vorkommt" (Degenhardt/Trautner, 1979, S. 12). Er wird durch den Begriff „geschlechtstypisch" abgelöst, der sich zunehmend durchsetzt und auch hier im weiteren in dieser Weise verwendet wird, ohne damit den impliziten theoretischen Annahmen zuzustimmen: *„Geschlechtstypisch* sind solche Merkmale, die zwischen den Geschlechtern nach Auftretenshäufigkeit oder Intensität differieren, d. h. zwischen den Geschlechtern deutlich stärker variieren als innerhalb eines

Geschlechts" (a. a. O., S. 11). Das bedeutet graphisch, daß in bezug auf ein identisches Merkmal sich die Kurvenverläufe für die männlichen und die weiblichen Probanden nur in einem kleinen Bereich überschneiden bzw. „die Verteilungsgipfel bedeutsam auseinander liegen" (a. a. O., S. 12). Bedeutsam ist in diesem Zusammenhang mit praktischer Bedeutsamkeit synonymisiert, und diese setzt statistische Bedeutsamkeit voraus (vgl. Bredenkamp 1972).

Ab Mitte der siebziger Jahre sind eine Reihe an weiteren zusammenfassenden Publikationen veröffentlicht worden, die den Stand der Forschung unter jeweils verschiedenen Blickwinkeln resümieren. Im Bereich der entwicklungspsychologisch-sozialisationstheoretischen Forschung ist vor allem der Folgeband zu Maccoby (1966) von Maccoby/Jacklin (1974) zu nennen. Hier wird versucht, einen Überblick über das gesamte Gebiet von Geschlechtsunterschieden im Kontext entwicklungspsychologischer Fragestellungen in Form kommentierter Tabellen zu geben, die bis zum Jahre 1973 publiziert worden sind. Diese Studie und die sich daran anschließende intensive Rezeption können als der eigentliche Wendepunkt in der empirischen Erforschung von Geschlechtsunterschieden angesehen werden. Es scheint so, als ob sich die stärker empirisch ausgerichteten Forscher wesentlich schneller gewandelt haben als die Theoretiker. Es ist nicht nur die programmatische Zurückweisung biologistischer Argumentationen zu nennen. Zudem wird von der Annahme eines bipolaren Geschlechtscharakters abgerückt, ohne daß jedoch ein neues Modell der Geschlechtersozialisation entworfen worden wäre.

Wie gesagt, 1974 publizieren Maccoby/Jacklin (1974) ihre schnell zum Standardwerk avancierende sekundäranalytische Untersuchung. Es handelt sich um eine umfangreiche Auswertung von zweitausend Studien zu Geschlechtsunterschieden bei intellektuellen Fähigkeiten und Persönlichkeitsmerkmalen, die bis 1973 veröffentlicht worden sind. Das Autorinnenteam bildet zur empirischen Feststellung von Geschlechtsunterschieden drei Kategorien: signifikante Mittelwertsdifferenzen zugunsten des einen Geschlechts, signifikante Mittelwertsdifferenzen zugunsten des anderen Geschlechts, keine signifikanten Mittelwertsdifferenzen. Auf diese Weise können Geschlechtsunterschiede „zugunsten" des männlichen Geschlechts bei mathematischen Fähigkeiten, visuell-räumlichen Fähigkeiten und Aggressivität festgestellt werden. Bei den verbalen Fähigkeiten zeigt sich eine „Überlegenheit" des weiblichen Geschlechts. Keine durchgängigen Unterschiede zeigen sich hinsichtlich analytischer Fähigkeiten, Leistungsmotivation, Selbstwertschätzung, Konformität und sozialer Interessen. Nicht abschließend beantwortbar ist auf der Basis dieser Studie und nach Meinung der Autorinnen die Frage nach dem Geschlechtsunterschied bei den Variablen Aktivitätsgrad, Wettbewerbsorientierung, Dominanzstreben, Nachgiebigkeit, Fürsorglichkeit, Schüchternheit, Furcht und Ängstlichkeit aufgrund widersprüchlicher Ergebnisse und schmaler Datenbasis. Jedes dieser komplexen Konstrukte wird auf vielschichtige

Weise ausgewertet, da es durch differente Items zusammengehalten wird. Eine subtile Betrachtung ist hier jedoch überflüssig.

Diese Studie wird intensiv und umfassend kritisiert. Die Kritik richtet sich darauf, daß sich 75 v.H. der berücksichtigten Arbeiten auf Kinder im Alter bis zu 12 Jahren beziehen und deshalb Aussagen über jugendliche sowie erwachsene Männer und Frauen spekulativ sind. Die Möglichkeit einer einfachen Verallgemeinerung wird zurückgewiesen. Außerdem werden Studien von unterschiedlicher methodischer Qualität mit dem gleichen Gewicht in die Ergebnisanalyse einbezogen. Weiterhin wird bemängelt, daß die Definition der Variablenbereiche zu breit ist und Variablen, die mit verschiedenen Erhebungsmethoden erfaßt worden sind, mit ein und demselben Konstruktbegriff erfaßt werden. Das schränkt die Vergleichbarkeit der Forschungsergebnisse ein (vgl. Trautner, 1991, S. 328).

Die Kritik wird von der Forschungspraxis aufgenommen, indem die Frage „objektiver Geschlechtsunterschiede" mit der Technik „Metaanalyse" analysiert wird. Bei der sogenannten Metaanalyse handelt es sich um ein statistisches Analyseverfahren, bei der die Zusammenführung einer Vielzahl von Forschungsergebnissen auf der Basis einer genauen statistischen Analyse von Einzelstudien vorgenommen wird. Sie werden dadurch vergleichbar. Hinzu kommt, daß man die auf die behavioristisch, psychoanalytische und kognitionspsychologische Theoriebildung zurückgehende Beschränkung auf die Altersgruppe von 0-12 Jahren in nachfolgenden Untersuchung zu Geschlechtsunterschieden überwindet und dadurch die eklatanten Schwächen von Maccoby/Jacklin (1974) aus der Welt schafft. Auf dieser empirischen Basis, die mittels statistischer Metaanalyse hergestellt wird, gelangt man zu einem Ergebnis, welches das Modell bipolare Geschlechtersozialisation problematisiert: Trotz diverser methodischer Mängel und der eingeschränkten Vergleichbarkeit des Untersuchungsmaterials ist das Ausmaß der Geschlechtsunterschiede im Vergleich zu den interindividuellen Differenzen, die sich durch Partialisierung der Geschlechtsvariablen ergeben, ausgesprochen gering. Quantifizierend gesprochen: die Variable „Geschlecht" klärt selten mehr als 1 v.H. der Varianz der Gesamtstichprobe auf, höchstens 5 v.H. bei Aggression (Bilden, 1991, S. 281; Trautner, 1991, S. 329). In einem neuen Satz: Ob man das Explanandum geschlechtsspezifische Psyche, das durch die Männlichkeits- und Weiblichkeitsstereotypen hinreichend zu beschreiben wäre, mit einem biologistischen oder einem sozialisationstheoretischen Ansatz erklärt - das Explanandum läßt sich bislang in der empirischen Forschung nicht nachweisen (auch Schütze, 1993, S. 554). Werden Unterschiede zwischen den Geschlechtsgruppen empirisch identifiziert, wie zum Beispiel eine höhere Neigung des männlichen Geschlechts zu Aggressivität oder bessere mathematische Fähigkeiten und ein besseres räumliches Vorstellungsvermögen bei Jungen oder die Präferenz von Jungen ab dem dritten Lebensjahr für größere Spielgruppen und eine Bevorzugung von rauhen und motorischen

Aktivitäten und die Etablierung von Dominanzhierarchien, so „sind diese Unterschiede sämtlich nur gradueller Art" (ebd.). Unklar ist, ob dies ein Phänomen ist, das mit dem Wandel der Geschlechtsrollen zu erklären ist. Denn „eine Vielzahl von Merkmalen und Tätigkeiten, die früher als typisch und wünschenswert für das jeweilige Geschlecht erachtet wurden, (gelten) heute weder als typisch noch als wünschenswert" (ebd.). Oder ist die Ursache die Verbesserung der Methoden, mit denen vermeintliche Geschlechtsunterschiede erfaßt werden sollen und die heute weniger mit Vorurteilen getränkt sind als noch vor dreißig Jahren? (Hagemann-White, 1984, S. 43). Gegen die These des sozialen Wandels spricht, daß eine Vielzahl von Untersuchungen angeführt werden konnten, die bereits zu Beginn dieses Jahrhunderts nur graduelle Unterschiede an den Tag brachten.

Die Einschätzung der empirischen Forschung gewinnt aufgrund der gängigen Veröffentlichungspolitik und der Logik des statistischen Signifikanztestes an Bedeutung (Albert/Stapf 1979; Bredenkamp 1972; Glaser 1979; Kleiter 1969; Reinecker 1984; Walker 1991). Man muß davon ausgehen, daß nicht vorhandene Geschlechtsunterschiede in der Regel nicht publiziert werden, weil in der Regel nur signifikante Ergebnisse als publikationswürdig angesehen werden. Dieser Fall dürfte sich sehr häufig ereignen, weil die Variable Geschlecht regelmäßig als demographische Variable mit erhoben wird. Dadurch entsteht die Gefahr, daß Geschlechtsunterschiede zu hoch angesetzt werden. Denn normalerweise werden nur diese veröffentlicht. Wird das Signifikanzkriterium wie üblich mit 5 v.H. festgelegt, dann ist bei einer Anzahl von 100 Studien bereits aufgrund des Logik des statistischen Signifikanztestes zu erwarten, daß fünf Studien einen signifikanten Geschlechtsunterschied melden, bei 1000 Studien werden wahrscheinlich 50 signifikante Ergebnisse gemeldet. Betrachtet man nun allein die signifikanten Ergebnisse, also ohne zu berücksichtigen, daß die anderen 95 beziehungsweise 950 nichtsignifikant waren, weil die nichtsignifikanten Ergebnisse nicht gemeldet oder beachtet werden, gelangt man fälschlicherweise zu dem Eindruck, daß die Geschlechtsvariable von Bedeutung ist. Dies ist aber offensichtlich nichts als ein Forschungsartefakt. Eine Theoriebildung, die nur auf der Basis gemeldeter signifikanter Geschlechtsunterschiede vollzogen wird (z. B. Belotti 1975; Bilden 1980; Scheu 1977), ist nur scheinbar empirisch abgesichert.

Auf ein weiteres Problem ist einzugehen. Es ist eng mit der Logik der statistischen Hypothesenprüfung verbunden, und es macht von einer weiteren Seite die Modelle bipolarer Geschlechtersozialisation zu einer absurden Erscheinung. Es besteht darin, daß einzig und allein die statistische Bedeutsamkeit eines empirischen Ergebnisses getestet wird, nicht jedoch seine praktische Bedeutsamkeit. Die Fragestellung des Signifikanztestes lautet mithin nicht, inwieweit ein Ergebnis in der Weise von praktischer Bedeutung ist, daß mit ihm die Aufhebung koedukativer Schulpraxis oder eine bipolare Theorie der Geschlechtersozialisation gerechtfertigt werden könnte. Denn der

Signifikanztest in der empirischen Forschung stellt einzig fest, inwiefern ein Ergebnis mit dem Zufall zu vereinbaren ist oder nicht. Ein - in unserem Fall - Geschlechtsunterschied gilt dann als statistisch bedeutsam, wenn die Wahrscheinlichkeit kleiner als 5 v.H. oder als 1 v.H. ist, daß es ein zufälliger Unterschied ist, der mit der Besonderheit der Stichprobe zu erklären wäre. Bei diesem statistischen Prüfverfahren steht somit zur Debatte, inwieweit die Populationsverhältnisse der Stichprobe mit denen der wahren Stichprobe übereinstimmen, auf die sich die Aussage „die Geschlechter unterscheiden sich" bezieht. Liegt die Wahrscheinlichkeit bei 95 oder bei 99 v.H., daß sich die Stichprobe und die wahren Populationsverhältnisse gleichen, es also keine verzerrte Stichprobe ist, dann gilt ein Ergebnis als statistisch signifikant, als überzufällig. Ob es gleichsam praktisch signifikant ist und zu einer geschlechtsspezifischen Theoriebildung führen sollte, wie vom bipolaren Modell vorgeschlagen wird, ist indes eine andere Frage. Zu deren Beantwortung muß auf die Erklärungsmächtigkeit der Geschlechtsvariablen in der empirischen Forschung rekurriert werden, und diese tendiert, wie ausgeführt wurde, gegen null. Kurzum, eine allgemeine Theoriebildung kann nicht von den statistischen Extremwerten her induktiv legitimiert werden. Darüber hinaus muß der statistische Bereich bedacht werden, bei dem es keine Geschlechtsunterschiede gibt, der Überlappungsbereich also. Eine überzeugende Theoriebildung muß beide Aspekte - wie auch immer - integrieren und vor allem auf die Erklärungsmächtigkeit der Variablen schauen, die für zentral gehalten wird. Sonst verfällt man dem Fehler, „geringe, aber statistisch nachweisbare Differenzen zwischen den Geschlechtern" überzuinterpretieren (Preuss-Lausitz, 1993, S 154): Es wird über die Differenz debattiert und nicht beachtet, daß die Mehrheit von Jungen und Mädchen übereinstimmen.

Ein weiterer Aspekt wird nur am Rande beachtet: die mathematische Struktur des statistischen Signifikanztestes. Diese Struktur ist jedoch zu bedenken, weil sonst weiterhin geschlechtsspezifische Forschungsartefakte produziert werden. Der mathematischen Logik des statistischen Signifikanztestes ist nämlich immanent, daß noch so kleine Unterschiede, in diesem Fall Geschlechtsunterschiede, signifikant werden. Denn die geprüfte Hypothese lautet immer, daß der Unterschied ungleich null ist. Somit wird jeder Unterschied, unabhängig von seiner Größe und damit von seiner praktischen Bedeutsamkeit, als signifikant gemeldet, solange er nicht mit dem Zufall vereinbar ist (Bortz, 1984, S. 487ff.). Das heißt, die Frage, ob ein statistisches Ergebnis auch ein praktisch bedeutsames Ergebnis ist, das eine zum Beispiel geschlechtsspezifische Theoriebildung erzwänge, wird durch die statistische Signifikanzfeststellung in keiner Weise zum Ausdruck gebracht. Die Frage der praktischen Bedeutsamkeit, welche die theoretische umfaßt, muß deshalb vom interpretierenden Wissenschaftler vor dem Hintergrund theoretischer Annahmen beantwortet werden. Dabei muß er außerdem berücksichtigen, daß der statistische Signifikanztest eine weitere fatale mathematische Eigenschaft hat, nämlich mit steigender Zahl von Untersuchungsteilnehmern immer geringere Unterschiede zwischen den Teilnehmer als überzufällig, sprich: signifikant, zu melden. Positiv formuliert, die Untersuchungspopulation muß nur genügend groß (gemacht worden) sein, dann wird selbst einen Unterschied von drei oder zwei Prozentpunkten hochsignifikant. Wer daraufhin bei der Interpretation der Daten die Unterscheidung von praktischer und statistischer Bedeutsamkeit verschweigt oder vergißt, produziert ein weiteres Forschungsartefakt; und er ist dem Signifikanzfetichismus zum Opfer gefallen, über den bereits Bredenkamp (1972) ausführlich berichtet hat. Dessen Ausführungen sind wohl auch deshalb von der Forschungspraxis nicht genügend beachtet worden, weil es bis heute nicht gelungen ist, ein objektives Kriterium zu bestimmen, ab wann ein statistisch bedeutsames Ergebnis gleichfalls von praktischer Bedeutsamkeit ist. Andererseits sollte dieses Problem bei Veröffentlichungen zumindest reflektiert haben. Darüber hinaus hat sich eine wissenschaftliche Konvention eingebürgert, daß Korrelationen, die unter 0,3 liegen, wie auch eine Varianzaufklärung unter 7,5 v.H., keine sonderlich aufregenden Tatbestände sind. Nach Lage der Dinge liegen die festgestellten Geschlechtsunterschiede aber in der Regel unter diesem Niveau. Das heißt positiv formuliert, es liegt eine Scheinkorrelation, ein scheinbarer Zusammenhang zwischen der Geschlechtsvariablen und anderen Persönlichkeitsvariablen wie zum Beispiel der Aggressivität, Emotionalität, Kognitivität, Motivationalität und Moralität vor. Diese Pseudokorrelation verschwindet regelmäßig, wenn andere psychologische oder soziologische Variablen partialisiert werden.

Abschließend ist zu reflektieren, daß es die Logik des Signifikanztestes in der differentiellen Psychologie grundsätzlich nicht zuläßt, die Frage zu beantworten, wie Männer und wie Frauen sind. Das ist die primäre Aufgabe der Theorie. Die Evidenz dieses Tatbestandes kann mit Jürgen Bredenkamp veranschaulicht werden. Ich zitiere: „Die Forschungsstrategie zur Untersuchung dieser Frage besteht im wesentlichen darin, daß das psychologische Merkmal an je einer Stichprobe von Männern und Frauen erfaßt wird und die beiden Mittelwerte statistisch verglichen werden .... Die in einer solchen Untersuchung geprüfte wissenschaftliche Hypothese entspricht einer der beiden statistischen Hypothesen, die dem Signifikanztest zugrunde liegen, und lautet z. B.: „Die Mittelwerte der Variablen Y, die das psychologische Merkmal repräsentiert, unterscheiden sich für die beiden Geschlechter (im Altersbereich von ... bis ...) nicht", oder: „Die Korrelation zwischen dem Geschlecht und der Variablen Y beträgt Null". Das Ergebnis eines Signifikanztestes, dem eine solche Hypothese vorgeordnet ist, darf aber nicht derart interpretiert werden, daß Männer und Frauen sich bzgl. des psychologischen Merkmals unterscheiden. Diese Aussage hätte die Form eines unbegrenzten Allsatzes, der durch das statistische Verfahren nicht geprüft wird. ... diese(r) häufig auftretende(n) Fehler bei der Interpretation des Ergebnisses eines Signifikanztests"

(Bredenkamp, 1972, S. 13), wird auch heute noch regelmäßig wiederholt, wie sich nicht nur bei Bilden (1980, 1991) zeigt.

Eine Theorie der Geschlechtersozialisation, die erklären soll, warum Mann und Frau zwei unterschiedliche Persönlichkeiten sind, erscheint somit in Anbetracht der Lage empirischer Forschung als überflüssig und in einem Mißverständnis des Gehalts des Signifikanztests begründet zu sein. Die Antwort auf die hier interessierende Frage, wie Männer und Frauen zu denen werden, die sie sind, lautet somit angesichts der umfassenden empirisch-psychologischen Untersuchung von menschlichen Verhaltensweisen und Persönlichkeitsmerkmalen: sie unterscheiden sich nicht. Demnach ist die These „bipolarer Geschlechtersozialisation" empirisch weder evident noch relevant. Jedenfalls gilt das, wenn die Argumentationslogik bipolarer Geschlechtersozialisation beibehalten wird. Deren empirische Evidenz gründet in der Fixierung auf statistische Extremwerte, die Überlappungen werden ausgegrenzt. Vernachlässigt man also umgekehrt die Geschlechtsspezifik der Extremwerte und praktiziert die gleiche Selektivität mit vertauschten Vorzeichen, so verschwindet der Geschlechtsunterschied aus der Wirklichkeit. Korrekt wäre jedoch eine tautologische Aussage, zumindest bei dem jetzigen Stand geschlechtlicher Sozialisationstheorie: es gibt die geschlechtsspezifische Persönlichkeit und es gibt sie nicht: Eine Tautologie kann nicht der Endpunkt der wissenschaftlichen Beschäftigung mit psychischer Mann- und Frauwerdung sein. Es ist der Anfang. Die Tautologie ist zu einer empirisch gehaltvollen und logisch haltbaren Wirklichkeitsbehauptung auszuarbeiten; bei bipluraler Geschlechtersozialisation können wir wohl nicht stehenbleiben.

2.1.1.2 Lebensvorstellungen

Die Forschungslage zur Frage des Geschlechtsunterschiedes würde vollständig unübersichtlich, wenn man nicht nur psychologische Forschungen, sondern die Gesamtheit sozialwissenschaftlicher Forschungen sichten wollte, bei der die Variable Geschlecht gewohnheitsmäßig als demographisches Merkmal und somit als unabhängige Variable mitläuft. Sozialwissenschaftliche empirische Forschung wäre dann implizite Geschlechterforschung. Ein derartiges Vorgehen folgte der Aussagelogik der bipolaren Theoriebildung zur geschlechtsspezifischen Sozialisation, wie sie in Form von Frauen- und Männerforschung institutionell geronnen ist. Es wäre somit im Grunde erforderlich, die gesamte sozialwissenschaftliche empirische Forschung zu sichten, falls empirisch nachgewiesen werden sollte, daß die Geschlechter zwei grundverschiedene Persönlichkeiten darstellen, die sich in ihrer Unterschiedlichkeit komplementieren - ein kaum zu verwirklichendes Vorhaben.

Auf ein solches Vorgehen kann aus logischen Gründen verzichtet werden, weil die empirische Forschung die Feststellung zu einem Faktum gemacht hat: Bei zentralen Aspekten der menschlichen Persönlichkeit tritt keine geschlechtsspezifische Ausprägung im Sinne eines polar-komplementären Geschlechtsunterschiedes auf, wie er von der bipolaren Geschlechtersozialisation behauptet wird; nur partiell eine geschlechtstypische, die fast überhaupt nicht mit der Geschlechtsvariablen erklärt werden kann, weil die empirische Geschlechtstypik bei einigen Persönlichkeitsvariablen auf einer Pseudokorrelation mit dem Geschlecht beruht. Es reicht nicht aus, daß eine Geschlechtsspezifik (im weiter oben definierten Sinn) möglicherweise bei einigen wenigen Merkmalen gefunden wird. Schließlich unterstellt das Modell „bipolare Geschlechtersozialisation" eine durchgängige Geschlechterdifferenz, keine partielle, ohne daß es zu Überlappungen käme. Mithin problematisiert jeglicher empirischer Nachweis einer fehlenden Geschlechtsspezifik zentraler Persönlichkeitsvariablen das Modell „bipolarer Geschlechtersozialisation" (vgl. auch Hoffmann, 1993a, S. 13f.). Deshalb änderte der vereinzelte Nachweis von geschlechtsspezifischen Merkmalen in einzelnen Forschungsbereichen, die nicht die sogenannten objektiven Verhaltensunterschiede zum Gegenstand haben, nichts an der Tatsache, daß das Modell „bipolarer Geschlechtersozialisation", mit dem das Menschliche im Geschlechtlichen aufgelöst wird, hochgradig unbefriedigend ist. Denn in der psychologischen Erforschung von sogenanntem objektiven Verhalten konnte ein derartiges Modell empirisch nicht bestätigt werden - eher das Gegenteil.

Um die Anschaulichkeit der hier verfolgten Argumentation zu erhöhen und die Einsicht in geschlechtsspezifische Sozialisation weiter zu vertiefen, wird unabhängig von der logischen Redundanz eines solchen Vorgehens, auf Teilaspekte sozialwissenschaftlicher empirischer Forschung eingegangen. Es wird nun vor allem auf die eher soziologisch-empirische Erforschung des Jugendalters eingegangen, weil es hier eine Reihe an umfassenden und repräsentativen Untersuchungen gibt, die darüber hinaus eine grundlegend andere Fragestellung verfolgen als die empirisch psychologische Forschung zu „objektiven Verhaltensunterschieden".

Die sozialwissenschaftliche Jugendforschung verfolgt bei der Erforschung jugendlicher Persönlichkeiten eine andere Fragestellung als die psychologische Forschung des vorherigen Abschnitts. Geht es der psychologischen Persönlichkeitsforschung um die Beschreibung und Erklärung von Verhalten, so ist die sozialwissenschaftliche Jugendforschung stärker durch eine jugendsoziologische Fragestellung charakterisiert. Damit ist gemeint, sie versucht „die Probleme der Jugend, ihre Lebensperspektiven und Zukunftsvorstellungen empirisch zu erfassen" (Allerbeck/Hoag, 1985, S. 11). .

Hierzu werden große Gruppen von Jugendlichen in regelmäßigen Abständen zu den zentralen Aspekten des gesellschaftlichen Zusammenlebens befragt: Beruf, Familie, Freizeit, Religion und Politik. Die Daten werden insbesondere mit Bezug auf die demographischen Merkmale ausgewertet: Alter, Geschlecht, Schicht, Religion, Region, Bildung usw.

An dieser Stelle kann es nicht darum gehen, die gesamte Kindheits- und Jugendforschung auf signifikante Geschlechtsunterschiede zu befragen und damit einem Vorgehen zu folgen, das Maccoby/Jacklin (1974) für die psychologische Disziplin gewählt haben. Auf eine analoge Untersuchung für diesen Bereich kann leider auch nicht zurückgegriffen werden. Gleichfalls ist bislang keine Metaanalyse der Daten mit der Fragestellung durchgeführt worden, inwieweit sich die Variable in der soziologisch-sozialisationstheoretischen empirisch-quantitativen Forschung als statistisch bedeutsam erwiesen hat. Bis dies geschehen ist, bietet es sich an, auf der Basis eines Gesamteindrucks zu argumentieren und mittels logischer Gesichtspunkte zu urteilen, ob das Modell „bipolarer Geschlechtersozialisation" oder das Modell „bipluraler Geschlechtersozialisation" die Kindheits- und Jugendforschung auf seiner Seite hat.

Zum Beispiel resümieren Allerbeck/Hoag (1985, S. 111) ihre zentrale und bedeutsame Repräsentativuntersuchung über die Einstellungen und Lebensperspektiven bundesdeutscher Jugendlicher im Alter von 14- 25 Jahren aus dem Jahre 1983 mit der Feststellung: „Bei fast jedem der Themen ... war eines der Ergebnisse, daß sich das Verhältnis der Geschlechter hinsichtlich dieses Themas verändert hat. Die allgemeine Tendenz bestand darin, daß die Meinungsunterschiede zwischen den Geschlechtern kleiner wurden oder ganz verschwinden". Einmal gewendet, bei dieser umfassenden Untersuchung werden statt durchgängiger Unterschiede, wie sie das Modell „bipolare Geschlechtersozialisation" behauptet, entweder eine zunehmende Gemeinsamkeit oder geringfügige Mittelwertunterschiede festgestellt. Wie weiter oben dargelegt, wird hierdurch keine bipolare Theoriebildung legitimiert; auch die Behauptung, die Geschlechter unterscheiden sich, kann hierdurch nicht gerechtfertigt werden, jedenfalls dann nicht, wenn der Geschlechtsunterschied mit der bipolaren Geschlechtersozialisation definiert wird. Die Aussage, männliche und weibliche Jugendliche unterscheiden sich, wäre nur legitimiert, wenn es sich um einen absoluten und um einen durchgängigen, also einen alle Bereiche der menschlichen Persönlichkeit, wie auch immer diese operationalisiert wird, umfassenden Geschlechterunterschied handelte. Der wird aber bei Allerbeck/Hoag nicht festgestellt - eher das Gegenteil. Daß signifikante Geschlechtsunterschiede als solche kein Argument für ein Modell „bipolare Geschlechtersozialisation" sind, kann gar nicht oft genug betont werden.

Die Autoren der aktuellen Schülerstudie '90 (Behnken u. a. 1991) und die der Jugend-Studie '92 (Zinnecker u. a. 1992) fassen ihre Ergebnisse leider nicht mit dem Blick auf die potentielle Bedeutsamkeit der Geschlechtsvariablen zusammen. Bei beiden Werken steht die Auseinandersetzung mit den Ost-West-Unterschieden im Vordergrund. Daran ändert auch der Geschlechtervergleich in der Schülerstudie '90 nichts (vgl. Behnken u. a., 1991, S. 178ff.). Hier wird eine Korrespondenzanalyse durchgeführt, in die alle jenen geschlechts- und ländertypischen Merkmale eingegangen sind, in denen sich die vier Gruppen (Ost-West, männlich-weiblich) unterscheiden. Als Unterscheidungskriterium wurde eine Differenz von zehn Prozentpunkten innerhalb der entsprechenden Kontingenztafel gewählt. Bei diesem Vorgehen fallen 134 Merkmale auf, welche die Marke von zehn Prozentpunkten übertroffen haben. Allerdings wird nicht festgestellt, wie groß die Differenz bei den einzelnen Merkmalen ist, wie groß die Varianzaufklärung durch die Geschlechtsvariable ist und wie viele Merkmal unter zehn Prozentpunkten bleiben. Wie dem auch sei, die Annahme ist wohl berechtigt, für den Fall, man hätte einen durchgängigen und ausgeprägten Geschlechtsunterschied herausgefunden, er wäre wohl auch dem neugierigen Fachpublikum mitgeteilt worden. Das gleiche gilt für die Shell-Jugendstudie '92. Es werden zwar wieder und wieder signifikante Mittelwertunterschiede gefunden, aber stellt man die große Datenmenge und die Tatsache in Rechnung, daß selbst geringfügige Unterschiede allein aufgrund des großen Datensatzes statistisch, nicht jedoch praktisch signifikant werden, dann ist man nicht genötigt, einem bipolaren Geschlechtermodell nachzuhängen. Mit anderen Worten, die Argumentation von Helmut Fend (1991) überzeugt auf dem Hintergrund der bisher in der vorliegenden Abhandlung geleisteten Argumentation wenig:

Helmut Fend (1991, vgl. S. 93-111) geht unter anderem der Frage nach, inwieweit die These vom Geschlechtsrollenwandel empirisch haltbar ist. Den Geschlechtsrollenwandel operationalisiert er über die Frage, inwieweit sich das Selbstkonzept männlicher und weiblicher Jugendlicher unterscheidet. Seine Annahme lautet, daß sich die vielzitierten gesellschaftlichen Veränderungen, Stichwort „Individualisierungsschübe" (Beck 1986; Kohli 1986) bei diesem Merkmal nachweisen lassen müßten. Seine implizite Hypothese lautet: Wenn Geschlechtsrollenwandel stattgefunden hat, dann unterscheiden sich die Geschlechter bezüglich ihrer Selbstkonzepte nicht. Er weist also mit Blick auf die aktuelle gesellschaftstheoretische Debatte innerhalb der bundesdeutschen Soziologie das Modell „bipolare Geschlechtersozialisation" hypothetisch einem überwundenen Stadium des gesamtgesellschaftlichen Modernisierungsprozesses zu. In der Vergangenheit hätten sich die Geschlechter in einer Weise unterschieden, wie sie hier mit dem Modell „bipolare Geschlechtersozialisation" beschrieben worden sind (diesen Begriff verwendet er selbstverständlich nicht). Sollte nun das „Individualisierungstheorem", wie es zum Beispiel von Beck (1986), aber auch von Beck-Gernsheim (1983) entfaltet worden ist, empirischen Gehalt haben, so dürfte die Beschreibung der Geschlechter durch das Modell „bipolare Geschlechtersozialisation" empirisch nicht mehr evident sein. Es müßte durch ein Modell namens „biplurale Geschlechtersozialisation" abgelöst werden.

Helmut Fend interpretiert seine Ergebnisse als Widerlegung der Hypothese vom Geschlechtsrollenwandel beziehungsweise der Individualisierung des bundesdeutschen Geschlechterverhältnisses. Demnach hält er das Modell „bipolare Geschlechtersozialisation" für empirisch gesättigt und weist somit das Modell „biplurale Geschlechtersozialisation" implizit zurück. Die Fendsche

Sicht der Dinge wird deutlich, wenn er angesichts seiner Daten konstatiert: „Im großen und ganzen bestätigen sich gerade die spezifischen Konstellationen von Attitüden bzw. Persönlichkeitsdispositionen, die seit jeher als typisch weiblich bzw. typisch männlich gelten" (Fend, 1991, S. 96). Warum überzeugt der Schluß von Fend (1990) nicht? Das ausschlaggebende Argument lautet: Die Geschlechtsvariable klärt beim Selbstkonzept des Aussehens nur 1,4 v.H. der festgestellten Varianz auf, bei der Begabung 2,8 v.H., bei der Selbstakteptierung 2,7 v.H., bei der Emotionskontrolle 4,1 v.H., bei der Handlungskontrolle 1,0 v.H., bei der Empathiefähigkeit 2,1 v.H., bei den somatischen Indikatoren 7,5 v.H., beim Rollenübernahmeinteresse 7,2 v.H., bei den sozialen Interessen 4,3 v.H., beim Geltungsstatus 1,3 v.H., bei der Bildungsorientierung 9,4 v.H., bei den Haustieren 3,8 v.H., bei Motorrad/Auto/Sport 15,0 v.H., bei der Befürwortung von Gleichberechtigung im Beruf 4,0 v.H., bei politischer Protestbereitschaft 1,6 v.H.. Bei all den angeführten Merkmalen lassen sich zwar signifikante Mittelwertsunterschiede auf dem 0,1 v.H.-Niveau feststellen. Aber entscheidend ist doch zum einen, daß er mit einer großen Datenmenge arbeitet, bei der selbst die von ihm gemeldeten hochsignifikanten Differenzen zwischen den Geschlechtern bei geringer Unterscheidung eben hochsignifikant werden müssen - aufgrund der Logik des statistischen Signifikanztestes. Zum anderen ist von hier aus zu bemängeln, daß die Varianzaufklärung durch die Geschlechtsvariable nur bei dem Merkmal Motorrad/Auto/Sport in einer Höhe erfolgt, die nach den üblichen sozialwissenschaftlichen Konventionen verfolgenswert ist. Es handelt sich nur um geschlechtstypische, nicht jedoch um geschlechtsspezifische Unterschiede. Und nur geschlechtsspezifische Unterschiede, die zudem noch durchgängig auftreten, können als Beleg für die Existenz von jeweils einer männlichen und einer weiblichen Persönlichkeit angesehen werden. Kurz und bündig, auch die sozialwissenschaftliche Jugendforschung stellt keine geschlechtsspezifischen Persönlichkeiten fest. Hinsichtlich einiger Variablen lassen sich geschlechtstypische Ausprägungen nachweisen, die jedoch nicht dafür sprechen, daß es sich bei den Geschlechtern um fundamental verschiedene Persönlichkeiten handelt. Die Aussage des Modells bipluraler Geschlechtersozialisation, die Geschlechter unterscheiden sich nur darin, daß sie männlich oder weiblich sind, ist somit von hoher empirischer Evidenz

2.1.1.3 Selbstbildforschung

Die Verhaltensunterschiede zwischen den Geschlechtern, die man als subjektive bezeichnen kann, weil sie durch das Abfragen von Selbsteinschätzungen, den sogenannten Feminitäts- / Maskulinitätsskalen, gemessen werden, sind seit Beginn des Jahrhunderts psychologisches Forschungsthema (vgl. Terman/Miles 1936). Es ist sicherlich problematisch, von der Erforschung subjektiver Verhaltensunterschiede zu sprechen, weil es vorrangig um die Operationalisierung von theoretischen Konstrukten geht, und zwar bis in die siebziger Jahre des zwanzigsten Jahrhunderts von sogenannter Maskulinität und Feminität; mittlerweile werden diese Aspekte um sogenannte Androgynität und Neutralität/Undifferenziertheit ergänzt. Jedoch ist die Bezeichnung „Selbstbildforschung" in der Psychologie üblich (vgl. Trautner, 1991, S. 324ff.). Das bedeutendere Argument ist allerdings, daß es zum einen eine forschungsstrategisch fruchtbare Begriffsbildung ist; zum anderen handelt es sich um eine Selbstbildforschung im Bereich der geschlechterpsychologischen Fragestellung, der Elemente von geschlechtsspezifischer Sozialisationsforschung immanent sind. Gleichbedeutend ist die Verwendung der Termini Maskulinitäts/Feminitäts- oder mittlerweile auch Androgynitätsforschung. Die Grundlage für die folgenden Ausführungen bildet insbesondere die Abhandlung von Bierhoff-Alfermann (1989). Sie hat eine für den bundesdeutschen Sprachraum zentrale und konzentriert geschriebene Monographie vorgelegt, welche die überwiegend im englischen Sprachraum geführten Diskussionen auf verständliche Art und Weise der hiesigen Öffentlichkeit vermittelt. Es können nicht alle Ungereimtheiten ausgeräumt werden, die sich bei Bierhoff-Alfermann finden. Meine Darstellung orientiert vielmehr an der Fragestellung, wie Männer/Jungen und Mädchen/Frauen sind. Welche Antwort auf diese Frage gibt die sogenannte Androgynitätsforschung? Stützt sie das bipolare oder biplurale Modell der Geschlechtersozialisation?

Ursprünglich, im Zeitraum zwischen der Jahrhundertwende und den siebziger Jahren, werden die sogenannten subjektiven Verhaltensunterschiede analog der Logik bipolarer Geschlechtersozialisation konzipiert, nach der sich die Menschheit in zwei grundverschiedene Persönlichkeitstypen aufteilen läßt (grundlegend Constantinople 1973). Daher rührt auch die Bezeichnung Makulinitäts- / Feminitätsskala. Man kann die traditionelle Forschung als Versuch interpretieren, dieses Konstrukt zu falsifizieren, obgleich das realiter mehr im- als explizit passiert ist; zumindest handelt es sich um die Verifikation des Explanandums einer Theorie psychischer Mann- und Frauwerdung, nämlich die geschlechtsspezifische Persönlichkeit (vgl. Bierhoff-Alfermann, 1991, S. 25ff.). Das gemeinsame theoretische Konzept, von dem die herkömmliche Maskulinitäts- / Feminitätsforschung ausgeht, ist demnach ein Ein-Faktor-Modell. Für Erwachsene und Kinder werden entsprechende standardisierte Fragebogenskalen entwickelt, deren Items mit dem Kriterium bestimmt werden, inwieweit sie zwischen Männern und Frauen, Jungen und Mädchen differenzieren. Die Itemauswahl erfolgt also partiell empirisch induktiv, wenngleich die Annahme strukturierende Wirkung hat, daß es sich bei männlichen und weiblichen Personen um zwei grundverschiedene Persönlichkeitstypen handelt, sich die Geschlechter also unterscheiden. Auf diese Weise sind Meßinstrumente ausgearbeitet worden, die manche als „Abfallprodukte" (Bierhoff-Alfermann, 1989, S. 25) interpretierten, weil die Items angeblich nicht mit Blick auf die von dem bipolaren Modell vorgegebenen Eigenschaften selektiert würden, sondern man sie ausschließlich aufgrund ihrer statistischen Trennfähigkeit zwischen den Geschlechtern in die Maskulinitäts- / Feminitätsskala aufgenommen hätte. Für den deutschen Sprachraum wird auf das Freiburger Persönlichkeitsinventar von Fahrenberg/Selg (1970) verwiesen. Es enthält eine Maskulinitäts- / Feminitässkala mit jeweils 26 Items, die aus anderen Skalen aufgrund ihrer Trennfähigkeit zwischen männlichen und weiblichen Probanden übernommen werden. Aufgrund dieser vermeintlich empiristischen Testkonstruktion käme es zu einer ausgesprochen starken Unterschiedlichkeit hinsichtlich der abgefragten und identifizierten Persönlichkeitseigenschaften.

Ich halte dagegen: Es ist zwar richtig, daß die Items unterschiedliche Persönlichkeitstypen messen, was sich auch durch faktorenanalytische Betrachtungen empirisch zeigen läßt. Es gehen zum Beispiel Störungen des vegetativen Nervensystems, Aufgeregtheitssymptome, Depressionssymptome, Erfolgszuversicht usw. in die Skala ein. Aber das ist kein Indikator für eine empiristische Forschungsstrategie, sondern ein empirischer Hinweis auf die fehlende empirische Evidenz und Relevanz des bipolaren Modells geschlechtsspezifischer Sozialisation. Empiristisch wirkt dieses Vorgehen nur, weil mittlerweile das Androgynitätskonzept präferiert wird, das mit der „bipluralen Geschlechtersozialisation" einhergeht.

Es ist also zu einer auffälligen Veränderung der geschlechterpsychologischen Selbstbildforschung gekommen, die zum Teil mit der empirischen Unhaltbarkeit einer Bipolarisierung von menschlichen Persönlichkeitseigenschaften zu erklären ist. Die Annahme, Maskulinität und Feminität, die jeweils von biologischen „Männlein" und „Weiblein" repräsentiert und durch Sozialisation erworben würden, wären unabhängige Persönlichkeitseigenschaften, ist empirisch nicht haltbar.Es ist somit eine Modifikation des „Maskulinitäts-/Feminitätsparadigmas" (Bilden, 1980, S. 782) in den Sozialwissenschaften zu konstatieren, eine Neudefinition „gesunder Männlichkeit" und „gesunder Weiblichkeit". Liegt dem polaren Paradigma die Annahme zugrunde, daß „gesunde Männlichkeit" die vollständige Übereinstimmung einer männlichen Person mit den traditionalen Männlichkeitssterotypen ist und keine Gemeinsamkeit mit dem weiblichen Geschlecht aufweist - für das weibliche Geschlecht vice versa -, geht das androgyne Paradigma davon aus: „Gesunde Männlichkeit" und „gesunde Weiblichkeit" ist nur durch die Vereinigung weiblicher und männlicher Eigenschaften in einer - vom biologischen Geschlecht her betrachteten - entweder männlichen oder weiblichen Person zu erreichen, kurz: durch psychische Androgynität. Umstritten ist, ob es nicht adäquat wäre, von gesunden männlichen und weiblichen Personen anstelle von gesunder Weiblichkeit und Männlichkeit zu sprechen (vgl. Bierhoff-Alfermann, 1989, S. 52ff.). Mit an Sicherheit grenzender Wahrscheinlichkeit kann jedoch pathetisch festgehalten werden: „Ja, in der Tat ist in den vergangenen Jahren zunehmend die Annahme infragegestellt - und von vielen verworfen worden, daß nur Maskulinität bei Jungen und Feminität bei

Mädchen ein erstrebenswertes Entwicklungsziel darstelle" (a. a. O., S. 14). Anders formuliert: Die Metatheorie geschlechtsspezifischer Sozialisationsforschung verändert sich. Femininität, Androgynität oder Undifferenziertheit werden nicht mehr als besorgniserregende Abweichung empfunden.

Die vielfältige Kritik am Modell bipolarer Geschlechtersozialisation führt zu dem psychologischen Androgynitätskonzept, das in der empirischen Forschung vielfältig erprobt und differenziert wird. Es sind momentan, genauer seit Mitte der siebziger Jahre, grundsätzlich zwei Untersuchungsansätze gebräuchlich, die jeweils zwei verschiedene Funktionen im Forschungsprozeß erfüllen und in vielfältigen, subtilen Modifikationen realiter vorkommen. Bei der einen Variante müssen die Probanden vorgegebene Eigenschaften danach sortieren, ob sie auf den typischen Mann oder die typische Frau zutreffen. Hierdurch werden die Adjektive gewonnen, die anschließend entweder der Kategorie Maskulinität oder der Kategorie Feminität subsumiert werden. Auf diese Weise werden die Begriffe Männlichkeit und Weiblichkeit induktiv gewonnen. Diese bilden die Grundlage für eine Maskulinitäts- und Feminitätsskala, die anderen Probanden zur Messung von deren psychologischer „Männlichkeit" und „Weiblichkeit" im Sinne der Definition, die der Meßskala zugrunde liegt, vorgelegt werden.

Die zweite Untersuchungsvariante besteht somit darin, daß Probanden mit Eigenschaftslisten, in der Regel mittels schriftlicher Fragebogen, konfrontiert werden. Das heißt, sie werden aufgefordert, selbständig einzuschätzen, inwieweit eine spezifische Eigenschaft sie selbst am besten beschreibt. Während mit der ersten Fragestellung psychologische Männlichkeit und Weiblichkeit definiert wird, soll mit der zweiten Frage überprüft werden, inwieweit biologische Männlichkeit und Weiblichkeit mit der psychologischen korreliert, die von den Forschern induktiv definiert worden ist.

Es geht bei diesem Erhebungsinstrument demnach nicht um subjektive Geschlechtsrollennormierung, wie es für die sogenannte GRO-Skala charakteristisch ist, die von Krampen in den deutschsprachigen Raum eingeführt worden ist (1979, 1980, 1983), sondern um Geschlechtsschemata oder Geschlechtsrollenstereotype. Überprüft wird nicht die Korrelation von Verhalten und Selbsteinschätzung, sondern eben nur, inwiefern männliche und weibliche Individuen sich bei ihrer Selbstbeschreibung an die sogenannten Geschlechtsrollenstereotype anlehnen beziehungsweise in ihrer Persönlichkeitscharakteristik beschrieben werden können. Folgende Eigenschaften gelten hierbei typischerweise als „männlich": aggressiv, aktiv, dominant, ehrgeizig, erfolgreich, grob, kompetent, rational, selbständig, selbstsicher, sorglos, stark, unternehmungslustig; folgende werden typischerweise zur Charakterisierung von „Weiblichkeit" verwendet: ängstlich, beeinflußbar, emotional, empfindsam, freundlich, passiv, redefreudig, sozial orientiert, schüchtern, schwach, submissiv, unselbständig, verträumt, warmherzig, zärtlich (Trautner, 1987, S. 31; Bierhoff-Alfermann, 1989, S. 28ff).

Je nach benutztem Fragebogen gibt es eine Reihe an Modifikationen, die für uns allerdings belanglos sind, weil ihre Validität und Realibilität annähernd identisch ist (Bierhoff-Alfermann, 1989, S. 41ff.). Auf jeden Fall sind die Meßverfahren insoweit gleich, als die Probanden potentiell vier differenten Kategorien zugeordnet werden können. Dabei ist die Zuordnung davon abhängig, welche Summenwerte auf der Maskulinitäts- und Feminitätsskala erlangt worden sind. Folgende Kategorien sind zu nennen: Maskuline, Feminine, Androgyne, Undifferenzierte. Das biologische Geschlecht ist bei der Besetzung der Kategorien prinzipiell irrelevant. Es zählt ausschließlich der summierte Skalenwert.

Die erste Kategorie zeigt hohe Werte in Maskulinität und niedrige Werte in Feminität an; sie umfaßt überwiegend Männer, aber auch unerwartet viele Frauen (circa 10 v.H. der befragten Frauen), die sogenannten Maskulinen. Die zweite Kategorie ist den Probanden vorbehalten, die hohe Werte auf der Feminitätsskala und niedrige Werte auf der Maskulinitätsskala aufweisen, die sogenannten Femininen. In diese Sparte werden überwiegend Frauen, aber auch einige Männer aufgenommen. Das Zahlenverhältnis ist spiegelbildlich zur Maskulinitätskategorie. In einer dritten Kategorie werden diejenigen Probanden erfaßt, die niedrige Werte in beiden Bereichen zeigen, die sogenannten Neutralen, auch Undifferenzierte genannt; das ist eine kleine Anzahl von Personen beiderlei Geschlechts. Die vierte Kategorie, die als „androgyn" bezeichnet wird, enthält 30 v.H. der Untersuchungsteilnehmer beiderlei Geschlechts. Sie weisen hohe Eigenschaften in punkto femininer und maskuliner Eigenschaften auf. Das heißt, sie haben sowohl hohe Instrumentalitäts- als auch hohe Expressivitätswerte (Bem 1974, 1975). Die Ergebnisse konnten für die Bundesrepublik Deutschland replizierend bestätigt werden (vgl. Bierhoff-Alfermann, 1989, S. 152ff.).

Die modernen Androgynitätsskalen wiesen eine Reihe methodischer Mängel auf. Es gäbe Hinweise, daß mittlerweile Androgynität mit sozialer Erwünschtheit konfundiert ist (Helmreich u. a. 1981; Taylor/Hall 1982). Dies gelte insbesondere für die maskulinen Aspekte von Androgynität, die mit Gesundheit und Selbstwertschätzung assoziiert werden (Bem 1977). Außerdem gäbe es Anzeichen, daß es ungenügend ist, Maskulinität und Feminität unidimensional zu konzipieren, da sie jeweils mehrere Dimensionen enthalten, die empirisch unabhängig sind, was mit faktorenanalytischen Betrachtungen deutlich gemacht werden konnte (Ashmore/Del Boca 1979; Ruble 1984). Weiterhin sei zu bemängeln, daß geistiges Wohlbefinden, physisches Wohlbefinden, Selbstwertgefühl und Flexibilität bei androgynen Männern und Frauen nicht durchgängig die höchsten Werte aufweisen (Bierhoff-Alfermann, 1989, S. 71-126). Das trifft entgegen der Bemschen Hypothese zum psychischen Wohlbefinden auf Personen beiderlei Geschlechts zu, die jeweils entweder hohe Maskulinitäts- oder hohe Feminitätswerte haben (vgl. Gage/Berliner, 1986, S. 216-218). Nach der Bemschen Hypothese müßten sich jedoch jene besonders wohlfühlen, die als androgyn eingestuft werden. Möglicherweise spielt es jedoch eine Rolle, daß die Gegenbefunde Ende der siebziger Jahre erhoben wurden, als die „androgyne Revolution" noch wenig fortgeschritten wahr (vgl. Badinter 1991; Hollstein 1990). Ideologiekritische Bedenken werden zum Beispiel von Bilden (1980) oder auch Bock (1988) vorgebracht, deren Ansicht nach das Androgynitätsparadigma den gesellschaftlichen Antagonismus von Produktion und Reproduktion psychologisiere und individualisiere.

Die Kritik ist nur partiell stichhaltig. Zur Ideologiekritik ist zu sagen: Die Norm, die eine gesunde Persönlichkeitsentwicklung beschreibt, kann man nicht durch die Möglichkeit ihres gesellschaftlichen Mißbrauchs oder ihrer gesellschaftlichen Funktionalisierung, was nicht das gleiche ist, negieren. Indes ist den Kritikern zuzugestehen, daß sie auf den sozialhistorischen Kontext des Paradigmenwechsels aufmerksam gemacht haben und auf einen möglichen gesellschaftspolitischen Mißbrauch einer humanistisch fundierten Wertsetzung hingewiesen haben. Zum Problem der sozialen Konfundiertheit jener Merkmale, die Androgynität messen, ist anzumerken, daß dieses Phänomen nicht gegen die Realibilität der Meßergebnisse spricht. Denn soziale Konfundiertheit bringt nicht zwangsläufig mit sich, daß die Probanden ihr Urteil mit Bezug auf die soziale Erwünschtheit bestimmter Verhaltensweisen und Persönlichkeitsmerkmale fällen. Verschiedene Untersuchungen haben ferner zum Problem der sozialen Konfundiertheit festgestellt (vgl. Bortz, 1984, S. 160ff.), „daß die Vorstellungen der Testpersonen über das, was sozial erwünscht sei, keinesfalls einheitlich sein müssen" (a. a. O., S. 160). Das hat eine fatale Folge. Denn soziale Erwünschheit wird gemessen, indem die Testergebnisse, die unter einer normalen Bedingung zustande gekommen sind, mit denen verglichen werden, die mit der Zusatzinstruktion hergestellt werden, man solle sich in sozial erwünschter Weise darstellen. Wenn nun die Probanden unterschiedliche Vorstellungen darüber haben, was sozial erwünscht ist, kann es gut sein, daß sich diese Vorstellungen kompensieren, so daß der Eindruck entsteht, bei einem gemessenen Merkmal bestünde das Problem der sozialen Erwünschheit nicht. Aber selbst wenn es sich um sozial erwünschte Merkmale handelt, heißt dies noch lange nicht, daß die Probanden deshalb ihre Antwort gefälscht haben. Demnach kommt Bortz (1984, S. 161) zu der hier geteilten Schlußfolgerung: „Wichtiger als Untersuchungen, die mit einer anzuzweifelnden Methodik die Verfälschbarkeit einzelner Test nachzuweisen suchen, erscheinen Bemühungen, Antworttendenzen in Richtung sozialer Erwünschheit zu unterbinden". Und hierzu reicht aus, Anonymität zuzugestehen. Zudem ist die These bislang empirisch nicht unwidersprochen geblieben, daß sich Probanden von sozialer Erwünschtheit in ihren Selbstbildern manipulieren lassen. Man müßte ihnen eben nur hinreichende Anonymität zusichern. Einmal gewendet, die Feststellung der sozialen Erwünschtheit spezifischer Aspekte des komplexen Konstrukts Androgynität läßt die

Schlußfolgerung nicht zu, daß die Probanden deshalb eine nicht wahrheitsgemäße Selbsteinschätzung abgeliefert haben.

Diesen Abschnitt beendend ist mit Blick auf die Frage nach der psychischen Mann- und Frauwerdung festzuhalten, daß auch die psychologische Androgynitätsforschung deutlich gemacht hat, daß eine geschlechtsspolare Theoriebildung der Geschlechtersozialisation nicht mit den Selbstbildern, falls sie nicht sogar die Verhalten(stendenz) von Erwachsenen und Jugendlichen messen, einhergeht. Die Behauptung, die Geschlechter unterscheiden sich, erscheint angesichts der empirisch psychologischen Erforschung von Selbstbildern als problematisch. Das Modell „biplurale Geschlechtersozialisation" drängt sich dem Geschlechterforscher geradezu auf. Zwar werden die „Femininen" überwiegend von den biologisch weiblichen Individuen, die „Maskulinen" mehrheitlich von den biologisch männlichen Individuen gebildet. Aber in der gesamten Population, die Untersuchungen erheben Anspruch auf Representativität, sind sie mit durchschnittlich 30 v.H. in der Minderheit. Sie werden von den „femininen" männlichen, den „maskulinen" weiblichen, den „neutralen" und den „androgynen" Individuen, die trivialerweise die übrigen 70 v.H. der gesamten Population stellen, deutlich übertroffen. Und diese 70 v.H. entsprechen in keiner Weise dem Bild empirischer Männlich- und Weiblichkeit, daß das Modell „bipolare Geschlechtersozialisation" dem Rezipienten unterlegt. Sie weisen auf eine Pluralität empirischer Männlich- und Weiblichkeiten hin, die der klassischen Theoriebildung struktur-funktionalistisch, marxistischer oder feministischer Provenienz dem Status eines wissenschaftlich objektivierten Stereotypes zuweist. Die theoretische Explikation eines Modells „biplurale Geschlechtersozialisation" scheint Not zu tun.

2.1.1.4 Pluralität individueller Geschlechtsidentität

Die biplurale Geschlechtersozialisation soll nun durch eine stärker individuumzentrierte Betrachtungsweise vertieft werden. Die allgemein gehaltene Rede von der Pluralität empirischer Männlich- und Weiblichkeiten reicht nicht aus. Mit Blick auf die Ergebnisse der neueren und empirisch orientierten entwicklungspsychologischen Forschung (vgl. Gloger-Tippelt 1993; Huston 1983; Trautner 1991) ist von einer empirischen Pluralität auch individueller Geschlechtsidentität auszugehen. Damit wird das Modell „bipolarer Geschlechtersozialisation" von einer weiteren Seite auf den „Müllhaufen" der Wissenschaftsgeschichte verbannt. Was ist mit empirischer Pluralität individueller Geschlechtsidentität gemeint? Hiermit möchte ich auf die Tatsache hinweisen, daß selbst individuelle Geschlechtsidentität plural aufgefaßt werden muß. Das heißt, bei der Kategorie „Geschlechtsidentität" handelt es sich um einen mehrdimensionalen Begriff. Und diese verschiedenen Dimensionen sind, so zeigt es die Empirie - wenn man sehen will -, nicht in ein und dieselbe Richtung ausgeprägt. Es ist somit von einer individuellen und von einer allgemeinen Geschlechterpluralität auszugehen.

Die Genese von Geschlechtsidentität wird in der neueren und empirisch orientierten Entwicklungspsychologie als Prozeß der Auseinandersetzung mit der Geschlechtstypisierung der sozialen Umwelt sowie deren Wahrnehmung durch die sich entwickelnden Individuen untersucht. Es interessieren nicht allein die intraindividuellen Unterschiede, die sich aus der individuellen Entwicklungstatsache ergeben. Darüber hinaus interessiert man sich zunehmend auch im Bereich der geschlechtsspezifischen Sozialisation für die interindividuelle Variation von Entwicklungsverläufen, was durch das Auftreten des Androgynitätsparadigmas unterstützt wird. Geschlechtsidentität bürgert sich als übergeordneter Begriff ein. Zum einen wird mit diesem kategorialen Konstrukt die grundlegende Selbstkategorisierung der eigenen Person als männlich oder weiblich benannt. Zum anderen umfaßt Geschlechtsidentität die individuelle Selbstzuschreibung sogenannter geschlechtstypischer Merkmale im Sinne eines Selbstkonzepts eigener Weiblichkeit und Männlichkeit. Zwar schlägt Trautner (1987) vor, den ersten Aspekt als formale und den zweiten als inhaltliche Geschlechtsidentität zu bezeichnen. Aber er kann sich damit nicht durchsetzen. „Seine" formale Geschlechtsidentität gilt in der entwicklungspsychologischen Zunft als „Geschlechtskonstanz". Auf die inhaltliche Geschlechtsidentität wird verzichtet. Statt dessen wird Geschlechtsidentität als Oberbegriff benutzt, der insgesamt vier Dimensionen umfaßt (Gloger-Tippelt 1993): Selbstzuschreibung männlicher und weiblicher Eigenschaften; geschlechtsbezogene Konzepte und Überzeugungen bezüglich physischer und psychischer Differenzierung, die sogenannten Konzepte der Geschlechtsstereotypisierung; Einstellungen/Präferenzen gegenüber geschlechtstypischen Eigenschaften, Aktivitäten, Zugehörigkeit zu einer Geschlechtsgruppe, die sogenannten Geschlechtsrollenpräferenzen; Realisierung geschlechtstypischen Verhaltens. Jede dieser Dimension kann, wie Huston (1983) erstmalig ausführt, auf fünf Inhaltsbereiche bezogen werden, so daß Geschlechtsidentität im Ergebnis zwanzig Dimensionen umfaßt. Diese fünf Teildimensionen werden gebildet durch: biologische oder physische Variablen; Fähigkeiten und Interessen; Persönlichkeitseigenschaften und Sozialverhalten; soziale Beziehungen; stilistische und symbolische Merkmale. Ursprünglich ist man im Kontext impliziter Anlehnung an das Modell „bipolarer Geschlechtersozialisation" davon ausgegangen, daß die menschlichen Subjekte in den jeweiligen Bereichen gleichlautende Werte erzielen. Indes konnte diese Hypothese von der empirischen Forschung nicht bestätigt werden. Denn die intraindividuellen Korrelationen zwischen den verschiedenen Dimensionen von Geschlechtsidentität sind vernachlässigbar gering (Gloger-Tippelt, 1993, S. 261). Man kann also von den Spielinteressen nicht auf das Verhalten in sozialen Situationen, häusliche oder berufliche Aktivitäten oder Persönlichkeitsmerkmale schließen (Trautner, 1991, S. 352). Ein hohe Wertschätzung der Geschlechtsrollenstereotype heißt nicht, daß man sich geschlechtstypisch verhielte oder man ein maskulines - wenn man männlich ist - Selbstkonzept hätte. Ein maskulines Selbstkonzept sagt nichts darüber aus, ob man die sogenannte männliche Geschlechtsrolle hochgradig präferiert.

Typologisierungen von Geschlechtsidentität scheinen in diesem Fall, bei dem zwanzig Persönlichkeitsdimensionen erfaßt werden, nicht möglich. Geschlechtstypisierung im entwicklungspsychologischen Sinne ist also kein einheitliches Konstrukt, sondern enthält ausgesprochen differente Inhaltsbereichen, nämlich - wenn man die übliche Definition der Einfachheit halber übernimmt - mindestens fünf. Diese hängen inhaltlich nicht miteinander zusammen. Ein Junge kann beispielsweise die für Jungen vermeintlich typischen Interessen entwickeln, ohne dadurch zwangsläufig die für Jungen vermeintlich typischen Persönlichkeitseigenschaften auszuprägen oder anzunehmen. Geschlechtsspezifische Sozialisation „verläuft somit nicht eindimensional, sondern mehrdimensional" (Bierhoff-Alfermann, 1989, S. 11).

Die empirischen männlichen und weiblichen Subjekte sprengen nicht nur den durch die Geschlechtsstereotype gesetzten Rahmen der bipolaren Komplementarität, sondern auch die einer ganzheitlichen, eindeutigen Geschlechtsidentität beziehungsweise Männlichkeit oder Weiblichkeit des Individuums. Man kann auch sagen, männliche wie weibliche Individuen werden biplural geschlechtersozialisiert. Deren Ergebnis scheint nach Lage der Dinge zu sein, daß „wirkliche" Individuen nicht allein männliche oder weibliche Merkmale, sondern darüber hinaus auch beides entwickeln oder vielleicht gar keine Eigenschaften, die uns als männlich oder weiblich gelten.

Es sind einige methodische Aspekte zu beachten, um das Modell bipluraler Geschlechtersozialisation aus der empirischen Forschung generieren zu können. Zu nennen ist zum einen die Begrifflichkeit, welche die Forschungstätigkeit anleitet. Wer nämlich wie die Entwicklungspsychologie von Geschlechtertypisierung spricht, richtet das Interesse der Forschung auf den Erwerb von geschlechtstypischen Merkmalen. Damit bleibt die Frage ausgeblendet, warum eine Vielzahl von Individuen diese Merkmale nicht erwirbt oder sogar die exakt gegenteilige Persönlichkeitscharakteristik kokonstruiert. Es wird suggeriert, sie hätten keine Geschlechtsidentität, was gleichbedeutend mit der Behauptung ist, sie wären keine Männer/Jungen respektive Mädchen/Frauen. Mit einer Betrachtung der Interpretation der Untersuchungsergebnisse sei dieses begriffliche Problem vertieft (vgl. Trautner, 1991; S. 345-358).

Beispielsweise wird regelmäßig aus der Tatsache, daß sich männliche Kinder deutlich stärker als weibliche Kinder Spielsachen wünschen, die der Kategorie „traditionales Jungensspielzeug" entsprechen, die Schlußfolgerung einer rigideren Geschlechtsrollenpräferenz und -identität bei Jungen gezogen; geschlechtstypisches Verhalten wird im übrigen hauptsächlich am „Spielverhalten" untersucht, weil sich in anderen Verhaltensdimensionen keinerlei statistisch und praktisch bedeutsame Differenzen zwischen männlichen und weiblichen Individuen trotz gegenteiligen Forschungsinteresses nachweisen lassen (Trautner, 1991, S. 349f.). Aber wichtiger ist: Auf die Idee, daß mit den eigenen Kategorien die Wirklichkeit produziert wird, die es kritisch zu hinterfragen gilt, kommt man nicht. Ginge man ihr nach, so hielte man möglicherweise diese Interpretation der gern zitierten Empirie angemessen: Es gibt Jungen und Mädchen, die sich in ihren Spielzeugpräferenzen deutlich unterscheiden. Es gibt aber auch Jungen und Mädchen, die sich nicht unterscheiden, teilweise unterscheiden sich Jungen und Mädchen, teilweise nicht. Insgesamt ist das Spielzeug, das traditional als „Jungenspielzeug" gilt, bei Jungen und bei den Mädchen beliebter. Es empfiehlt sich daher, es nicht mehr als Jungenspielzeug zu bezeichnen und nicht als Indikator für den Grad an Geschlechtsidentität zu verwenden.

Haben die Jungen, die sich nicht für sogenanntes Jungenspielzeug interessieren, etwa keine Geschlechtsidentität? „Wenn sich psychologische Untersuchungen statt mit Geschlechtsunterschieden mit Gemeinsamkeiten der Geschlechter befassen würden, wäre es für den Leser viel deutlicher, daß die meisten Verhaltensweisen bei beiden Geschlechtern ein weit höheres Maß an Ähnlichkeit als an Verschiedenheit aufweisen und sich entsprechend immer nur ein geringer Prozentanteil dieser Verhaltensweisen als geschlechtstypisch unterschieden darstellt. Da aber das Forschungsinteresse fast immer auf die Feststellung von Unterschieden ausgerichtet ist, werden die Ergebnisse im Sinne der auf das Vorhandensein von Unterschieden formulierten Hypothesen hin ausgewählt und interpretiert" (Degenhardt/Trautner, 1979, S. 14f.). Die empirische Pluralität individueller und allgemeiner Männlichkeit und Weiblichkeit kann so nicht das Licht der Welt erblicken.

Ein weiteres begriffliches Problem entwicklungspsychologischer Bestimmung psychischer Mann- und Frauwerdung besteht in der Art und Weise, wie Geschlechtsidentität gemessen wird. Der Forscher überprüft nämlich experimentell, inwieweit die Untersuchungsteilnehmer seiner Definition von Geschlechtsidentität nahekommen. Ob seine Definition mit derjenigen deckungsgleich ist, welche die Probanden haben, wird hingegen nicht überprüft. „Auf diese Art erhält eine Versuchsperson einen niedrigen Präferenzwert, wenn sie Items wählt, die sie selbst als typisch oder angemessen für ihr Geschlecht ansieht, die jedoch von der Beurteilergruppe als geschlechtsuntypisch eingestuft werden" (Trautner, 1991, S. 352). Dem bipolaren Objektivismus wird die Erfahrung der Subjekte untergeordnet. Darüber hinaus ist es von herausragender Bedeutung, welche Untersuchungsmethode Anwendung findet. Das heißt, ob eine dichotome Entscheidung zwischen männlich-weiblich verlangt wird oder feinere Abstufungen oder beide Antworten möglich sind, ist für den Grad an Geschlechtstypisierung, der einem Individuum zugewiesen wird, in entscheidendem Maß verantwortlich (vgl. Intons-Peterson 1988). Das betrifft insbesondere die Entwicklung von Geschlechterkonzepten. Wählt man die erste Möglichkeit, so nimmt die Stereotypie des Geschlechterkonzepts bis zu Beginn der Adoleszenz kontinuierlich zu. Entscheidet man sich für die zweite Variante, so zeigt sich ab dem Ende des Grundschulalters eine Abnahme der Stereotypisierung, eine nach unseren Worten Bipluralisierung von Geschlechtersozialisation. Die bipolare Suggestion wird durch eine „realitätsnähere(n), nur relative Differenzierung der Geschlechter (definiert durch eine nur graduell stärkere Zuordnung von Merkmalen zu einem Geschlecht)" abgelöst (Trautner, 1991, S. 339f.). Kurz, der Geschlechtsunterschied verschwindet. Männliche und weibliche Individuen werden sichtbar. Biplurale Geschlechtersozialisation erscheint.

2.1.2 Zur Frage der zwei Welten

Die These der zwei Persönlichkeiten ist ohne empirische Evidenz und Relevanz. Nun soll gezeigt werden, daß die vom Modell bipluraler Geschlechtersozialisation angenommenen sozialisationstheoretischen Erklärungsmechanismen ebenfalls ohne empirische Evidenz und Relevanz sind. Bezweifelt wird also nun die These der geschlechtsspezifischen Arbeitsteilung (2.1.2.1), der geschlechtsspezifischen Erziehung (2.1.2.2) und der geschlechtsspezifischen Koedukation (2.1.2.3). Der fehlende Nachweis geschlechtsspezifischer Persönlichkeit wird plausibel gemacht.

2.1.2.1 Arbeitsteilung

Für das achtzehnte und neunzehnte Jahrhundert weist Karin Hausen bereits 1978 selbstkritisch für die sich gerade konstituierende Frauenforschung darauf hin, es existieren keinerlei gesicherte Ergebnisse sozialgeschichtlicher Forschung, mit der die Annahme belegt werden könne, daß die geschlechtsspezifische Arbeitsteilung eine sozialgeschichtliche Tatsache und somit das bipolare Modell geschlechtsspezifischer Sozialisation ein realgeschichtliches Faktum gewesen sei (vgl. Hausen, 1978, S. 173ff.). Es ist auffällig, daß diese selbstkritischen Relativierungen der These von der realgeschichtlichen Polarisierung der Geschlechtscharaktere vor dem Hintergrund einer sich durchsetzenden geschlechtsspezifischen Arbeitsteilung und idealgeschichtlichen Geschlechterpolarisierung, wie sie Hausen selbst vornimmt, in der nachfolgenden intensiven Rezeption ihrer Ausführungen nicht nachgegangen wird. Hausen führt nämlich aus, daß die vorhandenen historischen Daten dazu auffordern, nach den unterschiedlichen Betroffenheitsgraden der diversen sozialen Gruppen zu differenzieren, was die Annahme einer Pluralität von Geschlechterentwürfen und -sozialisationen impliziert, kurz: biplurale Geschlechtersozialisation. Denn „mit Phänomenen der gesellschaftlichen Realität korrespondierte die Polarisierung der Geschlechter zunächst ganz offensichtlich einzig und allein dort, wo sie um die Wende zum 19. Jahrhundert entwickelt wurde, nämlich im gebildeten Bürgertum" (a. a. O.; S. 174). Den größten Erfolg hat die bürgerliche Geschlechtertheorie in der gesellschaftlichen Gruppe der Beamten. Das ist mit der sozialen Tatsache zu erklären, daß in dieser Gruppe die soziale Realität und die alltägliche Lebensbewältigung sehr stark der bürgerlichen Theorie der Geschlechter entsprochen hat, bei der Expressivität und Weiblichkeit sowie Instrumentalität und Männlichkeit gleichgesetzt worden ist. Es wird also die These biplurale Geschlechtersozialisation bereits für das 17. und 18. Jahrhundert von der Empirie angeboten. Das Modell bipolare Geschlechtersozialisation hat höchstens auf einen Bevölkerungspartikel zugetroffen.

Die bürgerliche Dichotomisierung der Geschlechter, hier als geschlechteranthropologisches Modell geschlechtsspezifischer Sozialisation eingeführt, wird während des neunzehnten Jahrhunderts gesamtgesellschaftlich zum dominanten Interpretations- und Orientierungsmuster für alle Gesellschaftsmitglieder (vgl. Bublitz 1993), wenngleich wohl weiterhin eine sozialstrukturelle Differenzierung in Rechnung zu stellen ist. Die Vorherrschaft des geschlechteranthropologischen Modells ändert sich erst in den sechziger Jahren mit der Konstitution der Neuen Frauenbewegung, der Schwulen- und Männerbewegung, kurz: Geschlechterbewegung. Diese knüpft weitgehend unbemerkt an alternative Definitionen von Männlichkeit und Weiblichkeit an, die bereits zu Beginn der Moderne diskutiert werden (Hoffmann, 1994, S. 21-91).

Die lang andauernden ideologisch-normative Dominanz des bipolaren Modells geschlechtsspezifischer Sozialisation ändert überhaupt nichts an der Differenz zwischen Geschlechternorm und sozialer Realität. Das ist ein markantes Zeichen gesellschaftlicher Lebensverhältnisse in der Modernen - für beide Geschlechter: Die Mehrheit der Frauen geht, an diesem Punkt besteht kein Unterschied zwischen dem neunzehnten und zwanzigsten Jahrhundert, einer außerhäuslichen Erwerbstätigkeit nach (Reh 1992). Andersherum gesprochen heißt das, das weibliche Geschlecht wird wie das männliche Geschlecht auch in der beruflichen Sphäre sozialisiert. Damit verliert die These von der geschlechtsspezifischen Arbeitsteilung als der ausschließlichen Sozialisationsbedingung für Männer und Frauen, Jungen und Mädchen seine empirische Evidenz und Relevanz. Diese Gegenthese wird außerdem durch die Tatsache untermauert, daß in den Jahrzehnten nach dem zweiten Weltkrieg zum Beispiel in der Bundesrepublik Deutschland mehr als die Hälfte aller Frauen zwischen fünfzehn und sechzig Jahren regelmäßig erwerbstätig ist (Willems-Herget, 1985, S. 34). Gleichfalls sind die Auswirkungen der schulischen Sozialisation auf die individuelle Persönlichkeitsentwicklung zu bedenken, die im übernächsten Abschnitt in den Mittelpunkt gerückt wird. An dieser Stelle ist nur darauf hinzuweisen, daß Mädchen von den Jungen, gemessen am üblichen objektiven Maß des Bildungsabschlusses, nicht mehr zu unterscheiden sind. Beide Geschlechtergruppen besuchen im gleichen Ausmaß das schulische Bildungssystem. Dieser für moderne Gesellschaften charakteristische Schulbesuch von Jungen und Mädchen während der Kindheits- und Jugendphase führt zur Zurückdrängung der Familienrolle respektive geschlechtsspezifischen Arbeitsteilung als bestimmender Sozialisationsbedingung im Lebenslauf von männlichen und weiblichen Individuen. Sie verliert dadurch ihren Status als markante Determinanten der Sozialisation zum geschlechtsspezifischen Mann und zur geschlechtsspezifischen Frau. Stattdessen dominieren mit Bildungssystem sowie Kindheits- und Jugendkultur bei den Heranwachsenden jene Sozialisationsinstanzen, deren Vergesellschaftungsmodus unter anderem die formale Gleichstellung von Individuen, von Jungen und Mädchen ist. Es ist daher zu vermuten, daß der psychische Geschlechtsunterschied nicht sonderlich bedeutsam ist (Parsons 1942; Preuss-Lausitz 1993; Schelsky 1975, S. 5, S. 19, S. 247; 1. Auflage 1957; Zinnecker 1990, S. 36). Diese Hypothese überzeugt angesichts der Ergebnisse empirischer sozialwissenschaftlicher Geschlechterforschung.

Die Problematisierung der Kategorie Arbeitsteilung ergibt: Frauen und Mädchen werden in diesem Jahrhundert keinesfalls ausschließlich im sogenannten reproduktiv-privaten Bereich sozialisiert. Das Zwei-Welten-Theorem überzeugt empirisch nur wenig. Eine Ausnahme sind die fünfziger Jahre dieses Jahrhunderts, in denen das Modell geschlechtsspezifischer Arbeitsteilung in der bundesdeutschen Gesellschaft weitgehend sozialgeschichtlich realisiert ist (Brock, 1990, S. 100). Indes spricht das nicht für das Konzept geschlechtsspezifischer Arbeitsteilung als *Supervariable* von männlicher und weiblicher Sozialisation, weil diese Konstellation nur für eine kleine Phase im Leben der Geschlechter in den fünfziger Jahren zugetroffen hat. Beide Geschlechter bewegen sich selbstverständlich im privaten und öffentlichen Bereich. Das gilt insbesondere während der Kindheit und Jugend, aber auch in der Erwachsenheit. Denn nach der Arbeit gehen die Männer in der Regel nach Hause, werden in ihren Familien sozialisiert. Frauen, wenn sie nicht arbeiten gehen, sind im Freizeitbereich ebenfalls mit einer außerhäuslichen Logik konfrontiert. Das heißt, die Lebensverläufe von männlichen und weiblichen Individuen sind komplex, flexibel und reversibel. Sie haben ihren Identitätskern nicht nur in der Arbeit oder nur in der Familie. Es ist eine geschlechtsübergreifende Lebensaufgabe, die divergenten Rollen von - wenn wir einmal die moderne Gesellschaft auf zwei Funktionslogiken reduzieren wollen - zu integrieren und zu psychischer Struktur zu machen. Insgesamt werden männliche wie weibliche Individuen von der „ärgerlichen Tatsache der Gesellschaft" (Dahrendorf) gezwungen, Interessenkonflikte zwischen öffentlicher und privater Sphäre auszuhalten. Die sich daraus ergebenden Probleme sind einzig und allein selektiv zu lösen. Sowohl der Beruf als auch Partnerschaft und Familie fordern den „ganzen Mann" und die „ganze Frau". Diese Sozialisation in einer Vielzahl an Welten ist die Bedingung, die uns zu Männern und zu Frauen macht (vgl. auch Brock 1990; Femers/Hörmann 1990; Krüger/Born 1990; zusammenfassend Hoffmann, 1994, S. 63ff.). In einem neuen Satz: Auch das männliche Geschlecht wird lebenslänglich außerberuflich sozialisiert, was persönlichkeitsverändernde Folgen hat, die mit dem bipolaren Modell psychischer Mann- und Frauwerdung nicht eingefangen werden können, weil es nur einen Partikel von Sozialisation thematisiert.

Es erscheint als evident, daß eine bipolare Theoriebildung nicht die Sozialisation zum Mann und zur Frau vollständig beschreibt. Hierzu sind offensichtlich die gesellschaftlichen Sozialisationsbedingungen von einer anderen Komplexität. Eine Theorie geschlechtsspezifischer Sozialisation, die gesellschaftstheoretisch mit der Kategorie geschlechtsspezifische Arbeitsteilung oder gleichbedeutend mit der Kategorie Geschlechtsrolle argumentiert, um die Sozialisation zum Mann oder zur Frau zu beschreiben und zu erklären, greift zu kurz. Sie reicht offensichtlich nicht aus, um „den Mann" oder „die Frau", „den Jungen" oder „das Mädchen" auf den Begriff zu bringen, um das „Wesen" der Geschlechter theoretisch zu durchdringen. Denn die „geschlechtsspezifische Arbeitsteilung" existiert nicht in Reinform, sie ist nicht die einzige Sozialisationsbedingung für männliche wie weibliche Subjekte. Von dem Modell „bipolarer Geschlechtersozialisation" wird die Komplexität gesellschaftlicher Realität auf eine populäres Klischee reduziert, so daß die Widersprüche, in denen sich männliches und weibliches Leben gegenwärtig vollziehen, vollständig ausgeblendet werden. Die Forschungslage zur geschlechtsspezifischen Arbeitsteilung indiziert eindeutig: es existieren keinerlei Anhaltspunkte derart, daß die genannten Ansätze zur geschlechtsspezifischen Sozialisation soziologische empirische Realität auf den Begriff bringen. Das gilt mit Blick auf das achtzehnte, neunzehnte Jahrhundert und zwanzigste Jahrhundert. Man kann auch sagen, nicht nur die Vertreter der bürgerlichen Theorie der Geschlechter tradieren den patriarchalen „Mythos der Geschlechterdichotomie" (Liebau 1992) und praktizieren „bürgerliche Geschlechtermetaphysik" (Tyrell) oder „bürgerliche Geschlechterideologie" (Thürmer-Rohr, 1988, S. 101ff.), sondern ebenso die genannten strukturfunktionalistischen als auch die marxistischen wie feministischen Autoren, die vom Anspruch her im- oder explizite patriarchatskritische und ideologiekritische Intentionen verfolgen. Ein letztes Mal gewendet: Es ist in gesellschaftstheoretischer Perspektive davon auszugehen, daß männliche Individuen sozialisierende Erfahrungen im familiären Kreis und in persönlichen Beziehungen machen; daß die dort gemachten Erfahrungen im Widerspruch zu den Erfahrungen im Berufsleben stehen; daß diese Erfahrungen subjektiv verarbeitet werden müssen und ein Potential für widerständige Handlungen darstellen; daß nicht alle männliche Individuen den beruflichen Bereich an die erste Stelle ihrer Prioritätenliste setzen und den familialen respektive privaten Lebensbereich in ihrer Lebensäußerung vollständig negieren - für die weiblichen Individuen vice versa oder mit Gudrun-Axeli Knapp geschrieben: „Eine ungebrochene und ausschließliche Aneignung dessen, was als „weiblich" gilt oder mit ihm assoziiert ist, könnte ... nur ... unter der Prämisse behauptet werden:

- daß Frauen sozialisierende Erfahrungen nur im familiären Kreis und in persönlichen Beziehungen machen;
- daß die ... Widersprüche entweder nicht wahrgenommen und erfahren bzw. subjektiv verarbeitet werden, indem sie verdrängt würden;
- oder daß es schließlich verallgemeinerbar bei Frauen Prioritäten gäbe, die die Bedeutung außerfamilialer Tätigkeit grundsätzlich relativieren. Dagegen sprechen fast durchgängig empirische Befunde" (Knapp, 1990,. S. 33).

Die Kategorie der geschlechtsspezifischen Arbeitsteilung als vermeintlicher Supervariablen von Mann- und Frauwerdung ist also zu relativieren. Die fehlende empirische Evidenz und Relevanz der Persönlichkeitskonstrukte des Modells „bipolarer Geschlechtersozialisation" verwundert mit Blick auf das Phänomen „geschlechtlicher Arbeitsteilung" nicht.

2.1.2.2 Familie

Grundlegend für die nachfolgenden Ausführungen zur geschlechtsspezifischen Erziehung vor allem in der Familie sind die zusammenfassenden Darstellungen von Carol Hagemann-White (1984, 48-63), Hans-Martin Trautner (1991, S. 371-375), Gabriele Gloger-Tippelt (1993, 263f.) und Klaus-Jürgen

Tillmann (1989, S. 76ff.) sowie die dort angegebene Literatur, die hier nur teilweise zitiert wird. Es ist insgesamt auffällig, daß dem Themenbereich geschlechtsspezifischer Erziehung in der Familie bei Bilden (1991) keine Aufmerksamkeit mehr geschenkt wird.

Mehrheitlich arbeiten die empirischen Untersuchungen zur Fragestellung geschlechtsspezifischer Erziehung im- oder explizit mit einem Teilaspekt des behavioristischen Theorems, wie es weiter oben bereits ausgearbeitet worden ist (1.2.2). Nach dieser Sozialisationstheorie mit psychologischer Akzentuierung ist davon auszugehen, daß Eltern oder andere Personen in der sozialen Umwelt der jeweiligen Familie von Jungen und Mädchen unterschiedliches Verhalten erwarten, weil sie eben verschieden wären. Infolgedessen verhielten sich die relevanten Familienmitglieder (normalerweise die Eltern) gegenüber Jungen und Mädchen unterschiedlich. Sie erzögen sie geschlechtsspezifisch. Und das käme in der geschlechtsdifferenten - positiven oder negativen - Bekräftigung ihrer Söhne und Töchter bei jeweils spezifischen Handlungssequenzen zum Vorschein. Vorrangig orientierte man sich an den gängigen Männlichkeits- und Weiblichkeitsstereotypen. Es entstünde die geschlechtsspezifische Persönlichkeit.

Es muß festgestellt werden, diese Annahmen halten einer empirischen Überprüfung bereits für die fünfziger, sechziger und siebziger Jahre nur partiell stand (vgl. Maccoby/Jacklin 1974; Mischel 1970). Es gibt zwar differentielle Erwartungshaltungen, sprich alltagstheoretische Annahmen zum Wesen der Geschlechter, die unserem bipolaren Modell der psychischen Mann- und Frauwerdung analog sind. Und die Vermutung klingt plausibel, daß werdende Männer und Frauen mit diesen Annahmen konfrontiert werden. Aber das spricht in keiner Weise für den erklärenden Teil des bipolaren Modells. Zum einen kommen nicht alle Untersuchungen zu identischen Ergebnissen. Das heißt, es gibt in den Köpfen der verschiedenen wirklichen Menschen differente Konzepte zur Frage, wie Männer und Frauen zu denen werden, die sie sind. Man könnte dies als empirischen Hinweis interpretieren, daß geschlechtsspezifische Sozialisation die Verarbeitung eines geschlechtsbezogenen Intrarollenkonfliktes ist. Zum anderen ist gegen das bipolare Modell als Argument in die Debatte zu werfen, die geschlechtsspezifischen Erwartungen, die in Teilen der sozialen Umwelt empirisch identifiziert werden und gesellschaftliche Lebensverhältnisse prägen, führen nicht unbedingt zu geschlechtsspezifischen Sanktionierungspraktiken. Ergo ist deren Relevanz bei der Genese des geschlechtsspezifischen Subjekts zu bezweifeln. Es ist als Forschungsergebnis eine Differenz von geschlechtsspezifischen Erwartungen im Sinne von Annahmen über den Geschlechtsunterschied und der faktischen Erziehungspraxis festzuhalten. Diese Annahme, daß die partielle geschlechtsspezifische Erwartungen für Sozialisationsprozesse irrelevant ist, wird außerdem durch ein Phänomen erfahrungswissenschaftlich gestützt, das uns schon in der empirischen Persönlichkeitsforschung begegnet ist, nämlich: die vorliegenden Untersuchungen weisen mehrheitlich darauf hin, „daß die Ähnlichkeiten der elterlichen Reaktionen gegenüber dem Verhalten von Jungen und Mädchen die Differenzen überwiegen" (Trautner, 1979a, S. 61). Es gibt also auch bei den Erziehungspraktiken einzig und allein Mittelwertsunterschiede, wobei die durch die Geschlechtsvariable aufgeklärte Varianz in den Überblicksdarstellungen, auf die sich hier bezogen wird, nicht genannt ist. Das ist darauf zurückzuführen, daß der methodische Standard dies zum Zeitpunkt der Erhebung und Auswertung der Daten nicht zugelassen hat (vgl. Bredenkamp 1972). Mithin, aktuelle Untersuchungen, die ebenfalls den Einfluß der Eltern auf die geschlechtsspezifische Sozialisation untersuchen, bestätigen die älteren Ergebnisse empirischer Forschung. Gloger-Tippelt (1993, S. 263f.) berichtet von einer von Lytton/Romney (1991) durchgeführten Metaanalyse zu dieser Fragestellung. Aus dieser statistischen Sekundäranalyse zahlreicher Originaluntersuchung zur geschlechtsspezifischen Sozialisation in der Familie geht hervor, daß es nur sehr wenige Unterschiede, die zudem noch sehr gering ausgeprägt sind, in der elterlichen Behandlung von Mädchen und Jungen gibt. Die Eltern verstärken statistisch auffällig die Spielaktivitäten ihrer Kinder, die herkömmlicherweise als geschlechtsspezifisch gelten. Insgesamt werden der Gruppe der Mädchen stärkere Abweichungen zugestanden als der Jungengruppe. Die jüngeren Kinder erfahren des weiteren eher als die älteren Kinder eine geschlechtsspezifische Verstärkung ihrer Spielpraxis. Bemerkenswert ist zudem, daß Väter regelmäßig ihre Kinder stärker mit geschlechtsspezifischen Normen konfrontieren als die Mütter. Allgemein wird die folgende Hypothese von einer Vielzahl empirischer Studien regelmäßig bestätigt: Männer und Personen beiderlei Geschlechts, die wenig oder keinen Umgang mit kleinen Kindern haben, zeigen eine starke Neigung zur geschlechtsspezifischen Erziehung, wie sie das Modell bipolarer Geschlechtersozialisation als durchgängige Erziehungspraxis behauptet. Dagegen lassen sich Mütter und Personen, die viel Kontakt mit kleinen Kindern haben, besser mit dem bipluralen Modell beschreiben, das die Relevanz der Geschlechtsvariablen für Sozialisationsprozesse tendenziell negiert (vgl. Keller, 1979a, S. 142). Es bleibt der Eindruck, als ob die Nähe zum Kind die Bereitschaft positiv determiniert, auf dessen individuelle Bedürfnisse einzugehen.

Zusammenfassend ist festzuhalten, es handelt sich bei den festgestellten geschlechtsspezifischen Unterschieden zu der Fragestellung Erziehung nur um vereinzelte Variablen. Dieser geschlechtsspezifische Charakter der insbesondere familialen Erziehungswirklichkeit relativiert sich, weil diese Geschlechtsspezifik einzig und allein eine geringfügige Differenz des Mittelwerts ist. Demnach ist eine statistische und nicht eine empirische Geschlechtsspezifik zu beobachten: eine Geschlechtstypik familialer Erziehung - jedoch wird selbst diese nicht von der Gesamtheit empirischer Untersuchungen gemeldet; positive und negative Ergebnisse halten sich tendenziell die Waage. Schließlich, es ist noch nicht überprüft worden, ob die Kinder, deren

Eltern geschlechtsspezifische Erwartungen und entsprechende geschlechtsspezifische Sanktionierungspraktiken anwenden, auch eine derartige geschlechtsspezifische Persönlichkeitsstruktur ausprägen. Der gesamte Zirkel geschlechtsspezifischer Sozialisation ist einer empirischen Untersuchung nicht ausgesetzt worden. Man sucht vergeblich nach Mehr-Ebenen-Modellen in diesem Bereich. Das gleiche gilt für Interaktionsstudien, welche die alltägliche Familiendynamik mit der Fragestellung geschlechtsspezifischer Sozialisation untersuchten. Es herrschen standardisierte Fragebogenverfahren vor, bei denen Einsichten in den Erziehungsprozeß gewonnen werden, indem Eltern ihre Erziehungspraktiken selbsttätig klassifizieren oder die Perzeption der Erziehungswirklichkeit durch die Kinder erhoben wird. Die Ergebnisse sind mit Vorsicht zu genießen. Aber es gilt auch: es gibt keine besseren (vgl. auch Bertram 1981; Schneewind 1991).

Trautner (1991, S. 372) meint, man könnte aus der empirischen Forschung einen Wandel der elterlichen Erwartungshaltung gegenüber Jungen und Mädchen entnehmen: „In den vergangenen Jahren scheinen die elterlichen Erwartungen bezüglich „natürlicherweise“ gegebenen Geschlechtsunterschieden und die Erziehungsziele für die eigenen Kinder stärker als früher auseinanderzufallen“ (ebd.; vgl. die dort angegebene Literatur). Während man allgemein von Unterschieden zwischen den Geschlechtern ausginge, würde man bei seinen eigenen Kindern darauf achten, sie geschlechtsunspezifisch zu erziehen oder durch geschlechtsspezifische Erziehung die Geschlechtsunterschiede aus der Welt zu schaffen. Man versucht sich an der Kompensation des vermeintlichen Geschlechtsunterschiedes. Ich halte dagegen, wenn dem so wäre, müßten sich bei Untersuchungen aus den fünfziger, sechziger und siebziger Jahren deutliche geschlechtsspezifische Unterschiede zeigen. Das ist aber nicht der Fall. Oder mit Talcott Parsons gesprochen, der im Jahre 1942 schreibt: Die moderne amerikanische Gesellschaft fällt dadurch auf, daß die Kinder als Individuen behandelt werden; sie werden in vielen grundlegenden Dingen gleich erzogen. Das zeigt sich deutlich, wenn man die Zuweisung von Privilegien und Verantwortlichkeiten betrachtet. Gibt es Unterschiede zwischen den männlichen und weiblichen Kindern innerhalb der Geschwistergruppe, so werden sie durch die Alters-, nicht aber durch die Geschlechtsdifferenz veranlaßt (vgl. Parsons, 1942, S. 65). Angesichts der gängigen Erziehungspraxis ist es gerechtfertigt, von einer geschlechtsspezifischen Kleidungs- und Spielerziehung zu sprechen. Grundsätzlich aber gilt, daß die Ausprägung von bedeutenden Persönlichkeitsmerkmalen von allen Kindern gleichermaßen gefordert wird (vgl. a. a.. O., S. 66f.). Deshalb erscheint es als angemessen, sich nicht Trautner oder Hoeppel (1991, S. 1ff.) resümierend anzuschließen: Es gibt für die Bundesrepublik Deutschland der 80er Jahre keinen empirischen Nachweis geschlechtsspezifischer Erziehungsstile (Hoeppel, 1991, S. 1ff.). Vielmehr drängt die Analyse der empirischen Erziehungsstilforschung dazu, die These aufstellen: Die Geschlechtsunspezifik familialer Erziehungsprozesse gilt für moderne Gesellschaften als solche. Man kann nicht von der alleinigen Gültigkeit traditioneller Geschlechterstereotype in der familiären Erziehungswirklichkeit ausgehen. Man muß demgegenüber annehmen, daß mit dieser sogenannten traditionellen Geschlechterstereotypisierung eine alternative, eine sogenannte androgyne Stereotypisierung der Geschlechter alltäglich in den Köpfen der erziehenden Väter und Mütter konkurriert, die ihr sozialisatorisches Eigenleben hat. Vielleicht wäre es angemessener, nicht von einer androgynen Stereotypisierung, sondern schlicht von: geschlechtsunspezifischer, von individuums- und bedürfnisorientierter familialer Erziehung zu sprechen - zumindest als gesamtgesellschaftlicher Tendenz. Schließlich ist das angemessene Geschlechterbild bereits im 18. und 19. Jahrhundert umstritten, was in der aktuellen Debatte oft vernachlässigt wird (vgl. Hoffmann, 1994, S. 50ff.). Die Pluralität geschlechtsspezifischer Erziehung und Sozialisation ist daher nicht allein mit Blick auf sozialstrukturelle Differenzierungen, sondern gleichfalls innerhalb sozioökonomischer Gruppen zu konstatieren. Exemplarisch sei auf Britta Rang verwiesen, die zur „bürgerlichen Theorie der Geschlechter" feststellt: Es gibt dort nicht nur einen hegemonialen Geschlechterentwurf, wie wir ihn als anthropologisch-funktionalistische Variante bipolarer Geschlechtersozialisation kennengelernt haben. Denn wir dürfen „nicht aus der Tatsache, daß diese Muster in vielen Schriften jener Zeit sich finden lassen, schließen, daß sie auch ungebrochen gültig waren. Im Gegenteil! Deren ständige Wiederholung, z. B. gerade auch in pädagogischen Schriften, beschwört etwas, dem nicht mehr voll vertraut wird, das gegen kritische Einwände verteidigt werden muß, kurz: das seine unbeschränkte Selbstverständlichkeit bereits eingebüßt hat" (Rang, 1986, S. 198f.).

Für diese Sicht spricht, wenn man sich der Mühe einer realgeschichtlichen Analyse unterzieht, die Existenz einer Gruppe sogenannter frühromantischer Feministen, die sich gegen einseitige Auffassungen vom Wesen des Weibes oder des Mannes ausspricht und für ein androgynes Konzept plädiert: Theodor Gottlieb von Hippel, Friedrich Schlegel, Friedrich Schleiermacher und Johann W. Ritter. Eine analoge Problematisierung der Geschlechterfrage findet sich historisch gleichfalls im Frankreich des 17. Jahrhunderts und wird während der französischen Revolution von den französischen Frühsozialisten programmatisch vertreten (vgl. Badinter, 1991, S. 153ff.; vgl. Bock, 1988, S. 148ff.).

Den feministischen Mann gibt es bereits in den Anfängen der ersten Moderne. Das, was heute als moderne Geschlechterdebatte benannt wird, ist schon im 17. Jahrhundert zu beobachten: 1673 publiziert Poulain de la Barre ein Buch zur Problemstellung „geschlechtsspezifische Sozialisation" - selbstverständlich argumentiert er nicht mit diesem Begriff. Seine im vorliegenden Zusammenhang herausragende Behauptung, es sei von einer grundsätzlichen Gleichheit der Geschlechter auszugehen: sozial, politisch, psychisch. Wenn

Ungleichheiten im genannten Sinn zu sehen wären, dann müßten diese auf die Ungleichheit der Lebensverhältnisse im Sinne von Sozialisationsbedingung zurückgeführt werden. Daher sei Frauen und Männern identische gesellschaftliche Partizipationschancen zu gewähren. Sie wären mit der Vernunft begabt, wie sie oft als männertypisch behauptet werde. Kurz, er weist das anthropologisch-funktionalistische Modell geschlechtsspezifische Sozialisation mit den Argumenten zurück, die man bei marxistischen und feministischen Autoren anzutreffen gewohnt ist (vgl. Badinter, 1991, S. 153ff.). Die Position von Poulain de la Barre wird im 18. und 19. Jahrhundert öffentlich debattiert: Condorcet, Madame d'Epinay, Abbe-Gregoire, Pierre Guyomar, Saint-Just, Chabot, Cambaceres, Charlier und noch einige andere (ebd.).

Eine analoge Debatte ist für den deutschsprachigen Raum des 19. Jahrhunderts zu konstatieren (vgl. Bock, 1988, S. 146ff.). Dort kritisiert Theodor Gottlieb von Hippel in seinem Buch „Über die bürgerliche Verbesserung der Weiber", das 1793 erscheint, die Französische Revolution, weil sie vor den Frauen haltmacht (vgl. Bock, 1988, S. 210). Diesem Programm fühlen sich gleichsam Friedrich Schlegel, Friedrich Schleiermacher und Johann W. Ritter verpflichtet, die zu den einschlägigen Theoretikern und Poetologen eines frühromantischen „Feminismus" gehören (Friedrichsmeyer, Sara L. 1983; vgl. Bock, 1988, S. 148ff.). Den Genannten gilt „Androgynität" von Mann und Frau als Voraussetzung für eine harmonische, mit sich identische Menschheit. Bei den Theoretikern der „bürgerlichen Theorie der Geschlechter", die mit dieser Theorie kulturelle Hegemonie ausgeübt hatten (vgl. Hausen 1978), war, wie ich bereits erwähnt habe, die Verwirklichung einer komplementären Polarität eine Voraussetzung, damit die Menschheit in einer harmonischen, aufgeklärten Art und Weise zu sich selber kommt (vgl. Hausen 1978). Die frühromantischen „Feministen" werfen den Frauen ihrer Zeit mangelnde Bildung und Selbständigkeit vor. Als Kausalfaktoren werden angeführt: die Unterdrückung von Frauen, deren gesellschaftliche Geringschätzung, deren Ausschluß aus der Öffentlichkeit und deren Beschränkung auf das häusliche Leben. Sie fordern die Aufhebung dieser Restriktionen und Rollenmuster und üben Kritik sowohl an einer „überladenen Weiblichkeit" als auch an einer „übertriebenen Männlichkeit". Ihr Ideal war eine „selbständige Weiblichkeit" und eine „sanfte Männlichkeit" (vgl. Mennighaus, W. (Hg.) 1983, Bock 1988), was Kurt Lüthi bei einer Analyse des „Lucinde" - Romans von Schlegel dazu gebracht hat, diesen als Theoretiker einer emanzipatorischen Weiblichkeit zu bezeichnen (vgl. Bock, 1988, S. 148). In der „Lucinde" literarisierte Schlegel anhand des Paares Lucinde und Julius sein Androgynie-Konzept.

Es ist festzuhalten: Der fehlende Nachweis geschlechtsspezifischer Erziehungsstile ist mitnichten mit der „beträchtlichen Unsicherheit bezüglich dessen, was unter „weiblich" und „männlich" zu verstehen ist" (Hoeppel, 1991, S. 3), erklärbar. Das wird gesellschaftstheoretisch gerne mit dem Wandel der Geschlechtsrolle oder des Geschlechterverhältnisses erklärt, der von

Elisabeth Badinter als „androgyne Revolution" (1991) bezeichnet wird. Jedenfalls ist das soziohistorisch kein neues Phänomen, wenngleich es möglicherweise eine quantitative Verschiebung gegeben haben mag, die allerdings nur mit detaillierten modernisierungstheoretischen Argumentationen aufgespürt werden können. Und fest steht darüber hinaus, die empirische Evidenz und Relevanz des Modells „bipolarer Geschlechtersozialisation" ist nicht gegeben. Die Ergebnisse empirischer Erziehungsstilforschung indizieren eher einen Interrollenkonflikt, den das Subjekt bei seiner geschlechtsspezifischen Sozialisation verarbeiten muß, weil es unterschiedliche Erwartungen in seinem sozialisatorischen Umfeld bezüglich normaler Männlichkeit und Weiblichkeit gibt - und dies scheint nach Lage der geschlechtspezifischen Erziehungszielforschung, so wundersam das klingen mag, kein neues sozialhistorisches Phänomen zu sein. Jedenfalls ist eine schwache und nicht durchgängige geschlechtsspezifische Spielerziehung nicht als empirischer Hinweis ausreichend, um das Modell „bipolare Geschlechtersozialisation" plausibel zu machen; denn dieses behauptet, die fundamentale geschlechtsspezifische Persönlichkeitsdifferenz entstünde durch geschlechtsspezifische Erziehung.

Allerdings ist ebenfalls als merkwürdiges und irritierendes Faktum festzuhalten: Es werden einzig und allein die Erziehungsziele abgefragt, die mit dem Eigenschaftsbündel deckungsgleich sind, das mit den Männlichkeits- und Weiblichkeitsstereotypen gefüllt ist, die hinlänglich oft angeführt worden sind. Es werden keine fundamentalen Grundorientierungen erhoben, wie sie, grob gesprochen, die Erziehung zur Hausfrau und Mutter und zum Berufsmann darstellen, die Erziehung zur geschlechtsspezifischen Arbeitsteilung ist kein empirischer Forschungsgegenstand. Das verwirrt nachhaltig (auch Trautner, 1991, S. 330), weil sich diese Forschungsfrage konsequent aus der These „geschlechtsspezifischer Arbeitsteilung" ergibt, und zwar ungeachtet dessen, ob der geschlechtsspezifischen Arbeitsteilung die Funktion zukommt, die gesamte Sozialisation zum Mann oder zur Frau zu beschreiben oder nur einen Partikel von Sozialisation.

2.1.2.3 Schule

Die gegenwärtige bundesdeutsche Debatte zur geschlechtsspezifischen Sozialisation fokussiert in einem erstaunlichen Maß auf die Sozialisationsinstanz Schule. Hierin unterscheidet sie sich von der Schwerpunktlegung, der die empirische wie theoretische Untersuchung geschlechtsspezifischer Sozialisationsprozesse bis zum Ende der siebzige Jahren kennzeichnet; bis zu diesem Zeitpunkt interessiert man sich vor allem für die Prozesse geschlechtsspezifischer Sozialisation, die in der Sozialisationsinstanz Familie vermeintlich zu beobachten wären. Die Modifikation des Forschungsschwerpunktes ist in einem erheblichen Maße wohl dadurch zu erklären, daß die Suche nach familialer geschlechtsspezifischer Erziehung recht erfolglos verlaufen ist. Zwar gibt es keine explizite und ausführliche theoretische Aufarbeitung dieser Forschungserfahrung, und sie ist ganz sicher mit Vorsicht zu genießen. Aber nimmt man sie ernst, so folgt daraus grundsätzlich die These: Wenn es in der Schule Prozesse geschlechtsspezifischer Sozialisation im Sinne des Modells „bipolarer Geschlechtersozialisation" gibt, so ist deren Wirkung auf die geschlechtsspezifische Persönlichkeitsgenese nicht durchschlagend. Denn dieser Sozialisationseffekt würde durch die Geschlechtsneutralität familialer Erziehung zumindest relativiert, falls nicht sogar die familiale Erziehung die Genese psychischer Strukturen stärker determiniert als die mögliche geschlechtsspezifische Sozialisation durch die Institution Schule. Hierfür spräche zumindest die in der familialen Sozialisationsforschung allgemein akzeptierte These, daß die Familie das einflußreichste „Mikrosystem" für die Formung des gesellschaftlichen Nachwuchses ist (Bronfenbrenner, 1986, S. 723). Zwar wird die Bedeutung des multidimensionalen sozialökologischen Sozialisationskontextes gesehen, aber diese ändert nichts daran, daß der Familie eine unverwechselbare Transmissionsfunktion bei der Verzahnung von externen ökologischen Bedingungen und individueller Entwicklung zukommt. Ihre Einflüsse treffen das Individuum in einer „Plastizität" und „Offenheit" (Gehlen 1961), die eine optimale Chance für deren Aufnahme bildet. „Daher stellt die Familie in der Lebensgeschichte der meisten Menschen den ersten, relativ exklusiven und dauerhafter Erfahrungsraum mit großer personaler Kontinuität dar, in dem grundlegende Einstellungen, Wertorientierungen, Motive, Fähigkeitsprofile, Handlungsdispositionen und -strategien des Kindes entstehen, die ... die spätere Entwicklung deutlich kanalisieren" (Steinkamp, 1991, S. 258). Damit ist nicht so sehr ein Formungs-, sondern ein „Kanalisierungseffekt(es) familialer Sozialisation" (ebd.) behauptet, mit dem die „Bedeutung der Familie als Instanz „sozialer Weichenstellung" (ebd.) hervorgehoben wird. Kurz, die Bedeutung potentieller geschlechtsspezifischer Sozialisationsprozesse in der Schule erscheint in dieser Perspektive als nachgeordnet. Selbst wenn diese stattfänden, sie träfen bereits auf eine in den ersten sechs Lebensjahren weitgehend geschlechtsunspezifisch erzogene kindliche Persönlichkeit und der damit verbundenen psychischen Struktur. Das ist besonders bedeutsam, weil die Hauptlast der Erziehung in der Regel bei der Mutter liegt, die sich am stärksten geschlechtsneutral beziehungsweise individuumzentriert verhält. Dieser Aspekt, nämlich die nachhaltige Wirkung geschlechtsunspezifischer familiärer Sozialisation, der sich gleichsam aus der sozialisationstheoretischen Einsicht in den Zusammenhang von Individuum und Gesellschaft ergibt, wird in der aktuelle Debatte zur geschlechtsspezifischen Sozialisation in der Schule nicht genügend beachtet.

Es bietet sich an, die sogenannte Hessische Interaktionsstudie, die von Uta Enders-Dragässer und Claudia Fuchs durchgeführt worden ist (1989), zum Ausgangspunkt der kritischen Reflexion zu machen, „da sie den aktuellen Diskussionsstand der schulbezogenen Frauenforschung zusammenfaßt" (Tzankhoff, 1992, S. 130) und zentral für die aktuelle Darstellung von geschlechtsspezifischer Sozialisation an einschlägiger Stelle ist (vgl. Bilden, 1991; S. 292; auch Breitenbach 1994). Das Ziel dieser Studie besteht in dem Nachweis, wie sich im Schulalltag das patriarchale, also von Jungen in Anlehnung an die traditionalen Geschlechtsrollenstereotype dominierte Geschlechterverhältnis reproduzierte. Hierzu wird der Schulunterricht mit Videokameras beobachtet. Die Beobachtungen werden um Interviews mit Lehrerinnen ergänzt.

Die gewonnenen Daten werden von den Autorinnen als Bestätigung ihrer Ausgangsannahme interpretiert, daß die koedukative Schulpraxis die traditionalen Geschlechtscharaktere tradiert. Anders gesprochen, man hält das Modell bipolarer Geschlechtersozialisation für empirisch gesättigt und für eine angemessene Wirklichkeitsbehauptung. Der koedukativen Erziehungspraxis wird eine nachhaltige Wirkung zugesprochen. Sie dient als zentrale Sozialisationsbedingung heutiger geschlechtsspezifischer Sozialisation. Können wir diese Sicht auf die Welt teilen?

Meines Erachtens ist die grundsätzliche Kritik von Michaela Tzankhoff zu nennen. Sie arbeitet in methodologischer Perspektive heraus, daß es sich bei der Hessischen Interaktionsstudie gar nicht um eine interaktionistische Studie handelt. „Da männliche Schüler per se als dominant erscheinen, stellt sich geschlechtsspezifisch unterschiedliches Verhalten nicht als etwas dar, das in Interaktionen situativ hergestellt wird, sondern als eine Reproduzierung von a priori Vorhandenem" (1992, S. 131). Eine derartige Sichtweise ist aber ausgesprochen unbefriedigend, weil dadurch keine Perspektive zur Überwindung patriarchalischer Geschlechterverhältnisse eröffnet wird. Hierzu wäre es notwendig, nicht nur festzustellen, daß Jungen dominieren, sondern herauszuarbeiten, wie diese Dominanz entsteht beziehungsweise die asymmetrischen Interaktionsstrukturen im Alltag von beiden Geschlechtern vor dem Hintergrund der schulischen Strukturen in der alltäglichen und weitgehend routinisierten Interaktion hergestellt werden. Statt also den Begriff der geschlechtsspezifischen Sozialisation empirisch anzureichern, arbeiten Fuchs/Enders-Dragässer allein mit der Kategorie männlich-weiblich und legen von vornherein fest, daß es sich um ein Dominanzverhältnis handelt. Dadurch gerät in keiner Weise in den Blick, wie das weibliche Geschlecht an der Reproduktion patriarchalischer Geschlechterverhältnisse mitarbeitet. Es erscheint nur als Opfer (Enders-Dragässer/Fuchs, 1989, S. 48). Das widerspricht sowohl dem interaktionistischen Paradigma als auch dem Gehalt der Kategorie Sozialisation, sprich: beides wird zu einer Leerformel degradiert. Darüber hinaus wird ausgeblendet: Lehrerinnen ebenso wie Pädagoginnen und Pädagogen sind Autoritätspersonen gegenüber männlichen und weiblichen Schülern, und zwar als Träger institutionalisierter Macht. Das wird nicht beachtet. Infolgedessen verflüchtigt sich der Zwangscharakter institutioneller Hierarchien. Er erscheint als das patriarchalische Dominanzstreben eines Sextaners, der nicht nur Schülerinnen, sondern gleichfalls Lehrerinnen unterdrückt (auch Tzankhoff, 1992, S. 131). Man kann auch sagen, institutionell induziertes Fehlverhalten wird als geschlechtsspezifisches mißverstanden und somit fälschlich als empirische Bestätigung für die These einer geschlechtsspezifischen Sozialisation in der Schule interpretiert. Die Frage wird nicht gestellt, ob das Verhalten, das die Forscherinnen in die Kategorie typisch männlich einordnen, nicht die angemessene Antwort auf die institutionalisierte Übermächtigkeit von Lehrerinnen ist. Außerdem: Man sucht nur nach dominanten Jungen. Das heißt, man kann weder dominante Mädchen noch unterwürfige, unterworfene Jungen finden. Denn deren Existenz ist ja auf der kategorialen Ebene ausgeschlossen worden. Ebenso wenig fällt auf, daß Lehrerinnen Jungen wie Mädchen dominieren. Es ist banal, daß sie dies tun, sind sie doch Träger institutionalisierter Macht. Andersherum gesprochen: Selbstverständlich gibt es in der Schule Jungen, die dominant sind. Aber es gibt ebenfalls Jungen, die nicht dominant sind - es gibt eben dominante und nichtdominante Menschen. Und dieser Tatbestand spricht gegen die bipolare Theoriebildung zur Mann- und Frauwerdung.

Neben der methodologischen ist methodische Kritik zu üben; es ist zu prüfen, ob die allgemeinen Gütekriterien wissenschaftlicher Forschung beachtet worden sind (vgl. Breitenbach 1994; Preuss-Lausitz 1991a). Dem scheint nicht so zu sein. Denn es wird weder die Anzahl der befragten Lehrerinnen genannt noch werden die Kriterien durchsichtig gemacht, welche die Autorinnen bei der Auswahl und Wiedergabe der Textpassagen erarbeitet haben, um die These von der geschlechtsspezifischen Sozialisation im Schulalltag zu belegen. Weiterhin ist die geringe Anzahl von ausgewerteten Schulunterrichtsstunden zu bemängeln (insgesamt nur fünf Stunden!). Zumindest reichen diese wenigen empirischen Materialien nicht aus, um die weitreichende Aussage zu akzeptieren, Jungen würden während des Unterrichts massiv bevorzugt und also traditionell männlich sozialisiert. Eine empirische Verifikation der eigenen Hypothese ist hieraus nicht abzuleiten, höchstens kommt diesem Material explorative Funktion im Forschungsprozeß zu. Schließlich dürfte nicht mehr verwundern, daß beim nichtfeministischen Rezipienten „der vielleicht ungerechtfertigte, aber legitime Verdacht, die Forscherinnen berichten nur, was sie ohnehin belegen wollten", nicht nur bei Preuss-Lausitz (1991a, S. 5) entsteht. Positiv ausgedrückt, die von Enders-Dragässer/Fuchs (1989) vorgelegte und vielzitierte Studie kann die These nicht belegen, daß die koedukative Praxis eine Benachteiligung, Unterdrückung und Diskriminierung von Mädchen mit sich brächte, die dem männlichen Geschlecht anzulasten wäre. Das Modell „bipolarer Geschlechtersozialisation" wird immanent problematisiert. Die These geschlechtsspezifischer Erziehung und Sozialisation beziehungsweise des Lebens in zwei Welten wird empirisch nicht belegt.

Die These von der geschlechtsspezifischen Sozialisation in bundesdeutschen Schulen scheint auch aus folgenden empirischen Tatsachen zweifelhaft, die man nur gegen den Strich lesen muß. Betrachtet man die

Schulstatistiken, fällt auf: 50,6 v.H. der Schülerschaft an westdeutschen Gymnasien wird von Mädchen gestellt. 1985 sind 50 v.H. der Abiturienten Mädchen. In der DDR sind es 1989 sogar 57 v.H.. 1990 machen 26 v.H. aller Jungen das Abitur; dem stehen 28 v.H. der Mädchen gegenüber. Dem steht gegenüber, daß Jungen in allen Schulformen häufiger sitzen bleiben als Mädchen. 1986 sind an Grundschulen 57 v.H. der Sitzenbleiber Jungen, in der Hauptschule sind es 61 v.H., in der Realschule 54 v.H. und im Gymnasium 57 v.H. (Schnack/Neutzling, 1990, S. 143). Außerdem fällt auf, daß 60 v.H. derjenigen, die keinen Hauptschulabschluß machen, männlichen Geschlechts sind (a. a. O., S. 142). Das entspricht 9 v.H. aller Jungen. Hingegen trifft das nur auf 6 v.H. aller Mädchen zu. Ihr Anteil an den Hauptschülern liegt bei 27 v.H., während es 32 v.H. bei den Schülern sind. Des weiteren sind 61 v.H. aller Sonderschüler Jungen. Ihr Anteil in den Klassen und Schulen für Verhaltensauffällige liegt bei 75 v.H.. Einmal gewendet, in polemisierender Absicht kann man auch feststellen: „Nicht Mädchen, sondern Jungen scheitern ... in der Schule häufiger. Sie erreichen in allen Schulformen seltener den entsprechenden Abschluß. Nur im Gymnasium sind sie ... unter den Abiturienten etwa gleich häufig erfolgreich. Chancengleichheit, nach den Maßstäben empirischer Bildungsforschung, besteht (wenn man einen strengen Maßstab anlegt; B.H.) gegenwärtig für Jungen auf den unteren Rängen des allgemeinen Bildungssystems nicht" (Preuss-Lausitz, 1993, S. 150). Selbst wenn Jungen in der Schule Mädchen dominierten, es gereicht ihnen, gemessen am Schulabschluß, offensichtlich nicht zum Nachteil (auch Preuss-Lausitz 1991a). „Die Möglichkeiten einer individuellen und erfolgreichen Gestaltung der Bildungslaufbahn sind also zu keinem historischen Zeitpunkt für Mädchen günstiger gewesen als heute; von einer Diskriminierung bezüglich des *formalen* Schulabschlusses kann heute nicht mehr die Rede sein" (Melzer/Hurrelmann, 1991, S. 48). „Diese Entwicklung, insbesondere der Vorsprung der Mädchen in den tatsächlich weiterführenden Schulen, hat sich im übrigen in allen sozialen Schichten vollzogen: Die Töchter von Beamten, Angestellten und auch die von Arbeitern besuchen die Realschulen und die Gymnasien in höherem Maße als die Söhne aus diesen Elternhäusern" (Klemm, 1991, S. 25). Es scheint eher, als ob die kleinen Helden bei ihrer Suche nach Männlichkeit in Not geraten sind (Schnack/Neutzling 1990). Weniger polemisch formuliert, männliche und weibliche Schüler sind sich weitgehend ähnlich, beziehungsweise: die Geschlechtsvariable ist empirisch von geringer Bedeutung, biplurale Geschlechtersozialisation geschieht.

Man kann das Gesagte als immanente empirische Widerlegung der These einer geschlechtsspezifischen Erziehung in bundesdeutschen Schulen lesen, wie sie von den Protagonisten bipolarer Geschlechtersozialisation beschrieben wird. Anders ausgedrückt, die These bipluraler Geschlechtersozialisation beansprucht nicht nur Geltung für die Zeit nach, sondern auch für die Zeit vor der sogenannten Bildungsexpansion. Auch in den fünfziger und sechziger

Jahren dieses Jahrhunderts unterscheidet sich die schulische Sozialisation der Geschlechter nur unwesentlich, es handelt sich hierbei mitnichten um eine sozialhistorisch neues Phänomen. Denn bereits in diesen beiden Jahrzehnten liegt der Anteil der Mädchen in den Gymnasien bei knapp über 40 v.H., wenn als Bezugsgröße die gesamte gymnasiale Schülerschaft gewählt wird. 1950 sind gar 32,4 v.H. der Abiturienten weiblich (vgl. Preuss-Lausitz, 1993, S. 148). Vier Prozent der Jungen und knapp drei Prozent der Mädchen eines Altersjahrgangs machen 1951 das Abitur, 1957 liegt das Verhältnis bei 7,4 v.H. zu 3,8 v.H. (Krüger, 1990a, S. 114). Es sind zwar fast doppelt so viele Jungen wie Mädchen, die Abitur machen, im Vergleich zur Gesamtpopulation wird aber deutlich, daß über neunzig Prozent der Jugendlichen kein Abitur zugesprochen bekamen: Sie verließen im Alter zwischen vierzehn und fünfzehn Jahren die Schule (a. a. O., S. 115), nachdem sie die achtjährige Volksschule absolviert hatten (a. a. O., S. 116). In den fünfziger Jahre war die Hauptschule eben noch die Haupt- und nicht eine verkappte Sonderschule, nur eine Minderheit der Mädchen und Jungen besuchte die Realschule (ca. 6 v.H.) oder das Gymnasium (ca. 13 v.H.) (vgl. a. a. O., S. 117). Die Geschlechterdifferenz am Gymnasium erklärt sich hauptsächlich durch das katholische Mädchen vom Lande, das dann in den sechziger Jahren zum Hauptobjekt der Bildungsreformer geworden ist, so daß im Laufe der siebziger Jahre auch am Gymnasium und beim Abitur die Geschlechterdifferenz verschwindet (vgl. Preuss-Lausitz, 1993, S. 61ff., S. 146f.). Mit anderen Worten, eine geschlechtsspezifische Sozialisation, die im Sinne der bipolaren Geschlechtersozialisation zwei Persönlichkeitstypen verursacht, scheint es auch in der bundesdeutschen Nachkriegswirklichkeit nicht gegeben zu haben. Männliche und weibliche Kinder wie Jugendliche besuchen im beinahe gleichen Umfang das dreigliedrige Schulsystem und eignen sich identische Fähigkeiten an, erlangen die gleiche formale Qualifikation. Und selbst dies dürfte nach Lage der Forschung kein neuer gesellschaftsgeschichtlicher Tatbestand sein. Denn auch für den Altersjahrgang 1900 gilt, daß die Volksschule die „klar dominierende Form der allgemeinen Bildung" (Kreckel, 1992, S. 232) ist. Die mittleren Abschlüsse halten sich ungefähr die Waage, nur bei Abitur gibt es bei diesem Altersjahrgang einen deutlichen Unterschied zugunsten des männlichen Geschlechts (ebd.). Biplurale und nicht biplurale Geschlechtersozialisation scheint sich in der modernen Industriegesellschaft zu ereignen, es sei denn, man will statistische Extremwerte zur Normalität erklären.

Die These von der bipluralen Geschlechtersozialisation in der Vergangenheit wird weitgehend auch durch die Situation im System der beruflichen Qualifikation bestätigt. Zwar läßt sich für den Altersjahrgang 1900 ein sehr viel auffälligeres Bildungsdefizit - verglichen mit der Schulbildung - des weiblichen Geschlechts beobachten. „Aber auch bei den Männern stellte die Gruppe der Unqualifizierten damals noch eine beträchtliche Minderheit dar.

Im Verlauf der ersten Jahrhunderthälfte ist dann allerdings der Besitz einer beruflichen Qualifikation für den männlichen Teil der deutschen Erwerbsbevölkerung immer mehr zu einer allgemeinen Norm geworden ... Seit Ende des Zweiten Weltkrieges haben aber die Frauen ihren Qualifikationsrückstand rasant aufgeholt. Die jüngsten verfügbaren Zahlen ..., die sich auf die 25-30jährige Erwerbsbevölkerung im Jahre 1989 beziehen, lassen (wiederum; B. H.) ... *kaum noch nennenswerte geschlechtsspezifische Diskrepanzen der beruflichen Qualifikation* erkennen" (ebd.)[10]. Kurzum, im historischen Überblick erscheint die biplurale Geschlechtersozialisation als dominanter Modus psychischer Mann- und Frauwerdung.

Nun könnte es ja sein, daß Mädchen in Mädchenschulen bessere Ergebnisse erzielten als in koedukativen Schulen. Gibt es für diese Annahme irgendwelche Anhaltspunkte? In Anbetracht der umfassenden Literatur zu dieser Frage ergibt sich für Preuss-Lausitz (1993, S. 156) zusammenfassend „der Schluß, daß - soweit es die Schulleistungen in den „Jungen"-Fächern Mathematik, Naturwissenschaften und Sport betrifft - der gemeinsame Unterricht offenkundig die Leistungen nicht beeinträchtigt" und „fächerspezifische Ergebnisse gemeinsamer Erziehung die verbreiteten Behauptungen über die negativen Auswirkungen der Koedukation kaum bestätigen" (a. a. O., S. 163). Hingegen wollen andere beim derzeitigen Stand der Forschung „noch ... kein generelles Fazit über die Koedukation" (Leschinsky, 1992, S. 23) wagen. Indes irritiert diese Sicht der Dinge, weil selbst die komplexen Untersuchungen, die von Preuss-Lausitz (1993) nicht mehr verarbeitet werden können, deutlich machen, „daß die Vorstellung einer generellen Benachteiligung von Mädchen im koedukativen Unterricht keine empirische Bestätigung findet" (Baumert, 1992, S. 104). Einzig und allein im Fach Mathematik konnte ein bedeutsamer statistischer Effekt nachgewiesen werden. Ansonsten herrscht zum einen der Eindruck einer „Tendenz zur Leistungshomogenisierung im koedukativen Unterricht vor" (ebd.), die auf das Beurteilungsverhalten von Lehrkräften zurückgeführt werden kann. Zum anderen ist für die anderen schulischen Leistungsbereiche eine „relative(r) Wirkungsneutralität der Organisationsmaßnahme" (ebd.), getrennter oder gemeinsamer Unterricht, in Rechnung zu stellen. Die Aussagen von Baumert (1992) beruhen auf der Reinterpretation einer Longitudinalstudie des Max-Planck-Instituts für Bildungsforschung, deren Gegenstand die Entwicklung von Interessen und Schulleistungen in den Fächern Deutsch, Englisch und Mathematik an bundesdeutschen Gymnasien war. Die Untersuchung beginnt mit der 7. Jahrgangsstufe im Schuljahr 1968/69. Sie ist repräsentativ und basiert auf einer 12000 Personen umfassenden Untersuchungsgesamtheit. Auf die vorliegende Fragestellung bezogen ist aus der umfassenden empirischen Forschungslage der Schluß zu ziehen, daß eine

---

[10]   Die jeweiligen Quellen sind bei den zitierten Autoren angegeben.

nachhaltige geschlechtsspezifische Erziehung in dem bundesdeutschen Schulwesen nicht stattfindet.

Dieser Schluß wird gleichfalls von der von Giesen u. a. (1992) durchgeführten und für die alten Bundesländern repräsentativen Studie nahegelegt. Es handelt sich ebenfalls um eine Sekundäranalyse einer Längsschnittuntersuchung. Ihr liegt eine Ausgangsstichprobe von n=3500 der 11. Gymnasialklasse in den alten Bundesländern zugrunde, die aus einer Kohorte des Jahrgangs 1972 n=500 und drei Kohorten der Jahrgänge 1973/1974/1976 mit n=3*1000 besteht. Die Zufallsstichprobe ist nach Ländern geschichtet worden, wobei die 1. Kohorte ohne bayerische und Berliner Schüler gebildet wird. 2061 Untersuchungsteilnehmer wurden im 2./3. Semester ihres Studiums noch einmal untersucht. Die explizite Fragestellung lautete, ob die Ergebnisse von Kauermann-Walter u.a. (1988) haltbar sind. Diese hatten festgestellt, daß Studentinnen der Studiengänge Chemie und Informatik in Aachen, Dortmund und Paderborn überproportional häufig von nichtkoedukativen Schulen stammten. Zu einer Replikation dieser Studie regte theoretische und methodische Kritik an (vgl. Giesen u. a., 1992, S. 65ff.): Es wird festgestellt, daß Studentinnen unabhängig vom Studienfach häufiger eine nichtkoedukative Schule besuchen. Indes spielt die besuchte Schulform bei der Wahl des Studienfaches Chemie und Informatik keine Rolle. Allerdings besteht bei Studentinnen ein Unterschied in der gewählten Studienrichtung, der von dem Besuch der koedukativen oder einer nichtkoedukativen Schulform verursacht wird. 54 v.H. der ehemaligen Mädchenschülerinnen ergreifen die in der Untersuchung zusammengefaßten Fächer Mathematik, Physik, Chemie, Informatik und Technik. Dies tun nur 46 v.H. der Schülerinnnen von koedukativen Gymnasien. Bei Jungen ist kein derartiger Effekt zu verzeichnen (a. a. O., S. 72). Diese Tendenz zeigt sich bereits bei der Leistungskurswahl. Während Mädchen an Single-Sex-Schools häufiger Leistungskurse in zwei naturwissenschaftlich-mathematischen Fächern belegen oder eher ein naturwissenschaftlich-mathematisches mit einem gesellschaftswissenschaftlichem kombinieren, belegen Jungen an derartigen Schulen eher sprachlich-literarische Fächer oder kombinieren dieses mit gesellschaftswissenschaftlichen Fächern. Aber diese Tendenz kann nicht ohne weiteres auf die Beschulungsform zurückgeführt werden, denn: „Die Tendenz ist deutlich geringer ausgeprägt als die geschlechtstypischen Wahlen der drei Leitungskurskombinationen über die Beschulungsformen hinweg" (Giesen u. a., 1992, S. 75). Trotzdem scheint die Schlußfolgerung nicht gänzlich unberechtigt, daß die sozialen und auf das Geschlecht bezogenen Vergleichsprozesse in koedukativen Schulen zu einer Geschlechtstypisierung der Interessen führen. Indes gilt auch hier wieder zu berücksichtigen, es gibt eben auch an koedukativen Schulen Mädchen mit naturwissenschaftlich-mathematischer Leistungskurswahl, und es existieren Jungen, die sich für diese Fächerkombinationen nicht „die Bohne interessieren" (vgl. auch Baumert 1992; Preuss-Lausitz, 1993, S. 157). Mit anderen Worten, auch diese umfassende Studie läßt höchstens die These zu, es existiert eine schwache geschlechtstypische Sozialisation in der Institution Schule, keine geschlechtsspezifische. Eine geschlechtsspezifische Persönlichkeit scheint dort jedenfalls nicht produziert zu werden. Es passiert biplurale Geschlechtersozialisation, die Jungen und Mädchen, Männer und Frauen gleich macht und zur Geschlechtsspezifik statistischer Extremwerte führt.

Das objektive Maß „Bildungsabschluß" und „Leistungsvergleich zwischen Schulen" sagt nicht viel aus, wenn man sich für die subjektive Zufriedenheit von Mädchen und Jungen mit der schulischen Situation und dem Verhältnis zu dem anderen Geschlecht im koedukativen Schullalltag interessiert. Es könnte sein, daß Jungen und Mädchen trotz gleichwertiger Schulleistungen unter der koedukativen Praxis leiden und also geschlechtsspezifische Sozialisationsprozesse ablaufen, die sich nicht in den objektiven Leistungsdaten niederschlagen. Diese Fragestellung ist nicht leicht zu behandeln, weil „die meisten Aussagen aus dem deutschen Sprachraum über Beziehungen in Schulklassen nicht etwa auf Aussagen von Schülerinnen und Schülern..., sondern auf den subjektiven Wahrnehmungen von Lehrerinnen" (Preuss-Lausitz, 1991a, S. 7) beruhen. Bekanntlich nehmen Schüler und Lehrer die gleiche Situation aber oft anders wahr. Indes präsentieren die Untersuchungen, welche die subjektive Sicht von Schülern zum Thema haben, für empirische Verhältnisse eindeutige Ergebnisse. Hepting (1978) hat festgestellt, daß Mädchen in koedukativen Klassen zufriedener sind als in geschlechtshomogenen. Czerwenka u. a. (1990) haben mehrere tausend Schüleraufsätze ausgewertet, in denen die Sicht von Schülern auf die Schule im Mittelpunkt des Forschungsinteresses stand. Das Ergebnis lautet, mehr Mädchen als Jungen äußern sich positiv über das soziale Klima ihrer Schule: „Hinsichtlich der negativen Sozialbeziehungen (Isolierung, Angst, Konkurrenz, Leiden unter Streit und Aggression) zeigen sich jedoch entgegen unseren Erwartungen keine deutlichen Unterschiede" (a. a. O., S. 197). Insgesamt loben 25 v.H. der Mädchen und 16 v.H. der Jungen die Bemühungen der Schule um ein angenehmes soziales Klima. In Anbetracht des Gesamtergebnisses kommt man zu der Schlußfolgerung: „Im großen und ganzen scheint das Urteil über die Schule nicht von der Geschlechtszugehörigkeit abhängig zu sein" (a. a. O., S. 198). „Zusammenfassend läßt sich sagen, daß die generelle Vermutung, Mädchen sähen die Schule anders als Jungen, nach unseren Ergebnissen nicht aufrechterhalten werden kann" (ebd.), was eine geschlechterpolare Theoriebildung als nicht evident erscheinen läßt. Denn geschlechtsspezifische Sozialisationsprozesse in der Schule müßten sich in einer geschlechtsspezifischen Subjektivität von Schülern und Schülerinnen niederschlagen. Da sich hierfür in den genannten Untersuchungen keine Hinweise finden lassen, ist das Modell „bipolare Geschlechtersozialisation" zurückzuweisen.

Diese Sichtweise wird von einer umfangreichen Untersuchung unterstützt, die sich mit qualitativer Methodik der Subjektivität bundesdeutscher Schüler nähert (Faulstich-Wieland/Horstkemper 1992). Es werden Schüler aus Schulen in einer nicht genannten niedersächsischen Kleinstadt befragt. Es handelt sich um zwei Grundschulen, eine Orientierungsstufe, eine Haupt- und Realschule sowie ein Gymnasium. Die Untersuchungspopulation wird aus Schülern der Klassenstufen 3-13 gebildet. Die Schüler werden gebeten, zwei Aufsätze zu den Themen „Beschreibung des koedukativen Schulalltages" und „Visionen getrennter Schulen" zu schreiben. Es sind eintausendeinhundereinunddreißig (1031) auswertbare Aufsätze entstanden, die computergestützt analysiert worden sind. Hierzu bilden Hannelore Faulstich-Wieland und Marianne Horstkemper fünf Kategorien, die, um Eindeutigkeit zu erreichen und subjektive Verzerrungen zu minimieren, von drei weiteren Forscherinnen kodiert wurden. Das Ergebnis lautet, daß 70 v.H. eindeutig für und 5 v.H. eindeutig gegen Koedukation sind. 10 v.H. sehen eine zeitweilige Trennung als sinnvoll an. Die restlichen 15 v.H. haben keine Position. Interessanter erscheint hier jedoch die resümierende Beobachtung der Forscherinnen, denen die „Tendenz" in den Schüleraufsätzen auffällt, „immer wieder auf *Differenzierung und Individualisierung* (zwischen den Geschlechtern; B. H.) zu verweisen, also möglichst Klischees zu vermeiden" (Faulstich-Wieland / Horstkemper, 1992, S. 355). Wenn dem so ist, so ergibt sich die Schlußfolgerung: Schüler und Schülerinnen geben sich ein Feedback, das nicht geschlechtsspezifisch ist, wobei sie sich am Individuum orientieren und biplurale Geschlechtersozialisation praktizieren.

Ein Beitrag zur Vermeidung von Geschlechterklischees in der Wissenschaft wird ferner von Oswald u. a. (1988) geleistet, die ebenfalls zu einer differenzierten und individuumzentrierten Sichtweise auf den koedukativen Alltag beitragen. Das Interesse der Untersuchung besteht darin, aufzuzeigen, wie Mädchen und Jungen im Alter zwischen zehn und zwölf Jahren im Schulalltag miteinander umgehen (vgl. auch Oswald u. a. 1986). Es werden vier Verhaltensbereiche ausgewählt, die theoretisch als besonders ergiebig gelten: Quatsch machen, Ärgern und Zurechtweisen, Hilfe und Kooperation, Körperberührungen (zur Methode vgl. Oswald u. a., 1988, S. 176f.). Zusammenfassend ist mit den Autoren festzustellen: Die Untersuchung der Autoren liegt voll und ganz in der Zielrichtung des Modells „bipluraler Geschlechtersozialisation". Es bestätigt auf ganzer Linie die Fragwürdigkeit der These „bipolarer Geschlechtersozialisation" von den dominanten Jungen und den Mädchen, die diesen zum Opfer fallen. Diese These reduziert komplexe Realität auf ihre klischeehaften Elemente. Zwar gibt es einige Jungen in der beobachteten Klasse, die dem Bild vom bösen Jungen entspricht, der Mädchen unterdrückt und durch unangemessenes Sozialverhalten auffällt. Aber es handelt sich um eine Randerscheinung, die bei der zitierten Untersuchung im Laufe des Beobachtungszeitraums verschwunden ist. Dieser Typ Junge, der als Stänkerer bezeichnet wird, ist allerdings selbst unter Mitschülern nicht überaus beliebt. Es scheint, als ob er seine - soziometrisch gesprochen - Randlange durch unangemessenes Verhalten zu überwinden sucht, was auch von Preuss-Lausitz (1992) in einer eigenen empirischen Untersuchung festgestellt wird. Vielleicht hat der „Stänkerer" auch nur Langeweile oder ist von der Situation, Nähe und Distanz zum anderen Geschlecht zu balancieren, überfordert. Es muß der Vollständigkeit darauf hingewiesen werden, daß Mädchen diesen Attacken nicht nur zum Opfer fallen, sondern eigene Strategien der Gefahrenabwehr und der Gefahrenvorbeugung entwickeln. Außerdem fällt auf, daß sie mit Jungen in einer Weise kommunizieren, die diese demütigt und psychisch verletzt. Das geschieht nicht nur als Reaktion auf vorhergehende Angriffe. Insgesamt sind bei der Überbrückung von Geschlechtergrenzen die Jungen wesentlich aktiver. Des weiteren bleibt festzuhalten, daß zwar die Trennung von Jungen- und Mädchenwelten nicht aufgehoben wird, aber sich eine intensive Kommunikation über die Geschlechtsgrenzen hinweg vollzieht. Die strukturierende Kraft von Geschlecht scheint schwach zu sein. Zwar gibt es zwei Geschlechter; das ist unübersehbar. Aber das ist der einzige Unterschied; alles andere löst sich in einer Vielfalt auf, welche die Grenzen zwischen den Geschlechtern überschreitet und die das Geschlechtliche verschwinden läßt.

Ich fasse zusammen: Es ist zu vermuten, daß sich geschlechtsspezifische Sozialisationsprozesse, vollzögen sie sich, in einer geschlechtsspezifischen Wahrnehmung von Schule niederschlagen würden. Da es hierfür keinerlei Anhaltspunkt gibt, ist andersherum festzustellen: In bundesdeutschen Schulen finden geschlechtsspezifische Sozialisationsprozesse nicht statt, zumindest nicht in einem Ausmaß, das von Bedeutung, empirisch feststellbar und zur bipolarer Theoriebildung Anlaß genug wäre. Obwohl sie unterschiedlich scheinen, sind und werden sie nicht unterschiedlich im Sinne des Zwei-Welten- beziehungsweise Persönlichkeiten-Theorems „bipolarer Geschlechtersozialisation". Es existieren auch im Feld schulischer Sozialisation höchstens geschlechtstypische Mittelwertsausprägungen, die jedoch in keiner Weise durch eine von der Geschlechtsvariable aufgeklärte Gesamtvarianz hervorgerufen werden, die als theoretisch wie praktisch bedeutsam eingeschätzt werden müßte. „Auf dieser Grundlage muß die Annahme zahlreicher (feministischer Studien) ..., daß geschlechterstereotype Vorstellungen von LehrerInnen für das Fortschreiben des „heimlichen Lehrplans" geschlechterdifferenter Sozialisation maßgeblich verantwortlich seien, relativiert und differenziert werden (Hilgers, 1994, S. 175f.). Denn die Schule macht die männlichen und weiblichen Schüler nicht nur hinsichtlich ihres Leistungsvermögens gleich. Darüber hinaus scheinen die Schüler und Schülerinnen sich gegenseitig weitestgehend geschlechtsunspezifisch zu sozialisieren. Und schließlich, wie Hilgers (1994) in einer aktuellen empirischen Studie herausarbeitet: „Durch die Stichprobe der Lehrerinnen und Lehrer konnte zum einen die Hypothese bestätigt werden, daß ein deutlicher Wandel in den Geschlechterstereotypen stattgefunden hat, der sich, ebenfalls der Hypothese entsprechend, bei der Berufsgruppe der LehrerInnen besonders deutlich zeigt ... Daß also, wie in zahlreichen Schulforschungsstudien vorausgesetzt wird ..., Geschlechterstereotype unverändert im Unterricht wirksam werden, kann anhand der hier untersuchten Stichprobe nicht bestätigt werden" (a. a. O., S. 164). Allerdings sei die These vom Wandel zu relativieren. Denn bei einer detaillierten Betrachtung älterer Forschungsarbeiten käme man zu dem Schluß, der hier im vorigen Abschnitt gezogen worden ist, daß neben der geschlechterpolaren auch eine androgyne Geschlechterstereotypisierung in der Vergangenheit gegeben hat (a. a. O., S. 182). Anders gesagt: Das Modell bipolarer Geschlechtersozialisation scheint nicht nur die Geschlechtersozialisation der Gegenwart, sondern auch die vergangene Geschlechtersozialisation zu einem Klischee zu machen. Denn es ist sowohl eine androgyne Stereotypisierung der Geschlechter für die Vergangenheit als auch die geschlechtsunspezifische Beschulung und die daraus folgende gleiche formale Qualifikation bei beiden Geschlechter empirisch nachgewiesen.

2.2 Theoretische Versuche

Das Modell „bipolare Geschlechtersozialisation" ist ohne empirische Relevanz und Evidenz. Empirisch erscheinen die zwei Geschlechter nicht als grundverschiedene Persönlichkeiten, sondern als identisch, als gleich. Man kann dies als Widerlegung der These „bipolarer Geschlechtersozialisation" interpretieren. Deshalb erweist sich nicht nur die sozialisationstheoretische, sondern auch die biologistische These zur Genese von Mann und Frau als höchst problematisch. Denn ein Unterschied kann, wenn es ihn realiter nicht gibt, weder erlernt noch angeboren sein. Präziser formuliert: Angesichts der Wirklichkeit ist die paradox anmutende Aussage zu akzeptieren: Es gibt zwei Geschlechter, die sich unterscheiden und nicht unterscheiden. Können die Modelle der bipluralen Geschlechtersozialisation diesen Widerspruch synthetisieren?

2.2.1 Doppelte Sozialisation

Die Kategorie „doppelte Sozialisation" ist von dem Teil der Frauenforschung entwickelt worden, der hauptsächlich im Bereich der Berufs- und Erwachsenenforschung tätig ist und dort längere Zeit mit der feministischen Variante des Modells „bipolarer Geschlechtersozialisation" gearbeitet hat. Seit Mitte der achtziger Jahre wird dort vermehrt an dieser theoretischen Modellierung insbesondere des weiblichen Sozialcharakters beziehungsweise des weiblichen Fähigkeitspotentials Kritik geübt. Das geschieht angesichts der eigenen empirischen Forschungsergebnisse, welche die hier herausgearbeitete inhaltliche Tendenz anzeigen (Knapp, 1990, S. 24; 1989: S. 211-214, 223, 229 ff.). Infolgedessen kommt man davon ab, die weibliche Persönlichkeit einseitig, wie es nun heißt, mit Blick auf die Privatssphäre sozialisationstheoretisch herzuleiten. Darüber hinaus wird die berufliche Sozialisation von Frauen in Rechnung gestellt und zumindest implizit die Kategorie geschlechtsspezifischer Arbeitsteilung konzeptionell verdrängt. Das überzeugt, weil die berufliche Sozialisation die überwiegende Mehrzahl des weiblichen Geschlechts betrifft.

An die Sichtweise „doppelte Sozialisation" schließen sich eine Reihe männlicher Sozialwissenschaftler an, die nicht mit den sogenannten kritischen Männerforschern verwechselt werden sollten; ihre einzige Gemeinsamkeit ist ihre Geschlechtszugehörigkeit. Diese männlichen Sozialwissenschaftler verwehren sich dagegen, die Kategorie doppelte Sozialisation ausschließlich zur Analyse von weiblicher Sozialisation zu verwenden. Sie gelte gleichermaßen für das andere Geschlecht - die Männer. Sie würden ebenfalls nicht nur beruflich, sondern gleichfalls außerberuflich sozialisiert (z. B. Brock 1990, Hoff Hrsg. 1990; Kreckel 1992, 1993). Deshalb werden die Kategorien zurückgewiesen, die eine einseitige geschlechtsspezifische Fähigkeitsentwicklung respektive geschlechtsspezifische Sozialisation suggerieren.

Der Begriff geschlechtsspezifische Sozialisation wird also von der Kategorie der doppelten Sozialisation abgelöst. Hiermit ist der Anspruch verbunden, die Genese der männlichen und weiblichen Persönlichkeit besser beschreiben und erklären zu können als mit dem Modell der bipolaren Geschlechtersozialisation. Programmatisch gesprochen: Mit der Kategorie „doppelte Sozialisation" wird darauf aufmerksam gemacht, daß es nötig wäre, „das Geschlecht als soziale Kategorie zu begreifen, aber es für Männer wie für Frauen abzulösen von der Berufs- oder der Familienrolle" (Krüger/Born, 1990, S. 66). Dadurch würde es ermöglicht, Geschlechtersozialisation derart zu untersuchen, daß die in der gesellschaftlichen Wirklichkeit zu beobachtenden „Aspekte widersprüchlicher Vergesellschaftung" (Knapp, 1990, S. 24) begrifflich sichtbar würden. Diese angenommene Widersprüchlichkeit, die sich auf die vom männlichen und weiblichen Individuum zu verarbeitende Trennung kapitalistischer Lebensverhältnisse in eine Produktions- und Reproduktionssphäre zurückführen ließe, die jeweils gegensätzlichen Funktionslogiken unterstellt sind, ginge dann nicht mehr auf in einem „Allgemeinheitsgrad, der seinen Preis fordert: es wird in der bipolaren Geschlechtersozialisation weitgehend „abstrahiert von der historisch-spezifischen Ausprägung von Eigenschaften und Eignungen, von ihrer jeweils konkreten gesellschaftlich-kulturellen Einbindung, ihrer Brechungen und Blockierungen, damit auch von Konfliktpotentialen, die die Möglichkeit der Veränderung in sich bergen können" (a. a. O., S. 21). Gefordert wird also die Ausarbeitung eines komplexen Modells männlicher und weiblicher Sozialisation. Und dieses sei am Beispiel von Erwachsenen leistbar, wobei auf qualitative Forschungsmethoden zurückgegriffen werden könnte.

Die These der doppelten Sozialisation klingt plausibel. Trotzdem, sie weist eine herausragende Schwachstelle auf, die mit dem Entstehungskontext „Berufs- und Erwachsenenforschung" zusammenhängt. Dieser verhindert, „doppelte Sozialisation" als einen erfolgversprechenden Ansatz zu einer umfassenden Theorie geschlechtsspezifischer Sozialisation anzusehen: Dieses begriffliche Konzept behandelt nämlich ausschließlich die Sozialisation von erwachsenen Männern und Frauen. Mag es bei diesen von einer gewissen Plausibilität sein, doppelte Sozialisationsprozesse aufgrund der Produktions- und Konsumtionsstruktur einer kapitalistischen Industriegesellschaft anzunehmen, so versagt dieses Konzept bei einem umfassenden Erklärungsversuch psychischer Mann- und Frauwerdung. Denn Geschlechtersozialisation beginnt nicht erst mit der Vollendung des „achtzehnten" Lebensjahres, sondern dieser Prozeß hat seinen Ausgangspunkt beim Geburtsakt und endet mit dem Tod. Es ist also in einer lebenslänglichen Perspektive nicht nur eine doppelte, sondern eine mehrfache Sozialisation anzunehmen, denen männliche wie weibliche Subjekte in den Sozialisationsinstanzen Familie, Kindergarten, Schule, Peer-Group, berufliches Bildungssystem, Hochschule, Beruf usw. nach- und nebeneinander ausgesetzt sind.

2.2.2 Mehrfache Sozialisation

Die Kategorie „doppelte Sozialisation" kann als ein begriffliches Element eines komplexen Modells geschlechtsspezifischer Sozialisation angesetzt werden, das die lebenslängliche Pluralität gesellschaftlicher Sozialisationsbedingungen berücksichtigt, ohne daß die Zweigeschlechtlichkeit der Menschheit kategorial negiert würde. Eine derartige Position wird beispielsweise 1980 von Helga Bilden angemahnt. Sie macht das, weil sie von dem feministischen Modell „bipolarer Geschlechtersozialisation", das sie selbst entwickelt und popularisiert, bereits damals nicht überzeugt war. Sie möchte wohl zumindest ein bessere programmatische Alternative nennen. Am Ende ihrer Ausführungen stellt sie fest: „Wir werden uns neue, komplexere Modelle und phantasievollere (nicht nur quantitative) Methoden ausdenken müssen, um etwas mehr von dem Vergesellschaftungsprozeß als Männer und Frauen und seiner historischen Veränderung zu begreifen" (Bilden, 1980, S. 807). Die folgende programmatische Alternative bietet sie an: Es „fehlt ein theoretisches Modell, das die verschiedenen Lebensbedingungen, die unterschiedlichen „Ökologien" / Lebenswelten von Männern und Frauen im Laufe ihres „typischen" Lebenslaufs (Soziobiographie) in unserer Gesellschaft *als Bedingungen lebenslanger*

Aneignung der Wirklichkeit und damit Sozialisation/Entwicklung von Männern und Frauen skizziert. Im Lebenszyklus wechselnde situative Anforderungen, Einflüsse implizieren sich wandelnde Arten, sich mit den Anforderungen
auseinanderzusetzen, Aneignungsformen und Bewältigungsstrategien des Individuums: Es verändert, entwickelt sich fortwährend als gesellschaftliches
Individuum, auch als Mann oder Frau" (Bilden, 1980, S. 802f.). Mit eigenen
Worten, Bilden schließt sich an die damals in der Sozialisationsforschung
wiederentdeckte Konzeption einer sozialökologischen Sozialisationsforschung (Bronfenbrenner 1981) und der neuentwickelten Konzeption lebenslänglicher Sozialisation (Kohli 1980) an, überträgt sie programmatisch auf
das Feld der geschlechtsspezifischen Sozialisationsforschung und negiert somit die Evidenz ihres bipolaren Modells der Geschlechtersozialisation vollständig.

Ihr Ruf nach einer Intensivierung der theoretischen Bemühungen im Feld
geschlechtsspezifischer Sozialisationsforschung scheint gehört worden zu
sein. Die bipolare Theoriebildung wird seit Mitte der achtziger Jahre umfassend kritisiert. Man versucht sich an einem Modell, das als biplurale Geschlechtersozialisation bezeichnet werden kann. Es scheint die erfolgversprechende Antwort auf das Modell „bipolarer Geschlechtersozialisation" sowie
die Kategorie „doppelte Sozialisation" zu sein, weil es auf die Komplexität
des lebenslangen Sozialisationsvorgangs rekurriert, mit dem männliche und
weibliche Individuen konfrontiert werden. Hierdurch wäre gleichfalls eine
Kompatibilität von geschlechtsspezifischer und sozialstruktureller Sozialisationsforschung (z. B. Steinkamp 1991) gewährleistet, welche die Zersplitterung
in sich verselbständigende Sozialisationsforschungen verhinderte und dadurch
eine allgemeine Sozialisationstheorie weiterhin als realisierbares Unternehmen erscheinen ließe. Die Negation der These schichtenspezifischer beziehungsweise sozialstruktureller Sozialisationsforschung, wie sie noch die zumindest marxistisch inspirierte Theoriebildung zur geschlechtsspezifischen
Sozialisation ausgezeichnet hat, würde somit wieder rückgängig gemacht.
Diese Negation einer schichtenspezifischen Männlich- und Weiblichkeit tritt
als ein wissenssoziologisch verständlicher Fehler einer feministischen Theorie
geschlechtsspezifischer Sozialisation deutlich hervor, die ihre Forschungspraxis unmittelbar an den gesellschaftspolitischen Interessen der Frauenbewegung orientiert hat oder sogar ausrichten mußte. Nachdem die mit dieser verknüpfte Frauenforschung nun allseits anerkannt und etabliert ist, wird es deren Vertreterinnen innerhalb der geschlechtsspezifischen Sozialisationsforschung möglich, von der monokausalen Fixierung auf die Geschlechtlichkeit
des Menschen zu lassen und die empirische Existenz von schichtenspezifischen Männlein und Weiblein zuzugestehen und wissenschaftlich aufzuklären. Anders formuliert: Durch die sozialstrukturelle Erweiterung ihres Forschungsparadigmas scheint die in der Bundesrepublik Deutschland feministisch dominierte geschlechtsspezifische Sozialisationsforschung langsam zu

einer adäquaten Strukturierung ihres Gegenstandes gelangt zu sein (vgl. z. B. Nyssen/Schön, 1992, S. 858).

Die eben gemachte Erklärung für den Umweg geschlechtsspezifischer Sozialisationsforschung stellt indes nicht zufrieden. Es entsteht ein starker Zweifel, inwieweit die sozialökologische[11] geschlechtsspezifische Sozialisationsforschung und damit der Idealtypus „bipluraler Geschlechtersozialisation" eine wissenschaftlich fruchtbare Weiterführung des momentanen Forschungsstandes ist. Diese Zweifel ergeben sich aus der Tatsache, daß eine sozialökologisch angelegte Erforschung der psychischen Mann- und Frauwerdung seit über zwanzig Jahren von einschlägigen Vertretern der westlichen Sozialwissenschaft gefordert wird. Verwiesen sei exemplarisch auf Ursula Lehr (1972), welche der bundesdeutschen Sozialwissenschaft den in den USA bereits in den fünfziger und sechziger Jahren erreichten theoretischen Forschungsstand zum „Problem der Sozialisation geschlechtsspezifischer Verhaltensweisen" (ebd.) vermittelt. Ich zitiere ihre grundlegenden Bemerkungen ausführlich:

„Wenn man den Mustercharakter des „sex-typing"[12] betont, geht man - *zumindest in theoretischen Betrachtungen*, weniger allerdings in konkreten Untersuchungen - vielfach von der Interaktion einer Vielzahl von Sozialisationsvariablen aus, die für das heranwachsende Individuum einmal auf direktem Wege verhaltensbestimmend werden. So wäre z. B. nach dem *direkten* Einfluß von Sozialisationsvariablen, wie Erziehungsstil, Familiensituation, peer-group, Schule, berufliche Umwelt, aber auch von sozialkulturellen Faktoren, soziale Schicht, Konfessionszugehörigkeit, Wohnort und anderen im Hinblick auf die Prägung geschlechtsspezifischen Rollenverhaltens von Junge und Mädchen, von Mann und Frau, zu fragen ....
Darüber hinaus müßte aber auch die Interaktion, d. h. die strukturelle Verbundenheit und gegenseitige Einflußnahme der eben genannten Variablen untereinander berücksichtigt werden, die sich freilich nicht in jedem Falle so leicht nachweisen läßt wie z. B. die vielfach untersuchte Einflußnahme sozialer Schichtzugehörigkeit auf den elterlichen Erziehungsstil, die über diesen Weg dann indirekt geschlechtsspezifisches Rollenverhalten der Kinder mitprägt ....
Weiterhin könnte man gerade anhand des „sex-typing" aufzeigen, daß der Sozialisationsprozeß als *Wechselwirkungsprozeß* verstanden werden muß, in dem dem „sozialisierten" Individuum selbst auch eine aktive Rolle zukommt. Hier wäre in diesem Zusammenhang nachzuweisen, daß die Geschlechtsspezifität eines Kindes z. B. auch die Erziehungsweisen der Eltern (und der schulischen Umgebung) prägend beeinflussen kann ..." (Lehr, 1972, S. 887f.; Kursiv durch B. H.).

Ein biplurales Konzept geschlechtsspezifischer Sozialisation wird also seit der Mitte dieses Jahrhunderts von exponierten Vertretern westlicher Sozialwissenschaft formuliert. Hieraus läßt sich zumindest die Vermutung ableiten, daß die Programmatik, die derzeit von vielen als ein Stück origineller Sozial-

---

[11]   Dieser Begriff wird hier synonym mit schichten- und klassenspezifischer sowie sozialstruktureller Sozialisationsforschung verwendet, weil an dieser Stelle eine Differenzierung keinen Erkenntnisschub mitsichbrächte.

[12]   Die im englischsprachigen Bereich gebräuchliche Bezeichnung von geschlechtsspezifischer Sozialisation.

wissenschaft angesehen wird, wissenschaftsgeschichtlich ein alter Hut ist. Zwar sagt das nichts über die Fruchtbarkeit dieses Ansatzes aus, aber es werden Zweifel geweckt; sie erschweren die reflexartige Adaption einer neuen sozialwissenschaftlichen Mode; sie machen es unmöglich, die recht komplexen und ausführlichen Problembestimmungen mit dem Etikett „zutreffend" zu versehen. Könnte es nicht sein, daß sich schon einige Forschergenerationen an der Realisierung dieser hier als „biplurale Geschlechtersozialisation" benannten Programmatik versucht haben und daran regelmäßig gescheitert sind, weil es sich für den Bereich der geschlechtsspezifischen Sozialisationsforschung nur um einen pseudofruchtbaren Ansatz handelt? Und weil dem so ist, sind diese gescheiterten Versuche eingestellt worden, ohne die Öffentlichkeit darüber zu informieren, so daß sich heute dieser forschungsstrategische Irrtum historisch wiederholt? Das Problem wäre somit nicht die zeitweilige feministische Hegemonie in der bundesdeutschen geschlechtsspezifischen Sozialisationsforschung, es handelt sich um ein tieferliegendes Problem, um eines, das sich nicht auf die simple Dichotomisierung von bipolarer versus bipluraler Geschlechtersozialisation als zu realisierendes Forschungsprogramm reduzieren ließe.

2.2.3 Sozialkonstruktivistische Sozialisation

Helga Bilden (1991) tendiert mittlerweile zu einer sozialkonstruktivistischen Paradigmatik (grundlegend Keupp/Bilden Hrsg. 1991). Diese sei auf den Gegenstand „geschlechtsspezifische Sozialisation" zu übertragen und wäre die Antwort auf die Ergebnisse empirischer Geschlechterforschung. Auf der Basis dieser Paradigmatik würden „Geschlechterverhältnis(se) bzw. Männlichkeit/Weiblichkeit als Produkte andauernder sozialer Konstruktionsprozesse" (Bilden 1991, S. 290) erkennbar. Das Augenmerk zukünftiger Forschungen würde auf die sozial-symbolische Bedeutung der biologischen Tatsache Geschlecht bei der alltäglichen Lebensbewältigung gelenkt (z. B. Hirschauer 1989, 1993). Denn „Geschlecht" wäre eine „Kategorie sozialer Struktur bzw. als ein duales System von Symbolisierungen" (Bilden, 1991, S. 280) zu denken, zu konzeptualisieren und zu untersuchen. Aus dieser „Geschlechts"-Definition folgt ihrer Meinung nach, daß „die durchdringende Wirkung von geschlechtsbezogenen Überzeugungen, Erwartungen, Stereotypen" (a. a. O., S. 281) für Persönlichkeitsentwicklung und das Rollenverhalten „in sozialen Interaktionsprozessen" (ebd.) und nicht die polar-komplementären Geschlechtscharaktere das zentrale Forschungsthema seien. Zugleich würden die geschlechtsbezogenen Bedeutungen von identischen weiblichen und männlichen Handlungen, die auf der Basis einer antagonistischen Symbolik der Geschlechter nicht immer als identische Handlungen erschienen, kritisch transzendiert. Das Augenmerk wird vor allem auf die strukturell differenzierenden

Aspekte männlicher und weiblicher Lebensbewältigung gerichtet, die mit dem Konstrukt „geschlechtshierarchische Arbeitsteilung" auf einen Begriff gebracht werden. Es seien die makro- und mikrosoziale Prozesse in den Mittelpunkt der Analyse zu stellen, „an denen die Individuen handelnd, leidend, sich selbst entwerfend, miteinander kämpfend beteiligt sind" (Bilden, 1991, S. 290). Bei Bilden steht demnach weniger die Frage im Vordergrund, inwieweit die Geschlechtsrollenstereotype die Lebenswirklichkeit von Männern wie Frauen adäquat widerspiegeln, sondern auf welche Art und Weise diese Stereotype, bewußt oder unbewußt, unseren alltäglichen Umgang beeinflussen und die Einsicht verhindern, daß es eine Vielfalt empirischer Männlich- und Weiblichkeiten gäbe. Mit diesem sozialkonstruktivistischen Paradigma reinterpretiert sie die Ausführungen, die sie bereits 1980 vor dem Hintergrund eines tendenziell kritisch-psychologischen Sozialisationsparadigmas geleistet hat und reichert sie mit einigen aktuellen, aber inhaltlich nicht neuen empirischen Forschungsergebnissen an.

Ich halte dagegen, selbst mit diesem für aktuelle Diskurse innerhalb der bundesdeutschen geschlechtsspezifischen Sozialisationsforschung exemplarischen Ansatz dürfte es nur schwerlich gelingen - sollte er zu Theorie werden - , dem polarisierenden Geschlechterdualismus traditioneller Machart konzeptionell zu entkommen. Zwar bleiben beim Rezipienten Zweifel, daß diese Bipolarisierung der Geschlechter empirisch haltbar ist, aber es geht nicht über die traditionelle Bipolarisierung hinaus. Die „Versämtlichung" (Hedwig Dohm) von männlichen und weiblichen Individuen wird mit neuen Wörtern weitergeführt, nicht mehr mit kritisch-psychologischer, sondern mit sozialkonstruktivistischer Begrifflichkeit. Der bipolar gedachte weibliche und männliche Sozialcharakter wird nur auf die Ebene der Rollenstereotype verlagert, widersprechende Empirie im Detail nicht berücksichtigt. Von der Bipolarisierung der Menschheit entlang der Geschlechtstatsache verabschiedet man sich nicht. Sie wird in neue Worte gefaßt, und der Leser fragt sich, warum Bilden (1991) einleitend die Sinnhaftigkeit geschlechtsspezifischer Sozialisationsforschung vehement in Frage stellt, wo sie doch den Eindruck vermittelt, felsenfest von der wirklichen Existenz eines fundamentalen Geschlechtsunterschiedes überzeugt zu sein. Dieser Eindruck wird durch die Tatsache verstärkt, daß es eine lange sozialwissenschaftliche Tradition hat, die Auswirkung von Geschlechtsrollenstereotypen auf die Persönlichkeitsentwicklung zumindest theoretisch zu untersuchen. Kurz, Bilden (1991, S. 300f.) fällt hinter ihre eigene Ansicht zurück, daß es nicht ausreichend sei, männliche und weibliche Individuen der zweistelligen Geschlechterlogik zu subsumieren. Eine originelle Antwort auf die Frage geschlechtsspezifischer Sozialisationsforschung ist nicht zu erkennen. Geschlechtsrollenstereotype werden seit längerem als Sozialisationsbedingung angesehen. Es wird kein biplurales Modell, sondern ein bipolares Modell der Geschlechtersozialisation entworfen und ein weiteres Mal selbstrelativierend festgestellt, daß ein bipolares Modell nicht ausreicht - auf der Basis des gerade populären sozialwissenschaftlichen Begriffsapparats. Wir warten auch diesmal gespannt auf die Realisierung der in so vielen wohlklingenden Worten gefaßten Programmatik. Zumindest wird hier erwartet, daß die Gründe genannt werden, wenn man sich auch von diesem Paradigma abwenden sollte.

2.2.4 Individualisierte und pluralisierte Geschlechtersozialisation

Ich habe eine Geschlechterforschung im weitesten Sinn vorgeschlagen (vgl. Hoffmann 1993a, b, 1994). Diesen Ansatz möchte ich hier noch einmal referieren, weil der grundsätzliche Fehler bisheriger geschlechtsspezifischer Sozialisationsforschung mit ihm auf die Spitze getrieben worden ist, so daß eine neue Art der geschlechtsspezifischen Sozialisationsforschung am Horizont hervortritt (vgl. Bilden 1991; Knapp 1989, 1990; Preuss-Lausitz 1991a, 1993).

Geschlechterforschung im weitesten Sinne ist ein sozialisationstheoretischer Ansatz, der zwar die beiden Geschlechter zu seinem Gegenstand hat, den Faktor Geschlecht in der Theoriebildung aber nicht verabsolutiert: Sozialökologische, sozialstrukturelle und lebensweltorientierte Geschlechterforschung ist Jungen/Männer- und Mädchen/Frauenforschung. Sie fragt danach, welche objektiven gesellschaftlichen Bedingungen den biologischen weiblichen und männlichen Wesen gegenübertreten, wie diese von ihnen im Sinne der „produktiven Realitätsverarbeitung" (Hurrelmann 1983) bewältigt und verändert werden und welche Wechselwirkungen bei diesem Prozeß der Persönlichkeitsentwicklung auftreten. Sie geht von einem lebenslangen Sozialisationsprozeß aus, in dem die Bedingungen Alter, Geschlecht, Schicht, Religion, Ethnie entscheidende Einflußfaktoren sind. Insoweit stimmt er mit der weiterführenden Programmatik von Bilden (1980) überein. Als entscheidender Vorteil einer solchen „Geschlechterforschung" erscheint, daß die Blickrichtung von vornherein multifaktoriell ist. Erwachsene, Kinder und Jugendliche sind in ihrer empirischen Differenziertheit schon theoretisch angenommen, so daß es ein leichtes sei, sie auch in dieser Form widerzuspiegeln, und zwar hinsichtlich der verschiedenen lebensweltlichen Bereiche ihres Daseins. Der kategoriale Apparat erzwänge nicht, sogenanntes nichtmännliches Verhalten männlicher Individuen und sogenanntes nichtweibliches Verhalten weiblicher Individuen als abweichend zu beschreiben, weil neben dem multifaktoriellen Herangehen die Wechselwirkung verschiedener Faktoren angenommen ist, die im subjektiven Verarbeitungsprozeß vielfältigen Brechungen unterliegen. Dementsprechend gibt es nicht den Menschen, den Mann oder die Frau. Keiner Variablen wird a priori das alleinige Erklärungsrecht zugesprochen. Schließlich nimmt dieser Ansatz den Wandel der Lebensverhältnisse auf (Beck 1986). Hierbei sei entscheidend: „Für beide Geschlechter kann man mit aller Vorsicht vermuten, daß sich die Determinationskraft bzw. Orientierungswirksamkeit der Erwerbsarbeit für die Lebensführung - wenn auch in unterschiedlicher Weise - verändert hat. Sie tritt gerade für die nachwachsende Generation zunehmend in Konkurrenz zu anderen biographischen Orientierungsschemata bzw. Orientierungsbezügen für die Lebensplanung" (Büchner, 1990, S. 85). An diese Thesen schließt sich Ulf Preuss-Lausitz (1991a, b, 1992, 1993) an. Er schlägt vor, die Frage nach der heutigen Jungen- und Mädchensozialisation in ein allgemeines Konzept einzubetten, das von veränderten Kindheits- und Aufwachsbedingungen ausgeht, wie es in der Erziehungswissenschaft Gang und Gebe ist (Preuss-Lausitz, 1991a, S. 8). Schließlich sei die noch nicht beendete Veränderung der Geschlechtsrolle unübersehbar. Die neue Geschlechts- beziehungsweise Jungenrolle wird als „eine modernisierte, sozial empathische Jungenrolle" bestimmt (a. a. O., S. 10). Sie wird durch den Verweis auf das für die heutige Zeit zentrale Erziehungsziel „Selbständigkeit" (Preuss-Lausitz u. a. 1990) präzisiert, das „der tradierten Jungen-Sozialisation entspricht" (Preuss-Lausitz, 1991a, S. 10). Demgegenüber „ist die Aufwertung von Normen wie „sich in andere einfühlen", „eigene Probleme mit anderen besprechen", „Konflikte ohne körperliche Kraft lösen", Leute mit fremden Ansichten, Aussehen, Hobbies ertragen eher mit der analogen Abwertung herkömmlich „männlicher" Verhaltensstandards verbunden, auch in vielen Familien" (a. a. O., S. 10ff.). Und weiter heißt es: „Die gegenwärtige Aufwertung solcher schulischer Dimensionen wie Sprache, vor allem der Fremdsprachenkenntnisse (für Europa nach 92), Kommunikationsfähigkeit, Flexibilität entsprechen eher tradierten weiblichen Sozialisationsmustern. Das innere Klima in den Schulen greift also im Modernisierungsprozeß heute vielfach eher herkömmliche Mädchen-Fähigkeiten auf und zwingt die Jungen sich umzuorientieren" (a. a. O., S. 12). Kurz: „Die Veränderung der Kindheit hat auch die Geschlechtsrollen ergriffen" (Preuss-Lausitz, 1993, S. 50).

Der Unterschied zu dem sozialökologischem Konzept geschlechtsspezifischer Sozialisation besteht somit in der gesellschaftstheoretischen Kernannahme „Individualisierung und Pluralisierung", der die Behauptung einer neuen Qualität geschlechtsspezifischer Vergesellschaftung in der gegenwärtigen Bundesrepublik Deutschland immanent ist. Sie sind sich darin ähnlich, daß es sich nicht um eine systematisch entfaltete und empirisch geprüfte Theorie handelt, die den Erwerb von Geschlechtsidentität unter gegenwärtigen gesellschaftlichen Bedingungen beschreibt und erklärt. Es ist ein konzeptioneller Vorschlag, wie man dieses Forschungsproblem lösen könnte. Er hat etwas für sich, weil der soziale Wandel auch des Geschlechterverhältnisses unübersehbar ist und die theoretische Annahme einer männlichen und weiblichen Individualität wie Pluralität von der empirischen Forschung nahegelegt wird. Aber heißt das, daß dieses gesellschaftstheoretische Konzept, wie es insbesondere von Beck (1986) entfaltet worden ist, deshalb auch die

Erforschung von geschlechtsspezifischer Sozialisation in der gegenwärtigen Bundesrepublik Deutschland sinnvoll anleiten kann?

Bekanntlich ist die Übertragung von begrifflichen Konzepten von dem einen auf einen anderen Gegenstand nicht unproblematisch; sie bedarf metatheoretischer Reflexionen, weil sich sonst der Gegenstand im fremden Forschungsparadigma verliert. Außerdem, können die Konzepte bipolarer Geschlechtersozialisation einfach als Beschreibungen einer vergangenen gesellschaftlichen Epoche betrachtet werden? Sollen etwa die Menschen vor dreißig Jahren keine Individuen gewesen sein, Männer und Frauen, Mädchen und Jungen wirklich den Geschlechtsrollenstereotypen entsprochen haben? Urteilt man angesichts der ausführlich referierten empirischen Geschlechterforschung, kommt man zu dem Schluß, daß der Wandel der Geschlechtersozialisation nicht als Bewegung vom Klischee zum Nicht-Klischee zu beschreiben ist. Zudem ist festzustellen, daß der Geschlechtsunterschied konzeptuell zum verschwinden gebracht wird, indem auf die Gemeinsamkeiten fokussiert wird; der Gegenstand der geschlechtsspezifischen Sozialisationsforschung, namentlich die Genese der Geschlechtlichkeit wird eskamotiert. Individualität und Geschlechtlichkeit schließen sich nicht aus. Kurz, die Kategorie der Geschlechtersozialisation muß neu definiert werden, damit der Wandel des sozialen und psychischen Geschlechts wahrnehmbar wird. Metatheorie der Geschlechtersozialisation muß erarbeitet werden. Ich möche die Verwendung der Kategorie der subjekttheoretischen Geschlechtersozialisation vorschlagen; diese soll nun ausgearbeitet werden. Sie synthetisiert bipolare Geschlechtersozialisation mit bipluraler Geschlechtersozialisation auf höherem Niveau; das soziale und das psychische Geschlecht erscheinen, sozialer Wandel der Geschlechtersozialisation wird bestimmbar.

3. Subjekttheoretische Geschlechtersozialisation

Niemand vertritt das Modell bipolarer oder bipluraler Geschlechtersozialisation in Reinform. Alle Autoren verstecken sich hinter einer Vielzahl von selbstrelativierenden Nebensätzen, und sie praktizieren damit eine Kritikimmunisierung, die es zu überwinden gilt. Man kann auch sagen, niemand stellt sich hinter diese Modelle, die Ambivalenzen sind nicht zu ertragen: Die von allen Seiten als problematisch erlebte Geschlechterdichotomisierung in den modernen sozialwissenschaftlichen Konzepten zur geschlechtsspezifischen Sozialisation wird von den Vertretern „bipolarer Geschlechtersozialisation" „dadurch gelöst, daß nunmehr von weiblichen und männlichen „Anteilen" oder „Tendenzen" gesprochen wird, die bei jedem Menschen in dieser oder jener Mischung vorhanden sind. ... - die Struktur der dichotomischen Argumentation wird dadurch überhaupt nicht tangiert" (Liebau, 1992, S. 135); die Negation des Menschlichen und die Verabsolutierung des Geschlechtlichen kann so allerdings nicht verhindert werden. Als Alternative wird das Modell „biplurale Geschlechtersozialisation" erarbeitet, bei der die Argumentationslogik vertauscht wird: Es wird auf die dichotome Argumentationslogik verzichtet, indem man auf der Existenz des Menschen beharrt. Infolgedessen verdrängt man das Geschlechtliche. Man sagt nun, sie unterscheiden sich nicht, außer in ihrer Geschlechtlichkeit. Die Tendenzaussage wird umgedreht, sie taucht mit neuen Vorzeichen wieder auf. Es wird kein geschlechtsspezifischer Idealtypus gebildet, der im Nebensatz relativiert wird, sondern es wird ein menschlicher Idealtypus konstruiert, der im Nebensatz geschlechtlich relativiert ist. Es gibt zwei Menschen, den Menschen und die Menschin, die - wie sollte es anders sein - Individuen sind, so könnte man „bipolare Geschlechtersozialisation" in einem kurzen Satz zusammenfassen. Es gibt das Individuum Mensch, das - wie sollte es anders sein - auch Repräsentant biologischer und soziologischer Geschlechtsmerkmale ist, so könnte man „biplurale Geschlechtersozialisation" in einem kurzen Satz zusammenfassen. Empirisch zeigt sich das an der selektiven Verarbeitung entweder der (wenn überhaupt) Geschlechtsspezifik der Extremwerte oder der Geschlechtsunspezifik im Überlappungsbereich bei identischen abhängigen Variablen. Dagegen wäre es korrekt, eine Tautologie zu konstatieren: Die Geschlechter unterscheiden sich und sie unterscheiden sich nicht. Hierbei kann die Wissenschaft von der Mann- und Frauwerdung nicht stehenbleiben. Sie ist fortzuführen mit der Kategorie der subjekttheoretischen Geschlechtersozialisation, die nun entfaltet wird, indem von der These ausgegangen wird, beide Idealtypen machen den gleichen Fehler: Die besondere Qualität des Geschlechtlichen wird forschungsstrategisch durch den Vergleich „männlich" - „weiblich" bestimmt, nicht jedoch durch Gegenüberstellung und Diskussion des Verhältnisses der Kategorien „Mensch" und „Geschlecht". Durch diese Selbstreferentialität oder autistische Grundhaltung kann geschlechtsspezifische Sozialisationsforschung ihren Gegenstand nicht erkennen.

Diese These erzwingt die Darstellung der Kategorie Sozialisation, weil diese - vom Anspruch her - beschreibt und erklärt, wie sich die menschliche Persönlichkeit entwickelt; sie bietet uns eine Definition der Kategorie „Mensch" an. Wenn es der Sozialisationstheorie um die Definition des Menschlichen geht, und wenn des weiteren herausgearbeitet worden ist, daß der Fehler bisheriger Theoriebildung zur Mann- und Frauwerdung die fehlende Diskussion des Verhältnisses von Mensch und Geschlecht ist, so folgt daraus: die Sozialisationstheorie ist darzustellen und mit dem bipolaren und bipluralen Typus geschlechtsspezifischer Sozialisation zu vergleichen. Das Ergebnis dürfte sein: ein subjekttheoretisches Modell von Geschlechtersozialisation, das geschlechtersozialisierte Subjekt. Es negiert weder den Begriff Sozialisation und die Existenz des Menschen, noch wird die Geschlechtstatsache bedeutungslos, wie es für die biplurale Geschlechtersozialisation typisch ist, die konsequentermaßen zur Anti-Geschlechter-Sozialisation wird.

3.1 Der falsche Umgang mit „Mensch" und „Geschlecht"

Die geschlechtliche Sozialisationstheorie beziehungsweise geschlechtsspezifische Sozialisationsforschung begreift sich derzeit von ihrer Anlage her als Konkurrenz zum Programm der allgemeinen Sozialisationstheorie; zumindest ist das die dominante These innerhalb der bundesdeutschen Sozialisationsforschung spätestens seit der Ablösung des marxistischen durch das feministische Paradigma im Verlauf der siebziger Jahre dieses Jahrhunderts. Dieser Satz enthält nur die halbe Wahrheit: Es wird faktisch nicht eine geschlechtliche, sondern jeweils eine weibliche und eine männliche Sozialisationstheorie angestrebt. Das zeigt sich bereits an der (angestrebten) institutionellen Aufteilung zum einen in feministische Frauenforschung und zum anderen in kritische Männerforschung. Es wird nicht mehr, wie bis in die siebziger Jahre üblich, die Herausarbeitung der Genese von Geschlechtlichkeit angestrebt; avisiert wird die Untersuchung von entweder Männlichkeit oder von Weiblichkeit. Es ist ausgearbeitet worden, daß die Realisierung dieser Zwei-Welten-

Programmatik keinem Autor gelungen ist. Es werden regelmäßig Beiträge zur Theorie geschlechtsspezifischer Sozialisation abgeliefert, die empirisch nicht überzeugen. Jetzt interessiert das Vorverständnis vom Gegenstand, das mit dieser forschungsstrategischen Annahme verbunden ist.

Die meist nur implizite Annahme von kritischer Männer- und feministischer Frauenforschung ist: Mann- und Frauwerdung sind zwei eminent unterschiedliche Aspekte der Wirklichkeit; deshalb werden zwei differierende Forschungsansätze benötigt, die nicht in einer allgemeinen und umfassenden Theorie der Sozialisation aufgehoben werden können. Der Ansatz, mit der universalistischen Kategorie Mensch zu arbeiten, liege der prinzipielle Irrglaube zugrunde, männliche und weibliche Individuen hätten irgend etwas gemeinsam. Ergo wird das Menschliche aufgelöst. An seine Stelle tritt Mensch und Menschin respektive Mann und Frau. Exemplarisch sei an dieser Stelle Carol Hagemann-White zitiert, weil deren Ansatz verbreitet ist. Hagemann-White: „Eine Übersicht über das derzeitige Marktangebot an Sozialisationstheorien soll hier nicht erfolgen. (...) keine der genannten theoretischen Schulen hat aus sich heraus eine zureichende Theorie der Geschlechterbeziehungen und des weiblichen Sozialcharakters entfaltet. Auch haben Versuche, streng im Rahmen einer solchen, zunächst ohne die Frauen erdachten Theorie, durch Vertiefung und Ergänzung die Geschlechterbeziehungen zu erklären ..., sich als Irrwege erwiesen. Die Entfaltung einer Theorie aus der Sicht der Frauen ist notwendigerweise ein längerer und schulenübergreifender Prozeß" (Hagemann-White, 1984, S. 77f.). Ein sozialisationstheoretischer Zugang wird von Hagemann-White offensichtlich nicht als eine fruchtbare Forschungsstrategie angesehen. Vielmehr geht es ihr um einen schulenübergreifenden Prozeß. An dessen Ende stünde eine entfaltete Theorie weiblicher Subjektivität. An diese Position schließt die „kritische Männerforschung" an (Böhnisch/Winter 1993; kritisch Hoffmann 1995, 1996).

Inwieweit aus den existierenden Sozialisationstheorien allerdings eine Theorie der Genese weiblicher Subjektivität oder männlicher Subjektivität hergeleitet werden könnte, wird weder von der feministischen Frauen- noch von der kritischen Männerforschung untersucht; die Irrwege werden nicht genannt. Das heißt, die Möglichkeit wird pauschal in Abrede gestellt, aus der Sozialisationstheorie eine geschlechtliche Sozialisationstheorie zu deduzieren. Richtig ist wohl nur, daß die Sozialisationstheorie sich nicht um die Explikation der Kategorie geschlechtersozialisiertes Subjekt bemüht hat, zumindest nicht ausreichend, wenn man den Explikationsgrad der Kategorie vergesellschaftetes Subjekt heranzieht. Das besagt aber noch lange nicht, daß man diese Ansätze oder auch nur einen von ihnen nicht dazu verwenden könnte, um eine Theorie geschlechtsspezifischer Sozialisation zu entwickeln. Solange man sich daran nicht versucht, kann über die (Un-) Möglichkeit keine begründete Aussage getroffen werden. Zudem gilt: Der methodologische Ansatz einer Frauen- und einer Männerforschung ist weder empirisch noch theoretisch naheliegend. Es ist ausführlich ausgearbeitet worden, daß sich die Geschlechter in den zentralen Dimensionen ihrer Persönlichkeit und ihres Lebensvollzuges nicht unterscheiden. Die Geschlechtsvariable ist empirisch weitestgehend bedeutungslos. Wir scheinen mehr Mensch als Mensch und Menschin zu sein. Polemisch gesprochen: Betrachtet man die empirische sozialwissenschaftliche Forschung in der Weise, wie es hier geschehen ist, so kommt man eher zu dem Schuß, man könnte auf die geschlechtsspezifische Sozialisationsforschung und -theorie, nicht jedoch auf die allgemeine Sozialisationsforschung und -theorie verzichten. Nicht Sozialisations-, sondern Frauen- und Männerforschung in ihrer gegenwärtigen forschungsstrategischen Anlage erscheint überflüssig, weil wir eben mehr Mensch als Mensch und Menschin zu sein scheinen.

Das Problem der fehlenden subjektheoretischen Grundlegung geschlechtsspezifischer Sozialisationsforschung stellt sich bei den klassischen Ansätzen zur geschlechtsspezifischen Sozialisation anders als bei der neueren Frauen- und Männerforschung. Diese negieren nicht die Kategorie Mensch. Vielmehr ist deren Problem, daß sie die Kategorie Geschlecht innerhalb einer Theorie der menschlichen Entwicklung quasi nebenbei zu explizieren suchen, zumindest gilt dies bis Mitte der siebziger Jahre. Die Theorie geschlechtsspezifischer Sozialisation ist nicht als Konkurrenz zur allgemeinen Sozialisationstheorie definiert, wie es für die feministische Frauen- und kritische Männerforschung typisch ist. Im Unterschied zu dieser wird ihr implizit der Status eines Abfallprodukts, eines Derivats zugewiesen. Das gilt sowohl für die Theorie männlicher wie für die Theorie weiblicher Sozialisation, die innerhalb der Theorien zur menschlichen Persönlichkeitsentwicklung erarbeitet worden sind. Während die Frauen- und Männerforschung die Kontroverse Mensch oder Geschlecht vermeintlich löst, indem sie den Menschen negiert, bewältigt die klassische Sozialisationsforschung die Schwierigkeit, indem sie im nachhinein, also nach Erarbeitung einer Theorie menschlicher Persönlichkeitsentwicklung, eine Theorie hinzufügt, die die geschlechtsspezifische Persönlichkeitsentwicklung zum Thema hat. Die daraus entstehenden Widersprüchlichkeiten werden nicht weiter diskutiert. Die Geschlechter werden einerseits im Rahmen ihres Menschseins als gleich bestimmt, andererseits werden die Geschlechter jedoch als vollständig unterschiedlich im Sinne des Idealtypus bipolarer Geschlechtersozialisation modelliert. Logisch ist das ein unhaltbares Vorgehen. Daher verwundert nicht, daß ab Mitte der siebziger Jahre vollständig auf das Derivat geschlechtsspezifischer Persönlichkeitsentwicklung verzichtet wird und einzig und allein Theorien menschlicher Persönlichkeitsentwicklung formuliert werden. Diese Veränderung von Sozialisationsforschung dürfte des weiteren durch die Norm Androgynität forciert werden, die das klassische Maskulinitäts- / Feminitätsparadigma in den Sozialwissenschaften ablöst und sich auch in der Sozialisationsforschung durchsetzt, zumindest bei denen, die sich der kritischen Theorie verpflichtet fühlen. Und diese beginnen mit den siebziger Jahren den sozialisationswissenschaftlichen Diskurs zu dominieren (vgl. Geulen 1980, 1991); eine geschlechtspolare Theoriebildung erscheint mithin zunehmend als überflüssig, weil nicht die geschlechtspolare und halbseitig reduzierte, sondern die Expressivität und Instrumentalität integrierende Persönlichkeit als Verkörperlichung sozialer Handlungsfähigkeit angesehen wird. Jedenfalls wird nun nicht mehr thematisiert, daß die psychische Mann- und Frauwerdung eine zentrale Voraussetzung sozialer Handlungsfähigkeit ist (vgl. Geulen 1989). Schritt für Schritt wird im historischen Verlauf das Geschlechtliche negiert (vgl. Geulen 1991). Es taucht höchstens noch in Nebensätzen auf. Immerhin findet man in einer der verbreitesten Einführungen in die Sozialisationstheorie den Hinweis, daß im Sozialisationsprozeß die Geschlechtsrolle zu erwerben und Geschlechtsidentität zu erarbeiten ist. Ausgeführt wird dies nicht (z. B. Hurrelmann, 1993, S. 164). Die allgemeine Sozialisationstheorie wird durch die Nichtbeachtung des geschlechtspolaren Persönlichkeitstheorems der klassischen Sozialisationstheorie a la Parsons zwar stringent und logisch konsistent, aber ihr fehlt ein wesentlicher Aspekt. Denn die Tatsache der zwei Geschlechter ist so evident wie die Existenz von Geschlechtsrollenstereotypen und einer geschlechtsspezifischen Arbeitsteilung; sie darf allerdings nicht als die einzige Sozialisationsbedingung psychischer Mann- und Frauwerdung angesetzt werden, wie es für die bipolare Geschlechtersozialisation typisch ist; sie vollständig auszublenden, wie es biplurale Geschlechtersozialisation und moderne Sozialisationstheorie macht, ist gleichfalls nicht der Weisheit letzter Schluß. Beides sind Auswirkungen einer nicht geleisteten Diskussion des Verhältnisses von: Geschlecht und Mensch, sozialisiertem und geschlechtersozialisiertem Subjekt, geschlechtlicher und allgemeiner Sozialisationstheorie.

Bei Sigmund Freud zum Beispiel wie auch bei Erik H. Erikson zeigt sich die fehlende Bestimmung des Verhältnisses von Menschwerdung auf der einen Seite und Mann- und Frauwerdung auf der anderen Seite darin, daß zwischen den Einschätzungen geschwankt wird, ob Mann und Frau zwei unterschiedliche Wesen sind oder eben nicht. Freud kommt in seinem Leben zu den verschiedensten Antworten, ohne daß es ihm gelingt, sie in eine konsistente Theorie zu überführen (Freud 1969ff.; vgl. Scarbath 1992). Einerseits rekonstruiert er die menschliche Individualgeschichte unter zur Hilfenahme von „männlichen" Fachtermini und Männergestalten der griechischen Mythologie. Andererseits läßt sich daraus nicht ohne weiteres deduzieren, er habe eine Psychoanalyse des Mannes begründet, weisen doch die Herausgeber der Freudschen Studienausgabe darauf hin: Freud ist zunächst „meist von der Annahme ausgegangen, die Psychologie der Frau sei derjenigen des Mannes einfach analog" (Herausgeber der Studienausgabe: Vgl. Freud, 1969ff., S. 254). Das zeigt sich vor allem daran, daß Freud seine Theorie am Beispiel des kleinen Jungen ausführt, ihr aber keine eindeutigen geschlechtsspezifischen Staus zuweist, sondern sich äußerst ambivalent verhält (auch Geulen, 1991, S. 25;

1980, S. 34). Diese Bemerkung läßt sich als Warnung interpretieren, Freud nicht vorschnell als Theoretiker einer als universalistisch verbrämten Theorie männlicher Sozialisation zu interpretieren. Hingegen ist zu berücksichtigen: Er verfolgt durchaus eine universalistische Absicht und arbeitet mithin an einer allgemeinen Theorie der Sozialisation. Aber bei der Realisierung dieser Zielsetzung scheitert er partiell, weil - so lautet meine These - die Kategorie Mensch und Geschlecht nicht getrennt werden. Folgt man dieser Interpretation, so entsteht die Frage, ob er nicht sowohl an einer Theorie menschlicher als auch geschlechtsspezifischer Entwicklung gescheitert ist. Denn da er nicht in der Lage gewesen ist, diese Gegenstände zu trennen, ist er keinem gerecht geworden.

Ab 1919 stellt Freud die Annahme einer analogen Entwicklung von männlichen und weiblichen Individuen in Frage, weil er feststellt, daß das Konzept Ödipuskomplex nicht auf die Situation des Mädchen zu übertragen ist. Anstatt nun das Konzept Ödipuskomplex in Frage zu stellen, denn damit hätte er bei der Annahme eines gleichförmigen Entwicklungsverlaufes beim männlichen und weiblichen Subjekt bleiben können, konzipiert er eine „weibliche" Lösung des Ödipuskomplexes, mit der er nicht so sehr das Weibliche zum Sonderfall des Menschlichen macht, sondern die Existenz des Menschen negiert und an dessen Stelle implizit den Mensch und die Menschin setzt: Die ersten Neigungen des Mädchens gelten dem Vater, die des Jungen der Mutter. Somit wird für den Jungen der Vater der erste störende Mitbewerber, für das Mädchen die Mutter die erste störende Mitbewerberin. Beim Jungen endet dieser Prozeß über den Zustand der Kastrationsangst mit der väterlichen Identifikation und dem Aufbau des Über-Ich als der psychischen Repräsentanz gesellschaftlicher Objektivität. Und das Mädchen? Der Ödipuskomplex des Mädchens birgt ein Problem mehr als der des Knaben, weil die Mutter anfänglich beiden Kindern das erste Objekt ist. Deshalb ist es nachvollziehbar, wenn der Knabe es für den Ödipuskomplex beibehält. Aber wie kommt das Mädchen dazu, das Mutterobjekt aufzugeben und dafür den Vater zum Objekt zu nehmen? Um diesen Widerspruch zu lösen und bei seiner These einer polar-komplementären Entwicklung mit dem Ergebnis des polar-komplementären Geschlechtscharakters bleiben zu können, führt Freud den sogenannten Penisneid des Mädchens ein. Dieser entsteht in dem Moment, wo die Geschlechtsorgane entdeckt werden: Da, wo beim Jungen etwas ist, ist bei dem Mädchen nichts; deshalb entwickelt es einen Minderwertigkeitskomplex, den es kompensiert, indem es den Wunsch nach dem Penis durch den Wunsch nach dem Kinde ersetzt. Dieser Übergang zum Vaterobjekt wird mit Hilfe der passiven Strebungen vollzogen, womit der Weg der Entwicklung von Weiblichkeit für das Mädchen nun frei ist. Kurzum, die Frau erscheint als das zur „ständigen Anpassung sozialisierte Wesen" (Scarbath, 1992, S. 118), der Mann als prädestiniert für die Struktur des öffentlichen Aufgabenfeldes. Das Menschliche von männlichen und weiblichen Individuen geht verloren.

Ähnlich widerspruchsvoll argumentiert Erik H. Erikson in seinem Werk „Jugend und Krise" (1970): „Ich würde überhaupt eine umfassendere Deutung vorschlagen, der zufolge im Erlebnis des Grundplanes des menschlichen Körpers ein tiefer Unterschied zwischen den Geschlechtern besteht (Erikson, 1970. S. 286). Hierbei handelt es sich um eine Aussage, deren Deutlichkeit er zunächst relativiert: „Der Akzent liegt dabei auf der Prädisposition und der Vorliebe, nicht auf einer exklusiven Fähigkeit..." (ebd.), um sie später wiederum mit Vehemenz zu wiederholen: „Behaupte ich also, daß die Anatomie Schicksal ist? Ja, sie ist Schicksal, indem sie nicht nur die Spannweite und Struktur des physiologischen Funktionierens und seine Grenzen bestimmt, sondern auch, in einem gewissen Maß, Persönlichkeitsstrukturen" (a. a. O., S. 298). Die Persönlichkeitsstruktur des Mannes ist durch das phallische Motiv bestimmt, womit die Komponenten des explorativen Hinausgehens und des bemächtigenden Eindringens gemeint ist. Die weibliche Identität steht dazu im Gegensatz: „Die Grundmodalitäten der Hingabe und Beteiligung der Frau spiegeln natürlicherweise auch den Grundplan ihres Körpers wider" (a. a. O., S. 299). Einige Sätze später relativiert er wiederum seine These von der überzeitlichen Polarität der Geschlechtscharaktere, indem er behauptet: „Die Anatomie, die Geschichte und die Persönlichkeit (sind, B. H.) gemeinsam unser Schicksal" (ebd.). Kurzum, auch Erikson scheitert an der Aufgabe, das Verhältnis von Mensch und Geschlecht auf den Begriff zu bringen und vermischt somit allgemeine und geschlechtsspezifische Sozialisationstheorie, wodurch keine von beiden zu ihrem Recht kommt.

Die Widersprüchlichkeit dieser beiden großen Denker wird auch in ihrem Konzept der Jugendphase deutlich, insbesondere bei Sigmund Freud. Bekanntlich entwickelt Freud das Konzept der oralen, analen und phallischen Phase, an die sich die Latenzphase anschließt, die er als ein Übergangsstadium relativer Ruhe und Verborgenheit intrapsychischer und interpersonaler sexueller Motivation definiert. In der Pubertät kommt es zu einer krisenhaften, dynamischen Wiederbelebung jener frühen motivationalen Strukturen und der mit diesen verbundenen lebensgeschichtlichen Erfahrungen und Konflikte. Ergebnis einer gelungenen Pubertät ist die Integration der Partialtriebe zu reifer, genitaler Sexualität und die Ablösung von elterlichen Autoritäten. Ähnlich argumentiert Erikson, der diese Gedanken zu einer umfassenden Adoleszenstheorie innerhalb moderner Gesellschaften entwickelt. Interessant ist nun, daß das Ergebnis dieses Ablösungsprozesses von Freud wie Erikson offengelassen worden ist. Zwar wären alle späteren Freundschafts- und Liebeswahlen und -beziehungen abhängig und beeinflußt von den primären Objektwahlen, aber sie werden nach bestimmten Richtungen umgewandelt. Mit anderen Worten: Objektwahl und Identifikation können auch polar zu den Elternimagines sein, sie können sich auch „auf gelebte Gegenentwürfe zu dem beziehen, was Vater und Mutter als konkretes Bild von „Männlichkeit" und „Weiblichkeit" vorgelebt haben" (Scarbath, 1992, S. 117). In aller Kürze, selbst wenn die Eltern den traditionellen Klischees von Männlichkeit und Weiblichkeit entsprächen, die Kinder müssen sie nicht übernehmen. Freilich, weder Freud noch Erikson haben sich durchringen können, diese theoretische Einsicht in eine überzeugende Theorie menschlicher Entwicklung zu überführen, die das Geschlechtliche zu ihrem Recht kommen läßt, ohne es mit dem kulturellen Geschlechtsstereotyp gleichzusetzten und in der Konsequenz das Menschliche zu negieren. Ihnen fehlt es noch an einem Begriff des sozialisierten Menschen, aus dem sich die Kategorie geschlechtsspezifisches Subjekt herleiten läßt.

An diese beiden psychoanalytischen Sozialisationstheoretiker schließt sich auf höchst eigenständige und umstrittene Weise der Soziologe Talcott Parsons an. Auch mit seinen Ausführungen zur menschlichen Persönlichkeitsentwicklung läßt sich exemplarisch belegen, daß von der Sozialisationsforschung das Verhältnis von Geschlecht und Mensch nicht bestimmt worden ist, somit nicht gesagt werden kann, welche Phänomen der Sozialisationswirklichkeit geschlechtsbedingte sind.

Parsons schreibt beispielsweise, daß es „der von beiden Eltern ausgeübte und von den allgemeinen kulturellen Normen gestützte Druck ist, der den Knaben veranlaßt, sich wie ein „großer Junge" zu benehmen. Das bedeutet vor allem, daß er seine Abhängigkeit von seiner Mutter aufgibt - der Hauptfaktor für die Auflösung der ödipalen Krise. Vor allem haben sich Fähigkeiten zu eigener Leistung entwickelt, die, wenn sie weiter wachsen sollen, unvereinbar mit der Abhängigkeit des „kleinen Jungen" sind ... Diese Leistungen bestehen in erster Linie in Handlungen, die über das Subsystem Mutter-Kind hinaus für die Familie als Kollektiv Bedeutung gewinnen und von beiden Eltern sanktioniert werden. Darüber hinaus werden auf dieser Stufe Leistungen mehr und mehr direkt und bedingt belohnt; das Kind kann immer weniger einfach mit der Sicherheit der mütterlichen Liebe rechnen, ohne Rücksicht darauf, was es tut" (Parsons, 1954a, S. 52.f).

Mit der an dieser Stelle verfolgten Fragestellung fällt auf: Es erfolgt eine unmerkliche Vermischung von geschlechtlicher und allgemeiner Theorie der Sozialisation. Es ist ja nicht allein das männliche, sondern gleichfalls das weibliche Kind, das sich autonomisieren muß, um soziale Handlungsfähigkeit zu erlangen und das hierbei von seiner sozialen Umwelt unter Druck gesetzt wird. Dadurch erklärt sich auch, daß Parsons innerhalb desselben Absatzes einmal vom Kind und einmal vom Jungen spricht. Die partielle Geschlechtsneutralität seiner Ausführungen respektive ihre nicht überzeugend bestimmte Geschlechtsspezifik wird auch darin deutlich, daß Parsons relativierend bemerkt, daß er seine Darstellung des Autonomisierungsvorgangs am Beispiel des kleinen Jungen demonstriert (Parsons, 1954a, S. 52). Das heißt, er hat seinen Ausführungen den Status einer allgemeinen Sozialisationstheorie zugewiesen, die keine geschlechtsspezifischen Momente enthält. Da Parsons die Autonomisierung nur am Beispiel des Jungen ausführt, kann es sich schon aus

Gründen der Logik sich nicht um eine geschlechtsspezifische Entwicklung handeln, sondern um eine von Jungen und Mädchen vollzogene. Das heißt, er hat keine Theorie der Sozialisation vorgelegt, welche die Geschlechtlichkeit des Menschen zur Geltung bringt, sondern er verwendet eine geschlechtsspezifische Terminologie, ohne daß dadurch die psychische Mann- und Frauwerdung expliziert würde. Dadurch entsteht zwar eine Reihe von Ungereimtheiten, weil der Ödipuskomplex eben nur auf den Jungen und nicht auf das Mädchen paßt. Aber da das Erkenntnisinteresse die Persönlichkeitsentwicklung und nicht die psychische Mann- und Frauwerdung ist, wird es keine Theorie männlicher Sozialisation, sondern eine allgemeine Sozialisationstheorie. Einmal gewendet: Einzig der psychologische Erklärungsansatz ist falsch, nicht jedoch die Ausarbeitung grundlegender, im Sozialisationsprozeß zu erwerbender Qualifikationen, die das individuelle Handeln in einer Gesellschaft möglich werden lassen. Anders gesprochen: Jungen *und* Mädchen autonomisieren sich durch Sozialisation. Hingegen ist zu bezweifeln, daß dies durch das Konstrukt Ödipuskonflikt vorangetrieben wird, der eh nur zur Beschreibung einer spezifischen historischen Konstellation herangezogen werden kann. Die Gleichsetzung der Herausbildung von Geschlechtsidentität und Autonomie scheint falsch zu sein. Oder in Anlehnung an Dieter Geulen gesprochen: Identifikation einmal (beim Mädchen) aus einer libidinösen, ein andermal (beim Jungen) aus einer feindseligen Beziehung herzuleiten, spricht nicht gerade für die psychologische Qualität einer Sozialisationstheorie. Kurzerhand zwei Arten von Identifikation anzunehmen, nämlich „anaklitische" und „aggressive" und diese beiden Varianten geschlechtsspezifisch zuzuweisen, ist keine befriedigende wissenschaftliche Lösung (vgl. Geulen, 1989, S. 264): und wohl mit der fehlenden Unterscheidung der Kategorien Geschlecht und Mensch sowie der damit verbundenen Fehlbestimmung der Aufgaben einer allgemeinen und einer geschlechtlichen Sozialisationstheorie zu erklären.

Bei der behavioristischen Lerntheorie kommt das gleiche Problem, nämlich die fehlende explizite Bestimmung des Verhältnisses von Geschlecht und Mensch, von allgemeiner und geschlechtlicher Sozialisationstheorie auf andere Weise zum Vorschein. Ihr hauptsächliches Erkenntnisinteresse ist, geschlechtstypisches Verhalten in seiner gesetzmäßigen Beziehung zu Ereignissen in der Umwelt zu untersuchen. Hierbei nimmt sie zum einen geschlechtsbezogene Erziehungspraktiken und zum anderen eine geschlechtsspezifische Verhaltensdifferenzierung in der sozialen Umwelt an. Geschlechtersozialisation begreift sie als Prozeß, bei der sich Individuen kontinuierlich einer kulturellen Norm annähern. Dieser Prozeß ist reversibel und modifizierbar. In Anbetracht der Tatsache, daß die Ergebnisse der empirischen Forschung keineswegs so eindeutig sind, wie es die Theorie suggeriert, trifft man als weiteres die Annahme: Individuen verhalten sich nicht immer geschlechtsspezifisch, sondern geschlechtsspezifisches Verhalten ist situationsspezifisch; das soll heißen: „Jungen zeigen nicht in jeder Situation ein als maskulin klassifiziertes

Verhalten, Mädchen nicht in jeder Situation ein als feminin klassifiziertes Verhalten. Es gibt bei Jungen im Vergleich zu Mädchen nur mehr Situationen, in denen sich maskulines Verhalten beobachten läßt, entsprechend tritt bei Mädchen im Vergleich zu Jungen feminines Verhalten in mehr Situationen auf" (Trautner, 1991, S. 370).

An dieser Theorie ist mit Sicherheit nicht zu kritisieren, daß sie auf der Situationsabhängigkeit menschlichen Verhaltens beharrt. Zu kritisieren ist vielmehr, daß ein sinnvolles Prinzip entkleidet wird, indem es zur Kritikimmunisierung eingeführt wird. Denn es dürfte kaum feststellbar sein, ob sich Jungen realiter mehr maskulin verhalten als Mädchen - vice versa. Eine Kritikstrategie, die auf den mangelnden empirischen Nachweis geschlechtstypischen Verhaltens rekurriert, kann immer mit dem Hinweis abgewehrt werden, es geht nur um „mehr als", und dies ist nicht untersucht worden. Zum zweiten ist die wohl bedeutsamere Feststellung zu machen, ein Verhalten, das nur häufiger, nicht aber nur bei dem einen Geschlecht auftritt, kann nicht als ein männliches oder als ein weibliches Verhalten bezeichnet werden. Dies verstößt gegen die Regeln guter Kategorienbildung, die besagen, daß sich Kategorien nicht überlappen dürfen beziehungsweise Merkmale eindeutig zuweisbar sein müssen (z. B. Bortz, 1984, S. 75ff.). Wenn sich jedoch männliche Individuen weiblich verhalten und weibliche Individuen sich männlich verhalten, dann fällt es schwer, dies als eine gelungene Kategorisierung zu begreifen. Kurzum, anstatt das Verhältnis von Geschlecht und Mensch zu diskutieren, um dadurch die unterschiedlichen Aufgaben von allgemeiner und geschlechtlicher Sozialisationstheorie hervortreten zu lassen, begnügt man sich mit einem statistischen mehr oder weniger. Theoretisch überzeugt das nicht, obwohl nicht abzustreiten ist, daß Lernen am Modell und positive wie negative Sanktionen beachtenswerte Sozialisationsbedingungen auch geschlechtsspezifischer Sozialisation darstellen. Es erweist sich jedoch als nötig, den Begriff Geschlecht auszuarbeiten, um eben die Wirkung allgemeiner psychologischer Gesetzmäßigkeiten bei der geschlechtsspezifischen Sozialisation zu erkennen. Sich mit der Feststellung zu begnügen, auch bei der geschlechtsspezifischen Sozialisation walten die allgemeinen psychologischen Gesetzmäßigkeiten, wie sie insbesondere die behavioristische Psychologie ausarbeitet, ist wohl so wahr wie trivial und wird so lange keine wissenschaftlich fruchtbare Aussage, wie der Begriff Geschlecht nicht inhaltlich gefüllt ist. Es ist der Unterschied zwischen Programm und Theorie. Kurzum, die soziale Lerntheorie ist in geschlechtsspezifischer Perspektive eine programmatische Aussage, die wohl erst dann zu einer Theorie werden könnte, wenn sie über einen subjekttheoretisch gehaltvollen Geschlechtsbegriff verfügt.

Bei Lawrence Kohlberg (1974) zeigt sich das Problem Mensch versus Geschlecht auf andere Weise. Er entwickelt eine explizite Theorie geschlechtsspezifischer Sozialisation, ohne dabei den Fehler kritischer Männer-

und feministischer Frauenforschung zu machen, das Menschliche prinzipiell zu negieren. Er äußert sich zu diesem Problem erst gar nicht. Seine Theorie ergibt sich in ausdrücklicher Abgrenzung zur behavioristischen und psychoanalytischen Psychologie und geht von der irritierenden empirischen Tatsache aus, daß psychologische Forschung und die Geschlechterwirklichkeit seiner Zeit nicht so stereotyp unterschiedlich ist, wie das alltägliche und wissenschaftliche Vorurteil zu glauben nahelegt. Er konstatiert daher beispielsweise: „Die kindlichen Konnotationen der Geschlechtsunterschiede scheinen nicht das Ergebnis eines direkten Lernens der tatsächlichen Geschlechtsrollen von den Eltern oder Geschwistern zu sein" (Kohlberg, 1974, S. 361), weil dies mit „der bekannten Variationsbreite des väterlichen Rollenverhaltens in der amerikanischen Gesellschaft" nicht in Übereinstimmung zu bringen ist (ebd.).

Auch hier fällt auf, daß das Verhältnis von allgemeiner und geschlechtlicher Sozialisationstheorie nicht diskutiert wird. Das führt im weiteren Verlauf seiner Ausführungen zu auffälligen Widersprüchen. Denn einerseits nimmt Kohlberg die Vielfalt empirischer Männlichkeit und Weiblichkeit wahr. Die Unterschiedlichkeit empirischer Männer und Frauen, Jungen und Mädchen bildet gerade den Ausgangspunkt seiner Theoriebildung. Kohlberg entwickelt seine Theorie vor allem, um erklären zu können, warum es zur geschlechtsspezifischen Persönlichkeit kommt, obwohl die Wirklichkeit viel differenzierter ist als die Geschlechtsstereotype und die Theoriebildung suggerieren. Andererseits reduziert Kohlberg die von ihm selbst festgestellte Pluralität empirischer Männer und Frauen, Jungen und Mädchen seiner Zeit, indem er die Geschlechtsidentität zum Organisator des geschlechtsspezifischen Verhaltens, der psychischen Mann- und Frauwerdung macht. Diese Sichtweise entwickelt er, weil er feststellt, daß man Geschlechtstypisierung nicht mit dem Modellernen erklären kann, da die Modelle zu unterschiedlich sind. In ausgesprochen widersprüchlicher Weise kommt er zu dem Schluß, daß die Subjekte das geschlechtsangemessene Verhalten auswählen, und zwar von dem Moment an, ab dem sie Geschlechtsidentität entwickelt haben. Dabei bleibt aber offen, wie das geschlechtsangemessene Verhalten entstehen kann, wenn die Wirklichkeit eine Vielfalt männlicher und weiblicher Verhaltensvorbilder zeigt. Man fragt sich, was ist das Geschlechtliche am Menschen - gibt es dieses überhaupt?

Summa summarum: Es irritiert nachhaltig, daß der Versuch nicht aufgegeben wird, bipolare Theorien der Geschlechtersozialisation zu erarbeiten. Ich kann mir das nur mit der fehlenden Unterscheidung von geschlechtsspezifischer und allgemeiner Sozialisationstheorie erklären, deren Notwendigkeit auch Kohlberg nicht sieht. Statt dessen hält er den psychologischen Erklärungsansatz für das zentrale Problem der Theoriebildung zur geschlechtsspezifischen Sozialisation. Eine männliche oder weibliche Geschlechtsidentität führe dazu, daß man am Ende einer längeren Entwicklungssequenz ein männliches beziehungsweise weibliches Verhaltensrepertoire angeeignet habe. Hier beißt sich die Katze in den Schwanz, denn die Theoriebildung geht insbesondere von der irritierenden empirischen Tatsache und Fragestellung aus, wie man unter der Bedingung zum Mann oder zur Frau wird, daß es eine Vielfalt männlicher und weiblicher Verhaltensvorbilder gibt, die für den ungeübten Beobachter kaum in zwei Klassen zu pressen sind. Kurz, was unterscheidet die Kategorien männlich, weiblich auf der einen und menschlich auf der anderen Seite?

3.2 Sozialisation

Es stellt sich die Aufgabe, eine Theorie der Geschlechtersozialisation zu entwickeln, die vom Begriff Sozialisation ausgeht. Auf diesem Weg könnte man zu einer akzeptablen Beantwortung der Frage gelangen, wie Männer und Frauen zu denen werden, die sie sind. Vorsichtiger gesprochen: Wir könnten so einen Begriff erhalten, mit dem der Forschungsgegenstand bearbeitbar wird, ergo die Voraussetzung für eine vernünftige Theorie geschlechtsspezifischer Sozialisation. Damit ist die Behauptung verknüpft: Eine Theorie der Geschlechtersozialisation ist zum Scheitern verurteilt, wenn sie nicht vom Begriff Sozialisation her entwickelt wird. Es reicht einerseits nicht aus, die Kategorie Sozialisation allein zur programmatischen Negation der biologistischen These zu nehmen, die einen angelegten Geschlechtscharakter annimmt; dies ist für die bisherige Erforschung geschlechtsspezifischer Sozialisation diesseits und jenseits feministischer Weihen typisch ist. Andererseits greift eine Theorie der Geschlechtersozialisation gleichermaßen zu kurz, die von der Menschwerdung ausgeht und meint, die Mann- und Frauwerdung könnte nebenbei begriffen werden; dies ist für die klassischen Ansätze zur geschlechtsspezifischen Sozialisation kennzeichnend, deren Ergebnisse nicht eindeutig interpretierbar sind, also die Frage nicht beantwortbar werden lassen, ob es sich um allgemeine oder geschlechtliche Sozialisationstheorie handelt. Meine These: Es macht einen Unterschied, ob man die Untersuchung zur Geschlechtersozialisation mit der Frage beginnt, welche Konsequenzen hat ein sozialisationstheoretischer Zugang auf die Theorie der Geschlechtersozialisation, oder ob man einen derartigen Zugang zum Problem Geschlechtersozialisation für irrelevant erklärt. Und dies gilt, weil der Begriff der Geschlechtersozialisation eine andere inhaltliche Wendung erfährt, wenn man ihn aus dem Begriff der Sozialisation ableitet und ihn nicht ausschließlich verwendet, um die Reduktion des weiblichen oder männlichen Geschlechts, des Menschen überhaupt, auf die Biologie zurückzuweisen. Es reicht nicht aus, sich auf das Wort Sozialisation zu beziehen, weil es ein Unterschied ist, ob Sozialisation als Wort oder als begriffliches Konzept verwendet wird; ob man einen sozialisationstheoretischen Zugang zum Problem Geschlechtersozialisation wählt oder den Namen Sozialisation als Leerformel beziehungsweise Synonym für die menschliche Lerntatsache verwendet; kurzum: Sozialisation wird hier als begriffliches Konzept benutzt, wobei gilt: Der Begriff Geschlechtersozialisation und die Kategorie Sozialisation müssen inhaltlich kompatibel sein respektive werden. Zur Zeit ist dieses Postulat nicht erfüllt. Während die allgemeine Sozialisationstheorie auf der Menschlichkeit männlicher und weiblicher Individuen beharrt, negiert die geschlechtliche Theorie die Kategorie Mensch und überführt Sozialisationsforschung in Frauenforschung/Männerforschung: Die Kernannahmen von Sozialisationstheorie sind auszuarbeiten, um „Geschlecht" und „Mensch" trennen zu können. Sie erscheinen, indem mit Geulen (1991) der Sozialisationbegriff in die Dimensionen „Objektivität", „Entwicklung" und „Subjektivität" analytisch zerlegt wird.

3.2.1 Objektivität

Ein Schwerpunkt der Sozialisationsforschung wird durch die Analyse der objektiven Seite der Persönlichkeitsentwicklung gebildet. Dieser Schwerpunkt kann der Klasse „Theorie der gesellschaftlichen Bedingungen von Sozialisation" subsumiert werden (Geulen 1991). Er hat seinen Ausgangspunkt in der schichtenspezifischen Sozialisationsforschung, die zur sozialstrukturellen Sozialisationsforschung geworden ist (vgl. Steinkamp 1991). Dieser komplexe Forschungsansatz, der in vielfältigen Modifikationen in der Sozialisationsforschung auftaucht, weist darauf hin, daß ein Individuum eine Vielzahl von gesellschaftlichen Bedingungen zu verarbeiten hat. Die Sozialisationsbedingungen interagieren miteinander und werden durch subjektive Verarbeitungsstrategien zu psychischer Struktur gemacht und dabei verändert. Klaus Hurrelmann wählt hierfür die Metapher von der produktiven Verarbeitung von und der Auseinandersetzung mit innerer und äußerer Realität (z. B. Hurrelmann, 1993, S. 62ff.). Diese Verarbeitung komplexer gesellschaftlicher Realität macht die Sozialisation eines spezifischen Individuums aus, sie verursacht gleichzeitig sowohl seine Individualität als auch seine soziale Handlungsfähigkeit, seine individuelle Integration nämlich. Mit anderen Worten, es wird ein komplexes Strukturmodell der Sozialisationsbedingungen angenommen (Geulen/Hurrelmann, 1980, S. 65).

Das Strukturmodell der Sozialisationsbedingungen, das eine detaillierte Übersetzung der Kategorie Objektivität ist, geht von den situativen sozialen und räumlichen Umweltbedingungen aus, die unmittelbar auf das menschliche Subjekt einwirken. Dieses sozialökologische Setting wird wiederum durch unterschiedliche soziale Institutionen und durch die ökonomische, technologische, politische, soziale und kulturelle Struktur einer historischen Gesellschaft konstituiert und strukturiert. Die sozialen Institutionen werden in Kleingruppen und soziale Netzwerke unterschieden, wie sie durch die Familie, Verwandtschaft, Gleichaltrigengruppe, Freundeskreis und ähnliches repräsentiert werden. Es handelt sich normalerweise um face-to-face-Systeme mit eigenen sozialen Regeln und einer eigenen sozialen Dynamik. In diesem Bereich trifft das heranwachsende Subjekt, die werdenden Männer und Frauen, auf die sozialen Systeme, die seiner unmittelbaren Einwirkung zugänglich sind. Hier entstehen die ersten sozialen Orientierungen und intersubjektiv geteilten lebensweltlichen Wissensbestände. Diese ersten Beziehungsnetzwerke interagieren mit den sie umgebenden gesellschaftlichen Bedingungen allgemein und anderen formal organisierten sozialen Systemen im besonderen. Zu nennen sind die Sozialisationsinstanzen: Kindergärten, Schulen, Hochschulen, sozialpädagogische Institutionen usw., als auch die sozialen Organisationen: öffentliche Einrichtungen, Betriebe, Instanzen sozialer Kontrolle, Massenmedien usw. „Diese Organisationen sind typischerweise Systeme mit einer relativen Autonomie im Verhältnis zur sozialen Umwelt" (Hurrelmann, 1993, S. 106).

Man wird durch die individuelle Verarbeitung von gesellschaftlicher Objektivität zu einem sozial handlungsfähigen Individuum, zum Mann oder zur Frau. Indes ist relativierend festzustellen, daß es noch weitgehend unbekannt ist, wie die einzelnen Dimensionen wirken und wie sie miteinander im individuellen Lebenslauf interagieren (Geulen, 1991, S. 42f.; Hurrelmann, 1993, S. 92-106). Es handelt sich demnach um ein vorrangig programmatisches Modell, mit dem das Zielgebiet von Sozialisationsforschung grob beschrieben wird. Es soll verhindern, daß sich die Kluft zwischen komplexen theoretischen Konzeptionen und konkreten erfahrungswissenschaftlichen Forschungsstrategien ständig vergrößert (Geulen/Hurrelmann, 1980, S. 67) und das Ziel, die umfassende Theorie der Sozialisation, im kleinteiligen Forschungsbetrieb aus den Augen verloren wird. Das heißt: Das Strukturmodell der Sozialisationsbedingungen dient als Ordnungs- und Kriterienraster für die Auswahl der theoretischen Teilstücke, die in eine umfassende Konzeption von Sozialisation eingehen müssen (ebd.). Es stellt zudem ein recht abstraktes Modell der äußeren Realität von geschlechtsspezifischer Sozialisation dar, mit der die Komplexität psychischer Mann- und Frauwerdung veranschaulicht wird. Es macht darauf aufmerksam, daß die Vergeschlechtlichung des Subjekts nicht monokausal interpretiert werden kann, wie es die Kategorie geschlechtsspezifische Sozialisation in ihrer bipolare Ausprägung nahelegt. Die Kategorie „geschlechtsspezifische Arbeitsteilung", die gewissermaßen das gesellschaftstheoretische Kernstück des Idealtypus bipolarer Geschlechtersozialisation darstellt, ist demnach als einziger Begriff einer Theorie der Mann- und Frauwerdung aus metatheoretischen Gründen unbrauchbar. Sie negiert die Komplexität und Widersprüchlichkeit der gesellschaftlichen Objektivität, die bei der psychischen Mann- und Frauwerdung so zu verarbeiten ist, daß man sozial handlungsfähig wird. Sie sieht nicht, daß wir durch individuelle Verarbeitung einer Pluralität gesellschaftlicher Lebensbedingungen zu Männern und Frauen werden, und daß diese vielen Bedingungen der äußeren Realität geschlechtsspezifischer Persönlichkeitsentwicklung interagieren.

3.2.2 Entwicklung

Das allgemeine sozialisationstheoretische Entwicklungsmodell besteht aus vier Postulaten, die sich aus der Sozialisationstheorie ergeben (Geulen 1989; Hurrelmann 1993; Hurrelmann/Ulich 1991). Geulen (1987) arbeitet es durch eine detaillierte Auseinandersetzung mit der vorherrschenden entwicklungspsychologischen Definition der Kategorie Entwicklung aus. In einer allgemeinen Sozialisationstheorie wäre die Dimension der Entwicklung aufgehoben. Da es diese noch nicht gibt, wird sich hier dem üblichen Vorgehen angeschlossen, diese Dimension von Sozialisation ebenso wie die anderen: „Objektivität" und „Subjektivität" nämlich, getrennt zu behandeln. Realiter spielen diese Aspekte bei der menschlichen Persönlichkeitsentwicklung zusammen und sind im Begriff Sozialisation programmatisch enthalten (Geulen, 1991, S. 36ff.).

Die Sozialisationsforschung stellt von ihrer Anlage her eine Provokation und Bedrohung für die traditionelle Entwicklungspsychologie dar. Diese Bedrohung ergibt sich aus fünf Postulaten, welche die Sozialisationsforschung und -theorie charakterisieren (Geulen 1987): Es gibt eine große Zahl verschiedener externer Bedingungen, die menschliche Entwicklung bestimmen können. Diese externen Bedingungen (die Objektivität) sind eine anregende, fördernde bzw. hemmende Determinante von Sozialisation. Sie bestimmen die Richtung und den Ablauf der individuellen Entwicklung qualitativ und quantitativ, und zwar auf entscheidende und herausragende Weise. Das gilt gerade mit der Annahme einer interaktionalen Beteiligung der Subjekte selbst, die als eine Sozialisationsbedingung anzusetzen ist. Das Subjekt taucht in der Sozialisationstheorie also als Explanans und Explanandum auf (Geulen, 1991, S. 43). Außerdem gilt, daß die gesellschaftliche Objektivität sich praktisch in allen Bereichen der Persönlichkeit auswirkt und deren spezifische Struktur veranlaßt. Diese relevanten Sozialisationsbedingungen sind während der ganzen Lebensspanne von der frühen Kindheit bis ins Alter wirksam. Mithin ist davon auszugehen, daß die Art der Bedingungen und der Verlauf der Interaktion sowie ihre Wirkung im Lebenslauf jeweils unterschiedlich sind, selbst wenn es sich objektiv um identische externe Determinante von Entwicklung handelt. Des weiteren ist zu berücksichtigen: Die Bedingungen sind zum großen Teil kontingent; sie hängen ihrerseits von Parametern des gesellschaftlichen Systems ab, die dem historischen Wandel unterliegen und in verschiedenen gesellschaftlichen Teilsystemen unterschiedlich ausgeprägt sind. Daher erscheinen sie dem Individuum als zufällige, nicht von ihm abhängige objektive Ereignisse, obwohl sie von ihm manipuliert werden: bewußt und unbewußt (vgl. Geulen, 1987, S. 5f.).

Aus diesen Postulaten läßt sich die These ableiten, daß Persönlichkeitsentwicklung theoretisch nicht mehr adäquat als Durchlaufen einer bestimmten Reihe vorgefaßter Stadien modelliert werden kann. Vielmehr geht aus den sozialisationstheoretischen Postulaten zur menschlichen Entwicklung hervor, daß verschiedene Individuen differente Entwicklungspfade gehen. Ihr persönlicher Pfad entsteht durch eine spezifische Kombination kontingenter Sozialisationsbedingungen, welche die Individuen jeweils antreffen und sie zu Individuen machen. Es ist also „die Veränderung eines gleichwohl „identischen" Subjekts in der Zeit" angenommen (a. a. O., S. 7). Und diesen Vorgang soll die Theorie der Sozialisation einmal beschreiben und erklären. Mithin ist die Aufgabe geschlechtsspezifischer Sozialisationstheorie, die Veränderung von Männlichkeit und Weiblichkeit in der Zeit zu beschreiben.

Die fünf Postulate des sozialisationstheoretisch begründeten Entwicklungsbegriffs basieren auf vier Hypothesen, mit denen die menschliche Entwicklung allgemein charakterisierbar ist. Sie lassen sich wiederum mit Geulen (1987, S. 14ff.) zusammenfassen: Der individuelle Entwicklungsverlauf ist zum einen davon abhängig, wie Umwelt und die Ereignisse in dieser, die gesellschaftliche Objektivität also, vom Individuum wahrgenommen und intern verarbeitet werden. Es spielt zum zweiten eine Rolle, wie sich das Individuum in der Realität bewegt, was wiederum von seiner Sozialisationsgeschichte abhängt. Hierbei entstehen unterschiedliche Entwicklungsverläufe dadurch, daß individuell bestimmte Situationen seligiert werden, andere nicht, und die individuell seligierten Situationen wiederum individuell verarbeitet werden. Indes ist nicht der gesamte Entwicklungsverlauf von den Aktivitäten des Individuums bestimmt, sondern drittens ist in Rechnung zu stellen: Auch das Individuum wird von der Realität seligiert; es erfährt selektiv Akzeptanz oder Zurückweisung, deren Ergebnis die Bedingungen seiner weiteren Entwicklung bestimmen sowie von seiner Sozialisation beeinflußt worden sind. Hierbei ist es von Bedeutung, wie sich das Individuum präsentiert, man kann auch sagen: Seine Persönlichkeitsmerkmale stellen eine externe Bedingung dar. Eine Rolle spielt auch, wie es wahrgenommen wird. Es versteht sich beinahe von selbst, daß dies auch von der bisherigen Entwicklung abhängig ist. Zum vierten ist davon auszugehen, es ist von Bedeutung, daß das Individuum durch sein Handeln die Realität und so auch die externen Bedingungen seiner weiteren Entwicklung aktiv verändert. In einem neuen Satz: Das Subjekt verhält sich gegenüber der Realität aktiv gestaltend, ausweichend oder selektiv suchend und passiv hinnehmend. Als Folge seines Handelns in Gesellschaft verändert sich zunächst die reale Situation des Subjekts. Dabei scheint die Annahme plausibel zu sein, daß die neue Situation, die das Subjekt durch seine Tätigkeit hergestellt hat, nicht vollständig und genau der Situation entspricht, die es bei Beginn der Handlung als Ziel der Tätigkeit gesetzt hat - bewußt oder unbewußt. Infolgedessen verändert sich sowohl die Objektivität als auch das Subjekt selber: „Das ist seine Sozialisation" (Geulen, 1981, S. 553) beziehungsweise Entwicklung in sozialisationstheoretischer Perspektive.

Aus dem Gesagten folgt zum einen: Eine umfassende allgemeine Sozialisationstheorie kann sich nicht auf einen eng begrenzten Ausschnitt von Persönlichkeit beschränken wie zum Beispiel Geschlechtlichkeit oder geschlechtsspezifische Arbeitsteilung. Dies wäre, zumindest dann, wenn es nicht theoretisch hergeleitet wird und empirischer Prüfung nicht standhält, willkürlich. Und es beinhaltet die Gefahr, wichtige Sozialisationsbedingungen auszublenden. Zum anderen ist die Annahme zu verwerfen, die Persönlichkeitsentwicklung verläuft bei allen Individuen nach dem gleichen Muster und zum gleichen Ziel. Entwicklungsverläufe sind vielmehr als sehr unterschiedlich anzunehmen. Das heißt indes nicht, daß keinerlei verallgemeinernde Aussagen zu treffen sind. Im Gegenteil. Eine Reduktion erfolgt einerseits über intertemporale Interaktionseffekte, durch welche die reale Kontingenz der äußeren Ereignisse auf der subjektiven Seite reduziert wird (Geulen, 1987, S. 18). Andererseits nimmt die Zahl der Möglichkeiten, wie ein späteres Ereignis verarbeitet respektive ein entsprechender Entwicklungsschritt vollzogen wird, mit der Zahl der vorangehenden Ereignisse zu (ebd.). Des weiteren typisieren bestimmte einmalige historische Ereignisse individuelle Entwicklungsverläufe. Hiervon geht beispielsweise das kohortenanalytische Sozialisationsmodell aus. Des weiteren sind „*intertemporale Interaktionseffekte*" (a. a. O., S. 17) und „intrapsychische Interaktionseffekte" (ebd.) zwischen früheren und späteren Ereignissen in Rechnung zu stellen, die den Handlungsspielraum des Individuums von einer weiteren Seite aus verringern und gleichzeitig für die Entstehung eines Individuums sorgen.

Daraus folgt hier: Eine bipolare Theoriebildung menschlicher Persönlichkeitsentwicklung, wie sie von der geschlechtsspezifischen Sozialisationsforschung praktiziert wird, beruht nicht auf sonderlich zwingenden Argumenten, weil sie ja unterstellt: Alle männlichen und alle weiblichen Subjekte entwikkelten sich gleichförmig und zum gleichen Mann beziehungsweise zur gleichen Frau; hierdurch wird der Begriff der geschlechtsspezifischen Individualität negiert. Der biplurale Ansatz überzeugt auf den ersten Blick mehr. Allerdings ist sein Informationswert redundant, wiederholt er doch nur die Postulate der Sozialisationstheorie.

3.2.3 Subjektivität

Der dritte zentrale Begriff der Sozialisationsforschung ist die Subjektivität. Die Aussagen zur Genese vergesellschafteter Subjektivität bewegen sich noch auf einer sehr allgemeinen Ebene, obwohl sich dieses Problem bis weit in die Geschichte des philosophischen Denkens zurückverfolgen läßt. Es verwundert daher nicht, daß sich eine kaum zu überblickende Vielzahl von Subjektivitätsbegriffen nachweisen läßt. Geulen (1989) hat den für die moderne bundesdeutsche Sozialisationsforschung grundlegenden Versuch unternommen, diese Vielfalt zu typisieren, um so zu einem expliziten Begriff des vergesellschafteten Subjekts zu gelangen, der die weitere Forschungstätigkeit orientiert.

Die Vielzahl von Modellen zum sozialisierten Menschen wird von ihm zu vier Idealtypen stilisiert: ein anthropologisch-funktionalistisches Modell (z. B. Gehlen), ein Wissensmodell (z. B. Schütz), ein Integrationsmodell (bes. Parsons), ein Repressionsmodell (z. B. Freud) und ein Individuationsmodell (z. B. Mead) (Geulen, 1991, S. 44; ausführlich Geulen 1989). Es wird deutlich ausgearbeitet, daß jeder Idealtypus in einer umfassenden Theorie vergesellschafteter Subjektivität enthalten sein muß. Denn es handelt sich um „grundlegende Dimensionen von Sozialisiertheit" (Geulen, 1989, S. 135), die sich wie folgt zusammenfassen lassen: Es „sind die Intentionalität der subjektiven Orientierung beim Handeln, die Individuation bzw. Identität als Subjekt, die psychologische Determiniertheit bzw. der Einschluß prinzipiell der gesamten Persönlichkeit im psychologischen Sinn als Ergebnis der Sozialisation, die Möglichkeit gesellschaftlicher Herrschaft, insbesondere durch Repression von Antrieben und durch Ich-Insuffizienzen, und die Funktionalität im Hinblick auf den Charakter des Menschen als eines Naturwesens" (a. a. O., S. 135f.). In einem neuen Satz: Der sozialisierte Mensch erscheint in der Sozialisationstheorie vornehmlich als ein Subjekt, „das sich intentional verhält, dabei auf Andere bezieht und sich als identisches bewußt ist, wobei dies alles von psychologischen Bedingungen abhängig ist, die auch die Struktur von Herrschaft annehmen können" (a. a. O., S. 136). Anders formuliert: Der Sozialisationsbegriff der subjekttheoretischen Theorie der Sozialisation enthält die programmatische These: Die Persönlichkeitsentwicklung und damit die psychische Mann- und Frauwerdung erfolgt durch die Auseinandersetzung und Verarbeitung psychischer und gesellschaftlicher Bedingungen, kurz: der Mensch ist ein vergesellschaftetes Subjekt. Niemand, der derzeit (geschlechtsspezifische) Sozialisationsforschung praktiziert, kann das bestreiten. Er verlöre dadurch seine Arbeitsgrundlage. Biologistische Konzepte, mit denen die psychische Mann- und Frauwerdung, was die physische mit umfaßt, auf eine unterschiedliche biologische Grundausstattung zurückgeführt wird, sind sozialisationstheoretisch unhaltbar: weil dem Begriff Sozialisation die Ablehnung einer einfachen Biologisierung der Geschlechterdifferenz implizit ist (auch Gildemeister, 1989, S. 488). Weiterhin gilt in der Sozialisationsforschung: So wenig der Mensch ausschließlich als biologisches Gattungswesen anzusehen ist, so falsch ist gleichsam ein mechanistisches Verständnis, das ihn als blinden Sklaven objektiver Mächte interpretiert. Diese Aussage gilt nicht nur für Menschen, sondern gleichfalls für Männer und Frauen, denn auch sie sind Menschen. Darüber hinaus ist es ebenfalls verkehrt, einem idealistischen Individualismus zu huldigen, der Männer und Frauen emphatisch als Individuen hypostasiert, deren Wesen sich nicht in empirischen Kategorien begreifen läßt. Hingegen wird die These akzeptiert, „daß der Mensch durch die Gesellschaft und ihre jeweils historischen materiellen, kulturellen und institutionellen Bedingungen konstituiert und geformt wird, und zwar in seinem ureigensten Wesen als Subjekt" (Geulen, 1989, S. 11), „als *(eines; B. H.) in der Gesellschaft handelnden Subjekts*" (a. a. O., S. 19). Sozialisationstheorie ist also eine Handlungstheorie. Kurzum, innerhalb der Sozialisationsforschung ist es unumstritten, daß Mädchen / Frauen genau wie Jungen / Männer werden.

Der Mensch ist nun als ein Subjekt definiert, das durch sein eigenes Handeln im Angesicht nicht unbedingt bewußtseinsmäßig verfügbarer Handlungsbedingungen einerseits zu einem gesellschaftlich handlungsfähigen Wesen wird und das andererseits durch diesen selbständig vollzogenen Integrationsvorgang zu einem Subjekt im emphatischen Sinne des Wortes wird; der Mensch wird durch Integration in eine bestehende Gesellschaft zu einer individuellen, also unverwechselbaren Persönlichkeit, er erlangt Subjektivität durch Sozialisation, kurz: Individuation durch Integration (vgl. Hurrelmann, 1994, S. 72). Menschen, Männer und Frauen, werden zu individuellen Persönlichkeiten, indem sie sich mit den gegebenen Lebensbedingungen auseinandersetzen und diese verarbeiten, von der Gesellschaft integriert und reprimiert werden. Die soziale und gegenständliche soziale Umwelt in ihrer jeweils spezifischen Ausprägung wird von männlichen und weiblichen Subjekten nach Objekten, Interaktionsabläufen, Werten, Normen und Deutungsmustern und nach dem Beziehungsmuster zwischen diesen Einzelkomponenten mit den Sinnen aufgenommen, eingeordnet, bewertet und interpretiert. Das geschieht auf einer kognitiven und emotionalen Ebene. Der gesamte Vorgang wird mit den eigenen Bedürfnissen abgestimmt. Infolgedessen kommt es zu einer Neuformulierung von wiederum individuellen und gleichzeitig integrierenden Handlungsplänen. Um die Verarbeitung vornehmen zu können, sind bestimmte grundlegende Fertigkeiten und Fähigkeiten im sensorischen, motorischen, affektiven, kognitiven und interaktiven Bereich des Verhaltens notwendig (Hurrelmann, 1993, S. 158). Zwar ist der Sozialisationsprozeß ein lebenslänglicher Vorgang, der mit der Geburt beginnt und mit dem Tod sein Ende findet, aber es gibt besonders markante Punkte im Lebenslauf, zu denen bestimmte Qualifikationen erworben sein müssen, um nicht der sozialen Handlungsfähigkeit verlustig zu gehen. Wer diese genannten Fähigkeiten nicht erwirbt, ist nicht im Besitz sozialer Handlungsfähigkeit. Diese Fähigkeiten prägen sich individuell aus, sie sind jedoch gleichsam Grundvoraussetzung für selbständiges Handeln in einer gegebenen Gesellschaft.

Die bipolare Theorie der Geschlechtersozialisation überzeugt schon deshalb aus sozialisationstheoretischer Sicht nicht, weil sie die Menschheit auf zwei Polen anordnet: Expressivität und Instrumentalität. Folgt man der Sozialisationstheorie, dann sind hiermit grundlegende Qualifikationen angesprochen, die jeder Mensch haben und erwerben muß, um sich überhaupt sozialisieren zu können und handlungsfähig zu sein. Der geschlechtsspezifische Mensch der bipolaren Geschlechtersozialisation ist also ein Mensch, der nicht handlungsfähig ist. Wenn es ein geschlechtsspezifisches Subjekt geben sollte, so ist es anders zu bestimmen. Der Gebrauch der Kategorie Sozialisation in der geschlechtsspezifischen Sozialisationsforschung ist als nicht adäquat zurückzuweisen.

Geht man davon aus, daß in jeder Theorie ein Körnchen Wahrheit steckt, so wird die Frage angeregt, ob biplurale und bipolare Geschlechtersozialisation sozialisationstheoretisch weitergeführt werden können. Dadurch könnten die vernünftigen Elemente dieser beiden Idealtypen erkannt werden. Bestehen sie möglicherweise darin, daß das bipolare Modell den Integrationsaspekt und das biplurale Modell den Individuationsaspekt bei der psychischen Mann- und Frauwerdung zum Ausdruck bringen wollen? Werden diese Aspekte nicht zum Vorschein gebracht, weil ohne eine subjekttheoretisch qualifizierte Kategorie Geschlecht gearbeitet wird, mithin ohne die Kategorie Mensch? Können diese Modelle mit der Kategorie sozialisierter Mensch, aus der das geschlechtersozialisierte Subjekt deduziert werden kann, sinnvoll weitergeführt werden?

3.3 Geschlechtersozialisation

Der geschlechtsspezifischen Sozialisationsforschung fehlt der Begriff, der als geschlechtersozialisiertes Subjekt benannt werden kann. Dieses Manko ist von eminenter Bedeutung, weil es die Ausarbeitung einer gehaltvollen Theorie geschlechtsspezifischer Vergesellschaftung verhindert; es läßt solche Versuche schon im Ansatz scheitern, weil ihnen die begriffliche Grundlage fehlt, mit der Empirie interpretierbar würde. Der Grund für diesen Schwachpunkt ist das Fehlen eines explizierten Begriffs vom vergesellschaften Subjekt innerhalb der geschlechtsspezifischen Sozialisationsforschung. Mit anderen Worten: Die Kategorien geschlechtersozialisiertes Subjekt und sozialisiertes Subjekt können nicht aufeinander reduziert werden. Vielmehr stehen sie in einem dialektischen Verhältnis. Das heißt, die Inexistenz des einen bedeutet das Nichtvorhandensein des anderen und umgekehrt. Ergo ist es erforderlich, diese Kategorien in eine sachlogische Beziehung zu überführen. Dadurch findet geschlechtsspezifische Sozialisationsforschung aus der Sackgasse, in der sie steckt: Stichwort Anti-Geschlechter-Sozialisationsforschung. Der Begriff vergesellschaftetes Subjekt ist existent. Er ist im Laufe der siebziger Jahre expliziert worden. Ergo gilt: Die Explikation der Kategorie geschlechtersozialisiertes Subjekt kann geleistet werden, die sachlogische Beziehung von sozialisiertem und geschlechtersozialisiertem Menschen hergestellt werden. Diese These kann durch eine Bestimmung des aussagelogischen Status der allgemeinen Sozialisationstheorie begründet werden. Der Stand der Sozialisationstheorie tritt dadurch genauso hervor wie die Aufgabe und der Begriff einer Theorie geschlechtsspezifischer Sozialisation.

3.3.1 Status von Sozialisationstheorie

Innerhalb der Sozialisationsforschung ist unumstritten: Das Programm, das die Sozialisationsforschung verfolgt, ist bislang nicht eingelöst. Die Aussage: der Mensch wird durch die Gesellschaft und ihre jeweils historischen materiellen, kulturellen und institutionellen Bedingungen konstituiert und geformt, „und zwar in seinem eigensten Wesen als *Subjekt*" (Geulen, 1989, S. 11), ist derzeit eine gut begründete These. Es ist eine Kernannahme, die für Sozialisationsforscher nicht aufhebbar ist. Sie leitet die vielfältigen Forschungsaktivitäten in diesem Forschungszweig an und verbindet sie. Es ist eine Skizze des Ziels von Sozialisationsforschung. Es lassen sich eine Reihe plausibler Argumente und empirischer Beobachtungen für die sozialisationstheoretische Kernannahme „sozialisierter Mensch" in die Debatte zum Verhältnis von Individuum und Gesellschaft werfen. Sie sind jedoch keine empirische Bestätigung oder gar ein Beweis für den Gesamtzusammenhang, der mit der Kategorie Sozialisation als wirklich behauptet wird. Demzufolge kann die Sozialisationstheorie nicht als eine Theorie instrumentalisiert werden, die ein strukturiertes Gefüge von Annahmen und Aussagen über einen Gegenstandsbereich sowie deren empirischer Prüfung wäre (vgl. Hurrelmann, 1993, S. 15): Es ist eine Metatheorie zum Zusammenhang von Individuum und Gesellschaft; eine Theorie, die durch philosophische Selbstreflexion und Verarbeitung erfahrungswissenschaftlicher Forschungsergebnisse entstanden ist. Infolgedessen bewegt sie sich oberhalb der Theorieebene, die einer unmittelbaren empirischen Prüfung zugänglich wäre.

Der Status Metatheorie verhindert in keiner Weise das Ableiten von Hypothesen, um zu einer Theorie geschlechtsspezifischer Sozialisation zu kommen, die mit der sozialisationstheoretischen Kernannahme „vergesellschaftetes Subjekt" vorerst kompatibel ist. Ganz im Gegenteil! Der aussagelogische Status von Sozialisationstheorie provoziert dieses Vorgehen. Denn ohne Ableitung von Hypothesen, die der empirischen Prüfung zugänglich werden, käme es zu keinem Fortschritt auf der Baustelle Sozialisationstheorie; es entstünde kein empirisches Wissen, mit dem der Wahrheitsgehalt der metatheoretischen Ausführungen wissenschaftlich beurteilt werden könnte. Das heißt: Die abgeleiteten Hypothesen müssen empirisch prüfbar sein und tragen dadurch in einem weiteren Schritt zu einer Modifikation und Präzisierung der allgemeinen Sozialisationstheorie bei (vgl. Geulen 1973; 1989, S. 43f.): sie könnten sogar deren Kernannahmen falsifizieren. Ergo ist das Postulat der Kompatibilität von prinzipieller Vorläufigkeit. Es ist nicht zu erfüllen, weil die Metatheorie der Sozialisation wahr wäre. Das Postulat ist zu beachten, weil die Ignoranz dazu führte, den Sozialisationsbegriff falsch zu benutzen: man meinte nur, Sozialisationsforschung zu praktizieren. Ein solcher Irrglaube machte es unmöglich, den empirischen Gehalt von Sozialisationstheorie zu evaluieren.

Grundsätzlich ist somit bei der Übertragung von Sozialisationstheorie auf die geschlechtliche Theorie der Sozialisation zu beachten: Es handelt sich bei Sozialisationstheorie nicht um eine Theorie im strengen Sinne des Wortes, wie dieser Begriff in der analytischen Wissenschaftstheorie definiert ist (vgl. Popper 1994). Es ist eher ein heuristisches Schema, das sich auf einer metatheoretischen, philosophischen und selbstreflexiven Ebene bewegt, obzwar das die Integration von sozialwissenschaftlicher Forschung nicht ausschließt. Aber das ändert nichts daran, daß dieses heuristische Schema zur Menschwerdung nur eine ausführlich begründete Vorannahme über den Zusammenhang von Individuation und Integration, nicht jedoch eine empirische Prüfung dieser Annahme ist. Man kann auch sagen, sie hat den Charakter einer allgemeinen Leitvorstellung, welche die Sozialisationsforschung rahmt und deren weitere Explikation die Aufgabe eben von Sozialisationsforschung im allgemeinen wie geschlechtsspezifischer Sozialisationsforschung im besonderen ist. Aus dieser Konzeption, die ein Modell von Wirklichkeit ist, lassen sich Theorien und Methoden ableiten, die bei der Untersuchung von Einzelaspekten des mit Sozialisation bezeichneten Gegenstandes zum Einsatz kommen sollen; sie konstituieren die Theorieebene, die der Theoriebegriff der analytischen Wissenschaftstheorie beschreibt. Durch diese Forschungsstrategie entstehen weitere Elemente, die langsam zu einer umfassenden Theorie der Sozialisation zusammengefügt werden. Sozialisationstheorie ist demnach mehr als reine oder metaphysische Spekulation; sie ist eine Abstraktion der wichtigsten theoretischen und empirischen Ergebnisse zur menschlichen Persönlichkeitsentwicklung unterschiedlicher Wissenschaftsgebiete, wobei diese durch die hermeneutische Methode der „Selbstexplikation des Bewußtseins" (Geulen, 1989, S. III) zusammengefügt worden sind. Die sozialisationstheoretischen Behauptungen zur Persönlichkeitsentwicklung gelten grundsätzlich als falsifizierbar, ein empirischer Zugang wird nicht nur nicht ausgeschlossen, er ist ausdrücklich erwünscht (ebd.). Anders gesprochen: Wäre die Sozialisationstheorie eine Theorie im strengen Sinne des Wortes, mit der die Persönlichkeitsentwicklung in allen ihren relevanten Merkmalen beschrieben wäre, so bräuchte keine Theorie geschlechtsspezifischer Sozialisation entwickelt zu werden. Denn diese ist in einer entfalteten und umfassenden Theorie der Sozialisation aufgehoben, es sei denn, man vertritt die These, der Mensch ist eine Fiktion, weil es nur Mensch und Menschin gibt. Wie dem auch sei, es steht fest: Diese These ist bislang kaum begründet worden, wenn als Maßstab der Explikationsgrad von Sozialisationstheorie gewählt wird.

3.3.2 Mensch über Geschlecht

Die Sozialisationstheorie ist eine empirisch gehaltvolle Metatheorie, die Sozialisationsforschung überhaupt erst ermöglicht, weil sie dieser ihren Arbeitsgegenstand zur Verfügung stellt: den Begriff sozialisiertes Subjekt. Diese Kategorie ist auf die geschlechtsspezifische Sozialisationsforschung zu übertragen. Es entsteht der Begriff geschlechtersozialisiertes Subjekt; er abstrahiert das männliche und das weibliche Subjekt, die als ein sich ergänzender Gegensatz vorgestellt werden können, zu analytischen Zwecken. Als Hypothese formuliert: Wenn die subjekttheoretische Sozialisationstheorie zum Axiom einer Theorie geschlechtsspezifischer Sozialisation gemacht wird, dann ist weder der Begriff sozialisiertes Subjekt auf geschlechtersozialisiertes Subjekt noch geschlechtersozialisiertes Subjekt auf sozialisiertes Subjekt zu reduzieren; sodann können sie nicht mehr als synonyme Kategorien instrumentalisiert werden. Es ist zu beachten: Männliches Subjekt und weibliches Subjekt sind ebenfalls keine bedeutungsgleichen Begriffe, indes: sie sind in der Kategorie geschlechtersozialisiertes Subjekt aufgehoben. Man kann auch sagen: Die genannten Kategorien stehen in einer begriffslogischen, hierarchischen Ordnung. Allesamt sind beizubehalten, wenn eine allgemeine wie geschlechtliche Sozialisationstheorie gebaut werden soll.

Die Kategorie vergesellschaftetes Subjekt bildet die erste Ebene, die durch den höchsten Verallgemeinerungsgrad innerhalb der Sozialisationsforschung charakterisiert ist. Die zweite Ebene wird im vorliegenden Zusammenhang durch den Begriff geschlechtersozialisierter Mensch gebildet. Dieser wiederum ist als eine Verallgemeinerung des männlichen und des weiblichen Subjektes definiert: Sie gehen nicht ineinander auf, sonst wären sie inexistent; dem Alltagsverstand wie dem Idealtypus bipolarer Geschlechtersozialisation ist eben eine gewisse Vernünftigkeit nicht abzusprechen. Aus analytischen Gründen wird die zusammenfassende Kategorie geschlechtersozialisiertes Subjekt benutzt. Schließlich ist bekannt, bei männlich und weiblich handelt es sich um zwei exklusive Klassen. Mit Bezug auf die begriffslogische Reihenfolge heißt das: Der Begriff geschlechtersozialisiertes Subjekt als die Kategorie zweiter Ordnung kann insoweit von der Kategorie erster Ordnung abgeleitet werden, als sie von ihren Kernannahmen her nicht der Kategorie vergesellschaftetes Subjekt widersprechen darf. Man verließe sonst die Sozialisationstheorie, arbeitete außerhalb der Sozialisationsforschung, verwendete einen undefinierten Begriff und machte Sozialisation zu einer Leerformel. Das bedeutet nicht, der Begriff Sozialisation dürfte nicht durch zum Beispiel eine entfaltete Theorie geschlechtsspezifischer Sozialisation verändert werden. Aber: Wenn ein sozialisationstheoretischer Zugang gewählt wird, so ist eine metatheoretische Kompatibilität herzustellen. Hierbei orientiert man sich normalerweise am Allgemeinen, weil sich das Besondere nur vor dem Hintergrund des Allgemeinen zeigt, es nur so erkannt werden kann.

Die Kategorie menschliches Subjekt ist also im Verhältnis zum geschlechtersozialisierten Subjekt die Kategorie von größerer Allgemeinheit. Sie enthält demnach nicht allein die besonderen Merkmale, welche das geschlechtersozialisierte Subjekt enthält, sondern noch weitere. Mithin ist die Behauptung gemacht: Menschen sind mehr als soziale Geschlechtswesen. Gleichfalls zeichnen sich die Kategorien männliches Subjekt und weibliches Subjekt durch jeweils besondere Merkmale aus, die sie voneinander unterscheidbar machen, die ihre Differenzierung erst als sinnhaftes Unternehmen auszeichnen. In dem Sinn ist dem Idealtypus bipolarer Geschlechtersozialisation, der ja auf eine polare Komplementarität der Geschlechter rekurriert, eine implizite Rationalität zuzusprechen, die allerdings erst im Kontrast zur allgemeinen Sozialisationstheorie das Licht der Welt erblickt. Denn die Kategorie männlich macht nur Sinn, wenn sie als polar-komplementär zur Kategorie weiblich definiert ist. Falsch scheint an diesem Idealtypus vorerst nur zu sein, daß er beansprucht, den ganzen Mann und die ganze Frau zu beschreiben, so wie sie uns im Alltag begegnen, er das Modell für die Wirklichkeit hält. Mit anderen Worten: Eine Theorie der Geschlechtersozialisation, die sowohl hinsichtlich des Entwicklungsverlaufs als auch bezüglich des Entwicklungsergebnisses in der Weise konzipiert ist, daß das Fehlen von Merkmalen behauptet wird, die den Menschen allgemein ausmachen und in der Kategorie des vergesellschafteten Menschen enthalten sind, ist unter anderem aus begriffslogischen Gründen zu verwerfen. Darüber hinaus zeichnet sie sich durch eine fehlende empirische Evidenz wie Relevanz aus, wie hier mit bipluraler Geschlechtersozialisation ausgeführt wurde. Das allgemeine Modell vom vergesellschafteten Subjekt reicht aber gleichfalls nicht aus, um die Vergesellschaftung von Menschen zu beschreiben und zu erklären, weil es die Tatsache geschlechtlicher Psyche ausblendet. Die Lösung ist eine subjekttheoretische Definition von Geschlechtersozialisation beziehungsweise eine neue Metatheorie der geschlechtsspezifischen Sozialisation.

3.3.2.1 Geschlecht als Teilaspekt von Mensch

Der sozialisationstheoretische Begriff Sozialisation ist der geschlechtlichen Sozialisationstheorie zugrunde gelegt worden und Geschlechtersozialisation damit subjekttheoretisch definiert und qualifiziert. Mit dieser forschungsstrategischen Entscheidung ist eine zweite Hypothese verbunden: Wenn von der Kategorie vergesellschaftetes Subjekt ausgegangen wird, dann ist Geschlechtersozialisation ein Teilaspekt von Sozialisation, geschlechtliche ein Teil allgemeiner Sozialisationstheorie, Geschlecht ein Teilaspekt von Mensch.

Der Gegenstand der Sozialisationstheorie ist der Begriff sozialisiertes Subjekt, die geschlechtliche Sozialisationstheorie bearbeitet den Begriff geschlechtersozialisiertes Subjekt. Man kann auch sagen, geschlechtliche Sozialisationstheorie hat eine geringere Reichweite als allgemeine Sozialisationstheorie. Sie ist auf einer niederen Abstraktionsstufe angesiedelt. Sie ist im

Vergleich zur allgemeinen Sozialisationstheorie in ihren Aussagen detaillierter. Das bedeutet, geschlechtliche Sozialisationstheorie ist keine Alternative zur allgemeinen Sozialisationstheorie, wie es zum Beispiel der Ansatz von feministischer Frauen- und kritischer Männerforschung nahelegt, sie ist der Sozialisationstheorie begriffs- und aussagelogisch subsumiert. Das beinhaltet allerdings die Annahme einer Wechselwirkung zwischen geschlechtlicher und allgemeiner Sozialisationstheorie: Eine entfaltete geschlechtsspezifische Theorie der Sozialisation wird ein Baustein einer Sozialisationstheorie sein, die das Prädikat umfassend für sich zu recht in Anspruch nehmen wird. In dem Sinne ist geschlechtliche nicht nur der allgemeinen Sozialisationstheorie untergeordnet, sondern sie ist auch ein Teilaspekt des umfassenden Sozialisationsforschungsprogramms, das aus forschungsstrategischen Erfordernissen seiner empirischen Ganzheitlichkeit beraubt werden muß. Einmal gewendet: Bei geschlechtlicher und allgemeiner Sozialisationstheorie handelt es sich, wenn Mann- und Frauwerdung sozialisationstheoretisch hinterfragt wird, um zwei verschiedene Gegenstandsbereiche. Deshalb stehen sie nicht in einem Konkurrenzverhältniss, sondern bedingen, benötigen und befruchten einander wechselseitig. Durch die Sozialisationstheorie gelangt die geschlechtsspezifische Sozialisationstheorie zu einem Begriff ihrer selbst. Hingegen wird die Sozialisationstheorie durch eine entfaltete geschlechtsspezifische Sozialisationstheorie vervollständigt, ist sie doch ein Element einer umfassenden Theorie der Persönlichkeitsentwicklung. Das Problem der allgemeinen Sozialisationsforschung ist die Menschwerdung im Sinne von Subjektwerdung im Verstande von Erwerb sozialer Handlungsfähigkeit. Das Problem der geschlechtlichen Sozialisationstheorie ist die Mann- und Frauwerdung. Es wird also angenommen: man muß Mann respektive Frau werden, um sozial handlungsfähig zu sein. Aus dieser Definition von allgemeiner und geschlechtlicher Sozialisationstheorie ergibt sich, daß diese ein Teilaspekt von Sozialisationsforschung und demnach keine Männer- und keine Frauenforschung ist. Zum zweiten ergibt sich hieraus: Jede Arbeit zur geschlechtsspezifischen Sozialisationsforschung ist eine Arbeit zur allgemeinen Sozialisationsforschung und damit ein Beitrag zum Bau einer umfassenden allgemeinen Sozialisationstheorie (vgl. Geulen, 1987, S. 21f.).

Die These, geschlechtsspezifische Sozialisation hat die Mann- und Frauwerdung zum Gegenstand, muß präzisiert werden. Sie hat nicht die Mann- oder Frauwerdung, sondern nur einen Teilaspekt der Persönlichkeitsgenese zum Gegenstand. Spricht sie von Mann- und Frauwerdung, dann meint sie hierbei einen Teilaspekt des menschlichen Subjekts, den geschlechtlichen, der sich durch Geschlechtersozialisation herausbildet, das Geschlechtliche am Menschen. Vielleicht eindeutiger formuliert: Geschlechtsidentität ist der Gegenstand von geschlechtsspezifischer Sozialisationsforschung. Es ist die abhängige Variable, die im Laufe des Sozialisationsprozesses zunehmend den Charakter einer unabhängigen Variablen erhält, weil eben die Verarbeitung der Geschlechterrolle von der Geschlechtsidentität abhängig wird, die bei Geburt noch nicht existiert. Daraus geht hervor, daß es nicht die Aufgabe geschlechtsspezifischer Sozialisationsforschung ist, die Entstehung von realen Männern und Frauen, sondern die Herausbildung von Geschlechtsidentität zu erklären. Hat man dies im Hinterkopf, dann kann man auch von Mann- und Frauwerdung sprechen, weil nun klar ist, daß es nicht um den alltäglichen Mann oder Jungen, das alltägliche Mädchen oder die alltägliche Frau, sondern um den Teilaspekt alltäglicher Menschen geht: um Geschlechtsidentität; diese macht Menschen zu männlichen und weiblichen Individuen. Es handelt sich hierbei um den Aspekt, der mit der empirischen Tatsache zusammenhängt, daß es zwei Geschlechter gibt und dieser Unterschied gesellschaftlich bedeutungsvoll ist, es ein Geschlechterverhältnis gibt, das die geschlechtliche Psyche bedingt, ohne die Menschen nicht sozial handlungsfähig wären.

Ein subjekttheoretisch qualifizierter Begriff psychischer Mann- und Frauwerdung benennt somit nur einen Teilaspekt der Menschwerdung. Er hat nicht die Männer und Frauen, Jungen und Mädchen vor Augen, denen wir alltäglich begegnen. Anders ausgedrückt, der hier verwendete Begriff Geschlecht ist insoweit ein aufgeklärter Begriff, als in ihm das Wissen enthalten ist: Die Männer und Frauen, Jungen und Mädchen, die uns lebensweltlich gegenüberstehen, sind mehr als Jungen und Mädchen, Männer und Frauen. Sie sind auch Jungen und Mädchen, auch Männer und Frauen, aber noch vieles mehr: vergesellschaftete Subjekte. Und das vergesellschaftete Subjekt setzt sich nicht allein aus Männlein und Weiblein, aus Geschlechtsidentität, zusammen. Dies ist ein Teilaspekt des sozialisierten Menschen. Zwar unterscheiden sich Mann und Frau, aber es gibt auch Aspekte, bei denen sie sich nicht unterscheiden: Den Männern und Frauen, die in Deutschland leben, ist gemeinsam, daß sie Deutsche sind. Europäischen Männern und Frauen ist gemeinsam, daß sie Europäer sind. Schülern und Schülerinnen der Klasse 9b ist gemeinsam, daß sie eben Mitglied der Klasse 9b in einer spezifischen Schule sind. Es gibt eine Reihe von Beispielen, man könnte sie beliebig fortsetzen, die den Satz widerlegen, Mann und Frau unterscheiden sich in allen Aspekten ihrer Existenz. Denn es gibt eine Vielzahl von Aspekten, die ihnen gemeinsam sind. Jene, die wir alltäglich als Männer und Frauen wahrnehmen, sind gleichzeitig Träger weiterer Merkmale. Demnach ist die Aussage treffend, Männer und Frauen unterscheiden sich und sie unterscheiden sich nicht. Doch bei dieser Aussage kann man wissenschaftlich nicht stehenbleiben, sondern sie ist insoweit zuzuspitzen, als sie theoriebildend verarbeitet und erforscht werden kann. Das heißt, daß die Aspekte, mit denen männliche und weibliche Individuen sich vollständig unterscheiden, das Thema einer geschlechtsspezifischen Sozialisationsforschung darstellen. Die anderen Aspekte, bei denen es also keine geschlechtsspezifischen Differenzen gibt, sind Thema anderer Sozialisationsforschungen beziehungsweise ein durch die allgemeine Sozialisationstheorie zu integrierendes empirisches Phänomen. Mit anderen Worten: Mit Geschlechterrolle müssen nun die gesellschaftlichen Erwartungen bezeichnet werden, die an die Inhaber der Position Geschlecht gerichtet werden und das männliche und das weibliche Geschlecht in ihren alltäglichen Lebensvollzügen polarisieren, wobei die Pole ein gemeinsames Ganzes bilden. Bei der Geschlechtsrolle geht es ergo ausschließlich um den gesellschaftlichen Erwartungskomplex, der die Geschlechter polarisiert. Diejenigen Normenbündel, die nicht geschlechtsspezifisch sind, denen natürlich reale männliche und weibliche Individuen gleichfalls ausgesetzt sind, treten nun deutlich als soziologische Tatsache hervor, die nicht als Geschlechtsrolle bezeichnet werden können. Demnach ist die Geschlechtsidentität nicht die Kategorie, die den Mann oder die Frau, das Mädchen oder den Jungen beschreibt; es ist die Kategorie, die den Teilaspekt an der jeweiligen Persönlichkeit benennt, der durch die Geschlechtsrolle bedingt wird - es gibt noch andere Identitätspartikel, die den ganzen Mann oder die ganze Frau, das ganze Mädchen oder den ganzen Jungen ausmachen, wie er uns alltäglich begegnet: jedoch mit wissenschaftlichen Kategorien nicht in den Begriff zu bekommen ist.

Nur diejenigen gesellschaftlichen Erwartungshaltungen, welche die Menschen aufgrund ihres biologischen Geschlechtsmerkmals polarisieren und potentiell für den psychischen Geschlechtsunterschied verantwortlich zu machen sind, sind der Gegenstand des gesellschaftstheoretischen Teils einer Theorie geschlechtsspezifischer Sozialisation. Die Erwartungen hingegen, die beide Geschlechter gleichermaßen betreffen, sind Gegenstand anderer Teilgebiete moderner Sozialisationsforschung und in ihrer Gesamtheit Thema der allgemeinen Sozialisationstheorie. Die Geschlechtsrolle ist demnach in der Perspektive einer subjekttheoretisch begründeten geschlechtsspezifischen Sozialisationsforschung nicht die einzige Rolle, die an Mädchen wie Frauen und Jungen wie Männer herangetragen wird, es wäre eine von vielen. Der gesamte Rollenkomplex würde die Sozialisationsbedingung sein, mit der sich das Individuum im Rahmen der individuellen Persönlichkeitsentwicklung auseinandersetzen müßte. Aber, und das ist entscheidend, die Theorie geschlechtsspezifischer Sozialisation bearbeitet eben nur die Verhaltenserwartungen, die geschlechtsspezifisch sind. Ihr Gegenstand sind nicht Jungen und Mädchen, Männer und Frauen, sondern die Sozialisationsbedingungen, mit denen sich die Geschlechter auseinandersetzen müssen, weil sie biologische Geschlechtswesen sind und dies von kultureller Bedeutung ist. Der ganze Mensch ergibt sich erst in der Auseinandersetzung mit einer Vielzahl gesellschaftlicher Rollen: mit der Schülerrolle, der Studentenrolle, der Arbeiter- oder Angestelltenrolle, der Vater- oder der Mutterrolle usw. usw. Theoretisch ist nicht mehr zu erwarten, daß sich die Jungen und Mädchen, die Männer und Frauen, die der Alltagsverstand kennt, sich vollständig unterscheiden, sondern nur noch relativ: weil sie von weiteren Sozialisationsbedingungen betroffen sind, die von der Geschlechtsrolle unabhängig sind, jedoch mit dieser in Wechselwirkung stehen. Die fehlende Erklärungskraft der Geschlechtsvariablen in der psychologischen Persönlichkeits- und in der entwicklungspsychologischen Forschung verwundert in dieser Perspektive nicht mehr, sie ist erklärt.

3.3.2.2 Individuelle und typische Geschlechtsidentität

Mit dem Modell der „subjektheoretischen Geschlechtersozialisation" wird umfassende Berücksichtigung der gesellschaftlichen Sozialisationsbedingungen erforderlich, wie sie weiter oben durch das sozialisationstheoretische Strukturmodell skizziert worden sind; diese These ist der bipluralen Geschlechtersozialisation immanent, der allerdings der Begriff geschlechtersozialisiertes Subjekt fehlt, so daß sie nicht vernünftig werden konnte. Der Unterschied zur Komplexität der Sozialisationsbedingungen, wie sie in der allgemeinen Sozialisationsforschung auftauchen, besteht in dem anderen Koordinatensystem, in dem sich das geschlechtersozialisierte Subjekt bewegt. Ist die komplexe Gesellschaft in der Sozialisationsforschung als Ursache menschlicher, ganzheitlicher Persönlichkeitsentwicklung definiert, so ist sie in der geschlechtsspezifischen Sozialisationsforschung die Veranlassung einer individuellen Genese von geschlechtlicher Persönlichkeitsentwicklung, also eines individuellen Teilaspekts von ganzheitlicher menschlicher Persönlichkeitsentwicklung. Im Forschungsprozeß ist die Ganzheitlichkeit aufzuheben, um dadurch zu einem ganzheitlichen Modell der menschlichen Individuation zu gelangen. Es geht somit nicht um den Zusammenhang von Gesellschaft und Individuum, sondern um die Auswirkung der Geschlechtsrolle, des Geschlechtersystems oder des Geschlechterverhältnisses auf das Individuum; in der Folge erarbeitet sich das Individuum: Geschlechtsidentität, Geschlechtlichkeit, einen Geschlechtscharakter, und wie die Synonyme auch alle heißen mögen, die auf differenten soziologischen und psychologischen Konzepten beruhen.

Damit eine subjektive Geschlechtsidentität erarbeitet werden kann, muß es selbstverständlich ein gesellschaftliches Phänomen geben, das zum Beispiel als Geschlechtsrolle benannt werden kann. Diese Geschlechtsrolle steht in einer umfassenden Interaktion mit anderen Sozialisationsbedingungen. Dadurch erklärt sich die individuelle Varianz in der - nennen wir es - Geschlechtsidentität; diese wird durch das Subjektpotential des sozialisierten Menschen verstärkt, der auch bei seiner geschlechtsspezifischen Sozialisation einen individuellen Pfad geht; es gibt keine zwei identischen männlichen oder keine zwei identischen weiblichen Individuen im Sinne von Geschlechtsidentität.

Die Geschlechtsidentität ist ein Teilaspekt des Menschen; als solche ist sie ein hochgradig individuelles Phänomen. Männliche und weibliche Geschlechtsidentität sind prinzipielle Gegensätze. Dieser Antagonismus macht die empirischen Männer und Frauen, Jungen und Mädchen nicht zu polarkomplementären Persönlichkeiten. Nur bei der Variablen Geschlechtsidentität sind sie polar-komplementär: im übrigen nicht, denn es gibt eine Vielzahl von Determinanten ihrer Sozialisation, der sie gleichermaßen ausgesetzt sind.

Aus der Sozialisationstheorie ist die ausführlich begründete These zu entnehmen: Menschen werden zu Individuen, zu einmaligen und unverwechselbaren Persönlichkeiten, wenngleich dies nicht in dem emphatisch-pathetischen Sinn des Begriffs der Fall sein muß; diese einmaligen Persönlichkeiten werden trotzdem zu gesellschaftlich handlungsfähigen Subjekten, die gesellschaftliche Verhältnisse tradieren, reproduzieren und modifizieren. Anders ausgedrückt: Menschen werden auch zu Männern und zu Frauen; sie erwerben Geschlechtsidentität, werden mithin entindividuiert, weil jeder Mensch die Erarbeitung von Geschlechtsidentität leisten muß. Die Menschen werden durch Erarbeitung von Geschlechtsidentität sozial handlungsfähig; die Gesellschaft macht das Vorhandensein von Geschlechtsidentität zur Bedingung von Handlungsfähigkeit; das Geschlechterverhältnis muß zu psychischer Struktur geformt werden, vom Individuum - sonst droht sein Untergang, es würde kein Subjekt. Indes ändert diese psychische Mann- und Frauwerdung von Menschen, ihre psychische Vergeschlechtlichung durch Sozialisation, nichts an ihrer Individualität; sie werden dadurch individuiert, und zwar in Kombination mit anderen Sozialisationsdeterminanten, die sie produktiv verarbeiten müssen. Dies gilt sowohl für ihren Status als Mensch als auch für ihren Status als Mann oder Frau. Sie werden individuelle Menschen: und sie werden individuelle Männer und Frauen respektive Geschlechtsidentitäten. Beides spielt zusammen, aber es kann zu analytischen Zwecken auseinander gehalten werden. Zwar wird eine entindividuierende Geschlechtsidentität ausgeprägt; das müssen alle Menschen leisten, die im kulturellen Sinnsystem der Zweigeschlechtlichkeit leben (vgl. Hagemann-White, 1984, S. 78ff.). Aber diese von allen Menschen im Sozialisationsverlauf erarbeitete Geschlechtsidentität ist eine höchst individuelle, obzwar das nicht auf den ersten Blick auffällt. So wie Sozialisation eben „Individuierung durch Vergesellschaftung" (Habermas, 1994, S. 437) ist, so gilt gleichfalls für die geschlechtsspezifische Sozialisation: Die entindividuierende Geschlechtsrolle bedingt eine individuelle Geschlechtsidentität. Das geschieht sowohl in Wechselwirkung mit anderen Rollensystemen beziehungsweise Sozialisationsbedingungen als auch durch intrapsychische Interaktionseffekte.

Männer und Frauen sind Individuen und in ihrer Individualität empirisch nur schwer nachweisbar; der Mensch ist nicht nur ein Subjekt, er ist auch ein geschlechtersozialisiertes Subjekt. Trotz der Tatsache, daß der Mensch in seinem eigensten Wesen als Subjekt vergesellschaftet wird und gezwungen ist, das in Eigenarbeit zu leisten: es gibt einige Merkmale, die geschlechtsspezifisch sind. Andernfalls wären die Subjekte nicht integriert, und sie wären auch keine geschlechtersozialisierten Subjekte. Das heißt, die aus der sozialisationstheoretischen Einsicht in den Zusammenhang von Individuation und Integration folgende Hypothese für die geschlechtsspezifische

Sozialisationsforschung lautet: Es ist möglich, die Menschen nicht nur formal, sondern auch inhaltlich in zwei Kategorien einzuordnen, die, so verlangt es die Norm gelungener Kategorienbildung, sich ausschließende und nicht überlappende Phänomene benennen. In Frageform: Welches ist das möglicherweise sehr komplexe empirische Phänomen, bei dem sich die Geschlechter absolut unterscheiden?

Allgemein gesprochen, es ist das Geschlechterverhältnis, das die Genese der geschlechtsspezifischen Psyche verursacht. Dieser Prozeß ist nun nicht in der Weise vorzustellen und forschungsstrategisch zu konzeptualisieren, als ob die geschlechtsspezifische Psyche mit den normativen Vorgaben des Geschlechterverhältnisses deckungsgleich ist oder sie im Lauf der Entwicklung mit diesem identisch würde. Die Übereinstimmung wird durch Interaktionseffekte zwischen den soziologischen, zwischen den psychologischen und zwischen psychologischen und soziologischen Variablen verhindert. In ihrer Gesamtheit machen sie die empirische Realisierung von nur einer geschlechtsspezifischen Psyche unmöglich, die zudem noch dem Geschlechterverhältnis entspräche. In einem neuen Satz: Es existiert ein Geschlechterverhältnis, dem mindestens eine geschlechterpolarisierende Norm immanent ist. Aber diese Norm[13] ist nur eine Sozialisationsbedingung, der das Individuum ausgesetzt ist, so daß im Effekt eine individuelle menschliche wie geschlechtsspezifische Persönlichkeit entsteht. Die Komplexität des Sozialisationsvorgangs hat mithin die Entstehung von individuellen Geschlechtsidentitäten zum hypothetischen Ergebnis, die sich, wie alles Menschliche, hinreichend genau typologisieren lassen müßten. Die geschlechtsspezifische Psyche entstünde nur, wenn das Geschlechterverhältnis die Gewalt einer Supervariablen hätte, so daß Interaktionseffekte weitestgehend folgenlos blieben. Nur unter dieser Bedingung prägte sich eine geschlechtsspezifische Psyche aus, die mit dem Geschlechterverhältnis deckungsgleich ist. Die Interaktionseffekte zwischen psychologischen und soziologischen Variablen verhindern das; eine besondere Rolle spielt hierbei die Eigenwilligkeit von Subjekten, die ihre eigene Sozialisation betreiben.

3.3.3 Geschlechterverhältnis. Die zwei Elemente

Bislang sind die Begriffe zur Kennzeichnung der sozialisatorischen Bedingung der Genese einer geschlechtsspezifischen Persönlichkeit recht willkürlich benutzt worden: Geschlechterverhältnis, Geschlechtersystem, Geschlechterrolle. Nun soll ein präziserer Umgang begonnen werden, der von einer groben historischen inhaltlichen Füllung begleitet wird, weil dadurch die zwei Elemente des Geschlechterverhältnisses hervortreten, die zu individueller und

---

[13] Zur sozialisationstheoretischen Problematisierung des Rollenbegriff sei auf Geulen (1989, S. 68ff., S. 82ff., S. 254ff.) verwiesen.

typischer Geschlechtsidentität vom sozialisierten Menschen verarbeitet werden müssen.

Der Begriff Geschlechterverhältnis ist der Oberbegriff zur Benennung der äußeren Realität geschlechtsspezifischer Sozialisation. Er wird des weiteren analytisch in Geschlechtersystem und geschlechtsspezifische Arbeitsteilung unterschieden. Dabei fokussiert die Kategorie Geschlechtersystem auf den mikrosoziologischen Aspekt geschlechtsspezifischer Vergesellschaftung und der Begriff geschlechtsspezifische Arbeitsteilung auf den makrosoziologischen Teil von Geschlechtersozialisation. Der Begriff Geschlechterrolle dient zur Beleuchtung der normativen Aspekte des Geschlechterverhältnisses und wird wie mittlerweile üblich sowohl im Kontext der makro- als auch der mikrosoziologischen Argumentation gebraucht (vgl. Joas, 1991, S. 145f.). Allesamt haben an dieser Stelle analytische Funktion. Eine historische Präzisierung erfolgt noch nicht. Die Argumentation umfaßt den gesamten Zeitraum seit Entstehung der modernen Industriegesellschaft. Die Kategorie Geschlechtsidentität dient zur Bezeichnung des Ergebnisses von geschlechtsspezifischer Sozialisation, der inneren Realität des Vergesellschaftungsvorgangs; es ist ein dynamischer Begriff, der die beiden Elemente des Geschlechterverhältnisses, wie sie vom Subjekt zu psychischer Struktur gemacht werden müssen, benennt; eine analoge Zweiteilung ist im vorliegenden Zusammenhang nicht erforderlich.

3.4.3.1 Geschlechtersystem und Geschlechterspezifikation

Die Geschlechtsspezifik des Geschlechtersystems ist wie folgt zu bestimmen. Nur die biologischen Männer erwerben eine männliche Geschlechtsidentität, nie jedoch eine weibliche Geschlechtsidentität; sie werden dadurch zu psychischen Männern; für biologische Frauen gilt dieser Zusammenhang mit umgekehrten Vorzeichen: sie erwerben immer eine weibliche Geschlechtsidentität und werden dadurch zu psychischen Frauen. Diese Regel wird von Transsexuellen gebrochen. Deren Zahl konnte noch nicht quantifiziert werden. Vielleicht sind es um die 10 v. H. der Gesamtbevölkerung, aber das ist beinahe reine Spekulation (vgl. Hirschauer 1993; Lindemann 1993). In soziologischer Perspektive wechseln die Transsexuellen in jedem Fall nur ihre Geschlechtsidentität, sie sind nicht ohne Geschlechtsidentität, wenngleich sie subjektiv das Gefühl haben mögen, jenseits von Geschlechtsidentität zu leben. Sie werden von einer psychischen Frau zu einem psychischen Mann oder umgekehrt; sie sind weiterhin gezwungen, sich mit einer Geschlechterklasse zu identifizieren. Ein psychisch geschlechtsloses Leben ist in einer modernen Gesellschaft nicht möglich. Es handelt sich beim Geschlechtersystem um eine der wenigen repressiven Rollen in einem sonst permissiven Rollensystem (vgl. Dahrendorf, 1991, S. 142). Dagegen kann das Individuum ohne primäre Geschlechtsmerkmale sehr wohl leben; an seiner geschlechtsspezifischen

Klassifikation ändert das nichts; sie wird in den ersten drei Lebensjahren abgeschlossen.

Der Vorgang „Genese von Geschlechtsidentität", durch den das Neugeborene zu einem geschlechtsspezifischen Subjekt wird, kann als „interaktive Konstruktion von Geschlechtszugehörigkeit" (Hirschauer, 1989, S. 114) bezeichnet werden, die mit der Geburt beginnt. In alltäglichen Interaktionsspielen (vgl. Geulen, 1989, S. 254ff.) wird die Geschlechtsrolle des Geschlechtersystems kreiert, tradiert und modifiziert. Diese interaktive Herstellung des geschlechtsspezifischen Subjekts spielt sich in allen öffentlichen Teilbereichen einer modernen Gesellschaft ab (vgl. Tyrell, 1986, S. 453). Das Ergebnis dieses geschlechtersozialisatorischen Vorgangs ist der Erwerb einer Fähigkeit, der mit Stefan Hirschauer die Vokabel „Geschlechterspezifikation" (Hirschauer, 1989, 112.) zugewiesen wird.

Die Heranwachsenden müssen lernen, noch sind sie psychisch geschlechtslose Subjekte, um zu geschlechtersozialisierten Subjekten im Sinne des Geschlechtersystems zu werden, die ihrem Geschlecht gesellschaftlich zugewiesene Eigenart auch mit ihrem Körper darzustellen und das Darstellungsrepertoir des anderen Geschlechts zumindest in der Öffentlichkeit zu vermeiden. Gleichzeitig müssen sie die Kompetenz erwerben, die andersgeschlechtliche Darstellung zu verstehen, zu unterstützen, hervorzulocken und wahrzunehmen: eine Eigenleistung bei der Tradierung des Geschlechtersystems zu erbringen. Das meint Geschlechterspezifikation (vgl. Hirschauer, 1989, S. 112f.).

Die psychische Vergeschlechtlichung des Individuums wird für Außenstehende erstmalig deutlich erkennbar, wenn das Subjekt das Stadium von vorreflexiver Identität im Sinne des Habermas'schen Identitätsbegriffs (1973b) erreicht. Sie löst die natürliche Identität des Kleinkindes ungefähr mit dem Erreichen des fünften oder sechsten Lebensjahres ab und bildet die notwendige Vorstufe für selbstreflexive (Geschlechts)-Identität. Aus diesem Grund ist es falsch, von der „Sozialisation von Männern und Frauen" zu sprechen (Bilden, 1980, S. 785) oder das „Geschlechterverhältnis als lebenslange Sozialisationsbedingung für Frauen und Männer" (Bilden, 1991, S. 279) zu bezeichnen. Denn das Geschlechterverhältnis ist als Ursache der Mann- und Frauwerdung, der Sozialisation zum Mann und zur Frau anzusehen, es bringt das psychische Geschlecht erst hervor, es ist die systematische Prämisse von Geschlechtersozialisation. Es ist eine lebenslange Sozialisationsbedingung bei der Persönlichkeitsentwicklung von Menschen, durch die das geschlechtsspezifische Subjekt, Geschlechtsidentität entsteht. Dieser Prozeß ist vor allem durch die kognitivistische Entwicklungspsychologie in Kohlbergscher Tradition theoretisch wie empirisch aufgeklärt worden (vgl. Trautner 1987, 1991; Trautner u. a. 1988), so daß man sagen kann: Es ist empirisch gesichertes Wissen, daß wir als psychisch geschlechtslose Wesen zur Welt kommen, daß wir in Auseinandersetzung mit dem Geschlechterverhältnis zu geschlechtersozialisierten Subjekten werden. Auf die Phase der Unkenntnis des Geschlechtersystems und seiner normativen Implikationen, der natürlichen Geschlechtsidentität des Kleinkindes, folgt ein Lebensabschnitt, der durch eine rigide Geschlechterspezifikation charakterisiert ist; die natürliche Identität des Kleinkindes wird durch die vorreflexive Geschlechtsidentität des Grundschulkindes abgelöst, das noch nicht in der Lage ist, mit gesellschaftlichen Normen spielerisch umzugehen, sie aber schon kennt: Es kommt zu einer ausgesprochen rigiden Geschlechterspezifikation, die den emanzipatorischen Geschlechterpädagogen zu erschrecken vermag. Die vorreflexive Geschlechtsidentität wird überwunden, wenn die Fähigkeit zum formalen Operieren vorhanden ist und damit die Voraussetzung für eine selbstreflexive Geschlechtsidentität gegeben ist. Es kommt zu einem flexiblen Umgang mit Geschlechterspezifikation beziehungsweise den normativen Erwartungen des Geschlechtersystems, zu einer Androgynisierung von psychischer Geschlechtlichkeit, von männlicher und weiblicher Geschlechtsidentität. Dabei geht jedes Individuum seinen eigenen Pfad, numerische Altersangaben sind mit Vorsicht zu genießen.

Die Genese von Geschlechterspezifikation ist nicht mit der Herausbildung einer geschlechtsspezifischen Leistungskompetenz im emotional-kognitiven Bereich zu verwechseln. Es geht nur um die Spezifikation des Geschlechts. Vor dem Hintergrund eines identischen Leistungspotentials sollen sich die Menschen als psychosoziale Geschlechtswesen darstellen, inszenieren und andere provozieren, es ihnen gleich zu tun. Dabei mag es so scheinen, als ob sie geschlechtsspezifische kognitive und emotionale Kompetenzen besäßen und realiter zwei Modi des Menschseins wären. Das ist jedoch ein Trugschluß, bei dem die Geschlechterspezifikation unzulässigerweise auf alle Bereiche der menschlichen Persönlichkeit verallgemeinert wird, bei dem ein Teil zum Ganzen gemacht wird. Sicherlich, es sind mittelbare Effekte für die Persönlichkeitsentwicklung denkbar, die zu einer Geschlechtsspezifik in anderen Persönlichkeitsbereichen als der Geschlechterspezifikation führen könnten. Dieser hypothetischen Annahme widerspricht aber deutlich die psychologische Persönlichkeitsforschung, die auf die vernachlässigbare Erklärungskraft der Geschlechtsvariablen in der empirischen Forschung hinweist: Wenn es mittelbare Effekte durch die Persönlichkeitsvariable „Geschlechterspezifikation" gibt, so sind sie von einer Bedeutung, die unterhalb der Aufmerksamkeitsschwelle von Sozialwissenschaftlern liegt.

Bei der Genese von Geschlechterspezifikation spielt die Gesamtheit der psychologischen Entwicklungsmechanismen eine Rolle, wie sie durch die Psychoanalyse, die Soziale Lerntheorie und Kognitionspsychologie herausgearbeitet werden. Deren Zusammenwirken ist auch im Bereich der geschlechtsspezifischen Sozialisation noch überwiegend unklar, theoretisch nicht integriert. Das verwundert nicht, weil bis dato ein Begriff vom geschlechtersozialisierten Subjekt gefehlt hat. Als Sozialisationsmittel dürften beim Aspekt der Geschlechterspezifikation vor allem die geschlechtsspezifischen Farbpraktiken eine Rolle spielen: rosa für Mädchen und blau für Jungen. Hinzu kommt die geschlechtsspezifische Haartracht sowie Bekleidungsvorschrift (vgl. Bandura, 1986, S. 92), die trotz des vielzitierten Geschlechtsrollenwandels eine soziologische Tatsache bleiben, mögen sie auch weniger rigide gehandhabt werden. Denn auch weiterhin ist der Geschlechtsstatus von Menschen in den westlichen Industriegesellschaften eindeutig; es bereitet keine Schwierigkeiten, die Geschlechtszugehörigkeit von anderen Menschen zu bestimmen.

Der Zwang zur Geschlechterspezifikation, der ein Teilaspekt von geschlechtsspezifischer Sozialisation ist,. führt zu einem geschlechtsspezifischen Körper, zur Herausbildung tertiärer Geschlechtsmerkmale. Es ist nicht von einem biologisch vollständig geschlechtsspezifischen Körper auszugehen. Auch der Körper ist als Effekt geschlechtsspezifischer Vergesellschaftungsvorgänge anzusehen. Nur ist uns die Subtilität der geschlechtsspezifischen Körperlichkeit kaum noch bewußt (vgl. Hirschauer, 1989, S. 106). Es gibt nicht „*die* männliche und *die* weibliche Physis ... „an sich" (Tyrell, 1986, S. 460). Selbst beim Körper gibt es Überlappungen zwischen den Geschlechtern (vgl. Bongers, 1984, S. 20ff.). Dieses empirische Phänomen gäbe „an sich" „viel mehr Anlaß zu Ambiguität und „androgynen Zweifel" (Tyrell, 1986, S. 462), wenn nicht die tertiären Geschlechtsmerkmale existierten, die mit Geschlechterspezifikation einhergehen, mit diesem Begriff kategorial gefaßt werden. An die „leiblich festsitzenden primären (und sekundären) Geschlechtsmerkmale" (ebd.) schließt sich die Sozialisationsbedingung „Geschlechtersystem" an; sie zwingt die Individuen, zu geschlechtersozialisierten Subjekten zu werden und tertiäre Geschlechtsmerkmale auszubilden. Der Zwang zur Geschlechterspezifikation ändert jedoch nichts an der Tatsache, daß die Demonstration der eigenen Geschlechtszugehörigkeit auf höchst individuelle Weise geschieht, weil dieser Partikel der Persönlichkeit mit anderen externen und internen Faktoren der Sozialisation interagiert. Die „individuelle Geschlechterspezifikation" zeigt sich in historisch vergleichender Perspektive in unterschiedlicher qualitativer und quantitativer Ausprägung.

3.3.3.2 Geschlechtsspezifische Arbeitsteilung und Primärzuständigkeit

Die logische Voraussetzung geschlechtsspezifischer Arbeitsteilung ist das Geschlechtersystem. Denn erzwänge das Geschlechtersystem nicht die psychische Mann- und Frauwerdung, hätte die geschlechtsspezifische Arbeitsteilung keine Träger. Die geschlechtsspezifische Arbeitsteilung setzt das Vorhandensein von zwei Geschlechtern voraus (auch Tyrell, 1986, S. 453f.) und gibt der Geschlechterklassifikation eine besondere Note. Daher kann man sagen, die geschlechtsspezifische Arbeitsteilung ist das zweite Element des modernen Geschlechterverhältnisses. Ihr ist ebenfalls eine geschlechterpolarisierende Norm immanent, die den Heranwachsenden als Geschlechterrolle gegenübertritt; sie prägt sich zu unterschiedlichen gesellschaftsgeschichtlichen Phasen in differenter Qualität aus, bleibt aber als geschlechtsspezifische Arbeitsteilung erkennbar; mit Auflösungserscheinungen sollte die unterschiedliche Stärke dieses Elements der Geschlechtsrolle nicht verwechselt werden.

Geschlechtsspezifische Arbeitsteilung bezeichnet ausschließlich die gesellschaftliche Normierung der geschlechtsspezifischen Primärzuständigkeit innerhalb des Teilsystems Familie; diese ist historisch unterschiedlich stark ausgeprägt. Mit der These geschlechtsspezifischer Primärzuständigkeit wird weder eine alleinige Zuständigkeit männlicher Individuen für den Bereich Öffentlichkeit noch eine alleinige Zuständigkeit weiblicher Individuen für den Bereich Privatheit behauptet. Zwar übernimmt kein Mann die primäre Zuständigkeit für Haushalt und Kindererziehung innerhalb der Familie und keine Frau die primäre Verantwortung für die ökonomische Versorgung des familiären Systems; die Vaterrolle wird also normalerweise von den Männern und die Mutterrolle von den Frauen auf individuelle und typische Art und Weise ausgeübt. Aber diese Tatsache impliziert nicht die These: das männliche Geschlecht würde nur in der und für die öffentliche Sphäre moderner Gesellschaften sozialisiert; das weibliche Geschlecht würde nur für die oder in der privaten Sphäre der modernen Gesellschaft sozialisiert: Es ist eine Primärzuständigkeit, die im Vergesellschaftungsprozeß erworben, zu gegebenem Zeitpunkt als Handlung realisiert und hier als geschlechtsspezifische Arbeitsteilung begriffen wird. Diese Arbeitsteilung hat nicht nur unmittelbare Sozialisationseffekte, wie sie die geschlechtspolare Psyche beziehungsweise das geschlechtersozialisierte Subjekte darstellt. Darüber hinaus sind mittelbare Sozialisationseffekte in anderen psychischen und gesellschaftlichen Dimensionen anzunehmen, die aber nicht das Thema geschlechtsspezifischer Sozialisationsforschung sind. Andere Sozialisationsforschungen können deren Ergebnisse benutzen, um eine mögliche Geschlechtstypik in ihrem Bereich sozialisationstheoretisch zu erklären. Die potentielle Varianzaufklärung durch die Geschlechtsvariablen in diesen Bereichen wäre ein Indikator für die Stärke des Effektes von geschlechtsspezifischer Sozialisation.

Es werden nicht alle Männer und Frauen zu Müttern oder Vätern. Aber hat man sich für Familie mit Kindern entschieden, so wird die in der geschlechtsspezifischen Arbeitsteilung enthaltende Geschlechtsrolle in Kraft gesetzt, die im geschlechtsspezifischen Sozialisationsprozeß erworben worden ist, angeeignet werden muß: weil sie Handlungsfähigkeit in der modernen Gesellschaft ermöglicht. Das führt zur geschlechtsspezifischen Primärzuständigkeit im familiären System. Hiermit ist nicht die geschlechtsspezifische Zuweisung und insbesondere nicht die Realisierung von Expressivität und Instrumentalität behauptet, wie es zum Beispiel Parsons/Bales (1955) noch im Sinn haben und als anzustrebende Norm theoretisch herleiten wie normativ überhöhen. Es geht ausschließlich um die Zuweisung eines (komplexen) Aufgabenbereiches in der Familie. Die unterschiedlichen Aufgaben können nicht hinreichend mit entweder Expressivität oder Instrumentalität beschrieben werden. Beide Qualifikationen werden im jeweiligen, durch die Primärzuständigkeit strukturierten familiären oder außerfamiliären Aufgabenfeld dem Individuum abverlangt, wie zum Beispiel Barbara Zahlmann-Willenbacher in einer prägnanten Kritik des Sozialisationskonzepts von Parsons/Bales erstmalig ausführt (1979b); diese Qualifikationen werden jeweils in einem anderen Kontext gebraucht, der durch eine jeweilige konkrete Aufgabenstruktur charakterisiert ist. Diese Position wird neuerlich von Karin Gottschall (1990, S. 40ff.) und Kreckel (1992, S. 265) wieder aufgenommen; ich zitiere Reinhard Kreckel: „Die These von der hausarbeitsnahen Anforderungsstruktur mag zwar für einige der sog. „Frauenberufe" zutreffen, für andere hingegen nicht. So läßt sich beispielsweise für viele typische Frauenberufe im Bürobereich, z. B. für Schreibkräfte und Buchhalterinnen, nur schwerlich eine besondere Nähe zur Hausarbeit behaupten. Auch für die typischen Arbeiterinnenberufe in der Textil-, Leder- und Bekleidungsindustrie gilt bei genauerer Betrachtung, daß zwar der Arbeitsgegenstand zum traditionellen Einzugsbereich der häuslichen Frauenarbeit gehören mag. Die Arbeitsform ist aber vielfach schwerste industrielle Maschinenarbeit, die in nichts an die Hausarbeit erinnert. Umgekehrt lassen sich im übrigen auch typische Männerberufe nennen, die man *intuitiv* eher dem „weiblichen Arbeitsvermögen" zurechnen würde, etwa: Seelsorger, Masseur, Bäcker, Gynäkologe" (ebd., Hervorhebung durch B. H.). Und für die Hausarbeit ist meines Erachtens festzustellen, daß sie auch nicht der geschlechtspolaren Logik subsumiert werden kann, enthält sie doch sowohl instrumentelle als auch expressive Elemente. In einem neuen Satz: Die geschlechtsspezifische Arbeitsteilung kann selbst vom Subjekt mit androgyner Geschlechtsidentität praktiziert werden. Es ist nicht erforderlich, zum geschlechtsspezifischen Menschen zu werden, wie er vom bipolaren Modell der Geschlechtersozialisation gezeichnet wird, um die geschlechtsspezifische Arbeitsteilung leisten zu können. Geschlechtsspezifische Sozialisation handelt von einem Teilaspekt der Persönlichkeitsentwicklung. Instrumentalität und Expressivität sind Persönlichkeitsmerkmale, die alle Individuen besitzen müssen. Der geschlechtsspezifische Mensch der bipolaren Geschlechtersozialisation ist nicht handlungsfähig.

In einigen Fällen kommt es nicht zu einer geschlechtsspezifische Ausübung der Mutter- und Vaterrolle. Es handelt sich hierbei jedoch nicht um gewollte Abweichungen, sie sind von den betroffenen Subjekten nicht intendiert. Daher werden sie als Schicksalsschläge wahrgenommen; ihnen kommt eine psychopathologisierende Kraft zu (vgl. Grundmann, 1994, S. 173). Solche Fälle können an der gesellschaftlichen Normalität nicht rütteln, weil sie von den Subjekten selbst als Abweichungen erlebt werden, womit die gesellschaftliche Normalität selbst durch deviante Formen der Lebensbewältigung reproduziert und in ihrem Kern nicht angetastet wird. Das gleiche gilt für die seltenen Fälle, in denen sich Menschen zum Rollentausch entschlossen haben. Zum einen findet diese Lebensform in einer vernachlässigbaren Zahl statt, so daß sie das gesellschaftliche Normalitätsverständnis unberührt läßt. Zum anderen handelt es sich um soziologische Extremsituationen, die wiederum für das gesellschaftliche Normalitätsverständnis folgenlos sind. Damit ist nicht gesagt, das gesellschaftliche Normalitätsverständnis wäre nicht wandelbar. Zur Zeit bewegt es sich jedenfalls - noch - in dem Rahmen, der durch die geschlechtsspezifische Arbeitsteilung gebildet wird, obzwar sich die Ursachen der Tradierung geschlechtsspezifischer Arbeitsteilung im hier verstandenen Sinne gewandelt haben (ausführlich Kapitel 4).

Die geschlechtsspezifische Arbeitsteilung mit ihrer normativen Implikation, die Primärzuständigkeit in der Familie zu übernehmen, wird von den Subjekten tradiert, weil sie diese Norm zu psychischer Struktur gemacht haben, die ihr Handeln steuert: bewußt und unbewußt sowie mehr oder weniger gewollt. Zum einen sind sie sind selbst im System geschlechtsspezifischer Arbeitsteilung aufgewachsen. Zum anderen legt die soziale Umwelt eine derartige Arbeitsverteilung innerhalb des komplexen Familiensystems nahe, der man sich nur schwer entziehen kann. Daran hat bislang auch der Individualisierungsschub nur wenig ändern können (vgl. Bertram Hrsg. 1991, 1992). Die damit verbundene neuartige gesellschaftliche Problemlage ist Gegenstand des folgenden Kapitels. Für die hier vorgenommene analytische Bestimmung des geschlechtsspezifischen Subjekts ist das ein vernachlässigbares historisches Detail. Wichtiger ist: Das Stufenmodell der geschlechtsspezifischen Sozialisation, das im vorherigen Abschnitt am Beispiel der Genese von Geschlechterspezifikation demonstriert worden ist, ist gleichfalls für die Genese der geschlechtsspezifischen Primärzuständigkeit zu verwenden.

In der Phase der natürlichen Identität des Kleinkindes wird die geschlechtsspezifische Primärzuständigkeit vom Subjekt hingenommen, ohne als solche erkannt, begriffen, wahrgenommen zu werden; das Kleinkind kann noch nicht zwischen den Geschlechtern unterscheiden, sich selbst noch nicht geschlechtlich klassifizieren und ist infolgedessen nicht in der Lage, die Struktur geschlechtsspezifischer Arbeitsteilung zu erkennen; sie ist für sein Handeln belanglos, wenngleich sie sich im Unbewußten als Grunderfahrung ablagern und späteres Handeln determinieren mag, wie zum Beispiel Chodorow (1985) und Hagemann-White (1984) ausführen.

Die geschlechtsspezifische Arbeitsteilung kann vom Subjekt mit dem Übergang zur vorreflexiven Geschlechtsidentität erkannt werden, jedoch noch nicht hinreichend exakt; es fehlen die hierzu nötigen kognitiven Voraussetzungen. Es wird erkannt, daß es zwei Geschlechter gibt und daß man zu einem von beiden gehört. Dadurch eröffnet sich die Möglichkeit, das Phänomen geschlechtsspezifische Arbeitsteilung wahrzunehmen und in seiner Normalität zu erkennen. Diese Einsicht in gesellschaftliche Zusammenhänge schlägt sich in der individuellen Psyche nieder. Aufgrund der begrenzten kognitiven Fertigkeiten hält man die Arbeitsteilung zwischen den Geschlechtern für ein Naturphänomen. Sie können nicht als soziale Konvention interpretiert werden. Es kommt zu einer rigiden Zuordnung der Geschlechter zu den jeweiligen Bereichen der geschlechtsspezifischen Arbeitsteilung, die erst mit dem Erreichen selbstreflexiver Geschlechtsidentität überwunden werden kann; Differenzierungen im männlichen und weiblichen Lebenslauf werden ausgeblendet; es kann noch nicht erkannt werden, daß es sich um eine Primärzuständigkeit handelt, nicht um einen exklusiven Zugang zu relevanten gesellschaftlichen Arbeitsfeldern.

Erst im Stadium der selbstreflexiven Geschlechtsidentität wird dem Subjekt deutlich, kann von ihm erkannt werden, daß es sich bei geschlechtsspezifischer Arbeitsteilung um eine Primärzuständigkeit handelt, im übrigen sich männliche und weibliche Individuen in allen gesellschaftlichen Teilbereichen aufhalten: Es tritt die quantitative Differenz hervor, die den Kern der männlichen und weiblichen Qualität in gesellschaftstheoretischer Perspektive ausmacht; nur die Primärzuständigkeit ist ein exklusives Geschlechterphänomen, nicht jedoch die Öffentlichkeit oder Privatheit als solche. Ausgestattet mit diesem Wissen um die Geschlechtsspezifik der sozialen Wirklichkeit kann das geschlechtersozialisierte Subjekt selbständig an gesellschaftlichen Prozessen partizipieren und widersprüchliche Erwartungen in seiner Umwelt selbständig balancieren. Diesem Wissen kommt der Charakter einer Norm zu, die eminente Bedeutung erlangt, wenn eine Familie gegründet wird und die daraus folgenden Verantwortlichkeiten bewältigt werden müssen. Bei unterschiedlichen Subjekten hat diese Norm ein unterschiedliches Gewicht: sie befindet sich aber in der psychischen Struktur von allen modernen Menschen und orientiert deren Handeln vor allem, wenn Kinder das Familienleben erweitern und es deshalb nicht mehr möglich ist, daß die Lebenspartner einer Vollerwerbstätigkeit nachgehen.

4. Geschlechtersozialisation heute: Zur Problemlage der feministischen Generation

Der Untersuchungsgegenstand „Geschlechtersozialisation" ist definiert; moderne geschlechtsspezifische Sozialisation kann untersucht werden, hier am Beispiel Bundesrepublik Deutschland: Sie bildet das Anschauungsmaterial für die angestrebte Theoriebildung, mit der die Grundstruktur von Geschlechtersozialisation in modernen westlichen Industriegesellschaften auf den Begriff gebracht werden soll. Der Schwerpunkt der nachfolgenden Untersuchung liegt auf der Seite der äußeren Realität aktueller Mann- und Frauwerdung. Der genuine Part von Sozialisationstheorie, die Bestimmung des „wie" der Genese psychischer Strukturen in Abhängigkeit von objektiven gesellschaftlichen Verhältnissen (vgl. Geulen, 1989, S. 156), kann nur gestreift werden. Zudem wird die Analyse der äußeren Realität des geschlechtersozialisierten Subjekts insoweit in ihrer Reichweite eingeschränkt, als ich mich hauptsächlich für die Chancen und Risiken aktueller geschlechtsspezifischer Sozialisation interessiere, wie sie eben von der äußeren Realität veranlaßt werden. Es wird nach gesellschaftlichen Widersprüche gesucht, die beim Subjekt als innerpsychische Ambivalenz mit potentiell identitätsbedrohendem Charakter erscheint.

Meine These ist, daß die skizzierte Aufgabe mit einer sozialisationstheoretisch integrierten soziologischen Rollentheorie und durch Weiterführung der reflexiven Modernisierungstheorie bewältigt werden kann. Die Rollentheorie fungiert hier als ein begriffliches Handwerkszeug zur Analyse vor allem der äußeren Realität (vgl. zu dieser grundsätzlich Joas 1978, 1980, 1991; Dahrendorf 1964; Dreitzel 1968; Grieswelle 1974), mithin nicht als sozialisationstheoretisches oder anthropologisches Konzept, bei dem der Mensch als Rollenbündel oder als die psychische Widerspiegelung der gesellschaftlichen Rolle oder eines gesellschaftlichen Rollenkomplexes interpretiert wird (vgl. kritisch Geulen 1989; Joas 1991). Vielmehr ist sie der Kernannahme der modernen subjekttheoretischen Sozialisationstheorie untergeordnet. Folgende Fragen werden angeregt: Wie sieht die Geschlechtsrolle in der Bundesrepublik Deutschland aus? Inwieweit handelt es sich um Kann-, Soll- oder Muß-

Normen, mithin um unterschiedlich verbindliche Erwartungen? Welches sind die zentralen Interrollenkonflikte, die noch im Rahmen einer Untersuchung zur geschlechtsspezifischen Sozialisation zu behandeln sind, obwohl diese dadurch in allgemeine Sozialisationstheorie übergeht? Anders gefragt, welche widersprüchlichen Erwartungen, die durch die Inkompatibilität gesellschaftlicher Teilsysteme verursacht werden, sind heute vom Subjekt bei seiner Geschlechtersozialisation zu verarbeiten und interagieren insbesondere mit der Geschlechtsrolle, haben ihren Ausgangspunkt in der Geschlechtsrolle, die dem Geschlechterverhältnis immanent ist? Weiterhin, gibt es Intrarollenkonflikte, das heißt widersprüchliche Erwartungen an die Inhaber der Position Geschlecht, die möglicherweise auf eine Widersprüchlichkeit gesellschaftlicher Modernisierungsprozesse mit ihrer Ambivalenz von Traditionalität und Modernität rückführbar wären, auf die Existenz einer Mehrzahl von Geschlechtsrollen, mit denen das Subjekt konfrontiert wird? Gibt es also mehrere Geschlechtsrollen, die an den Inhaber der Geschlechterposition gestellt werden? Wie verarbeiten die Subjekte diese potentielle Widersprüchlichkeit, welche Lösungsmöglichkeiten werden von der Gesellschaft angeboten, welche müßten angeboten werden?

Der Ausgangspunkt der Konkretisierung der „äußeren Realität" geschlechtsspezifischer Vergesellschaftung bildet die sogenannte Theorie reflexiver Modernisierung (Beck 1986, 1988, 1993; Beck/Beck-Gernsheim 1990, 1993 a, b), die eine Diagnose der bundesdeutschen Gegenwartsgesellschaft beinhaltet und die gegenwärtige gesellschaftstheoretische Debatte nachhaltig beeinflußt hat. Das erzwingt nicht, ihn als gottgegeben zu akzeptieren. Ganz im Gegenteil: Diese Tatsache fordert zu einer Weiterführung und Infragestellung der Beckschen Theoreme auf, zu einer Suche nach potentiellen Ausblendungen von wichtigen gesellschaftlichen Tatbeständen durch die Theorie reflexiver Modernisierung (vgl. z. B. Baethge 1989; Berger, Hrsg. 1986, 1988; Berger/Hradil 1990; Bertram 1991b, 1992, 1992a, 1993; Bertram/Dannenbeck 1990; Brock 1988, 1990, 1991, 1993; Burkart 1993a, b, 1994; Dahrendorf 1994; Dörre 1991; Elias 1991; Esser 1987; Joas 1988; Kemper Hrsg. 1988; Kohli 1986; Kreckel, Hrsg. 1983; Kreckel 1992, 1993; Mackensen 1988; Mayer 1991; Mayer/Blossfeld 1990; Roth 1987; Schulze 1993; Zapf, W., Hrsg. 1991, 1993a, b). Ich verarbeite Beck, ohne in einen orthodoxen Beckianismus überzugehen, der nicht zwischen Ideologem, Theorem und Theorie scheiden mag. Die Theorie von Beck wird weitergeführt, ohne zu fragen, ob dies im Sinne des Erfinders ist.

Folgendes erscheint mir wichtig: Dieser neue Theorietypus, namentlich die reflexive Modernisierung oder die Theorie der zwei Modernen, basiert auf der nicht unumstrittenen These (vgl. z. B. Zapf 1993a, b), gemäß derer sich die bisherige, schillernde und weitläufige soziologische Debatte zur Modernisierung zu einem theoretischen Grundtypus stilisieren läßt, dessen sozialdynamische Implikationen nicht genügend beachtet werden. Zu einer solchen These gelangt man durch eine hinreichend abstrakte Betrachtung der modernisierungstheoretischen Debatte. Deutlich wird: Es gibt in der herkömmlichen Soziologie nur einen Modernisierungsbegriff, und zwar den der „soziologischen Tradition" (Berger, 1988, S. 224ff.; vgl. Nisbet 1966). Dieser ist hauptsächlich von Tönnies, Durkheim, Simmel und Weber in der Auseinandersetzung mit dem kapitalismustheoretischen Modernisierungsbegriff von Marx entfaltet worden. Zwar unterscheiden sich diese beiden modernisierungstheoretischen Traditionen in der Wahl ihrer Grundbegriffe, der Ansetzung der Basiskategorien und bei der Bestimmung der Zukunft der modernen Gesellschaft. Aber sie haben einen einheitlichen Bezugsrahmen für das Begreifen von Modernisierung ausgearbeitet, der die Unterscheidung zwischen erster und zweiter Moderne, von einfacher und reflexiver Modernisierung nicht zuläßt. Deshalb gibt es in der soziologischen Tradition nur eine Moderne: die Moderne, und diese ist durch Modernisierung hinreichend exakt zu charakterisieren (vgl. Beck, 1993, S. 69-80).

Die Theorie reflexiver Modernisierung nimmt die argumentative Grundfigur der klassischen soziologischen Modernisierungstheorie auf. Auch sie geht von der These aus, derzufolge mit dem Wandel der Einfluß- und Machtstrukturen, der politischen Unterdrückungs- und Beteiligungsformen der Wandel der Sozialcharaktere, der Normalbiographien, der Lebensstile und Liebesformen einhergeht und sich die Wirklichkeitsauffassungen und Erkenntnisnormen verändern; „der Ackerpflug, die Dampflokomotive und der Mikrochip sind im sozialwissenschaftlichen Verständnis von Modernisierung sichtbare Indikatoren für einen sehr viel tiefer greifenden, das ganze gesellschaftliche Gefüge erfassenden und ausgestaltenden Prozeß, in dem letztlich *Quellen der Gewißheit*, aus denen sich das Leben speist, verändert werden" (Beck, 1986, S. 25). Allerdings sei diese Argumentationsfigur insoweit weiterzuführen, als die sachlogische Konsequenz dieser Begrifflichkeit zu betrachten ist: Die Modernisierung selbst hat dazu geführt, daß der Typus sozialen Wandels von einer „einfachen" zu einer „reflexiven" Modernisierung fortgeschritten ist, die mit dem gesellschaftlichen Typus „andere Moderne" einhergeht. Anders gesagt: Einfache Modernisierung wird zur reflexiven Modernisierung, weil dieselben Gesetzmäßigkeiten im Kontext einer neuen Gesellschaft, der zweiten Moderne, ihre Wirkung entfalten. Demnach bezeichnet einfache Modernisierung die Rationalisierung der Tradition, reflexive Modernisierung Rationalisierung der Rationalisierung (Beck, 1991a, S. 40): Es ist der Unterschied zwischen Modernisierung der Tradition und der Modernisierung, die aus der Moderne die erste und die zweite Moderne in der Modernen macht. Einfache Modernisierung provoziert die erste Moderne, und sie schlägt zur reflexiven Modernisierung um, wenn die erste Moderne abgeschafft und dadurch zur zweiten Moderne wird.

In der zweiten Moderne werden nicht mehr nur die Grundlagen der traditionalen Gesellschaft angezweifelt, überwunden und durch die Grundlagen der modernen Gesellschaft ersetzt. Vielmehr werden in der zweiten Moderne die Grundlagen der Moderne selbst in Frage gestellt und tendenziell aufgelöst, nicht jedoch Modernisierung selbst, denn Auflösen und Infragestellen ist charakteristisch für Modernisierung und Moderne: Es wird erst richtig modern. Die erste Moderne, nicht mehr die Tradition, wird modernisiert und mit sich selbst konfrontiert, sie erfährt, wie sie auf die Tradition gewirkt hat.Was die einfache Modernisierung der traditionalen Gesellschaft angetan hat, tut sich die moderne Gesellschaft bei weiterer Modernisierung, die einfache zu reflexiver Modernisierung transformiert, nun selbst an, indem sie zur zweiten Moderne wird. Es findet demnach eine fundamentale Veränderung der Industriegesellschaft statt (Beck, 1993, S. 67). Diese neue gesellschaftliche Gestalt ist weiter modernisierungstheoretisch interpretierbar.

Der Begriff „reflexive Modernisierung" meint also in seiner empirisch-analytischen Dimension nicht Reflexion, er rekurriert auf die Selbstkonfrontation der sich in Modernisierung befindlichen Gesellschaft mit ihren eigenen Prämissen, nämlich einer Dynamik, die keine Heiligtümer kennt oder gelten läßt, nicht einmal die, die ehemals als Gipfel- oder Endpunkt der Menschheitsgeschichte galten. Während im 17., 18. und 19. Jahrhundert Modernisierung die ständisch verknöcherte Agrargesellschaft auflöst und das Strukturbild einer Industriegesellschaft provoziert, wie sie den Theorien einfacher Modernisierung zugrunde liegt, verändert die weitergehende Modernisierung, die zur reflexiven wird, Teile der strukturellen Grundlagen der Industriegesellschaft selbst, welche die traditional und agrarisch strukturierte Gesellschaft abgelöst hat, nicht jedoch Modernisierung. Was angesichts der traditionalen Gesellschaft als modern galt, als Gipfelpunkt der Menschheitsentwicklung, wird nun zu einer mehr oder minder geliebten oder verabscheuten Tradition. Denn es werden nicht die Prämissen der Agrar-, es werden die Voraussetzungen der Industriegesellschaft entzaubert, abgeschafft: vom gesellschaftlichen Modernisierungszwang, der eine Art selbständiges gesellschaftliches Teilsystem ist. Nicht mehr ständische Privilegien und religiöse Weltbilder werden modernisiert, sondern das, was ehemals als die Basis des Modernisierungsprozesses galt, nun aber als selbständige gesellschaftliche Einheit hervortritt, die sich verändern kann, ohne die Gesetzmäßigkeiten von Modernisierung außer Kraft zu setzen: das Wissenschafts- und Technikverständnis, die Lebens- und Arbeitsformen in Familie und Beruf, das Verhältnis zwischen den Geschlechtern. Die gesellschaftlichen Elemente, die ehemals als Charakteristikum einer modernen Gesellschaft interpretiert wurden, werden angesichts fortdauernder Modernisierung und der Soziogenese der zweiten Moderne zur modernen Tradition: es ist die Tradition, die gerade abgeschafft wird, ohne daß Modernisierung aufhörte oder wir in die Postmoderne einträten; denn die Gesetzmäßigkeiten von Modernisierung wirken weiter. Dies führt zu einer reflexiv-modernisierten Identität oder Handlungsfähigkeit, was sich auch bei Geschlechtersozialisation und Geschlechtsidentität respektive geschlechtsspezifischer Handlungsfähigkeit zeigen müßte.

Aus der Theorie reflexiver Modernisierung, die mit Sicherheit noch mehr Theorem als Theorie ist (Beck, 1993, S. 277), kann folgende These zur Geschlechtersozialisation abgeleitet werden: Wenn das Theorem „reflexiver Modernisierung" empirisch gehaltvoll ist, dann beschreibt ein subjekttheoretisch reinterpretiertes Modell bipolarer Geschlechtersozialisation die psychische Mann- und Frauwerdung, die sich in der ersten Moderne ereignet hat, auf keinen Fall jedoch jene, die in der zeitgenössischen Bundesrepublik Deutschland, in der zweiten Moderne vonstatten geht. Dies gilt wegen der sozialisatorischen Interaktionseffekte, wie sie vom Strukturmodell der Sozialisationsbedingungen begriffen werden, selbst bei fehlender unmittelbarer Veränderung des Geschlechterverhältnisses; in diesem Fall muß sich das Geschlechterverhältnis auf jeden Fall mittelbar verändert haben. Mit anderen Worten: Die bestehenden Theorien zur geschlechtsspezifischen Sozialisation werden, wohlgemerkt: erst einmal nur im Theorienvergleich, deshalb unbrauchbar, weil sie, im- oder explizit, auf den gesellschaftstheoretischen Annahmen einfacher Modernisierung beruhen. Denn deren Prämissen können nur die erste Moderne respektive die einfach-modernisierte Geschlechtersozialisation beschreiben. Daraus folgt: Es hat der Theoriebildung zur geschlechtsspezifischen Sozialisation bislang nicht allein ein Begriff von Geschlecht gefehlt, der subjekttheoretischen Qualitätskriterien genügt hätte, ergo bei der die Kategorie Sozialisation nicht als Leerformel benutzt worden wäre. Es mangelt darüber hinaus an einer Kategorie von Gesellschaft, welche die Einsichten reflexiver Modernisierung aufnimmt und zu einem Begriff von der reflexiv-modernisierten und zu einem von der einfach-modernisierten Geschlechtersozialisation geführt hätte. Ist meine Hypothese eine treffliche Wirklichkeitsbehauptung, müßten diese beiden Idealtypen auch empirisch aufgefunden werden können. Hier sollen sie erst einmal ausgearbeitet werden, zur Vorbereitung empirischer Untersuchungen. Konkret gesprochen: Nun sind die neuen Männer und Frauen, neuen Jungen und Mädchen: besser neuen kindlichen, jugendlichen und erwachsenen Geschlechtsidentitäten zu beschreiben, mittels einer sozialisationstheoretisch integrierten rollentheoretischen Begrifflichkeit. Als Hypothese formuliert: Reflexiv-modernisierte Geschlechtersozialisation löst im Laufe der siebziger Jahre dieses Jahrhunderts einfach-modernisierte Geschlechtersozialisation ab; die vergesellschafteten Subjekte werden nicht mehr mit der einfach-modernisierten, sondern mit der reflexiv-modernisierten Geschlechtsrolle konfrontiert; diese ist in einer reflexiv-modernisierten Gesellschaft verwurzelt, welche die einfach-modernisierte Gesellschaft abschafft. Man kann auch sagen, die zweite Moderne veranlaßt die Genese einer reflexiv-modernisierten Geschlechtsidentität, die erste Moderne bedingt eine einfach-modernisierte Geschlechtsidentität.

Ich beginne mit der Diskussion des sogenannten Individualisierungstheorems. Diese soziologische Kategorie enthält alle relevanten Merkmale der Gegenwartsgesellschaft, die bei der Genese von reflexiv-modernisierter Geschlechtsidentität wirken. Allerdings wird zu zeigen sein, daß Individualisierung nur eine (mittelbare) Bedingung zeitgenössischer Geschlechtersozialisation ist; andere sind das reflexiv-modernisierte Geschlechterverhältnis, Erlebnisgesellschaft, Berufs- und Familienstruktur sowie Pluralisierung.

4.1 Individualisierung

Modernisierung hat nicht allein Mobilität, Massenkonsum, die Herausbildung einer zentralisierten Staatsgewalt, unglaubliche Kapitalkonzentrationen und eine sich verselbständigende Differenzierung von Arbeitsteilung und die Rationalisierung des gesellschaftlichen Lebens zur Folge. Modernisierung kann gleichsam mit der Kategorie Individualisierung beschrieben werden, einer Individualisierung, die sich bei der bisherigen Modernisierung zunehmend verstärkt hat. Modernisierung geht, anders formuliert, mit einer Individualisierungsspirale einher, mit einem Individualisierungsschub, der den Umschlag von einfacher zu reflexiver Modernisierung begleitet und die zweite Moderne charakterisiert. Meine These ist: Individualisierung bedingt mittelbar eine Veränderung von geschlechtsspezifischer Sozialisation, bildet sie doch den allgemeinen Kontext auch von geschlechtsspezifischer Sozialisation und verpaßt dieser eine spezifische Färbung. Es kommt nicht allein zu einer individualisierten Sozialisation (Büchner u. a. Hrsg. 1991; Fend 1988; Heitmeyer/Olk Hrsg. 1990; Preuss-Lausitz u. a. 1990), es ist auch eine individualisierte Geschlechtersozialisation zu beobachten.

Die Traditionslinie der soziologischen Individualisierungsdebatte läßt sich bis in die klassische Soziologie zurückverfolgen (Marx, Simmel, Weber, Durkheim). Allerdings fehlt ein einheitliches Verständnis dieser Kategorie. Sie wird auf differente Weise verwendet. Das erfordert, sie zu definieren, um sie anschließend mit geschlechtsspezifischer Sozialisation in Verbindung bringen zu können. Die Definition geschieht durch Explikation insbesondere von Beck (1986), wobei nachfolgende Präzisierungsversuche auch anderer Autoren eingearbeitet werden sollen.

Der Begriff Individualisierung wird hier erst einmal nur, so lautet auch der Selbstanspruch von Beck, als gesellschaftstheoretische Kategorie benutzt, als die Beschreibung eines „neuen Modus der Vergesellschaftung" (Beck, 1986, S. 205), der sich beim Übergang von der ersten zur zweiten Moderne durchgesetzt hat. Individualisierung läßt sich analytisch in drei Dimensionen unterscheiden, die auch im Begriff Modernisierung enthalten sind, aber in der Kategorie Individualisierung eine besondere Zuspitzung erfahren; die Dimensionen sind: „*Herauslösung* aus vorgegebenen Sozialformen und -bindungen im Sinne traditionaler Herrschafts- und Versorgungszusammenhänge („Freisetzungsdimenision"), *Verlust von traditionalen Sicherheiten* im Hinblick auf Handlungswissen, Glauben und leitende Normen („Entzauberungswissen") und ... eine *neue Art der sozialen Einbindung* („Kontroll bzw. Reintegrationsdimension")" (Beck, 1986, S. 206). Diese Traditionslinie zur Individualisierung kann mit einem allgemeinen, analytischen und ahistorischen Individualisierungsmodell gebündelt werden, das sich mit folgender Graphik veranschaulichen läßt (a. a. O., S. 207). Mit dem Zeichen „+" sind die Dimensionen bezeichnet, zu denen das Individualisierungstheorem Aussagen macht; für die mit „-" bezeichneten Felder macht es vom Anspruch her keine Aussagen:

Individualisierung

	Lebenslage objektiv	Bewußtsein/Identität subjektiv
Freisetzung	+	-
Stabilitätsverlust	+	-
Art der Kontrolle	+	-

Der Begriff Individualisierung sagt demnach nichts darüber aus, welche Auswirkung Individualisierung auf die Genese psychischer Strukturen hat, mithin nichts darüber, wie Individualisierung individuell verarbeitet wird. Diese Kategorie begreift die in einer gesellschaftsgeschichtlichen Situation vorherrschenden Handlungszwänge. Es geht bei Individualisierung um ein Element des objektiven gesellschaftlichen Bedingungsgefüges, in dem Menschen handeln und sich sozialisieren müssen. Es wird mit Individualisierung als gesellschaftsgeschichtlicher Kategorie demzufolge nicht die Frage von „Bewußtsein, Identität, Sozialisation, Emanzipation" (Beck, 1986, S. 207), sondern die Frage beantwortet: „Welcher Zuschnitt von Lebenslagen, welcher Typus von Biographie setzt sich unter entwickelten Arbeitsmarktbedingungen durch?" (ebd.). Es ist eine soziologische und keine sozialisationstheoretische oder kulturkritische Begrifflichkeit. Und deshalb meint sie „beispielsweise nicht: Atomisierung, Vereinzelung, Vereinsamung, das Ende jeder Art von Gesellschaft, Beziehungslosigkeit" (Beck, 1993a, S. 150) und wohl auch nicht: Verunsicherung, Individualität, Autonomie, Subjektivität und Rationalität. Inwieweit diese Phänomene damit einhergehen oder nicht, hierzu macht die Kategorie Individualisierung in ihrer soziologischen Variante keine wissenschaftlich qualifizierte Aussage, weder eine negative noch eine positive, sondern nur spekulativ-explorative.

Im Unterschied zur modernisierungstheoretischen Argumentation handelt es sich bei der individualisierungstheoretischen um eine statische Argumentation. Bei Indvidualisierung handelt es sich um eine Anforderungsstruktur, um einen Modus der Vergesellschaftung, mit dem die Gesellschaft den Individuen gegenübertritt. Individualisierung ist mithin eine Rolle, die das vergesellschaftete Subjekt verarbeiten muß; es ist ein Begriff, mit dem das Verhältnis von Individuum und Gesellschaft beschrieben wird, und zwar in der Weise, wie es sich zu einem bestimmten soziohistorischen Zeitpunkt ausprägt. Individualisierung ist eine Kategorie, deren Abstraktionsniveau unterhalb der Modernisierungskategorie liegt. Denn auch dieser geht es, wie ausgeführt, um Freisetzung, Entzauberung und Reintegration. Individualisierung beschreibt nicht in erster Linie einen gesellschaftsgeschichtlichen Prozeß, sie versucht eben das Verhältnis von Individuum und Gesellschaft innerhalb dieser sozialen Dynamik auf den Begriff zu bringen, wobei unterschiedliche Individualisierungsgrade in den beiden Modernen angenommen werden.

Es wird von einer neuen gesellschaftsgeschichtlichen Qualität im Individualisierungsprozeß ausgegangen, von einer Art „Gestaltwandel" im Verhältnis von Individuum und Gesellschaft, der zu einem „kategorialen Wandel" in der Soziologie wie Sozialisationsforschung auffordert. Während vor dem Individualisierungsschub die Chancen, Gefahren, Unsicherheiten der Biographie durch die Vorgaben erzeugt worden sind, die im Familienverband, in der dörflichen Gemeinschaft oder der sozialen Klasse in der Form quasi-ständischer Regeln dem Individuum gegenübertraten, müssen diese nun durch das Individuum erarbeitet werden, das sich nicht auf quasi-ständische Gewißheitsversprechen mehr verlassen darf: selbst wenn sein Denken, Handeln und Fühlen mit der Tradition seiner sozialen Ausgangslage kongruent ist. Es muß die paradoxe Aufgabe lösen, sich aus sich selbst heraus zu begründen. Der gesellschaftliche Möglichkeits- und Handlungsspielraum muß von den vereinzelten Einzelnen selbst wahrgenommen, interpretiert, entschieden und bearbeitet werden. Die Folgen der individuellen Auswahl, ihre Chancen wie Lasten werden von der Gesellschaft auf die Individuen verlagert. Dabei interessiert sich diese nicht für das Problem, das sich daraus ergibt, daß die Individuen angesichts der hohen Komplexität der gesellschaftlichen Zusammenhänge grundsätzlich nicht in der Lage sind, die notwendig werdenden Entscheidungen fundiert zu treffen. Das spricht nicht gegen gewisse, graduelle Differenzen im subjektiven Autonomiepotential von Individuen, die auch wiederum differente Folgen haben (vgl. auch Beck/Beck-Gernsheim, 1993a, S. 179).

Individualisierung meint nicht Individualismus, unterstellt nicht absolute Freiheit, frei nach dem Motto „anything goes": frei flottierende Subjektivität, Asozialität. Das hieße, Gesellschaft löste sich in Normlosigkeit auf, Sozialisation erfolgte - ein begriffliches Unding - ohne einen Erwartungskomplex, den die Gesellschaft an ihre Mitglieder richtet. Der Gegenstandsbereich von Soziologie verlöre sich in unverbundenen Individualitäten, die sich nicht nur der Typologisierung entzögen. Gesellschaftliche Ordnung würde zudem unmöglich gemacht, die Soziologie wäre nur noch ein Anachronismus im Kontext reflexiver Modernisierung. Auch Sozialisation verabschiedete sich sodann von der Bühne der Weltgeschichte. Denn Sozialisation hat Gesellschaft zur Voraussetzung. Ohne Gesellschaft keine Sozialisation, Sozialisation ist das Synonym für Vergesellschaftung.

Die hier realisierte Lesart des Individualisierungsschubes lautet hingegen: Das persönliche Lebensprogramm, das von den Individuen lebenslang in die Tat umzusetzen ist, besteht heute nicht mehr in der quasi automatischen, unwillkürlichen, bewußtlosen Einfügung in vorgegebene Schablonen der Lebensführung. Sie werden vielmehr von der Gesellschaft gezwungen, eine persönliche Lebensperspektive zu erarbeiten und diese zu realisieren. Es ist von einer Individualisierungs-Rolle und nicht von Individualismus auszugehen: Diese Rolle fordert das Individuum dazu auf, „sich gefälligst als Individuum zu konstituieren: zu planen, zu verstehen, zu entwerfen, zu handeln" (Beck / Beck-Gernsheim, 1993a, S. 180). Mithin ist es ein individualistisches Mißverständnis von Individualisierung, dieses Faktum als These von der Abwesenheit gesellschaftlicher Zwänge zu lesen. Individualisierung ist ein Zwang, eine Rolle, die an alle Gesellschaftsmitglieder gerichtet wird; es ist ein Modus der Vergesellschaftung. Es steht nicht mehr Klasse, Geschlecht, Ethnie, Religion oder Region im Vordergrund des Vergesellschaftungsprogramms, die Subjekte werden nicht mehr angesichts ihrer zumindest unterstellten Gruppenzugehörigkeit vergesellschaftet, wenngleich diese Strukturkategorien weiterhin Lebenswege prägen[14]. Es ist das Individuum, das angesprochen und dabei nach seinen „ureigensten" Wünschen, Bedürfnissen und Interessen gefragt wird: scheinbar, denn gleichsam soll es die Gesellschaft reproduzieren, die auf Gruppierungen, auf gesellschaftliche Ordnungseinheiten nicht verzichten kann. Und das ist nur möglich, wenn man das Ich mit der Gesellschaft in Übereinstimmung bringt.

Die Gegenüberstellung von Individualisierung und Gemeinsamkeit beziehungsweise Gesellschaftlichkeit ist ebenfalls nicht im Sinne des Individualisierungstheorems. Es entstehen „neue Gemeinsamkeiten unter der Bedingung der Individualisierung" (Schulze, 1993, S. 75). Die Gleichzeitigkeit von „Individualisierung und Kollektivität ... ist kein Widerspruch in sich" (a. a. O., S. 76). Es verändert sich die Art und Weise, in der soziale Kontrolle ausgeübt wird, die Modifikation des Modus der Vergesellschaftung eben. Es wird subtiler, das Ich wird respektiert, an die Vernünftigkeit des Subjekts appelliert, wenn es mit Sachzwängen konfrontiert wird, die nicht aus der Welt zu schaffen wären. Es ist eine Psychologisierung des Soziallebens, vielleicht eine Zivilisierung der gesellschaftlichen Figuration (vgl. Elias 1976a, b), bei der sich die Sozialisatoren das Wissen um die Funktionslogik des Psychischen angeeignet haben, bei der die Feinfühligkeit und Empfindsamkeit der menschlichen Seele berücksichtigt wird, um eben die Menschen ohne größere

---

[14]   Empirische Belege werden noch geliefert.

Reibungsverluste im Sinne des gesellschaftlichen Ganzen verwerten zu können und zu lassen[15]. Verhandeln statt Befehlen und Gehorchen (Büchner 1989), Befehlen nur dann, wenn die Verhandlung im Konfliktfall das gewünschte Ergebnis auf seiten der Sozialisationsinstanzen nicht erbracht hat. Kurzum, es ist die individualisierte Rolle, auf der die heute definitionsmächtigen Institutionen aufbauen (Beck/Beck-Gernsheim, 1993a, S. 181): Arbeitsmarkt, Sozialstaat, das moderne Lebenslaufregime, Medien und Werbung. Individualisierung „bezeichnet ein Netz von Regelungen, Maßgaben, Anspruchsvoraussetzungen" (ebd.), die das Individuum als Individuum, nicht als Träger von Geschlechts-, Klassen- oder Rassenmerkmalen ansprechen. Die Individuen schweben nicht im „freien Raum der Entscheidungsmöglichkeiten" (Beck/Beck-Gernsheim, 1993a, S. 180). Die „ärgerliche(n) Tatsache der Gesellschaft" (Dahrendorf, 1964, S. 18) tritt den Individuen heute nicht mehr offensiv reprimierend gegenüber; sie vergesellschaftet mit der Behauptung, man wolle es selbst, weil man ein Individuum sein wolle. Es ist die Subtilisierung von legitimer und illegitimer Herrschaft. Das Individuum wird, ohne daß es von diesem bemerkt werden sollte, dazu gezwungen, die zentrale und verantwortliche Instanz der Lebensgestaltung zu sein. „Das „Projekt Leben" wird zum zentralen Bezugspunkt der eigenen Planung und Verantwortung. Ob es gelingt oder mißlingt, hängt in *normativer Verantwortungszuschreibung* nur von der Person selbst ab" (Fend, 1991, S. 10; Hervorhebung durch mich). Kurzum, Individualisierung wirkt nicht nur entnormierend, sondern bringt darüber hinaus den „normative(n) Code des persönlich zu verantwortenden Lebens" (ebd.) mit sich.

Es ist also eine irritierende Paradoxie individualisierter Sozialisationsprozesse zu berücksichtigen: sogenannte double-binds[16] oder gleichbedeutend Doppelbindungen (vgl. Watzlawick, 1978, S. 29ff.). Sie charakterisieren die aktuellen Sozialisationsprozesse. Sie müssen von den Individuen balanciert werden, damit sie sozial handlungsfähig bleiben. Sie müssen sich als Individuum vergesellschaften und dabei gleichzeitig Gesellschaft, vorgegebene Strukturen nämlich, reproduzieren und tradieren, die sich grob mit den Kategorien Schicht, Ethnie, Geschlecht, Region benennen lassen. Es muß geglaubt werden können, daß sie es selbst so wollen, wie sie es machen müssen, obwohl sie es vermeintlich nicht machen müssen. Das ist der neue Modus der Vergesellschaftung, der Niederschlag des Individualisierungsschubes in der Psyche: etwas als persönlich gewünscht anzusehen, obwohl es in soziologischer Perspektive eindeutige Wirkung der Ursache Gesellschaft ist. Das Wollen ist mit den gesellschaftlichen Vorgaben in Übereinstimmung zu bringen, die gesellschaftlichen Vorgaben sind als persönliches Wollen zu verarbeiten:

---

[15] Zu diskutieren ist, ob individualisierte Vergesellschaftung besser ist als autoritäre.
[16] Es handelt sich nicht um einen Intrarollenkonflikt. Diese Kategorie bezeichnet das Phänomen, daß an ein und dieselbe Position unterschiedliche Erwartungen gerichtet werden, nicht jedoch immanent widersprüchliche Erwartungen.

das muß gelernt werden. Mithin benennt Individualisierung den Zwang zur selbstreflexiven Tradierung von gesellschaftlichen Vorgaben, „... soziale Einbindung ... als *Eigenleistung* der Individuen" (Habermas, 1994, S. 444). Das schließt nicht aus, daß es sich für traditionale Lebensvollzüge entscheidet, mithin jene, die in der ersten Moderne Normalität waren. Hierbei handelt es sich aber allein um eine Gleichheit an der Oberfläche. Schaut man tiefer hin, dann wird deutlich, daß sich das Individuum für eine traditionale Lebensführung entscheiden muß und, was daraus folgt, für die damit verbundenen Chancen und Risiken selbstverantwortlich ist, zumindest von der Gesellschaft gemacht wird. Es kann sich nicht mehr auf traditionale Vorgaben beziehen, wenn es sich für eine traditionale Lebensform entschieden hat. Es tradiert nicht mehr kulturelle Vorgaben, obwohl es sie tradiert, eben soziale Einbindung als Eigenleistung. In einem neuen Satz: Das Individuum ist gezwungen, seine Lebensform mit Bezug auf selbsttätig geleistete Reflexionsprozesse zu rechtfertigen. Und diese sind individuell. Mithin, man hätte es ja auch anders machen können, so sagt es die Gesellschaft, die von alltäglich handelnden Menschen verkörpert wird. Die Individuen wirken daran ebenso mit wie die Sozialisationsinstanzen, die das Erziehungsziel „Selbstverwirklichung" im heutigen gesellschaftlichen Kontext als humanistisch charakterisieren. „So ist in den achtziger Jahren als „Erziehungsziel Selbständigkeit" festgeschrieben worden" (Preissing u. a., 1990, S. 11). Das läßt sich aus einschlägigen juristischen Texten wie dem Bürgerlichen Gesetzbuch oder Empfehlungen pädagogischer Experten entnehmen. Selbständigkeit wird gewünscht, nicht Autoritätsfixierung und Gehorsamkeit. Ob wir deshalb freier sind als die Generation unserer Eltern, ist eine Frage, die kontrovers diskutiert wird. Anders ausgedrückt: Die individualisierungstheoretische Argumentation im Kontext einer Theorie reflexiver Modernisierung zielt gerade nicht auf eine „harmonistische(n) Sichtweise der menschlichen Existenz" (Fend, 1991, S. 23) unter heutigen gesellschaftlichen Bedingungen, sondern sie erhebt den Anspruch, sie kritisch zu reflektieren. Mit Bezug auf Sartre läßt sich empathisch formulieren: „Die Menschen sind zur Individualisierung *verdammt*" (Beck/Beck-Gernsheim, 1993a, S. 179), und zwar alle. Individualisierung bezeichnet mithin „den verpflichtenden Charakter der Regel, die uns befiehlt, eine Person und immer mehr eine Person zu werden" (Durkheim, 1977, S. 445f.). Dasselbe meint Parsons, wenn er vom „institutionalisierten Individualismus" spricht (1978, S. 321), oder Beck, der diesem gesellschaftlichen Phänomen als „Doppelgesicht der institutionenabhängigen Individuallage" (1986, S. 210) verschlagwortet.

Individualisierung ist nur eine Bedingung der Sozialisation in der Bundesrepublik Deutschland. Wäre sie die einzige, gäbe es keine geschlechtsspezifische Sozialisation. Schließlich besagt es, die Subjekte werden als individuelle Persönlichkeiten vergesellschaftet. Individuelle und geschlechtsspezifische Vergesellschaftung schließen einander jedoch kategorial aus. Anders ausgedrückt: Meine These ist, daß von einem Interrollenkonflikt auszugehen ist, der auf der Gleichzeitigkeit von Individualisierung und Geschechterverhältnis basiert, von individualisierter Geschlechtersozialisation, die zu individualisierter Geschlechtsidentität führt. Man soll zwar die Geschlechtsrolle zu Geschlechtsidentität machen, aber so, daß es wie eine individuelle Eigenleistung aussieht, als ob man es genauso wollte, weil es dem eigenen Selbst entspräche. Die Menschen der zweiten Moderne sind also nicht aus den Sozialformen der ersten Moderne: Klasse, Schicht, Familie, Geschlechterverhältnis freigesetzt (vgl. Beck, 1986, S. 115), diese gesellschaftlichen Strukturen treten den Individuen vor dem Hintergrund der individualisierten Rollenstruktur gegenüber, dem individualisierten Vergesellschaftungsmodus. Mit neuen Worten: Das Gesetz, das über die Menschen der zweiten Moderne im Zuge reflexiver Modernisierung kommt, lautet nicht: Ich bin ich, sondern: „Ich bin ich, und dann: ich bin Frau. Ich bin ich, und dann: ich bin Mann „ (Beck 1986, S. 175). Besser noch: Es wird individualisiert und geschlechtsspezifisch vergesellschaftet, es gibt eine individualisierte Rolle und eine Geschlechtsrolle, die im Geschlechterverhältnis verankert ist. Man ist und wird „Ich" wie „Mann" oder „Frau". Beides muß in eine logisch stringente Reihenfolge gebracht werden, in ein konsistentes Koordinatensystem. Die Wirkung dieser Prozedur ist: Die Dialektik des Individualisierungstheorems ist aufgelöst worden, indem an ihre Stelle ein Interrollenkonflikt zwischen individualisierter Rolle und Geschlechtsrolle gesetzt worden ist. Beide Variablen interagieren miteinander und müssen vom Subjekt verarbeitet werden; es muß lernen, mit dieser widersprüchlichen Sozialisationsstruktur so umzugehen, daß es seine Handlungsfähigkeit nicht verliert: Werde ein Ich, werde ein Geschlechtswesen und werde zudem ein individuelles Geschlechtswesen, selbst dann, wenn Du nichts weiter machst, als das gegenwärtige Geschlechterverhältnis zu reproduzieren. So lautet die allgemeine normative Implikation von individualisierter Geschlechtersozialisation, die sich in der zeitgenössischen Bundesrepublik Deutschland ereignet und darüber hinaus schichten-, regional- und ethnienspezifisch passiert. So wenig wie die psychische Mann- und Frauwerdung adäquat begreifbar ist, wenn man nur mit der Kategorie Geschlechterverhältnis arbeitet, so wenig kann man sich ausschließlich auf den soziologischen Tatbestand Individualisierungsschub beschränken. Eine ausschließliche Fokussierung auf das Geschlechterverhältnis griffe zu kurz, weil dadurch eine Vielzahl von an potentiell relevanten Wirkfaktoren ausgeblendet würde, die mit dem Geschlechterverhältnis bereits auf der soziologisch relevanten Ebene interagiert: die individualisierte Rollenstruktur, die schichten-, ethnien- und regionalspezifischen Differenzierungen der Lebensverhältnisse, die Gesetzmäßigkeiten konsumkapitalistischer Vergesellschaftung. Die Untersuchung von geschlechtsspezifischer Sozialisation kann nicht allein auf das Naheliegende beschränkt werden, nämlich das Geschlechterverhältnis in seiner aktuellen Spezifikation. Vielmehr muß die Aneignung und Auseinandersetzung mit dem vorherrschenden bundesdeutschen Geschlechterverhältnis in einen komplexen gesellschaftlichen Zusammenhang gestellt werden.

4.2 Geschlechterverhältnis

Es soll nun das aktuelle Geschlechterverhältnis bestimmt werden, das den Heranwachsenden als eine spezifische Geschlechtsrolle gegenübertritt, die mittels des individualisierten Modus der Vergesellschaftung zu einer historisch besonderen Geschlechtsidentität, der reflexiv-modernisierten nämlich, gemacht werden soll. Dieses reflexiv-modernisierte Geschlechterverhältnis gewinnt seine Qualität im Kontrast zum einfach-modernisierten Geschlechterverhältnis, das in der ersten Moderne anzutreffen ist. Über die Beschaffenheit dieses einfach-modernisierten Geschlechterverhältnisses besteht in den Sozialwissenschaften weitgehend Übereinstimmung: Den weiblichen Individuen wird qua Geschlechtsrolle die Primärverantwortlichkeit für die psycho-physische Reproduktion, den männlichen Individuen die Primärverantwortlichkeit für die ökonomische Reproduktion ihrer jeweiligen Familie abverlangt; zudem müssen die Menschen die Fähigkeit zur Geschlechterspezifikation erwerben, was von der Geschlechtsrolle des Geschlechtersystems erzwungen wird, wobei sie sich an Expressivität oder, wenn sie männliche Individuen sind, an Instrumentalität orientieren sollen, Eigenschaftsbündel, die in einem hierarchischen Verhältnis zueinander stehen. Meine These nun ist: Diese Definition des Geschlechterverhältnisses, auf dem die bipolaren Modelle zur Geschlechtersozialisation aufbauen, wenn sie subjekttheoretisch reinterpretiert werden, trifft für die zweite Moderne nicht mehr zu; das ist ursächlich mit der feministischen Geschlechterbewegung zu erklären, die sich als feministisches Bewußtsein mittlerweile gesellschaftlich institutionalisiert hat; dieses feministische Bewußtsein wird hier - aus der Perspektive geschlechtsspezifischer Sozialisationstheorie - als feministische Geschlechtsrolle interpretiert; diese veranlaßt die Ausbildung einer feministischen Identität, die wiederum als feministische Geschlechtsrolle sozialisationstheoretisch veranschlagt werden muß, weil das Subjekt in der Sozialisationstheorie sowohl Explanans als auch Explanandum ist (Geulen, 1991, S. 43). Mit anderen Worten: Die geschlechtsspezifische Arbeitsteilung ist im Zuge fortschreitender Modernisierung normativ aufgelöst worden, der Zwang zur Geschlechterspezifikation wird beibehalten, allerdings in abgeschwächter Form: die androgyne Geschlechtsidentität soll heute gewollt werden - und sie wird gewollt. Kurzum, das reflexiv-modernisierte Geschlechterverhältnis besteht nur noch aus dem Geschlechtersystem, das keine geschlechtspolare, sondern eine androgyne Färbung hat.

Diese komplexe These, die im Schlagwort „feministische Generation" gebündelt werden kann, soll nun begründet werden und mit empirischen Belegen versehen werden.

4.2.1 Feministische Geschlechterbewegung

Die feministische Geschlechterbewegung ist eine analytische Kategorie, deren Kreation durch die Übereinstimmung der Ursachen und Ziele der Frauen-, Schwulen- und Männerbewegung angeregt wird; sie bringt nicht das Selbstverständnis dieser sozialen Bewegungen auf den Begriff (Hoffmann 1994, S. 21-91). Diese feministische Geschlechterbewegung übernimmt die Meinungsführerschaft innerhalb der neuen sozialen Bewegungen im Verlauf der siebziger Jahre des zwanzigsten Jahrhunderts (vgl. Badinter 1990; Brand u. a., 1986, S. 118ff., S. 251ff.; Doormann Hrsg. 1979; Ehrenreich 1984; Hofmann, C. 1979; Hollstein 1991; Knafla/Kulke, 1991, S. 91-115; Menschik 1977; Schenk 1981; Thürmer-Rohr 1990a). Sie transformiert das Geschlechterverhältnis der ersten Moderne in das Geschlechterverhältnis der zweiten Moderne. Im Modernisierungsprozeß kommt ihr der Stellenwert eines Übergangsstadiums zu, wenn meine These zutrifft, derzufolge sie sich als feministisches Bewußtsein, als feministische Generation, als feministische Geschlechtsrolle und -identität sowohl in den Köpfen und Körpern der Menschen als auch in den gesellschaftlichen Institutionen festgesetzt hat.

4.2.1.1 Ursachen

Es soll jetzt die Frage beantwortet werden, welcher Ursachenkomplex die Konstitution der feministischen Geschlechterbewegung bedingt. Denn die Ursachen dieser sozialen Bewegung können sozialisationstheoretisch als die Geschlechtsrolle interpretiert werden, die zeitgenössischer Mann- und Frauwerdung ihre unverkennbare Note gibt.

Es ist weit verbreitet, die Konstitution der feministischen Geschlechterbewegung rationalistisch zu erklären. Dies ist auch von einer gewissen Plausibilität, legitimiert sie sich doch selbst weniger durch Bezug auf das subjektive Leiden an der einfach-modernisierten Geschlechtsrolle als durch argumentativen Rückgriff auf die universalistische Tradition der Menschenrechte, die kein Geschlecht haben dürfen. Es entsteht daher beim Beobachter der Eindruck, als ob es primär um „die Einlösung eines Versprechens (geht; B. H.), das in den anerkannten universalistischen Grundlagen von Moral und Recht seit langem verankert ist" (Habermas, 1988b, S. 578). Das jedoch ist eine rationalistische Fehlinterpretation der feministischen Bewegung, der Motivation des geschlechterbewegten Menschen, die die Kausalität vertauscht. Denn wie Japp (1984) allgemein zur Theorie sozialer Bewegungen ausführt Diese Modernisierungsmotoren kommen nicht hauptsächlich wegen der objektiven Einsicht in die Unzulänglichkeit gesellschaftlicher Verhältnisse in Gang; dieser Satz mag noch auf die kritischen Theoretiker zutreffen. Eine solche These muß als rationalistische Fehlinterpretation der Argumente bezeichnet und zurückgewiesen werden, mit denen sich soziale Bewegungen in einer Gesellschaft legitimieren, die auf den Menschenrechten aufbaut und ihre Gesellschaftsmitglieder zur rationalen Begründung ihrer Bedürfnisse und Interessen nötigt. Eine solche Lesart von zum Beispiel feministischer Geschlechterbewegung greift zu kurz, weil sie die Kausalitätsverhältnisse vertauscht: Es ist vielmehr davon auszugehen, daß soziale Bewegungen entstehen, um „Problemdeutungen überhaupt erst durchzusetzen" (Japp, 1984, S. 322). Die Theorie des Geschlechterverhältnisses oder des Patriarchats, mit der die Konstitution der Geschlechterbewegung erklärbar wird, ist demnach nicht der Anfang, sie ist das Ergebnis der Aktivitäten der feministischen Geschlechterbewegung. Selbst die Ziele einer sozialen Bewegung verdeutlichen sich den Akteuren erst im Prozeß der sozialen Bewegung, durch die Intensivierung einer Kommunikation, bei der die Ursache der subjektiven Unzufriedenheit, die sich in einer spezifischen sozialen Bewegung bündelt, deutlich werden. Dadurch, daß die Ursachen der eigenen Unzufriedenheit klar werden, erscheinen dem bewegten Menschen die Ziele, die durch die eigene soziale Bewegung realisiert werden sollen. Infolgedessen ist die feministische Geschlechterbewegung nicht aufgrund der universalistischen Konstitution der modernen Gesellschaft entstanden. Ihre Ursache ist mithin nicht die Tatsache, daß gerade dort, wo der Gedanke der allgemeinen Emanzipation am lautstärksten verfochten wurde, auch die Kluft zwischen Anspruch und Wirklichkeit am deutlichsten ins Bewußtsein trat (Brand u. a., 1986, S. 124). Ihr Ausgangspunkt ist vielmehr das persönliche Unbehagen mit den individuellen und gesellschaftlichen Konsequenzen des Geschlechterverhältnisses der ersten Moderne. Auf die universalistische Tradition wird zurückgegriffen, um die subjektive Bedürfnislage mit anerkannten gesellschaftlichen Traditionsbeständen zu rechtfertigen. Der Widerspruch zwischen gesellschaftlichen Verhältnissen und dem universalistischen Gehalt der Menschenrechte ist jedenfalls nicht die ausschlaggebende Bedingung für die Konstitution der feministischen Geschlechterbewegung, die das sogenannte Patriarchat[17] abschaffen will; zu berücksichtigen ist in erster Linie die subjektive Unzufriedenheit von Frauen und Männern mit dem Geschlechterverhältnis der ersten Moderne, so daß ihr Unbehagen immer größer wurde (vgl. Knafka/Kulke, 1991, S. 93). Für diese These spricht zudem, daß es lange Zeit möglich war, das Geschlechterverhältnis der ersten Moderne nicht als einen Verfassungsbruch zu interpretieren (vgl. Nowak, 1988, S. 46). Kurzum, solange sich Menschen nicht an den gesellschaftlichen Verhältnissen stören, werden sie das Auseinanderklaffen von Verfassungsanspruch und Verfassungswirklichkeit nicht aus der Welt schaffen wollen. Ob-

---

[17]   Zur Relevanz dieses Begriffes sei exemplarisch auf Mies (1988, S. 55ff.) verwiesen.

jektive Probleme müssen zu Problemen des Subjekts werden, damit sie als veränderungsbedürftig angesehen werden.

Als Ursache der feministischen Geschlechterbewegung ist allgemein das subjektive Leiden von einer Vielzahl männlicher und weiblicher Individuen an dem Geschlechterverhältnis der ersten Moderne ausgearbeitet worden. Besser ausgedrückt: Die Frauen und Männer, die das dynamische Dreieck bilden, das aus Frauen-, Männer- und Schwulenbewegung besteht, gehen mehr oder weniger explizit davon aus, daß das für sie relevante Geschlechterverhältnis die Ursache ihres Leidensdrucks ist. Demnach ist die Ursache der Geschlechterbewegung die Hypothese, daß das Leiden an der Gesellschaft durch das einfach-modernisierte Geschlechterverhältnis veranlaßt ist und daß das Leiden durch die Modifikation dieses Geschlechterverhältnisses zum Verschwinden gebracht werden kann. Die Menschen, die infolge dieser Hypothese handeln, konstituieren das für die Geschlechterbewegung typische „Wir-Gefühl", das die fremden Menschen einander näherbringt. Sie kämpfen gemeinsam für eine Veränderung des bestehenden Geschlechterverhältnisses. Durch diese Aktivitäten wird es zu einem neuen Geschlechterverhältnis. Dieses neue Geschlechterverhältnis ist das reflexiv-modernisierte Geschlechterverhältnis, das Geschlechterverhältnis der zweiten Moderne, das die Heranwachsenden gegenwärtig als die markante Bedingung ihrer je individuellen Geschlechtersozialisation vorfinden. Mit dieser feministischen Geschlechtsrolle müssen sie sich auseinandersetzen, diese müssen sie zu einer feministischen Geschlechtsidentität verarbeiten. Diese Geschlechtsrolle müßte sich in allen Sozialisationsinstanzen und -kontexten empirisch nachweisen lassen. Sie tritt dort auf jeweils einzigartige Weise auf und ist dennoch als feministische Geschlechtsrolle zu erkennen. Vom sich geschlechtersozialisierenden Subjekt wird sie auch auf individuelle Weise verarbeitet, und zwar in dem Rahmen, der durch die Geschlechtsrolle feministischer Machart gebildet wird.

Das Leiden an dem Geschlechterverhältnis der ersten Moderne kann auf objektive gesellschaftliche Strukturen zurückgeführt werden. Das heißt nicht, daß diese Objektivität den geschlechterbewegten Menschen zu Beginn ihrer sozialen Bewegung bewußt war; das widerspräche zutiefst Japps These zur Theorie sozialer Bewegungen. Dennoch ist eine Analyse der gesellschaftlichen Objektivität, in der das Geschlechterverhältnis eingebettet ist, nötig: Damit das Leiden an der Geschlechtsrolle respektive an dem Geschlechterverhältnis und damit die Zielsetzung feministischer Geschlechterbewegung in seinem gesamten Ausmaß verständlich und zudem anschaulich wird, muß das Geschlechterverhältnis der ersten Moderne mit der Produktions- und Reproduktionsstruktur der Industriegesellschaft verknüpft werden. Dadurch wird der objektive Charakter des subjektiven Leidensdrucks deutlich, der die Konstitution der feministischen Geschlechterbewegung anregt. Dieses Leidenspotential des Geschlechterverhältnisses der ersten Moderne bildet einen Bestandteil der zeitgenössischen Geschlechtsrolle und bestimmt dadurch reflexiv-modernisierte Geschlechtersozialisation. Mit anderen Worten: Im gegenwärtigen Geschlechterverhältnis ist die Objektivität des Leidens enthalten, das aus einfachen Männern und Frauen geschlechterbewegte Menschen gemacht hat. Das neue Leben in der alten Welt wird aufgefordert, zum Feministen zu werden.

Es ist sozialwissenschaftlicher Konsens, daß der Gegensatz von Produktions- und Reproduktionsbereich Produkt und Grundlage der ersten Moderne ist (vgl. auch Beck 1986; Beck/Beck-Gernsheim 1990; Beck-Gernsheim 1980; Beer 1991; Bock/Duden 1977; Bublitz 1993; Habermas 1988 a, b; Hausen 1978; Kreckel 1992). Die Gesetzmäßigkeiten der Produktionssphäre sind weder für weibliche noch für männliche Individuen - selbstverständlich vor ihrer einfach-modernisierten Geschlechtersozialisation - mit denen der Reproduktionssphäre in Übereinstimmung zu bringen. Diese beiden Vergesellschaftungslogiken stehen sich diametral gegenüber, sie greifen jeweils nach dem ganzen Menschen. Diese gesellschaftlichen Teilbereiche beruhen eben auf antagonistischen Funktionslogiken, die Habermas (1988a, b) in die Begriffe „System" und „Lebenswelt" gepackt hat. Diese Bereiche werden geschlechtsspezifisch zugewiesen. Beck-Gernsheim (1980) hat deshalb die Metapher vom „halbierten Leben" kreiert, von der „Männerwelt Beruf" und der „Frauenwelt Familie" (ebd.). Anders gesagt: Der zentrale strukturelle Antagonismus moderner Gesellschaften, der in Anlehnung an die Parsons'sche Theoriebildung (1968) als die Inkongruenz von Berufs- und Familienrolle bezeichnet werden kann, wird in dem Teil der Geschlechtsrolle aufgehoben, der die geschlechtsspezifische Arbeitsteilung betrifft. Hierdurch soll die biologische wie ökonomische Reproduktion der Gesellschaft gewährleistet werden (Allemann-Tschopp, 1979a, S. 30ff.); obgleich das nicht bedeuten muß, daß dies die einzige Möglichkeit gesellschaftlicher Reproduktion ist.

Es gibt somit in der ersten Moderne für männliche und für weibliche Individuen eine jeweils spezifische Art und Weise, den Antagonismus moderner Gesellschaften zu lösen, so daß selbst- und fremdschädigende Interrollenkonflikte nicht auftreten, wie sie für die zweite Moderne typisch werden. Denn die gegensätzlichen Funktionslogiken sind in der Geschlechtsrolle der ersten Moderne aufgehoben, die zu einem geschlechtsspezifischen Umgang mit Berufs- und Familienrolle auffordert. Sie raubt dem strukturellen Antagonismus der modernen Gesellschaft seine Destruktivität. Sie leistet das, weil sie verhindert, daß Männer und Frauen sich mit Haut und Haaren in beiden Teilbereichen bewähren müssen. Während männliche Individuen gesellschaftlich gezwungen werden, die Privatsphäre nicht als ihren zentralen Lebensmittelpunkt anzusehen, müssen die weiblichen Individuen eben diese als ihren zentralen Lebensmittelpunkt betrachten und der beruflichen und öffentlichen Sphäre eine Minderbewertung zukommen lassen. Einmal gewendet: Es wird durch geschlechtsspezifische Arbeitsteilung innerhalb der Familie die strukturelle Trennung von Privatheit und Öffentlichkeit integriert und lebbar ge-

macht. Zusammengehalten werden diese beiden gesellschaftlichen Funktions-
logiken durch das gesellschaftliche Konstrukt der romantischen Liebe, das
Schmieröl der Geschlechtsrollenmechanik. Eine Rolle spielt ebenfalls die
These vom angelegten Geschlechtscharakter und dessen anthropologischer
Funktionalität, die dem Geschlechterverhältnis den Charakter des Natürlichen
gibt, der leichter zu ertragen ist. Wem das nicht Begründung genug ist, wird
auf die Argumentation der affirmativen Sozialisationstheorie verwiesen, die
Abweichungen von diesem Geschlechtscharakter als psychopathologische
Erscheinungen verklärt.

Das einfach-modernisierte Geschlechterverhältnis verhindert also die kri-
senhafte Überforderung des Individuums. Es entlastet die Menschen von einer
individuellen Lösung des Interrollenkonflikts, der zu verarbeiten ist, wenn die
Geschlechtsrolle der ersten Moderne als orientierende Sozialnorm zurückgewiesen wird. Aufgrund dieser Geschlechtsrolle müssen die Menschen unter
den Bedingungen von einfacher Modernisierung keinen Gedanken darauf ver-
schwenden, wie sie Berufs- und Familienrolle vereinbaren, weil dieser Konflikt in der geschlechtsspezifischen Familienrolle, der Geschlechtsrolle der
ersten Moderne, aufgehoben wird. Ein berufliches Defizit für Frauen sowie
ein familiäres Defizit für Männer gilt gesellschaftlich als normal und wird mit
positiven Sanktionen gestützt.

Ein Exkurs sei erlaubt. Der Grund ist: Die Angewohnheit verbreitet sich,
die Industriegesellschaft, die am Übergang vom 18. zum 19. Jahrhundert die
traditionale Agrargesellschaft abgelöst hat und die erste Moderne konstituiert,
aufgrund ihrer Geschlechtersozialisation als „eine moderne Ständegesellschaft" (Beck, 1990a, S. 38; Beck, 1986, S. 176) zu bezeichnen. Weiter heißt
es: Die sich mit der ersten Moderne herausbildenden Geschlechtsidentitäten,
„sind insofern der seltsame Zwitter „*moderner Stände*" (Beck, 1990a, S. 39),
als sie auf „Zuweisungen qua Geburt" (ebd.) und nicht auf einer Kompetenz
beruhen. Sie sind moderne Stände, weil die spezifische Art und Weise der geschlechtsspezifischen Zuweisung erst in der ersten Moderne, also mit der Entstehung der kapitalistischen Industriegesellschaft, einsetzt. Sowohl die Trennung von Berufs- und Hausarbeit sind Produkte der Moderne als auch deren
explizite und ausschließliche Zuweisung an „*den Mann*" und „*die Frau*". In
diesem Sinne würde die traditionale von einer modernen Ständegesellschaft
abgelöst. Dabei gilt: Aus der Perspektive einer Theorie reflexiver Modernisierung kommt der modernen Ständegesellschaft wiederum der Status einer
Tradition zu, aus der die Menschen freigesetzt werden und welche die Gestalt
der zweiten Moderne und ihres Geschlechterverhältnisses provoziert.

Indes ist zu beachten: Mit der Geschlechtszugehörigkeit geht eine spezifische Kompetenz einher: die des Gebärens und des Stillens. Deshalb ist zumindest in der ersten Moderne, in der es keine fertige Säuglingsnahrung von
ausreichender Qualität gibt und die Inexistenz der Anti-Baby-Pille eine ratio-
nale Familienplanung kaum zustande kommen läßt, die Rede von der Stände-

gesellschaft problematisch. Solange es nämlich keine fertige Säuglingsnahrung gibt, ist der Säugling an die Mutter und die Mutter an ihn gebunden. Das heißt, erst in dem historischen Moment, zu dem die biologische Kompetenz des Stillens wegen der technischen Revolution überflüssig wird, kann man von einer Ständegesellschaft im Sinne von Beck sprechen, wenn die gesellschaftlichen Teilbereiche weiterhin geschlechtsspezifisch zugewiesen würden. Vorher besteht eine besondere Kompetenz, die zwar nicht im eigentlichen Sinne des Wortes erworben werden mußte, die aber bei der Begriffsbildung zu berücksichtigen ist. Andernfalls entstünde der Eindruck, es wäre bei der „Dissoziation von Erwerbs- und Familienarbeit" (Hausen 1978) nur um die Durchsetzung eines männlichen Herrschaftsanspruches gegangen. Es ist darüber hinaus zu berücksichtigen, daß dieser Aufteilung ein großes Stück Rationalität innewohnt. Das zeigt sich auch daran, daß die sozialistische Frauen- und Arbeiterbewegung sozialpolitisch darum kämpfte, das weibliche Geschlecht vom Zwang zur außerhäuslichen Berufsarbeit partiell zu befreien. Mutterschutzgesetze sind eine sozialpolitische Errungenschaft und nicht Ausdruck patriarchalischer Ideologie. Außerdem: Die Gebärquote des weiblichen Geschlechts ist in der ersten Moderne wesentlich höher gewesen als in der zweiten Moderne; denn es gab keine Anti-Baby-Pille. In Kombination mit der geringeren Lebenserwartung und dem Zwang zum Stillen ergibt sich daraus eine starke Bindung des weiblichen Geschlechts an die Haushaltsführung und Kindererziehung. Die gesellschaftlichen Lebensverhältnisse erlaubten es kaum, das weibliche Geschlecht nicht auf die biologische Fähigkeit zum Stillen und Gebären zu „reduzieren" (vgl. Bertram, 1987, S. 15; Imhof, 1981, S. 75ff.). Mithin ist es erforderlich, die These von der geschlechtsständischen Gesellschaft zurückzuweisen. Denn eine geschlechtsständische Gesellschaft könnte höchstens die zweite Moderne sein, weil erst zu diesem Zeitpunkt die androgyne Gesellschaft objektiv überlebensfähig geworden ist. Würden in der zweiten Moderne die beiden Sphären weiterhin geschlechtsspezifisch zugeteilt, so müßte von einer Ständegesellschaft gesprochen werden. Wir werden sehen, daß dem nicht so ist: Die Kategorie Ständegesellschaft ist das Ergebnis einer ungenauen Untersuchung der historischen Entwicklung.

Zurück zum Text: Die erste Moderne ist, so lautet der Ertrag unserer Analyse, durch die Gegensätzlichkeit der privaten und öffentlichen Sphäre charakterisiert. Diese Gegensätzlichkeit wird durch das Geschlechterverhältnis, das den Individuen als Geschlechtsrolle gegenübertritt, insoweit aufgehoben, als die Menschen sich nicht um die Vereinbarkeit dieser beiden Sphären in ihrem Lebenslauf kümmern müssen. Folgen sie den Vorgaben der Geschlechtsrolle, so haben sie mit dem strukturellen Antagonismus moderner Gesellschaften keine unmittelbaren Probleme. Die Geschlechtsrolle der ersten Moderne dürfte für den Fall keine bewußte Leidensstruktur bei den geschlechtsspezifischen Subjekten hervorrufen, wie die gesellschaftliche und psychische Realität mit der Norm des Geschlechterverhältnisses der ersten

Moderne deckungsgleich ist. Entsprechen sich normative Erwartung an die Subjekte in Form der traditionalen Männer- und Frauenrolle und die gesellschaftliche Struktur, so herrscht ein harmonischer Zustand zwischen den Geschlechtern vor, der nicht nach Modifikation drängt. Das heißt: Geht ausschließlich der Mann einer außerhäuslichen Erwerbstätigkeit nach, bringt er ausreichend Geld für sich, seine Ehefrau und seine Kinder mit nach Hause, ist er mit dieser Situation außerdem zufrieden, was eine heterosexuelle Orientierung impliziert, so wird die Einschränkung von Persönlichkeitsentfaltung, die der Geschlechtsrolle immanent ist, nicht zu einer manifesten Leidenserfahrung. Nimmt das weibliche Geschlecht die Möglichkeit zur ausschließlichen Hausarbeit und Kindererziehung als optimale Gelegenheit zur Selbstverwirklichung wahr, so entsteht kein explosives Geschlechterverhältnis. Zusätzlich müßte die Ehe ein Leben lang halten und dürfte das Problem des „leeren Nestes" (Arthur E. Imhof) und der Hausarbeit als „Insularexistenz" (Beck, 1986, S. 182) und „dequalifizierter Restarbeit" nicht auftreten, wie auch eine kritische Reflexion des negativen wie positiven Leistungspotentials der Geschlechtsrollenmechanik durch die Subjekte unterbleibt. Scheren indes Frauen aus der Hausarbeitsexistenz aus oder wollen Männer „nicht ein Leben lang eine *„weibliche Arbeitslose"* durchfüttern" (Beck, 1990b, S. 201) und Vaterschaft einzig und allein als Alimentation praktizieren (vgl. auch Lenzen 1991), zerbricht das harmonische Ganze, das Leiden an dem Geschlechterverhältnis wird bewußt, es wird manifest. Dieses objektiv verankerte Leiden bewirkt sodann das Phänomen der feministischen Geschlechterbewegung, das eine andere Lösung der gesellschaftlichen Produktions- und Reproduktionsaufgabe will. Die Menschen wollen den Preis, der für die Verhinderung des ausgeführten Interrollenkonflikts gezahlt werden muß, nämlich auf Teilaspekte der Persönlichkeitsentfaltung verzichten zu müssen, nicht mehr zahlen. Es entsteht das Bedürfnis, das herrschende Geschlechterverhältnis zu verändern. Dieses Bedürfnis findet man bei beiden Geschlechtern. Wäre dem nicht so, gäbe es weder Frauen-, noch Schwulen- und Männerbewegung.

Aus dem Gesagten läßt sich die These ableiten: Es ist ein patriarchal getränktes Vorurteil, daß männliche Individuen nicht an der sogenannten patriarchalischen Gesellschaft leiden, die etwas neutraler als erste Moderne zu benennen wäre. Diese falsche Sichtweise findet man bei Feministen wie Anti-Feministen beiderlei Geschlechts: Zwischen männlichen Interessen und Bedürfnissen und gesellschaftlichen Strukturen bestünden keine Differenzen und deshalb seien dem männlichen Lebenszusammenhang keinerlei Widersprüche immanent. Männer hätten an einer Überwindung patriarchaler Geschlechterverhältnisse keinerlei Interesse, weil sie keine Probleme hätten. Das sei beim weiblichen Geschlecht anders.

Es ist gezeigt worden, diese These ist falsch: Der Männerrolle, und damit dem männlichen Lebenszusammenhang, sind genau wie der Frauenrolle der ersten Moderne Unzufriedenheitspotentiale immanent. Daran ändert auch die

Tatsache nichts, daß bei Männern „*selbständige* ökonomische Existenzsicherung und *alte* Rollenidentität" (Beck, 1990a, S. 47) zusammenfallen, wie Barbara Ehrenreich (1984, S. 19) nicht ohne Bauchschmerzen (a. a. O., S. 204) und widersprüchliche Argumentationsfiguren (vgl. Hoffmann, 1994, S. 63ff.) nachweist. Dieser Nachweis, an den Hollstein (1990) anknüpft, gelingt ihr, indem sie aufzeigt, „daß der Zusammenbruch der Ernährerethik lange vor dem Wiederaufleben des Feminismus angefangen hat. Er rührt von einer Unzufriedenheit her, die - auch wenn sie nicht so idealistisch vertreten wurde - genauso tief verwurzelt war, wie jene, durch die unsere Initiatoren der „*zweiten feministischen Welle"* motiviert wurden" (Ehrenreich, 1984, S. 19). Anders gesagt, diese feministische These muß als falsch zurückgewiesen werden: „Alle Komponenten, die Frauen aus der traditionalen Frauenrolle *herauslösen, entfallen* auf seiten der Männer. Vaterschaft *und* Beruf, ökonomische Selbständigkeit *und* Familienexistenz sind im männlichen Lebenszusammenhang keine Widersprüche, die *gegen* die Bedingungen in Familie und Gesellschaft erkämpft und zusammengehalten werden müssen, ihre Vereinbarkeit ist vielmehr in der traditionalen Männerrolle vorgegeben und gesichert" (Beck, 1990a, S. 47). Da „der männlichen Rolle" kein Widerspruch immanent wäre, hätten Männer kein Eigeninteressen an einer Überwindung patriarchaler Geschlechterstrukturen. Wegen dieser Tatsache „sind wesentliche Impulse für die Freisetzung aus der Männerrolle wohl nicht immanent, sondern von *außen* durch Veränderungen bei den Frauen *induziert"* (Beck, 1990a, S. 47).

Es ist wohl zutreffend, daß der Männerrolle keine Widersprüche immanent sind. Nur gilt das gleichsam für die Frauenrolle. Es ist doch gerade die Pointe der Geschlechtsrolle der ersten Moderne, daß diese die Widersprüche aufhebt, die durch den strukturellen Antagonismus industrieller Gesellschaften hervorgerufen würden, wenn beide Geschlechter einer Vollerwerbstätigkeit nachgingen. Im übrigen hat Parsons bereits 1942 erkannt, daß die moderne Lösung der Reproduktionsaufgabe eine Reihe von Problemen mitsichbringt (vgl. Parsons, 1942, S. 71ff.). Seine Beschreibungen ähneln stark der feministischen Gesellschaftskritik. Allerdings gibt es einen entscheidenden Unterschied. Für Parsons folgt aus dem Unzufriedenheitspotential nicht die androgyne Revolution. Er konnte sich wohl noch gar nicht vorstellen, daß eine androgyne Gesellschaft lebensfähig wäre, sprich: die Reproduktionsaufgabe der menschlichen Gattung lösen könnte. Wissenssoziologisch ist das durchaus verständlich, schließlich fehlten zu seiner Zeit die technischen Voraussetzungen: Anti-Baby-Pille und Säuglingsnahrung. Berücksichtigt man dieses Faktum, so erscheint der universalistische Ansatz von Parsons nicht in einem affirmativen Licht, sondern als exakte Bestimmung zu seiner Zeit gegebener Handlungsmöglichkeiten, und diese zwangen ihn zu einer spezifischen Normierung der Geschlechtstatsache. Wie dem auch sei: Die Ursache der Geschlechterbewegung sind nicht die Widersprüche im weiblichen Lebenszusammenhang, es sind auch nicht die Widersprüche im männlichen Lebenszusammenhang, es sind schlicht und ergreifend die Unzufriedenheitspotentiale, die dem Geschlechterverhältnis der ersten Moderne immanent sind. Denn dieses reduziert die menschlichen Lebensäußerungen auf einen Teilaspekt des menschlichen Potentials. Das schafft Unzufriedenheit, ein „Unbehagen in der Modernität" (Berger u. a. 1987) erscheint im gesellschaftsgeschichtlichen Prozeß und führt zu einer „Krise der modernen Zivilisation" (Brand u. a., 1986, S. 17), die auch eine Krise des Mannes und eine Krise der Frau ist. Das provoziert die Geschlechterbewegung, die für einen anderen gesellschaftlichen Modus von ökonomischer und biologischer Reproduktion der Gattung kämpft. Kurzum, das männliche Geschlecht hat offensichtlich wie das weibliche Geschlecht ein Interesse an der Überwindung des traditionalen Geschlechterverhältnisses, weil die einfach-modernisierte Geschlechtsrolle einen Leidensdruck erzeugt, den die Menschen nicht mehr ertragen wollen. Andernfalls gäbe es keine Männer- und auch keine Schwulenbewegung.

Der „männliche Leidensdruck", der auf die Geschlechtsrolle zurückzuführen ist, fällt meines Erachtens regelmäßig der begrifflichen Unschärfe im Kontext der Reifizierung von Geschlecht zum Opfer. Deshalb sei hier noch einmal betont: Die Männerrolle ist nicht der männliche Lebenszusammenhang. Die Männerrolle beinhaltet die normative Erwartung des einfach-modernisierten Geschlechterverhältnisses, daß die Primärzuständigkeit für die ökonomische Reproduktion der Familie durch das männliche Individuum geleistet wird und daß familiäre-private Interessen dieser Verpflichtung untergeordnet werden. Die Erwartung einer solchen Hierarchisierung zeigt uns deutlich an, daß ein Verzicht zu ertragen ist, daß die Repression anderer Bedürfnisse männlicher Individuen ausgehalten werden muß, wodurch allerdings eine spezifische Subjektivität freigesetzt wird. Der männliche Lebenszusammenhang ist eben nicht allein die Männerrolle. Der männliche Lebenszusammenhang beinhaltet all jene Aspekte, die Männer faktisch leben: Familie, Beruf und Freizeit. Die Männerrolle ist dabei ohne die Verantwortung für die Familie nicht zu denken, obwohl gleichzeitig der Verzicht auf familiäre Aktivitäten impliziert wird. Es ist die männliche Variante der Lösung des markanten Strukturantagonismus moderner Gesellschaften in der ersten Moderne. Damit ist nicht gesagt, daß das männliche Leid bei allen Männern manifest wird. Es dürfte jedoch eine große Zahl von männlichen Individuen in der ersten Moderne unter der Geschlechtsrolle in manifester Ausprägung gelitten haben. Das zeigt sich vor allem an den neuen sozialen Bewegungen, die Männerbewegung im weiteren Sinne des Wortes sind. Denn den neuen sozialen Bewegungen ging es um eine Neudefinition des Verhältnisses von Freizeit, Familie und Beruf, von Expressivität und Instrumentalität, um die androgyne Revolution, um die Modifikation des Geschlechterverhältnisses, das ihre Sozialisationsbedingung war.

4.2.1.2 Ziele

Die Ziele der feministischen Geschlechterbewegung sind die andere Seite des Leidens des geschlechterbewegten Menschen. Und durch den kämpferischen Versuch, sie zu realisieren, wird ein neues Geschlechterverhältnis hervorgebracht, durchgesetzt, eines, das für die Mehrheit akzeptabel ist. Zudem differenziert sich das Problembewußtsein des geschlechterbewegten Menschen im Verlauf seiner Bewegung, die Ursachen für sein Leiden treten immer mehr hervor. Das Problembewußtsein wird von den Teilnehmern der feministischen Geschlechterbewegung in alle gesellschaftlichen Teilbereiche transportiert; dort wirkt es als feministische Geschlechtsrolle auf andere Menschen ein und wird bei seiner Verarbeitung wiederum verändert.

Der geschlechterbewegte Mensch leidet an der Lösung des strukturellen Antagonismus von Produktion und Reproduktion, wie er für die erste Moderne typisch ist. Diese Tatsache zeigt sich deutlich, wenn das Programm der feministischen Geschlechterbewegung untersucht wird. Es ist gleichsam als Lösungsvorschlag zur Beendigung des Leidens an der Gesellschaft zu lesen. Es gerinnt - aus der sozialisationstheoretischen Perspektive - in der Geschlechtsrolle, die nun eine Mann- und Frauwerdung veranlassen soll, die kein manifestes oder latentes Leid mehr verursacht - so die Hoffnung des geschlechterbewegten Menschen.

Von diesem dynamischen Dreieck, das aus Frauen-, Männer- und Schwulenbewegung gebildet wird und hier als feministische Geschlechterbewegung bezeichnet wird, wird all das, was über Weiblichkeit und Männlichkeit gedacht und als wahr angenommen worden ist, zur Disposition gestellt und als patriarchatstradierende Norm gekennzeichnet (Bock, 1988, S. 9) und mit dem Katastrophenpotential der Risikogesellschaft in Verbindung gebracht (vgl. Böhnisch/Winter 1993; Mies 1988; Pilgrim 1987; Thürmer-Rohr 1988, 1990b). Anders gesagt: Die feministische Geschlechterbewegung behauptet, daß die bipolaren Modelle zur Geschlechtersozialisation, die in dieser Arbeit als biologistische oder affirmative Variante vorgestellt wurden, Ideologie der herrschenden Männer sind: sie dienten einzig und allein der Aufrechterhaltung patriarchalischer Herrschaftsverhältnisse. Das heißt: Die feministische Geschlechterbewegung kämpft gegen geschlechtsspezifische Lebensbereiche und Darstellungsweisen, die hier mit der Kategorie geschlechtsspezifische Arbeitsteilung und Geschlechtersystem begriffen werden. Beides wird als sogenannte patriarchale Unterdrückung wahrgenommen, gegen die gekämpft werden müsse. Dieses patriarchalische Geschlechterverhältnis, das die Fähigkeit zur Primärverantwortlichkeit und Geschlechterspezifikation erwartet, reprimiere, so wird behauptet, weibliche und männliche Individuen in einem individuell und gesellschaftlich nicht mehr erträglichem Maß; das Geschlechterverhältnis der ersten Moderne leiste keinen Beitrag bei der Entfaltung menschlicher Subjektivität, es schränke diese auf nicht akzeptable Art und Weise ein und trüge über hochgradig komplizierte Wirkungszusammenhänge zur weltgesellschaftlichen Katastrophe bei (vgl. Böhnisch/Winter 1993; Goldberg 1988; Hollstein 1991; Mies 1988; Pilgrim 1987; Thürmer-Rohr 1987, 1988, 1990). Das Geschlechterverhältnis solle daher abgeschafft werden: Es solle nicht mehr nur der ein „richtiger Mann" sein, wer verheiratet und heterosexuell ist, seine Familie ohne mütterliche Mithilfe ernähren kann und die wichtigen Entscheidungen in der Familie allein trifft. Die fehlende Integration dieser Elemente durch den Mann solle „nicht mehr ... als abweichend bezeichnet, sondern als *„gesund"* angesehen werden (Ehrenreich, 1984, S. 19): Der Mann der ersten Moderne wird ebenso als psychopathologisches Phänomen interpretiert wie die Frau, die das andere Extrem bildet. Ein richtiger Mann sei nun jenes männliche Individuen, das kein Ehemann ist, keine Familie ökonomisch reproduziert, sich bei seinem Handeln, Denken und Fühlen nicht von einer Frau unterscheidet und für die homosexuelle Erfahrung offen ist - für die Frau vice versa. Eine Zeitlang wird sogar Homosexualität angestrebt, jedoch wird diese Radikalität der ersten Stunde nicht beibehalten (vgl. Männerbilder 1976; Hoffmann, 1994, S. 75, S. 84; Hollstein 1991). Für die gesellschaftliche Akzeptanz gleichgeschlechtlicher Lebensweisen sorgen die homosexuellen Menschen selbst, was zum Beispiel Michael Holy (1991) am Beispiel Schwulenbewegung historisch demonstriert (vgl. auch Hoffmann, 1994, S. 84ff.; Preuss-Lausitz, 1983, S. 100ff.). Das Verhältnis zwischen Lesben- und Frauenbewegung ist etwas verwickelter als das zwischen Männer- und Schwulenbewegung. Weitere Differenzierungen der feministischen Geschlechterbewegung sind an dieser Stelle jedoch nicht erforderlich, weil hier nur die Elemente interessieren, die sozialisationstheoretisch als Geschlechtsrolle veranschlagt werden können, weil sie von der Gesellschaft als vernünftig akzeptiert werden und sich in der Folge im öffentlichen Bewußtsein niederschlagen können. Fraktionierungen innerhalb der feministischen Geschlechterbewegung sind also für unsere Fragestellung irrelevant. Infolgedessen kann gleichsam auf eine Diskussion des Verhältnisses von Frauen- und Männerbewegung verzichtet werden (vgl. insgesamt Hoffmann 1994).

Die feministische Geschlechterbewegung ist verwurzelt in den sechziger und siebziger Jahren, sie konstituiert sich parallel mit den sogenannten neuen sozialen Bewegungen (vgl. Brand u. a. 1984; Hollstein, 1991, S. 34-61; Hoffmann, 1994, S. 47-91; Raschke 1988), denen es um eine Umdefinition des Verhältnisses von Reproduktion und Produktion ging. Das geschieht kapitalismus- und nicht patriarchatskritisch, das Leiden an der Gesellschaft wird auf das Kapital- und nicht auf das Geschlechterverhältnis zurückgeführt. Mit anderen Worten: Im Unterschied zu den neuen sozialen Bewegungen ist die Geschlechterbewegung zum einen dadurch charakterisierbar, daß sie die vielen Facetten der neuen sozialen Bewegungen in ein umfassendes gesellschaftstheoretisches Konzept integriert, mit dem alle Übel dieser Welt ursächlich mit dem patriarchalischen Geschlechterverhältnis, dem Geschlechterverhältnis der ersten Moderne, erklärt werden. Aufgrund ihrer Dominanz hat sie zum anderen die neuen sozialen Bewegungen bestimmt. Das zeigt sich daran, daß „die meisten Wertvorstellungen der Alternativen ... dem kulturell tradierten, patriarchalisch-dualistischen Stereotyp nach als „feminin" oder „weiblich" eingestuft werden" (Schenk, 1979, S. 181). Zum dritten zeichnet sie sich dadurch aus, daß die Teilnehmer ihre politische Aktivität und Zielsetzung über ihre Geschlechtsidentität definieren, mithin ihre explizit patriarchatskritische Zielsetzung, welche die Hegemonie einer kapitalismuskritischen Position abgelöst hat, die sich nicht am Geschlechter-, sondern am Kapitalverhältnis reibt und diesem die Schuld für die Verrottung zwischenmenschlicher und weltgesellschaftlicher Verhältnisse zuweist (vgl. Hoffmann, 1994, S. 82f.). Demnach ist die feministische Geschlechterbewegung ein Teil der Revolte des Reproduktionsbereiches gegen den Produktionsbereich (vgl. Schenk, H., 1981, S. 126). Es ist gewissermaßen der Aufstand der „Lebenswelt" gegen die systemischen Imperative, der partiell erfolgreiche Versuch, die systemischen Imperative nicht nur aus der Lebenswelt herauszuhalten, sondern lebensweltliche Lebenslogik in die Dimension des Systems zu bringen und dieses aufzuweichen - um einmal die Habermas'sche Terminologie zu benutzen (vgl. Habermas 1988 a, b). Es wird um die Befreiung der menschlichen Beziehungen von den Zwängen der Produktion gekämpft (vgl. hierzu Ottomeyer 1977). Die getrennten gesellschaftlichen Bereiche werden geschlechtsspezifisch interpretiert, als männliche und als weibliche Welt (insbesondere Beck-Gernsheim 1980). Diese Trennung soll beendet werden, um das individuelle Leiden an der Gesellschaft zu beenden und die Weltrisikogesellschaft zu überwinden, die nur als Patriarchat zu begreifen wäre.

Der feministische Mensch zeichnet sich durch eine ausgesprochene Sensibilität für gesellschaftliche Strukturen aus, durch die das weibliche Geschlecht und seine Lebensäußerungen auf inakzeptable Art und Weise diskriminiert und reprimiert wird. Erst in den achtziger Jahren verbreitet sich zunehmend ein explizites männerbewegtes Bewußtsein in der Öffentlichkeit, das zu Beginn der siebziger Jahre noch kaum auffällt. Das männerbewegte Bewußtsein verhält sich spiegelbildlich zu den frauenbewegten Argumentationsfiguren. Diese werden nun insoweit weitergeführt, als gleichfalls demonstriert wird, auf welche Art und Weise das Geschlechterverhältnis der ersten Moderne männliche Lebensäußerungen reprimiert und somit nicht mehr als Determinante der Genese von männlicher Subjektivität im empathischen Sinne des Wortes akzeptiert werden kann. Die männerbewegten Argumentationsfiguren lösen die kapitalismuskritischen Argumentationen ab, die für die bewegten Männer der sechziger und siebziger Jahre typisch waren. Nicht mehr die Zwänge kapitalistischer Vergesellschaftung (vgl. Ottomeyer 1977), sondern die Zwänge patriarchalischer Vergesellschaftung, die Männerrolle nämlich, werden für die Ursache des Leidens an der Gesellschaft gehalten. Aus der impliziten wird eine explizite Männerbewegung, die ihr Bedürfnis nach einem erfüllten Familienleben artikuliert. Diese Männer wollen mehr sein als die ökonomischen Reproduzenten ihrer Familie. Beruf, Familie und Freizeit werden als gleichermaßen wichtig angesehen (vgl. Ehrenreich 1984; Goldberg 1988; Hoffmann 1994; Hollstein 1990, 1991; Männerbilder 1976; Pilgrim 1986, 1987; Schnack/Neutzling 1990).

Bei der feministischen Geschlechterbewegung fällt die prinzipielle Wertschätzung von traditionell als weiblich bezeichneten Eigenschaften und Verhaltensweisen auf, wie sie in den weiblichen Geschlechtsrollenstereotypen kulturell geronnen sind. Demgegenüber erscheint das männliche Geschlechtsrollenstereotyp in vornehmlich negativer Bewertung. Wird dieses gar mit den empirischen Männern gleichgesetzt, so hinterbleibt der Eindruck eines „ausgesprochen finstere(n) Image(s)" (Hollstein, 1990, S. 14) des männlichen Geschlechts, das zur Distanzierung auffordert. Es wird ein Bild vom Mann erzeugt, das „zwischen patriarchalischem Unterdrücker, Sexmaschine, wissenschaftlich aufgemotztem Weltzerstörer einerseits und Pantoffelheld, Gefühlskrüppel, Samenspender und spätkindlichem Familienanhängsel andererseits" (Beck, 1990b, S. 199f.) pendelt (vgl. auch Hagemann-White/Rerrich 1988; Hoffmann 1994; Preuss-Lausitz 1993). Mit Mannsein wird „Aufrüstung und Krieg, Naturausbeutung und ökologische Zerstörung, Konkurrenz und Verrottung von Zwischenmenschlichkeit" (Hollstein, 1991b, S. 200) assoziiert; er wäre „sozial und sexuell ein Idiot" (Pilgrim, 1987 , S. 14), ein „Zerstörer des Mannes", ein „Zerstörer der Frau", ein „Zerstörer der Partnerschaft" und ein „Zerstörer der Menschheit" (vgl. Pilgrim 1987). Es wird die „Feminisierung der Gesellschaft" (Garaudy 1982) gefordert. Dieses wäre der „letzte Ausweg" (ebd.) aus der Risikogesellschaft und ihres Umschlages von der Reichtums- in die Risikologik (Beck 1986, 1988), wobei die Risikogesellschaft nur als Ergebnis des Patriarchats begriffen werden könnte (Mies 1988; Thürmer-Rohr 1988, S. 90ff., 1990). Denn „Als Frau ist es wohl leichter, Mensch zu werden" und zu sein (Mundzeck 1984).

Indessen gerät seit Mitte der achtziger Jahre verstärkt das weibliche Geschlecht unter argumentativen Beschuß selbst radikalfeministischer Autorinnen. Es wird nun der „Mittäterschaft" (Thürmer-Rohr, 1987, S. 38ff.) bezichtigt. Allerdings haben die radikalen Feministinnen oder die antisexistischen Männer als männliches Pendant zur radikalen Feministin keinen Zweifel, wer in erster Linie schuldig zu sprechen wäre. Zitiert sei Christina Thürmer-Rohr: „Die folgenden Mißverständnisse wiederholen sich: Erstens kann der Begriff Mittäterschaft Applaus von der falschen Seite einbringen, von denen nämlich, die sich freuen, daß nun endlich auch Feministinnen die Fixierung auf den Mann als Schuldigen und Verantwortlichen aufgeben würden. Diese Freude ist verfrüht. Der Begriff *entlastet* den Mann nicht, erteilt ihm keine Absolution, verschafft ihm keine Erleichterung. Im Gegenteil, er belastet ihn über seine gerichtsrelevanten Taten hinaus in der ganzen *„Normalität"* und Legalität vereinnahmender und gewaltträchtiger Taten an der Frau, an der Natur, an der Welt. Die Bestimmung der *Tat des Mannes* geht also jeder Frage nach ihrer Förderung durch die Frau voraus" (Türmer-Rohr, 1989, S. 14). Nun werden also gleichfalls weibliche Individuen als „Komplizinnen" (Mamozai 1990) bei der Tradierung des Patriarchats „entlarvt". Einseitige Schuldzuweisungen verschwinden, sie sind nur noch Signum des radikalen Feminismus; er wird in der Regel abgelehnt und braucht deshalb nicht als Sozialisationsbedingung in Rechnung gestellt zu werden (vgl. Friedan, 1982, S. 17; Hoffmann, 1994, S. 77ff.; Hollstein, 1991a, S. 285). Anders ausgedrückt: Aus der Frauenfrage wird die Männerfrage, es wird erkannt, es geht um beide Geschlechter, um die Geschlechterfrage. Oder mit Helge Pross gesprochen: „Frauenfragen sind Männerfragen. Deshalb muß das Verhältnis der Geschlechter und nicht ein isoliert betrachteter Komplex von Frauenfragen Gegenstand der Erörterungen werden" (Pross, 1984, S. 11). Nur so sind die „Beschränkungen für Frauen *und* Männer zu überwinden" (a. a. O., S. 14), die das Geschlechterverhältnis der ersten Moderne zum Funktionieren braucht. Es geht darum, „die sozialen Grenzen zwischen den Handlungsfeldern der Geschlechter durchlässig zu machen, die Trennung in eine „Männerwelt" und eine „Welt der Frau" aufzuheben. Die Zäune, die das männliche Getto vom weiblichen Getto scheiden, sollen niedergelegt werden, so daß Männer ebenso wie Frauen sich ungefangener in beiden Bereichen betätigen können" (a. a. O., S. 14f.).

Die feministische Geschlechterbewegung wird hier also als ein empirischer Hinweis gedeutet, daß der Geschlechtsrolle der ersten Moderne, die das geschlechtsspezifische Vergesellschaftungsprogramm des einfachmodernisierten Geschlechterverhältnis ausdrückt, nicht nur ein latentes, sondern darüber hinaus ein manifestes Leidenspotential für männliche und weibliche Individuen beinhaltet. Dieses Leidenspotential bedingt das Bedürfnis, eben das Geschlechterverhältnis zu modifizieren, und konstituiert über komplizierte Interaktionsprozesse, die noch kaum durchschaut sind, die feministische Geschlechterbewegung. Daß dem so ist, zeigt sich vor allem an der Zielsetzung dieser sozialen Bewegung. Sie hat nämlich zum Ziel, das traditionale Geschlechterverhältnis zu verändern, nicht einfach so, sondern weil männliche und weibliche Menschen unter diesem Geschlechterverhältnis leiden. Die Legitimität dieses subjektiven Veränderungsbedürfnisses kann mittels des universalistischen Charakters der Menschenrechte begründet werden. Infolgedessen wird die Frage nach dem Wesen von Mann und Frau in den Mittelpunkt der öffentlichen Diskussion gestellt. Dabei wird die Theorie des Geschlechterverhältnisses in Zweifel gezogen, bei der der geschlechtsspezifischen Arbeitsteilung und der Geschlechterspezifikation der Status einer entweder biologistischen Konstante zukommt oder in einer Weise sozialisations- und gesellschaftstheoretisch argumentiert wird, daß das patriarchalische

Geschlechterverhältnis wiederum als naturwüchsig erscheint. Durch die ideologiekritische Problematisierung dieser Ansätze werden neue Bilder und Modelle für die Männer und Frauen der Zukunft kreiert und in der Gegenwart zu realisieren versucht, die - ungeachtet aller Differenzierungen im Detail und in Ermangelung eines besseren Begriffs - der Kategorie der androgynen Geschlechtlichkeit subsumiert werden können (vgl. Badinter 1991; Bock 1988; Glücks/Ottemeyer-Glücks, Hrsg. 1994, S. 23-42; Hollstein, 1990, S. 242ff.; Prengel 1990b, 1993; Preuss-Lausitz, 1983, S. 99ff.; 1993, S. 166). Nicht nur die geschlechtsspezifische Arbeitsteilung, auch der Zwang zur Geschlechterspezifikation und ihre Einbettung in heterosexuelle Lebens- und Liebeszusammenhänge wird hinsichtlich seines natürlichen Gehalts bezweifelt. Die These, dies müsse sein, damit Gesellschaft sich weiterhin reproduzieren könne, wird nicht mehr akzeptiert und als Ideologie des männlichen Geschlechts respektive der herrschenden Männer (Brzoska/Hafner, o. J., S. 11-18; Hollstein 1991; Pilgrim 1987) und seiner beziehungsweise ihrer Herrschaftsgelüste und hegemonialen Bedürfnisse charakterisiert. Kurzum, die feministische Geschlechtsrolle kann als Androgynitätsnorm beschrieben werden, als eine Norm, die vom vergesellschafteten Subjekt die Ausbildung einer androgynen Geschlechtsidentität fordert. Einmal gewendet: Die feministische Geschlechterbewegung fordert den Abschied vom Patriarchat, von der traditionalen Geschlechtsidentität, von der Geschlechtsidentität der ersten Moderne. Die Androgynisierung von Mann und Frau gilt als die Chance, das Patriarchat im Denken, Handeln und Fühlen zu transzendieren. Alle anderen machen sich schuldig[18], forcieren den zivilisatorischen Vulkan (Beck 1986). Das Geschlechterverhältnis muß abgeschafft werden, um diesen Vulkan unter Kontrolle zu kriegen. Außerdem widerspricht das Geschlechterverhältnis der ersten Moderne dem universalistischen Charakter der Menschenrechte, und es erzeugt eine Unzufriedenheit, einen Leidensdruck. Daraus folgt für die Mehrzahl nicht die Forderung, die Geschlechterunterscheidung zu beenden. Vielmehr soll die geschlechtsspezifische Arbeitsteilung sowie die Geschlechterspezifikation, die sich entweder ausschließlich an Expressivität oder Instrumentalität orientiert, kulturell nicht mehr tradiert werden. Man will die androgyne Geschlechterspezifikation - allerdings scheint man noch nicht genau zu wissen, was das sein soll - und die symmetrische Arbeitsteilung in der Familie.

4.2.2 Feministische Geschlechtsrolle und -identität

Meine These: Die feministische Geschlechterbewegung hat sich am Übergang von der ersten in die zweite Moderne von der Bühne der Weltgeschichte ver-

---

[18] An einer persönlichen Aufarbeitung dieser Situation habe ich mich in Hoffmann (1994, S. 13-20) versucht.

abschiedet, weil der geschlechterbewegte Mensch sein Ziel erreicht hat: die Veränderung des Geschlechterverhältnisses, das nun deutlich als Geschlechterverhältnis der ersten Moderne hervortritt, wodurch dessen universalistischer Charakter verschwindet; die Frage nach den neuen Männern und den neuen Frauen muß beantwortet werden (auch Badinter, 1991, S. 10). Mit anderen Worten: Die feministische Geschlechterbewegung ist institutionalisiert und ergo das androgyne Geschlechterverhältnis, das Geschlechterverhältnis der zweiten Moderne, geboren; die androgyne Revolution, die mit der Französischen Revolution beginnt, weil sie „jeglicher Herrschaft von Gottes Gnaden und damit allen Vorstellungen von einer natürlichen Überlegenheit des einem gegenüber dem anderen einen tödlichen Stoß" versetzte (a. a. O., S. 149), ist nach einhundertundfünfzig Jahren Dauer beendet (a. a. O., S. 158). Damit ist die Geschlechterbewegung obsolet geworden, sie hat sich selbst abgeschafft, der geschlechterbewegte Mensch hat seine Pflicht und Schuldigkeit getan: Er hat das Geschlechterverhältnis geschaffen, das die Erarbeitung einer feministischen Geschlechtsidentität von den Heranwachsenden erwartet. Der Übergang von der ersten in die zweiten Moderne ist geschafft; der transformatorische Charakter der Geschlechterbewegung erscheint.

Das Geschlechterverhältnis der zweiten Moderne tritt den Menschen, die sich sozialisieren müssen, als feministische Geschlechtsrolle gegenüber. Es gibt deshalb keinen Grund, das Ende der feministischen Bewegung zu beklagen. Das ist so überflüssig wie die Kritik der apolitischen und egozentrischen Generation, die sich nicht mehr für die hehren Ziele der feministischen Geschlechterbewegung interessiert (vgl. Bock 1988; Hoffmann 1994; Knafla / Kulke 1991; Mies 1988; Thürmer-Rohr 1990a). Zwar ist die Geschlechterbewegung von der Bühne der Weltgeschichte verschwunden, aber das ist kein Verlust, ist sie doch dadurch zu einem festen Bestandteil des gesellschaftlichen Lebens geworden, zu einem Stückchen Tradition: Sie befindet sich nicht nur in den Köpfen und Körpern der Menschen und ist somit Teil aller gesellschaftlichen Institutionen und Sozialisationsinstanzen. Sie ist darüber hinaus in den Schalthebeln der Macht; es bedarf keiner außerparlamentarischen Opposition mehr. Man kann dies am Beispiel der Grünen studieren, mithin an der Partei, die am stärksten die geschlechterbewegten Menschen aufgenommen hat (vgl. Hofmann 1995). Die radikalen Elemente gehen verloren, nicht aus machtpolitischen Gründen, sondern infolge der Umwälzung gesellschaftlicher Verhältnisse im Zuge fortdauernder Modernisierung. Es wird eine neue Radikalität notwendig. Und diese muß aus einer neuen Theorie gesellschaftlicher Verhältnisse abgeleitet werden, die es nur mit einer neuen Theorie geschlechtsspezifischer Sozialisation geben kann.

Grundsätzlich ist von der Modifikation des gesellschaftlichen Geschlechterverhältnisses auszugehen. Das heißt nicht, es ist aufgelöst. Vielmehr besteht die fundamentale Veränderung des Geschlechterverhältnisses darin, daß es im Modernisierungsprozeß ein Element verloren hat: die geschlechtsspezifische Arbeitsteilung. Hingegen wird das Geschlechtersystem aufrechterhalten, männliche und weibliche Menschen werden weiterhin unterschieden. Man kann auch sagen, die Geschlechtsrolle als das gesellschaftliche Erwartungsbündel des geschlechtsangemessenen Denkens, Handelns und Fühlens hat sich verändert, so daß es sinnvoll ist, zwischen dem Geschlechterverhältnis der ersten und dem der zweiten Moderne zu unterscheiden. Anders gesagt: Verarbeiten wir das feministische Bewußtsein rollentheoretisch, so müssen wir die folgende Hypothese zur Geschlechtersozialisation in der bundesdeutschen Gegenwartsgesellschaft formulieren, die typisch sein dürfte für alle westlichen Industrienationen: Wenn Individuen momentan geschlechtersozialisiert werden, dann müssen sie die feministische Geschlechtsrolle zu einer feministischen Geschlechtsidentität machen. Denn diese tritt den sich vergesellschaftenden Subjekten als normativer Erwartungskomplex entgegen.

Diese feministische Geschlechtsrolle, die bei der zeitgenössischen geschlechtsspezifischen Sozialisation in der Bundesrepublik Deutschland von eminenter Bedeutung ist, bezeichnet die gesellschaftliche Aufforderung, traditionale Geschlechtsidentität, mithin - folgt man der Terminologie reflexiver Modernisierungstheorie - die Geschlechtsidentität der ersten Moderne, negativ zu bewerten, sie abzulehnen und statt dessen eine androgyne Geschlechtsidentität auszubilden; das biologische Geschlecht darf keinen Bewertungsmaßstab mehr für menschliche Handlungsvollzüge bilden. Mann und Frau werden zu Partnern. Einmal gewendet: Die feministische Geschlechtsrolle steht nicht nur für die Botschaft, die „androgyne Revolution" (Badinter) sei möglich, vielmehr erzwingt sie die Genese androgyner Persönlichkeiten in unserer Gesellschaft; das ist die Institutionalisierung der feministischen Geschlechterbewegung, eben das Ende der androgynen Revolution. Denn das Bewußtsein des geschlechterbewegten Menschen ist die herrschende Bedingung geschlechtsspezifischer Sozialisation; er wirkt in allen Sozialisationsinstanzen auf je individuelle Weise auf die Sozialisanden, von denen die feministische Geschlechtsrolle gleichsam auf je individuelle Weise verarbeitet wird; dabei bewegt sich die geschlechtliche Individuation feministischer Färbung in dem Rahmen, der durch die Geschlechtsrolle gesetzt wird, so daß das Typische im Individuellen wahrgenommen werden kann, so lautet wenigstens die Hypothese der subjekttheoretischen Sozialisationstheorie. In einem neuen Satz: In der heutigen Bundesrepublik Deutschland müssen die Kinder und Jugendlichen eine je individuelle, aber dennoch feministische Geschlechtsidentität ausbilden. Diese Geschlechtsidentität löst die einfach-modernisierte Geschlechtsidentität der ersten Moderne ab. Diese Geschlechtlichkeit könnte man mit der Terminologie der feministischen Geschlechterbewegung auch als patriarchale Geschlechtsidentität katalogisieren.

Das Massenphänomen „feministisches Bewußtsein", synonym: die feministische Generation, tritt mitnichten im Sinne des radikalen Feminismus auf: als Männer(selbst)haß, Männer(selbst)feindlichkeit oder „Frauen-Nabel-der-

Welt- Schau" (Doormann, 1979, S. 69). Ich behaupte auch nicht, daß der Durchschnittsmensch sich als Feminist bezeichnet. Er setzt wohl eher Feminismus und radikalen Feminismus gleich, setzt ihn mit verbrämtem Männerhaß gleich, der in problematischen psychischen Konstellationen wurzelt; das kommt beispielsweise im Begriff der Emanze und dem Mannweib zum Vorschein, der Softie oder der lila Latzhosen-Träger dürften das allseits abgelehnte männliche Pendant sein. Die Differenzierungen und die Machtverhältnisse innerhalb der feministischen Geschlechterbewegung werden in der Regel nicht gesehen. Indes ist nicht entscheidend, wofür die Menschen sich halten, sondern es gilt zu identifizieren, wie sie sind. Das gilt auch dann, wenn sie andere Begriffe benutzen, um ihre Persönlichkeiten zu beschreiben. Wenn man jedoch den Feminismus in der Weise definierte wie in dieser Arbeit, nämlich als Ablehnung einer geschlechtsspezifischen Verpflichtung bei der familiären Reproduktion und die Zurückweisung einer Geschlechterspezifikation, die am polaren Maskulinitäts- und Feminitätsparadigma orientiert ist, so ist es berechtigt, von einer feministischen Generation, von einer feministischen Geschlechtsrolle und -identität als Massenphänomen zu sprechen. Der reflexiv-modernisierte Mensch ist ein feministischer Mensch, weil er die androgyne Revolution positiv bewertet. Er steht ihr nicht mit gemischten, er steht ihr mit eindeutigen und positiven Gefühlen gegenüber. Nur die Radikalität feministischer Spielart mag der heutige Zeitgenosse nicht. Kurzum: Feministisch zu sein, das ist ein zentrales Merkmal der Geschlechtsrolle der zweiten Moderne, welche die Genese des geschlechtsspezifischen Subjekts in reflexiver Modernisierung bedingt. Mit ihr müssen sich die Heranwachsenden auseinandersetzen. Es gilt das Watzlawicksche Axiom, das besagt: Man kann nicht nicht kommunizieren. Der institutionalisierte Feminismus wirkt, die feministische Generation ist hergestellt: Sie ist für den „Abbau der geschlechtsspezifischen Arbeitsteilung in der Familie (und für den; B. H.) Abbau der auf ihr basierenden psychischen Geschlechtsrollendifferenzierung" (Schenk, H., S. 204). Damit tradiert sie den kulturellen Prozeß der „Zerstörung patriarchaler Herrschaft" (ebd.) und lebt die Androgynitätsnorm.

Dieser Hypothese zur geschlechtsspezifischen Sozialisation widerspricht nicht, daß innerhalb der Geschlechterbewegung wesentlich differenzierter argumentiert wird. Denn hier wird nicht behauptet, zeitgenössische Geschlechtersozialisation verursache geschlechterbewegte Menschen und führe zu einem sprunghaften Anstieg der Mitgliederzahl der Geschlechterbewegung. Die These ist: An die Stelle der Geschlechterbewegung ist das feministische Bewußtsein getreten. Die sozialisatorische Wirkung bestehender feministischer Debattierzirkel und der dort veranstalteten moralinsauren Debatten halte ich für unbedeutend, auch wenn solche Phänomene in der medialen Öffentlichkeit ausgesprochen große Aufmerksamkeit erlangen (vgl. Spiegel 1992). Anders gesagt: Die wirkliche Vielfalt der Geschlechterbewegung wird normalerweise auf ihre markanten Aussagen reduziert. Und diese bestehen in der These, daß das patriarchale Geschlechterverhältnis nicht mehr sein darf. Diese Botschaft ist die Determinante geschlechtsspezifischer Sozialisation, die von den Kindern und Jugendlichen wahrgenommen und zu psychischer Struktur gemacht wird. Daher ist die Tatsache, daß das weibliche Geschlecht durch das „feministische Bewußtsein" unter einen besonderen argumentativen Schutz gestellt wird, ebenfalls unwichtig; hiermit haben höchstens Männergruppenmänner Schwierigkeiten, die daraus den Schluß ziehen, den Gang nach Kanossa zu gehen. Der durchschnittliche Heranwachsende macht keinen Unterschied, ob sich weibliche oder männliche Individuen entsprechend der traditionalen Geschlechtsidentität verhalten, wie sie für die erste Moderne charakteristisch ist und der dort der Charakter von anzustrebender Modernität zukommt. Die Kinder und Jugendlichen interessieren sich nicht für die Differenz zwischen vermeintlichen Opfern und vermeintlichen Tätern. Sie bewerten patriarchale Geschlechtsidentität geschlechtsunspezifisch, als anachronistisch nämlich, und sie lehnen sie deshalb ab. Für heutige Jugendliche ist die Frauen- und Männerbewegung nicht nur analytisch, sondern auch realiter nur als eine Geschlechterbewegung vorstellbar. Denn ihre Sozialisanden haben ihnen vermittelt, welches unglaubliche Leidenspotential dem gerade abgeschafften Geschlechterverhältnis immanent war. Sie begründen nicht nur mit Bezug auf den universalistischen Charakter der Menschenrechte, warum eine solche Mann- und Frauwerdung inakzeptabel ist. Darüber hinaus sprechen sie ihre Gefühle an, indem sie unzählige Beispiele für das genannte Leidenspotential liefern, für den Preis patriarchalischer Männlich- und Weiblichkeit, für die individuellen und gesellschaftlichen Kosten einfach-modernisierter Geschlechtlichkeit. Kurzum, die Gesellschaft erwartet die Erarbeitung einer feministischen Geschlechtsidentität, die sich mit der Kategorie Androgynität beschreiben läßt. Wer eine solche Geschlechtsidentität nicht ausbildet und wer im Zuge reflexiver Modernisierung der zur Tradition werdenden Geschlechtsidentität treu bleibt - dem Gegenteil von androgyner Geschlechtsidentität - wird als rückständig, wenn nicht sogar als reaktionär attribuiert, als ein Anachronismus eben; dabei ist egal, ob diese Geschlechtsidentität von einem weiblichen oder einem männlichen Individuum gelebt wird.

Die Mehrheit der Kinder und Jugendlichen hat bei der Bewältigung dieser Aufgabe keine Schwierigkeiten, die zu Sorgen veranlassen. Der gegenteilige Eindruck wird von Mitgliedern feministischer Debattierzirkel insbesondere auf dem Männer- und Frauenbuchmarkt erzeugt. Hierbei handelt es sich um eine unzulässige Verallgemeinerung. Unter Jugendlichen dürfte der Typus des Schuldbeflissenen jedenfalls ein Randphänomen sein, das der besonderen pädagogischen Aufmerksamkeit bedarf. Mit Blick auf das weibliche Geschlecht ist zu vermuten, daß unter diesem der Typus Frau ebenfalls in der Minderzahl ist, der die Schuldbeflissenheit des männlichen Individuums fordert, der die Absurdität verlangt, daß das männliche Geschlecht „die ganze historische Bürde jahrtausendlanger Unterdrückung der Frau auf ... (seinen;

B. H.) schmalen Schultern" trägt (Hollstein, 1991, S. 45). Kurzum, heutige Kinder und Jugendliche gehen mit der feministischen Herausforderung auf produktive Weise um. Sie wiederholen nicht die Fehler ihrer Eltern. Für sie ist Androgynität normal, sie kennen es nicht anders; deshalb haben sie mit ihr keine Schwierigkeiten.

Die feministische Geschlechtsrolle indiziert eindeutig das Ende der „Agonie des Patriarchats, die in den Ländern, welche sich der Demokratie zuwandten, im 18. Jahrhundert eingesetzt hatte" und beinahe zweihundert Jahre dauerte (Badinter, 1991, S. 163). Dieses androgyne Geschlechterverhältnis ist die unmittelbare Determinante reflexiv-modernisierter Geschlechtersozialisation; sie löst die einfach-modernisierte Geschlechtersozialisation ab und wirkt gleichzeitig in Verbindung mit der Individualisierungstatsache auf die Individuen der zweiten Moderne ein. Sie beendet den Intrageschlechtsrollenkonflikt, der für den Übergang von der ersten zur zweiten Moderne typisch war, bei der das Alte mit dem Neuen, die Tradition mit der Modernität noch um kulturelle Hegemonie stritt, so daß die Sozialisanden nicht wußten, welche Geschlechtsidentität die Gesellschaft von ihnen erwartet. Es ist die Phase, in der die Krise des Mannes und die Krise der Frau, in der die verunsicherten Männer und Frauen das gesellschaftliche Leben bestimmten, weil das Alte und das Neue noch gleich stark waren. Nun aber, in der zweiten Moderne, in der nur noch die feministische Geschlechtsrolle kulturelle Hegemonie im Sinne von Gramsci ausübt, gibt es diesen Intrageschlechtsrollenkonflikt nicht mehr, dafür aber einen neuen (ebd.); indes ist dieser nicht mehr auf die Konkurrenz gleich starker Paradigmen, sondern auf die Tatsache sozialstruktureller Ungleichheit zurückzuführen. An die Stelle der Mehrdeutigkeit des Übergangs tritt die Eindeutigkeit der feministischen Geschlechtsrolle, die die Erarbeitung einer feministischen Geschlechtsidentität verlangt, bei der sich weder männliche noch weibliche Individuen als Feministen zu fühlen brauchen. Es ist kurios, sie entsprechen den feministischen Persönlichkeitstheorien, und gleichzeitig wird Feminismus mittels „Emanze" und „Softie" zu einem Schimpfwort, zu einer negativen Utopie. Ergo muß die feministische Identität indirekt operationalisiert werden.

Die These der feministischen Generation ist nun empirisch zu belegen. Vorweg sei festgestellt, die Belege für diese Behauptung sind noch schwach; das ist hauptsächlich mit ihrer Neuheit zu erklären; eine Rolle mag auch die schlechte finanzielle Unterstützung sozialwissenschaftlicher Forschung spielen. Zudem bestimmen feministische Wissenschaftlerinnen die zeitgenössische geschlechtsspezifische Sozialisationsforschung; diese Forscherinnen hatten das Geschlechterverhältnis der ersten Moderne als Bedingung ihrer Frauwerdung; deshalb fällt ihnen die Vorstellung schwer, daß die heutigen Kinder und Jugendlichen eine vollständig andere Geschlechtsrolle zu typischer wie individueller psychischer Geschlechtlichkeit verarbeiten müssen, und zwar eine, die aus dem Schoße des Feminismus geboren wurde. Diese

Erfahrung wird durch die Tatsache verstärkt, daß das Patriarchat - das feministische Synonym für Geschlechterverhältnis der ersten Moderne - von der feministischen Geschlechterbewegung als ein schier übermächtiges Gebilde beschrieben wurde, dem das Individuum ohnmächtig gegenübersteht. Mit einer derartigen These ist ein fundamentaler Wandel gesellschaftlicher Verhältnisse nicht denkbar, weshalb auch nicht nach ihm gesucht wird; und wer nicht suchet, der nicht findet; so schreibt beispielsweise Helga Bilden: „Es wird um neue oder leicht modifizierte Formen von Männlichkeit, welche Arbeitsteilung und patriarchale Macht aufrechterhalten *gerungen*" (Bilden, 1991, S. 299). Jeglicher Wandel erscheint dem feministischen Theoretiker konsequentermaßen als Subtilisierung von Männerherrschaft. Lassen wir die Empirie, die uns zur Verfügung steht, sprechen, um die Kontroverse zu entscheiden. Auf die feministische Bewegung, die nach allgemeinem Dafürhalten die „gegenwärtig wichtigste kulturelle Bewegung" (Tourrain, 1983, S. 100) ist, bin ich bereits eingegangen. Nun ist die These ihrer Institutionalisierung in den Köpfen und Körpern reflexiv-modernisierter Menschen mit Indizien anzureichern. Daß etwas, was die Gesellschaft nachhaltig verändert hat, auch Geschlechtersozialisation bedeutend modifiziert haben muß, reicht mir als Argument, das für die Existenz einer feministischen Generation spricht, nicht aus; der feministische Niederschlag in den wichtigen gesellschaftlichen Sozialisationsinstanzen muß nachgewiesen werden.

Im Abschnitt 4.3 werde ich die falschen Annahmen und Kausalitäten der feministischen Gegenthese ausführlich freilegen. Anders gesagt: Die feministische These von der bloßen Subtilisierung patriarchalischer Herrschaft ist nicht nur aus theoriedogmatischen Gründen falsch, also deshalb, weil hier mit der reflexiven Modernisierungstheorie gearbeitet wird, die eine fundamentale Veränderung der gesellschaftlichen Gestalt behauptet. Sie ist gleichsam aufgrund der empirischen Fakten zu verwerfen, man muß die Empirie nur richtig interpretieren: den Ursache-Wirkungszusammenhang erkennen, macht dieser doch identische zu unterschiedlichen Phänomenen; eine Beschreibung ist auch eine Erklärung, sie ist von der Dokumentation zu unterscheiden. Demnach verändert sich die Beschreibung durch eine modifizierte Erklärung. Mit derselben Empirie kann man somit zu gegensätzlichen Erklärungen kommen, was eine differente Beschreibungen der Realität impliziert (vgl. auch Kuhn 1976). Ein Beispiel: Eine Straße kann naß sein, weil es geregnet hat oder weil jemand einen Eimer Wasser ausgeschüttet hat. Daraus folgen, und zwar trotz identischen Faktums, zwei Wirklichkeitsbehauptungen: Es hat geregnet; jemand hat Wasser ausgeschüttet.

4.2.2.1 Recht und Politik

Die empirischen Belege der These einer feministischen Mann- und Frauwerdung in der zweiten Moderne werden mit der Annahme der subjekttheoretischen Sozialisationstheorie verarbeitet: Gesellschaftliche

Normen treten den vergesellschafteten Subjekten nicht nur gegenüber, sondern sie werden auch von den Menschen hergestellt, modifiziert, abgelehnt. Den Belegen kommt ergo in einer Theorie geschlechtsspezifischer Sozialisation der Status von Explanans und Explanandum zu; das ist der Logik von Sozialisation geschuldet (vgl. Geulen, 1991, S. 43). Konkreter: Die nachfolgenden Ausführungen sollen sowohl die These der feministischen Geschlechtsidentität als auch die der feministischen Geschlechtsrolle belegen. Die sozialisatorische Wirkung der erwachsenen Geschlechtsrolle und -identität wird allerdings höher veranschlagt als die der jugendlichen; denn das neue Leben wird vom alten vergesellschaftet, obzwar das neue Leben sich zur Wehr setzen kann und die Machtasymmetrie verringern kann. Trotzdem, am generationellen Machtgefälle ist theoretisch festzuhalten; erst wenn die Normen verinnerlicht worden sind, besteht die Möglichkeit, sie zu verändern: nur Bekanntes kann modifiziert werden; was man nicht kennt, kann auch nicht bearbeitet werden; und das zu Erkennende wird von den Erwachsenen definiert. Daraus folgt: Die Machtasymmetrie zwischen Eltern und Kindern ist trotz der Veränderung in der Eltern-Kind-Beziehung seit dem Zweiten Weltkrieg nicht verschwunden (vgl. hierzu Schütze 1988).

Es soll also eine doppelte Beweisführung praktiziert werden. Durch diese Form der Darlegung kann das dialektische Moment von Sozialisation in der Theorie zum Ausdruck gebracht werden. Mit anderen Worten: Die gesamte bundesrepublikanische Bevölkerung normiert mit alltäglichen Interaktionsritualen und -spielen das gesellschaftliche Leben, erzeugt und konstituiert auf diese Weise Gesellschaft und individuelle psychische Strukturen (Geulen, 1989, S. 254ff.; Giddens 1992). Mit den Instrumenten empirischer Sozialforschung ist es möglich, die Geschlechtsrolle eben der Gesamtbevölkerung zu messen und empirisch orientierte Aussagen über die Interaktionsspiele bei der aktuellen geschlechtspezifischen Sozialisation zu machen. Die empirische Forschung mißt zwar nicht die Muß-Normen, diese treten nur als Rechtsnormen auf, wenngleich nicht alle Rechtsnormen Muß-Normen sind. Aber man kann die Erwartungen, welche die privaten Männer/Jungen und Frauen/Mädchen an ihre Interaktionspartner herantragen, als Kann- und Soll-Normen interpretieren, die sich in der alltäglichen Interaktion realisieren. Sie stellen Anhaltspunkte dar, welche Geschlechtsidentitäten im privaten Alltag positiv oder negativ sanktioniert werden, wobei die Geschlechtsidentität die andere Seite der persönlichen Geschlechtsrolle ist. Deshalb weisen die durch die Sozialforschung gemessenen Geschlechtsidentitäten gleichfalls darauf hin, inwieweit die Muß-Norm der Verfassung und des rechtlichen Systems akzeptiert ist; klaffen sie auseinander, so wird sozialer Wandel indiziert; „nicht die Geltung, wohl aber die Legitimität von Normen läßt sich durch ihre Konfrontierung mit den Meinungen der Betroffenen messen" (Dahrendorf, 1964, S. 50).

Demgegenüber kommt der Analyse der rechtlichen Normen im vorliegenden Zusammenhang die Funktion zu, mittelbar zu signalisieren, welche

Geschlechtsidentität die Erwachsenen haben. Denn sie werden die Normen zu rechtlichen Vorschriften unterschiedlichen Gewichts machen, die ihrer Geschlechtsidentität nahekommen. Mit dieser Analyse, die den Geschlechterdiskurs in der Politik, in der die Rechtsnormen formuliert werden, soll begonnen werden. Grundsätzlich folge ich also einem hierarchischen Gesellschaftsmodell, das auch die Argumentationsführung strukturiert: in den Diskursen von Politik und Recht kommt die herrschende gesellschaftliche Tendenz zum Ausdruck (diese ermöglicht, unterschiedliche Modernen zu unterscheiden); diese tragen Erwachsene an die Heranwachsenden heran; die Kinder und Jugendlichen übernehmen diese Normen; dabei entsteht ein spezifisches Leidenspotential; dieses regt zur Veränderung des gegebenen feministischen Geschlechterverhältnisses an, das in gesamtgesellschaftlichen Lebensbedingungen verankert ist: Ein neues (postfeministisches) Geschlechterverhältnis wird hergestellt - in der Hoffnung, menschliches Leiden zu verringern und menschliches Glück zu mehren. Die Analyse von Kindheit und Jugend hilft dabei, die Gesellschaft von morgen zu prognostizieren (Geulen, 1989c, S. 7).

Die Verbreitung der Anliegen der feministischen Geschlechterbewegung in der Form eines „feministischen Bewußtseins" zeigt sich insbesondere, wenn man die konservativen politischen Kräfte in der Bundesrepublik Deutschland betrachtet. Sie haben sich nämlich deutlich auf „die Frauenbewegung zubewegt. Manche Forderungen, die z. B. auf dem frauenpolitischen Kongreß der CDU im Mai 1985 erhoben wurden, muten wie ein verdünnter Aufguß eines feministischen Manifests an" (Brand u. a., 1986, S. 251). Knapp zehn Jahre später beschließt der CDU-Parteitag als letzter der Parteien im demokratischen Spektrum eine Frauenquote, mit der immerhin ein Drittel der zu vergebenden Listenplätze den weiblichen Mitgliedern vorbehalten ist[19]. Die SPD kam der CDU zuvor: Sie beschließt 1988 eine Quote von 60 zu 40 auf allen Ebenen der Partei (vgl. Bundesministerium, Hrsg. 1989, S. 17).

Feminismus, wenngleich nicht in seiner radikalen Variante, ist nicht mehr nur ein subkulturelles Phänomen. Es ist ein auffälliges Faktum des öffentlichen Bewußtseins der bundesdeutschen Gegenwartsgesellschaft. Nicht nur das gesellschaftliche Bewußtsein, sondern darüber hinaus, und wohl nicht weniger bedeutsam, die sozialen Realitäten erhalten eine zunehmende lila Färbung. Beispielsweise schreibt Richard von Weizsäcker als Bundespräsident in einer Rede zum 40. Jahrestag des Grundgesetzes Sätze, die von einem Mitglied der feministischen Geschlechterbewegung sein könnten: „Männer sollten aufhören, unwiederbringlichen Privilegien nachzutrauern. Dann haben auch sie Gewinn davon (von der Veränderung im Geschlechterverhältnis; B. H.). Und dann sind auch sie besser in der Lage, den Familien nicht nur materiell aufzuhelfen, sondern auch beim Denken und Fühlen im Ganzen" (zit. n. Bundesministerium für Jugend, Familie, Frauen und Gesundheit, Hrsg. 1989,

---

[19]   Dies dürfte ein adäquater Ausdruck der christlich-demokratischen Wählerstruktur sein.

o. S.). Zum Vergleich sei der geschlechterbewegte Mann Herb Goldberg zitiert; er versucht bereits 1975, dem „verunsicherten Mann" (Goldberg 1988) einen Weg zu seiner neuen Identität aus psychotherapeutischer Sicht zu weisen, zu einer Geschlechtsidentität, die ich mit feministisch attribuiere: „Der Mann hat für das „Privileg" seiner Männlichkeit und Macht einen hohen Preis gezahlt. Er hat den Kontakt zu seinen Gefühlen und zu seiner Körperlichkeit verloren. Nur eine neue Art, sich selbst wahrzunehmen, kann ihn von alten, destruktiven Schablonen lösen und sein Leben bereichern. ... Dieses Buch will dazu beitragen, daß jeder Mann aufwacht und endlich sieht, wie er sich täglich selbst verleugnet und zerstört. Erst dann wird er sich als eine ganze Persönlichkeit verwirklichen können, wird er lernen, wie man Männern und Frauen gleichermaßen Freund und Partner ist" (Goldberg, 1988, Buchcover): der androgyne Mann ist der neue Mann, er ist die Realisierung des feministischen Programms. Daß es diesen androgynen Mann gibt, bestätigt implizit Rita Süssmuth; sie schreibt 1989 in einem Aufsatz zur Rolle des Deutschen Bundestages - der ja mehrheitlich von Männern konstituiert wird - bei der Gleichberechtigungspolitik: „Gerade die Beschlüsse des Deutschen Bundestages zur Situation der Männer und Frauen in unserem Land haben die gesellschaftliche Entwicklung stark beeinflußt und das Bewußtsein vieler Menschen - und vieler Politiker - verändert. Das Machtgefüge zwischen Männern und Frauen ist neu geordnet worden. Es wurden wesentliche Grundlagen geschaffen, die Voraussetzungen zur Umsetzung der Gleichberechtigung sind. Insofern waren die vergangenen vierzig Jahre wichtige Jahre: Und wohl in noch keinem Abschnitt unserer parlamentarischen Geschichte sind zur Erreichung des Zieles der Gleichberechtigung zwischen Mann und Frau solche Fortschritte gemacht worden" (Süssmuth 1989; zit. n. Bundesministerium, Hrsg. 1989, S. 13). Kurzum, das Paradigma der feministischen Geschlechterbewegung, das gegen hartnäckige gesellschaftliche Widerstände durchgesetzt werden mußte, die erst durch die androgyne Revolution zurückgedrängt werden konnten, wird zur Geschlechterphilosophie der Bundesrepublik Deutschland. Das heißt: Wir sind Subjekte und Objekte einer feministischen Geschlechtersozialisation, einer psychischen Mann- und Frauwerdung, bei der Feministen werden. Anders gesagt: Ein Aspekt der psychischen Struktur reflexiv-modernisierter Menschen ist die feministische Geschlechtsidentität; nicht der gesamte Mensch ist ein Feminist; nur der Teil ist feministisch, der durch das psychosoziale Geschlecht gebildet wird.

Sicherlich, in der ersten Moderne findet man gleichfalls Elemente, die mit feministisch benannt werden können (vgl. Hoffmann, 1994, S. 53ff.; Hollstein 1991; Schenk, 1981, S. 184ff.). Aber es sind dort Randelemente des öffentlichen Bewußtseins. In der zweiten Moderne wird das „feministische Bewußtsein", werden der „feministische Mann" und die „feministische Frau" zu einem Massenphänomen, zur Inkarnation der Tendenz gesamtgesellschaftlicher Modernisierung; Feminismus wird zu einer Institution. Er ist heute eine relevante Sozialisationsbedingung, die den Heranwachsenden in jedweder Sozialisationsinstanz im Kontext alltäglicher Interaktion begegnet. Man muß sich mit der feministischen Offensive auseinandersetzen und sie zu einer androgynen Geschlechtsidentität umarbeiten: nur sie ermöglicht soziale Handlungsfähigkeit. „Die feministische Herausforderung" (Herrad Schenk 1981) wird von der feministischen Normalität ersetzt; feministische Gruppen erhalten den Charakter von esoterischen Zirkeln, weil sie noch nicht gemerkt haben, daß eine neue Gesellschaft durch die Aktivitäten der Mütter und Väter der zweiten feministischen Bewegung innerhalb der Modernen entstanden ist. Der „Aufbruch in eine andere Gesellschaft" (Brand u. a 1986) erfolgt am Ende der sechziger Jahre des zwanzigsten Jahrhunderts. Im Verlauf der achtziger Jahre versuchen Kinder und Jugendliche mit dieser anderen Gesellschaft, die hier als zweite Moderne bezeichnet wird, zurechtzukommen. Wer sich heute noch als Feminist bezeichnet, erscheint dem normalen Kind und Jugendlichen als weltfremd. Mit ihm kann man nichts anfangen, nicht weil man für das antifeministische Rollback ist: Kinder und Jugendliche und der Großteil der kulturell hegemonialen Erwachsenen haben die Normen der Geschlechterbewegung insoweit verinnerlicht, als das hohe emotionale Engagement, mit dem man von Feministen aufgefordert wird, die Androgynitätsnorm zu realisieren, irritiert. Warum, so fragen sich die Heranwachsenden, sollen wir zu etwas werden, was wir längst sind.

Das dynamische Dreieck der Männer-, Frauen- und Schwulenbewegung hat demnach einen gesellschaftlichen Prozeß angeregt, der zu einem weitverbreiteten feministischen Bewußtsein geführt hat, wodurch die feministische Geschlechterbewegung als solche überflüssig geworden ist: sie ist nun institutionalisiert, ihr Ziel ist erreicht. Die „Männergesellschaft" spendet „Beifall für den Feminismus" (Barz 1984), wenn auch kritischen. Sie ist der Teil des Geschlechterverhältnisses, der von hervorragender und ausschlaggebender Bedeutung ist.

Das aktuelle Geschlechterverhältnis hat eine markante feministische Färbung. So wie die siebziger Jahre durch ein weitverbreitetes marxistisches Bewußtsein geprägt sind, so sind die achtziger und neunziger Jahre sehr stark feministisch geprägt. Nicht nur in der Politik hat es oft den Anschein, als ob das Klassenverhältnis durch das Geschlechterverhältnis abgelöst würde. Das gilt gleichermaßen für die Sozialwissenschaften (vgl. Badinter 1991; Beck/Beck-Gernsheim 1990; Brand u. a. 1986; Hoffmann 1994; Hollstein 1991; Sechster Jugendbericht 1986; Achter Jugendbericht 1990). Inwieweit sich diese Situation durch die allgegenwärtig zu beobachtende ökonomische Krisenlage verändern wird, bleibt für den Autor offen. Möglicherweise gelingt dem öffentlichen Bewußtsein, die Dimension des Klassen- und Geschlechterverhältnisses auf fruchtbare Weise zu integrieren. Kreckel (1992, 1993) hat hier einiges an Pionierarbeit geleistet - wir werden sehen (Kapitel 4.3). Fest steht jedenfalls, die bundesdeutsche Gegenwartsgesellschaft wird nicht hinter das feministische Bewußtsein zurückfallen können. Es wird auch in Zukunft die aktuelle gesellschaftspolitische Debatte bestimmen und somit die geschlechtsspezifische Sozialisation auch der folgenden Generation strukturieren.

Es bietet sich an, mit dem juristischen Überbau weiterzumachen, um die These vom „feministischen Bewußtsein" als aktueller Sozialisationsbedingung empirisch anzureichern. Es springt sofort die gesellschaftliche Gleichstellung der Geschlechter ins Auge, die nicht mit der Auflösung der Geschlechterrolle gleichzusetzen ist, werden die Subjekte doch weiterhin als Geschlechtswesen vergesellschaftet. Die gesellschaftliche Gleichstellung der Geschlechter und damit die Entfernung der Norm geschlechtsspezifischer Arbeitsteilung aus dem komplexen Gebilde des Geschlechterverhältnisses gilt umso mehr, als die Gleichstellung in den vergangenen drei Jahrzehnten von einem reinen Verfassungsanspruch stark zu einem auffälligen Bestandteil der gesellschaftlichen Wirklichkeit geworden ist. Dieses „feministische Bewußtsein", das die Geschlechterbewegung nicht nur zu einer analytischen, sondern gleichfalls zu einer empirischen Kategorie macht, kommt in einer Vielzahl von Aspekten zum Ausdruck. Besonders bemerkenswert sind Frauenförderpläne und Geschlechterquoten (vgl. Gräfrath 1992; Limbach 1988), aber vor allem Artikel 3 des Grundgesetzes:

„(I) Alle Menschen sind vor dem Gesetz gleich.
(II) Männer und Frauen sind gleichberechtigt.
(III) Niemand darf wegen seines Geschlechts ... benachteiligt oder bevorzugt werden".

Diese Normierung der Geschlechtstatsache kennzeichnet die zweite Moderne. Das zeigt sich, wenn man die Situation zum Beispiel in der Weimarer Republik betrachtet. Denn die Weimarer Reichsverfassung von 1919 hatte den Frauen nur die gleichen staatsbürgerlichen Rechte gewährt: Sie konnten wählen und gewählt werden. Aber im Beruf, in der Ehe und in der sozialen Sicherung waren sie alles andere, nur nicht mit dem männlichen Geschlecht gleichgestellt (vgl. Bundesministerium, Hrsg. 1989, S. 9; Hoffmann, 1994, S. 56).

Die Realisierung des genannten Verfassungsanspruchs am Übergang von der ersten in die zweite Moderne zeigt sich in der Gestaltung des Ehe-, Familien- und Scheidungsgesetzes: der Geburtsname des Mannes muß seit 1976 nicht mehr der gemeinsame Familienname sein. Die Ehegatten können sich auf den Namen der Frau als gemeinsamen Namen verständigen und ein Teil kann gegebenenfalls einen Doppelnamen führen (BGB § 1355). Seit 1992 ist es nicht mehr notwendig, daß die Eheleute einen gemeinsamen Familiennamen führen. Daß heißt, jeder kann seinen Geburtsnamen behalten. Der Familienname des potentiellen Nachwuchses muß von den Partner im gegenseitigen Einvernehmen ausgewählt werden, es gibt weder ein mütterliches noch ein väterliches Vorrecht.

1977 ist mit der Neuregelung des § 1356 des Bürgerlichen Gesetzbuches juristisch festgeschrieben und somit als Norm an die Ehegatten herangetragen, daß die Zuständigkeit für Haushaltsführung und Erwerbstätigkeit zwischen den Eheleuten partnerschaftlich ausgehandelt werden muß:

„(1) Die Ehegatten regeln die Haushaltsführung im gegenseitigen Einvernehmen. Ist die Haushaltsführung einem der Ehegatten überlassen, so leitet dieser den Haushalt in eigener Verantwortung. (2) Beide Ehegatten sind berechtigt, erwerbstätig zu sein. Bei der Wahl und Ausübung einer Erwerbstätigkeit haben sie auf die Belange des anderen Ehegatten und der Familie die gebotene Rücksicht zu nehmen".

Die rechtliche Lage in der ersten Moderne ist eine gänzlich andere. Das zeigt sich daran, daß das Letztentscheidungsrecht des Ehemannes in allen Eheangelegenheiten erst im Jahre 1985 ersatzlos gestrichen wurde. Darüber hinaus wird das Recht des Ehemannes, ein Dienstverhältnis seiner Frau fristlos zu kündigen, aufgehoben. Die Ehefrau braucht zur Berufsausübung nun nicht mehr die Erlaubnis ihres Mannes; er hat nicht mehr die Rechtsprechung auf seiner Seite, wenn er versuchte, ihr die Aufnahme von außerhäuslicher und entgoltener Arbeit zu untersagen. Auch ist er jetzt nicht mehr die letzte Instanz bei Erziehungsfragen; die Entscheidung über die Form des Schulbesuchs und der Ausbildung sind partnerschaftlich zu treffen (vgl. Bundesministerium, Hrsg. 1989, S. 11; Schenk, H., 1981, S. 80f.).

Das Ende der geschlechtsspezifischen Normierung geschlechtsspezifischer Arbeitsteilung zeigt sich auch in der alltäglichen Rechtsprechung. Beispielsweise stellt das Landessozialgericht Rheinland-Pfalz fest, daß das „Teilzeitprivileg" nicht allein für Frauen, sondern auch für das männliche Geschlecht gelte. Entscheidend sei einzig und allein, wer das Kind tatsächlich betreue, nicht welches Geschlecht die Betreuungsperson habe:

Dieses Urteil ist ergangen, weil ein Arbeitsamt die Auszahlung von Arbeitslosengeld an einen Vater verweigert hat, nachdem dieser sich weigerte, eine zugewiesene Vollzeitstelle anzunehmen sowie an einer vollzeitlichen beruflichen Wiedereingliederungsmaßnahme teilzunehmen. Das Arbeitsamt argumentiert daraufhin, der Vater stünde dem Arbeitsmarkt nicht zur Verfügung, deshalb hätte er keinen Anspruch auf Arbeitslosengeld. Dieser Auffassung widerspricht das Landessozialgericht mit den folgenden Argumenten (Az.: L 1 Ar 86/91): Einem Arbeitslosen sei eine vom Arbeitsamt angebotene Vollzeitstelle unzumutbar, wenn dieser wegen der Betreuung eines Kindes lediglich eine Teilzeitstelle suche und nur diese ausüben könne. Das Teilzeitprivileg sei keines, das nur für Mütter gelte. Von ausschlaggebender Relevanz wäre, wer das Kind hauptsächlich betreue (Stichwort: Primärverantwortlichkeit); es dürfe keine Rolle spielen, zu welcher Geschlechtsgruppe die betreuende Person gehöre. Anders ausgedrückt, die Geschlechtsspezifik der Mutter- und Vaterrolle im Sinne der Primärzuständigkeit für die geschlechtsspezifische Arbeitsteilung in der Familie wird juristisch aufgelöst, Abweichungen von der Norm des einfach-modernisierten Geschlechterverhältnisses werden positiv sanktioniert. Die geschlechtsspezifische Diskriminierung als gesellschaftlicher Tatbestand wird vom öffentlichen Bewußtsein zugelassen:

die Geschlechterbewegung hat sich als feministische Geschlechtsrolle und Geschlechtsidentität institutionalisiert.

Dieselbe Tendenz kommt in dem zweiten Gleichberechtigungsgesetz zum Ausdruck, das im April 1994 vom Bundestag verabschiedet worden ist: Künftig haben im öffentlichen Dienst des Bundes stehende Männer und Frauen grundsätzlich Rechtsansprüche auf familienbedingte Teilzeitarbeit und Beurlaubung. Sie dürfen deswegen beim beruflichen Fortkommen nicht benachteiligt werden. Außerdem müssen Stellen im Grundsatz für Voll- und Teilzeit ausgeschrieben werden - das gilt auch für Leitungsfunktionen.

Dieses Gesetz geht nicht weit genug, betrifft es doch nur Bundesbeamte und sonstige Beschäftigte in Bundesbehörden. Indes muß auch festgestellt werden, daß in Bundesländern wie zum Beispiel Berlin ähnliche Gesetzentwürfe unter den progressiven politischen Kräften der Stadt diskutiert werden. Insgesamt sollte der symbolische Wert einer solchen gesetzlichen Regelung nicht unterschätzt werden: Gesellschaftliche Bedingungen, mit denen die Geschlechter auf traditionale geschlechtsbezogene Zuweisungen eingeschränkt werden, werden vom öffentlichen Bewußtsein, von den gesellschaftlichen Funktionseliten, als illegitim angesehen. Die Abweichungen vom traditionalen Lebensentwurf werden nicht mehr nur nicht negativ sanktioniert. Sie werden ganz im Gegenteil staatlich unterstützt, also positiv sanktioniert. Eine geschlechtsbedingte Varianz im Lebenslauf wird gesellschaftlich durch die Geschlechtsrolle nicht mehr erzwungen. Selbst der für das weibliche Geschlecht dominierende Lebensentwurf der gleichrangigen Bewertung von Beruf und Familie im Lebenslauf wird durch die Forderung nach mehr Teilzeitplätze und dem Verbot einer karrieretechnischen Diskriminierung unterstützt, ohne daß man sich um die Frage kümmert, inwieweit derartige Regelungen bezahlbar sind. Weiterhin wird das ehemals typische weibliche Lebenslaufmuster von seiner Geschlechtsbezogenheit befreit und von offiziellen Repräsentanten der staatlichen Funktionskörperschaften als anstrebenswert herausgehoben. Betrachtet man also summa summarum die gesellschaftliche Normierung der Geschlechtstatsache, so kommt man zu dem Schluß: diese wird nicht mehr normiert; ihre Entnormierung wird offensiv praktiziert, und zwar nicht mehr allein von politischen Splittergruppen - zumindest betrifft dies das Phänomen der geschlechtsspezifischen Arbeitsteilung als einen Teilaspekt des Geschlechterverhältnisses; die androgyne Revolution ist vollzogen worden, die gesellschaftlichen Funktionseliten versuchen sich zur Zeit an ihrer detaillierten juristischen Übersetzung.

Die ausgearbeitete Tendenz wird auch vom zweiten Gleichberechtigungsgesetz indiziert. Es wird Mitte April 1994 vom Bundestag mit Koalitionsmehrheit verabschiedet. Es legt fest, daß alle Arbeitgeber und Vorgesetzten künftig Frauen vor sexuellen Belästigungen am Arbeitsplatz schützen und arbeits- oder disziplinarrechtliche Schritte gegen Belästiger einleiten müssen. Weiterhin werden in der Bundesverwaltung alle Dienststellen verpflichtet,

Frauenförderpläne mit verbindlichen Zielvorgaben aufzustellen. Ab einer bestimmten Mindestgröße der Dienststelle muß eine Frauenbeauftragte ernannt werden. Auch in diesem Gesetz kommt die implizite Auflösung der geschlechtsspezifischen Arbeitsteilung im Sinne von Primärzuständigkeit zum Ausdruck. Das Geschlechtersystem im Sinne des Zwangs zur Geschlechterspezifikation wird beibehalten. Die Geschlechtsspezifik wird aufgelöst. Das weibliche Geschlecht erscheint als potentiell diskriminiert. Ihm wird ein besonderer Schutzstatus zugewiesen, damit auch jene die sexuelle Würde der Frau wahren, an denen die reflexive Modernisierung des Geschlechterverhältnisses bislang eher spurlos vorbeigegangen ist. Diesen Männern wird mit Strafe gedroht: sie werden gezwungen, die feministische Geschlechtsrolle zu beachten, die Genese einer feministischen Geschlechtsidentität wird so induziert.

Diese Gleichberechtigungsgesetze bauen auf dem „Gesetz über die Gleichbehandlung von Männern und Frauen am Arbeitsplatz" von 1980 auf. Es beinhaltet die Festschreibung der Gleichbehandlung am Arbeitsplatz im Bürgerlichen Gesetzbuch; das impliziert das Recht auf gleiches Entgelt für gleiche Leistung; zudem müssen Stellenausschreibungen geschlechtsneutral formuliert werden. Ferner wird dem Arbeitgeber die Beweislast in solchen Prozessen zugewiesen, in denen die Arbeitnehmerin Tatsachen glaubhaft macht, die auf eine Benachteiligung wegen ihres Geschlechts hindeuten (Bundesministerium, Hrsg. 1989, S. 11); mithin wird die Beweislast umgekehrt.

Mit rollentheoretischer Begrifflichkeit formuliert: Die geschlechtsspezifische Zuweisung von Tätigkeitsfeldern und die Hierarchisierung der privat-familiären Geschlechterbeziehung ist nicht mehr Teil der Geschlechtsrolle, die an die Inhaber der Geschlechterposition gerichtet ist. Zumindest ist dies gesamtgesellschaftlich keine Muß- und auch keine Soll-Vorschrift, höchstens noch eine Kann-Vorschrift. Die Muß-Komponente der Geschlechtsrolle schreibt heute hingegen vor, partnerschaftlich zu verhandeln, wie das Verhältnis von Berufs- und Hausarbeit im Lebenslauf balanciert und andere die familiäre Reproduktion betreffenden Probleme entschieden werden sollen. Wie dieser normative Rahmen ausgefüllt wird, überläßt der Gesetzgeber den betroffenen Individuen. Ihnen ist es jedenfalls unmöglich, sich auf eine geschlechtsspezifische Normierung zu beziehen. Geschlechtsspezifische Arbeitsteilung ist also keine Soll- oder Muß-Norm mehr (vgl. Limbach 1988). Die Existenz der zwei Geschlechter ist vorausgesetzt, und zwar implizit, und kann als eine weitere Muß-Komponente der Geschlechtsrolle angesehen werden. Sie müssen ihr Geschlecht auch weiterhin spezifizieren, lernen, daß es zwei Geschlechter gibt, andernfalls könnten sie in dieser Gesellschaft nicht handeln, wenngleich der weitere Lebensplan geschlechtsunspezifisch ist.

Eine weitere wichtige Entwicklung auf dem rechtlichen Gebiet betrifft die lange Geschichte der Modifikationen des Paragraphen 175 StGB (vgl. Brandt

1990; Holy 1991). Diese Geschichte nimmt ihr Ende nach 25 Jahren, weil er nämlich 1994 abgeschafft worden ist. Dieser Paragraph hatte homosexuelle Handlungen erwachsener Männer an männlichen Jugendlichen unter 18 Jahren unter Strafe gestellt. An seine Stelle ist eine Schutzvorschrift getreten, die den sexuellen Mißbrauch Jugendlicher unter 16 Jahren - unabhängig vom Geschlecht des Mißbrauchers - verhindern soll. Damit sind homosexuelle mit heterosexuellen Männern gleichgestellt, die bereits vor der Veränderung des Paragraphen 175 StGB mit über 16jährigen sexuelle Praktiken ausüben durften, ohne in den Sanktionsbereich des Strafgesetzbuches zu geraten. Dadurch ist Homosexualität normalisiert worden, und sie wird nun weniger mit Unmännlichkeit oder Unweiblichkeit gleichgesetzt als vor dieser Änderung. Indes ist hieraus nicht zu schließen, die Gesellschaft würde den Heranwachsenden ihre sexuelle Grundhaltung freistellen: Heterosexualität ist nun keine Muß-Rolle mehr. Homosexualität wird nicht mehr kriminalisiert, wenngleich anzunehmen ist, daß sie jenseits des juristischen Maßnahmenbündels in der alltäglichen Lebenspraxis in der Regel negativ sanktioniert wird oder keine positive Beachtung findet. Es dürfte zu einer Verminderung von homophoben Einstellungen gekommen sein: bei gleichzeitiger Betonung der eigenen heterosexuellen Identität. Dies scheint auch psychologisch zu sein: Je sicherer man sich der eigenen Identität ist, um so weniger muß man sich irrationalen Ängsten hingeben (vgl. Hoffmann, 1994, S. 84ff., Holy 1991; Preuss-Lausitz, 1983, S. 100ff.).

Dieser Prozeß, bei dem ein rationaler Umgang mit Homosexualität herauskommen soll, wird kaum positiv unterstützt. Eine Ausnahme findet man in Berlin. Dort gibt es in der Senatsverwaltung für Jugend und Familie einen Fachbereich für gleichgeschlechtliche Lebensweisen. Diese Stelle hat eine Aufklärungskampange an allen Berliner Schulen gestartet, um Vorurteile gegenüber Homosexuellen abzubauen. Schwule und lesbische Lehrer werden ermutigt, sich zu ihrer Homosexualität zu bekennen. Daß Aufklärungsarbeit nötig ist, hat gerade eine umfangreiche Studie unter 1400 Berliner Schülern ergeben[20]; es gibt eine erschreckend große Zahl von Vorurteilen gegenüber Homosexuellen. Ich frage mich allerdings, ob die Vorurteile nicht mehr ein Altersphänomen sind, das vor allem bei pubertierenden Jugendlichen auftritt; diese sind sich ihrer Geschlechtsidentität noch nicht sicher: Um zu einer sicheren Identität zu gelangen, konstruieren sie ein Klischee vom homosexuellen Mensch, das nach der Pubertät von einer vorurteilsfreien Sichtweise abgelöst wird.

Die Analyse hat gezeigt: Die androgyne Revolution ist in Politik und Recht vollzogen worden. Die geschlechtsspezifische Arbeitsteilung ist aufgehoben worden. Trotzdem soll es auch in Zukunft noch zwei Geschlechter geben: Das Geschlechtersystem wird implizit beibehalten, indem von männli-

---

[20] Die Studie „Wären Sie lieber ein normaler Mensch?" ist zu beziehen über das Jugendnetzwerk Lambda, Ackerstraße 12-13, 10115 Berlin.

chen und weiblichen Menschen gesprochen wird. Die heterosexuelle Orientierung wird nicht mehr erzwungen, aber es ist auch keine offensive Förderung von gleichgeschlechtlichen Lebensweisen zu beobachten. Ich vermute, die Debatte zur Homosexualität reduziert zumindest die Ängste im Umgang mit Homosexuellen; wir sind nicht auf dem Weg in die bisexuelle Gesellschaft.

4.2.2.2 Schule

Das neue Gesicht des Geschlechterverhältnisses müßten wir auch in der zentralen Sozialisationsinstanz Schule beobachten können. Hier sollte - wenn meine These richtig ist - mit dem Ziel sozialisiert werden, die Verfassungsnorm der feministischen Geschlechtsrolle als feministische Geschlechtsidentität in die Köpfe und Körper der Menschen zu bringen. Daß in der Schule dieselben kognitiven Kompetenzen erworben werden, habe ich bereits dargelegt. Dort stand die Frage im Vordergrund, ob die Schule die bipolare oder die biplurale Geschlechterpersönlichkeit produziert; es ist deutlich gemacht worden, es passiert biplurale Geschlechtersozialisation, und das ist historisch kein neues Phänomen. Das heißt: Die Schule schafft auf jeden Fall die Voraussetzung dafür - denn sie hat das Monopol bei der Qualifizierung und Bildung des gesellschaftlichen Nachwuchses (Hurrelmann, 1994, S. 88) -, daß Gleichstellung und Partnerschaftlichkeit gelebt werden können: diese Norm kann nur dann realisiert werden, wenn beide Geschlechter die gleichen kognitiven Kompetenzen erwerben und die alltägliche Erfahrung der Gleichwertigkeit machen können. Jetzt möchte ich hingegen die Frage stellen, zu der die Kategorie der subjekttheoretischen Geschlechtersozialisation in Kombination mit der reflexiven Modernisierungstheorie anregt: ob es nämlich in der Schule Anzeichen für die These der feministischen Generation gibt. Wirkt in der heutigen Schule die feministische Geschlechterbewegung als feministische Geschlechtsrolle weiter, so daß feministische Jungen und Mädchen die Schule verlassen? Oder wird in der Schule das Patriarchat, also geschlechtsspezifische Arbeitsteilung und geschlechtspolare Geschlechterspezifikation, tradiert? Anders gefragt: Schlägt der Diskurs, der in Politik und Recht geführt wird, in die Schule durch?

Es springt ins Auge: Geschlechtsspezifische Unterrichtsfächer und -inhalte existieren nicht mehr; reine Jungen- und Mädchenschulen werden nur ausnahmsweise von den Schulbehörden geduldet; herkömmliche Geschlechtsrollendarstellungen, die Mädchen auf Haus- und Jungen auf Berufsarbeit festlegen und eine polare Geschlechterspezifikation verlangen, sind aus den Schulbüchern entfernt worden (vgl. Preuss-Lausitz, 1993, S. 147); die Hochschulzugangsberechtigung hängt nicht mehr von der Geschlechtszugehörigkeit ab. Anders ausgedrückt: Es muß eine *„revolutionäre Angleichung in den Bildungschancen"* (Beck, 1990a, S. 27) und eine „Feminisierung der Bildung" (a. a. O., S. 28) konstatiert werden. Dieser Vorgang beginnt in den sechziger Jahren, als „ein Gespenst um(ging) in der Bundesrepublik, das Gespenst der

Bildungskatastrophe" (Preuss-Lausitz, 1993, S. 61). Um es zu vertreiben, warben die sogenannten Bildungsreformer Ralf Dahrendorf (1968), Karl Erlinghagen (1964), Georg Picht (1964) und Hansgert Peisert (1967) für die Expansion des Bildungswesens: mit humanistischen (Bildung ist Bürgerrecht) und ökonomischen Argumenten (Wettbewerbsnachteile) (vgl. Preuss-Lausitz, 1993, S. 61ff.). „Für diese Reformer war es eine Selbstverständlichkeit, vom Gleichheitsanspruch des Grundgesetzes her auch für Mädchen gleiche Schulchancen zu fordern. Auch für sie sollte die Moderne nun endlich gelten" (a. a. O., S. 147). Ihre Forderungen sind erfüllt worden, das Geschlechterverhältnis, das für die zweite Moderne charakteristisch ist, hat die Bühne der Weltgeschichte betreten: Alltäglich erleben sich Jungen und Mädchen als gleichberechtigte und gleichermaßen kompetente und qualifizierte Interaktionspartner. Bereits in der Schule, welche die zentrale Sozialisationsinstanz innerhalb der heutigen Jugendphase ist (Hurrelmann, 1994, S. 89f.), erleben sich Jungen und Mädchen jenseits der Norm geschlechtsspezifischer Arbeitsteilung und üben für ein gemeinsames Leben, das von der Norm der Partnerschaft und Gleichberechtigung orientiert wird (auch Zinnecker, 1990, S. 36). Der Verfassungsanspruch der Gleichberechtigung, den die feministische Geschlechterbewegung - zu der auch die Bildungsreformer gezählt werden müssen - durchgesetzt hat, ist verwirklicht worden. Es passiert androgyne Geschlechtersozialisation, bei der - so lautet meine Hypothese - androgyne männliche und androgyne weibliche Geschlechtsidentität erarbeitet wird. Etwas vorsichtiger formuliert: Es gibt keine Anzeichen dafür, daß die Norm der geschlechtsspezifischen Arbeitsteilung und der Geschlechterspezifikation, die sich an den Männlichkeits- und Weiblichkeitsstereotypen orientiert, in der Schule in Geltung ist. Wäre sie in Geltung, so müßte sie sich bei der Schulleistung niederschlagen. Sozialisierte die Schule Mädchen für das „Dasein für andere" (Beck-Gernsheim 1983), ihnen wäre jedwede Motivation genommen, in der Schule Hochleistungen zu vollbringen.

Für diese Sicht, die mit den Mitteln der Logik hergeleitet wurde, spricht schließlich eine empirische Untersuchung jüngeren Datums, die Andrea Hilgers (1994) publiziert hat. Ihre Frage lautet, welche Geschlechterstereotype derzeit von Lehrerinnen und Lehrern vertreten werden (a. a. O., S. 141). Mit meiner Terminologie gesprochen fragt Hilgers, inwiefern Lehrern ihren Schülern die geschlechtsspezifische Arbeitsteilung und geschlechtspolare Persönlichkeitsbilder im Sinne von Geschlechterspezifikation zuweisen. Die Antwort ist eindeutig: „Lediglich 5 % der befragten Lehrer und 4 % der Lehrerinnen finden einen Hausmann lächerlich, durchschnittlich 95% lehnen diese Aussagen ab" (a. a. O., S. 158). Anders ausgedrückt: „Normative Verhaltenserwartungen nach Geschlecht (werden) eher abgelehnt" (ebd.). Zwar wird „die Annahme, daß Frauen und Männer unterschiedliche Eigenschaften, Bedürfnisse oder Fähigkeiten haben, ... fast von der Hälfte der befragten LehrerInnen geteilt" (ebd.) - das verwundert angesichts der Vorherrschaft der bipolaren Geschlechtersozialisation feministischer Machart wenig (vgl. hier Kapitel 1), „daraus werden jedoch ... in der Regel keine unterschiedlichen Verhaltenserwartungen abgeleitet. In Bezug auf das Verhalten wird also ein egalitäres Konzept für beide Geschlechter vertreten ..." (ebd.): das reflexiv-modernisierte Geschlechterverhältnis wirkt, Heranwachsende müssen zu Feministen werden, ergo folgen sie der Norm androgyner Männlichkeit und androgyner Weiblichkeit. Einmal gewendet: Eine geschlechtsspezifische Sozialisation, bei der die Einarbeitung in die geschlechtsspezifische Arbeitsteilung verlangt würde, findet in der heutigen Schule nicht statt. Wir treffen dort die feministische Geschlechtsrolle an, welche die feministische Geschlechtsidentität verlangt. Diese Norm steckt in den Köpfen und Körpern der Lehrer. Zwar gibt es bei circa einem Drittel der Lehrpersonen die Vorstellung, die Geschlechter seien unterschiedlich bei ihrem Denken, Fühlen und Handeln; aber diese Vorstellung ist nicht mehr die Norm, die den Umgang mit den Schülerinnen und Schülern leitet. Diese Norm ist von der Androgynitätsnorm abgelöst worden. Die heutige von der feministischen Geschlechterbewegung zumindest nachhaltig beeinflußten Lehrer, wenn sie ihr nicht sogar angehört haben, erziehen feministisch: geschlechtsunspezifisch im normativen Sinn. Ergo findet in der Schule weder formale noch inhaltliche und auch keine diskrete Diskriminierung statt.

Die Untersuchung von Hilgers ist allerdings nur begrenzt repräsentativ, weil sie nur Lehrer in Nordrhein-Westfalen befragt hat. Zudem sind die Lehrer aus den Randgebieten der Ballungszentren und solitären Verdichtungszentren im Verhältnis zu jenen aus den ländlichen Gebieten deutlich überrepräsentiert. Außerdem weist die Gruppe der Lehrerinnen eine deutlich geringere Rücklaufquote als die der Lehrer auf. Generell sind die Gymnasiallehrer beiderlei Geschlechts, Lehrer und Lehrerinnen aus Ballungskernen und ländlichen Gebieten sowie Lehrerinnen und Lehrer über fünfundvierzig Jahren ebenfalls aufgrund erhöhter Antwortverweigerung aufgefallen. Mangels anderer Untersuchungen wird Hilgers Untersuchung dennoch verwendet. Dafür, sie zu gebrauchen, spricht auch, daß Hilgers darüber hinaus eine Gruppe von Lehramtsstudenten der Kölner Universität befragt hat; diese Untersuchung erbrachte nahezu dieselben Ergebnisse: „Die Annahme, daß Frauen und Männer „von Natur aus" unterschiedliche Eigenschaften und Bedürfnisse haben, wird ... von mehr als einem Viertel der befragten StudentInnen für das Lehramt geteilt[21]. Die StudentInnen leiten aus den (vermeintlich) unterschiedlichen Eigenschaften, ebenso wie die LehrerInnen, keine nach Geschlechtern unterschiedlichen Verhaltensnormen ab" (a. a. O., S. 170f.). Nur zwei Prozent der studentischen Gesamtstichprobe (1 v.H. der Studentinnen, 5 v.H. der Studenten) stimmt dem Item zu: „Ein Mann, der zuhause bleibt und den Haushalt führt, ist lächerlich" (a. a. O., S. 169). 90 v.H. sind der Meinung: „Frauen

---

[21] Die Ergebnisse zeigen deutlich, wie wichtig es war, die Kategorie subjekttheoretische Geschlechtersozialisation zu erarbeiten.

sollten sexuell genauso aktiv sein wie Männer" (ebd.). Nur vier Prozent der Befragten stimmen dem Satz zu: „Männer dürfen mehr sexuelle Freiheiten haben als Frauen" (ebd.). Niemand stimmt der Vorschrift „Treu sein sollte Frauen wichtiger sein als Männern" zu (ebd.). Nur vier Prozent können sich mit dem Satz „In erster Linie sollten sich die Frauen um Verhütung kümmern" identifizieren (ebd.). Dieses Ergebnis ist beinahe deckungsgleich mit der Lehrerstichprobe (a. a. O., S. 157).

Ich möchte jetzt auf die Veränderung der Geschlechterspezifikation eingehen, die sich durch die Einführung der koedukativen Schule ergibt. Denn eine zentrale Veränderung im Geschlechterverhältnis ist, daß die Beziehungen zum anderen Geschlecht nicht mehr - wie noch in den sechziger Jahren (Fend, 1988, S. 207; Geulen/Schütz, 1983, S. 38; Ziehe, 1991, S. 15) - gesellschaftlich verhindert, sondern in ihrem Zustandekommen gesamtgesellschaftlich forciert werden; diese Differenz verschwände auch nicht, wenn die gewagte Hypothese, Koedukation sei aus pragmatischen und nicht aus geschlechterpädagogischen und -politischen Gründen eingeführt worden (Kraul 1993), sich bewahrheiten sollte. Unabhängig von den Intentionen hat die Verwirklichung von Koedukation jedenfalls zur Folge, daß Phantasmen an die Stelle realer Erfahrungen getreten sind. Diese Phantasmen zur richtigen Geschlechterspezifikation haben sich, so ist angesichts der wenigen Forschungsliteratur zu vermuten, an den Geschlechtsrollenstereotypen orientiert. Um die einfach-modernisierten Bedingungen der Genese von Geschlechterspezifikation zu veranschaulichen, möchte ich den theoretisch reflektierten Erfahrungsbericht von Thomas Ziehe ausführlich wiedergeben:

„Es war eine reine Männergesellschaft, die Schule damals. Nur männliche Lehrer (mit der fassungslos bestaunten Ausnahme einer blutjungen Kunstlehrerin, die uns 1963 episodisch unterrichtete). Und selbstverständlich nur Jungen als Schüler. Unsere Kontakte zu Mädchen waren aus heutiger Sicht hoffnungslos ungelenk. Immer noch war die Tanzstunde für die meisten ein erster Anlaß des Kennenlernens (und diese wiederum ist mir selbst in derart peinlicher Erinnerung, daß sich jetzt noch die Feder sträubt). In der elften Klasse wagten wir einmal eine sogenannte Klassenfete. Es wurde über einen Mittelsmann eine Mädchenklasse der Wilhelm-Raabe-Schule angesprochen, die erstaunlicherweise sogar zusagte. Für die meisten Jungen erwiese sich aber der Graben, der sie bislang vom anderen Geschlecht getrennt hatte, als gar zu breit; ich kann es heute kaum fassen, aber diese verhinderten Kavaliere griffen doch tatsächlich zu Skatblättern, gruppierten sich um die Tische des „Schülerbootshauses", in dem wir feierten, und fühlten sich nun wieder sicherer. Wir konnten ... diese Mädchenklasse fortan nicht mehr ansprechen" (Ziehe, 1991, S. 15f.). An anderer Stelle berichtet Thomas Ziehe: „Die allgemeine Stimmung war so gespannt, als brächen überall die Dämme der Sittlichkeit. So undurchschaut wie der Konflikt war auch die wolkig-düstere Sprache der Andeutungen und Warnungen. Kräften aus dem Dunkeln gleich, lauert der

Trieb und zieht uns nach unten. Warnungen vor dem Bösen Onkel, keine Kleidung für die Kinder, die verführerisch wirken könnte! Keine Lokalbesuche für Jugendliche, Kinorazzien und Aufforderung an die Eltern, den Ausgang ihrer Kinder strengstens zu überwachen. In den Illustrierten, den vielgeschmähten, kommt das Weggedrängte zu Wort und Bild: hechelnde Aufmerksamkeit für Triebtäter, Mädchenhandel oder Sittenskandale der oberen Zehntausend - all dies letztlich immer durch gefährlich-verführerische Weiblichkeit verursacht" (a. a. O., S. 20). Anders ausgedrückt: „Das Phantasma des Durchbruchs abgründiger Natur, der stets befürchtet werden muß, war allgegenwärtig. Auch in der Kleidung sollte man sich dieser Gefahr entgegenstellen. Die „anständige" Kleidung war in hohem Maße eine Form der Fesselung, sie sollte vor allem „Halt" geben. Frauen und junge Mädchen waren regelrecht verpackt, mit Corsage, Mieder, Hüfthalter, Strumpfhalter, Büstenhalter, Unterrock: Für Männer war das gestärkte Hemd mit Kragenstäbchen das A & O; die Hosen werden mit Trägern am Bauch gehalten, darunter trägt man lange Unterhosen. Das hatte seine Entsprechung im Körperausdruck. Unterleib und Mittelkörper sind ebenso unelastisch wie die starr gehaltenen Schultern" (a. a. O., S. 21). Eine ähnliche Erinnerung schreibt Helmut Fend nieder: „Zwischen den Geschlechtern bestand eine für uns heute fast unvorstellbare soziale Distanz. Die in Filmen vorgestellten Themen der Erotik in der Partnerbeziehung kreisen fast alle um das Problem der Aufhebung dieser Distanz, also um den Prozeß des Kennenlernens, der Kontaktaufnahme und der Entdeckung der gemeinsamen Liebe. Während an diesem Punkt die meisten Filme enden, beginnen sie in den achtziger Jahren häufig erst bei diesem Ereignis. Das Thema heute ist dann nicht mehr die Überwindung dieser Distanzen, sondern die Problematik des Zusammenlebens selber, die damit gegebenen Konflikte, Erschütterungen und Enttäuschungen" (Fend, 1988, 207f.).

Heute gibt es diese Mauern zwischen den Geschlechtern nicht mehr, die feministische Geschlechterbewegung hat sie zum Einstürzen gebracht: Die Geschlechter müssen nicht mehr in Zwei-Welten leben, niemand fürchtet mehr den Untergang des Abendlandes, wenn sich männliche und weibliche Individuen bereits vor der Ehe intim begegnen; das ist der gesellschaftliche Normalfall (vgl. Nave-Herz 1988). Infolgedessen ist der Rückgriff auf stereotype Vorstellungen vom anderen Geschlecht weitestgehend überflüssig. An ihre Stelle tritt eine Vielzahl von realen Erfahrungen, die deutlich machen: die sind ja genauso wie wir. Die psychosoziale Nähe zwischen Jungen und Mädchen, wie sie sich in der Schule ereignet, macht Geschlechterstereotype als Orientierungsraster überflüssig (auch Trautner u. a., 1988, S. 117f.). Sie werden durch frühzeitige Erfahrung mit dem anderen Geschlecht ersetzt, eine Erfahrung, die nicht zuletzt von den modernen Eltern gefördert wird. So verwundert auch das Forschungsergebnis von Hannelore Faulstich-Wieland und Marianne Horstkemper (1992) nicht mehr, das ich ausführlich unter 2.1.2.3

196

darlegte: Fragt man Schüler danach, wie sie das jeweils andere Geschlecht wahrnehmen, so vermeiden sie Klischees, indem sie differenziert und individuumsbezogen antworten: sie haben eben viele verschiedene Jungen und Mädchen kennengelernt, ein Prozeß, der im Kindergarten beginnt und im Grundschulalter fortgesetzt wird; und er ist nicht frei von Komplikationen (vgl. Oswald u. a. 1986).

Es wird also die reale und alltägliche Erfahrung der Gleichheit in der geschlechtlichen Gegensätzlichkeit gemacht, die durch den Zwang zur Geschlechterspezifikation eine interessante sexuelle Komponente gewinnt. Allerdings ist zu vermuten, daß es den Heranwachsenden schwerfallen dürfte, dieses Phänomen der alltäglichen Dialektik von Gleichheit und Gegensätzlichkeit (als Geschlechtswesen) zu verbalisieren. Das ist bislang selbst der Wissenschaft nicht gelungen; sie diskutiert dieses Problem sehr stark mit dem Begriff der politischen Gleichheit und der politischen Differenz (vgl. z. B. Gerhard u. a. 1990; Prengel 1990). Dadurch wird die Problematik von Geschlechterunterscheidung unter der Bedingung der reflexiv-modernisierten Moderne verfehlt.

Ich meine, die Abwendung von der geschlechtsstereotypen Geschlechterspezifikation muß als Androgynisierung von Geschlechterspezifikation beschrieben werden, und zwar unter der mittelbaren Bedingung der individualisierten Rolle, die das Gesamt an speziellen Geschlechtersozialisationen durchdringt. Ähnliches kann mit Flexibilisierung von Geschlechterspezifikation ausgesagt werden, wenn man hiermit den psychologischen Gegensatz zu einer geschlechtsrigiden Abgrenzung und Darstellung des psychologischen Geschlechts auf den Begriff bringen möchte: Mann ist jetzt halt Mann, Frau ist jetzt halt Frau, und zwar unabhängig von einer spezifischen Geschlechtsdarstellung (vgl. Teuter 1989). Das männliche Geschlecht kann sich in der zweiten Moderne im alltäglichen Umgang mit dem anderen Geschlecht verweiblichen, das weibliche Geschlecht kann sich im alltäglichen Umgang mit dem anderen Geschlecht vermännlichen. Man sieht ja im Alltag deutlich, daß Mann dadurch nicht zur Frau, Frau dadurch nicht zum Mann wird. Es kommt deshalb zum Spiel mit den Geschlechtergrenzen, ein Stückchen Transsexualität wird von der gesamten reflexiv-modernisierten Kultur gelebt - ohne Angst vor dem Verlust von Geschlechtsidentität. Anders gesprochen: Jungen und Mädchen können - blicken wir auf ihre Kleidung, Haartracht und Gesten - kaum noch voneinander unterschieden werden. In den Diskotheken zerbrechen die traditionellen geschlechtstypischen Gebärden des Tanzes. Bei den sogenannten Standardtänzen, in denen die klassischen Rollendefinitionen von Mann und Frau einmal ritualisiert worden sind, wird der Rollentausch geprobt. Die Figuren von Werben und sich Entziehen, von Entschiedenheit und endlichem Nachgeben, von Führen und sich führen lassen werden geschlechtsunspezifisch und dennoch bleibt das Geschlecht wahrnehmbar. Die Körpersprache wird in ein erotisches Zeremoniell eingebunden, das die Entfesselung der freien Selbstdarstellung zuläßt (vgl. Eckert, 1979, S. 9f.). Man kann auch sagen, die Geschlechterspezifikation wird subtiler, zivilisierter (im Sinne von Norbert Elias). Heutige Kinder und Jugendliche verzichten auf primitive Grobschlächtigkeit, derartiges empfinden sie als lächerlich, es erinnert sie eventuell noch an die berühmt-berüchtigten Heimatfilme, die in einer Zeit produziert wurden, als der Unterschied zwischen den Geschlechtern noch nicht begriffen war, als er noch metaphysisch verklärt wurde: als eine absolute Polarität in Analogie zur biologischen Polarität.

Die Varianz innerhalb der Geschlechtsgruppe erhöht sich somit, ohne daß sich das Geschlechtliche im Individuellen verlöre, wenngleich dies dem ungeübten Beobachter so scheinen mag, der nur noch den Partnerlook zu erkennen vermag. Partnerschaftlichkeit und Gleichstellung erfassen nicht nur die geschlechtsspezifische Arbeitsteilung, sie durchdringen gleichsam das Geschlechtersystem, wobei auf dessen Auflösung verzichtet wird. Die neue Norm, die das alltägliche Interaktionsritual bestimmt, lautet: zeige dein soziales und psychisches Geschlecht auf androgyne Weise, also subtil. Diese Aufforderung ist mit dem individualisierten Modus der Vergesellschaftung verknüpft: zeige auf androgyne Weise dein Geschlecht, aber mache es hochindividuell, so daß sich dein Geschlecht zu verlieren scheint. Geschlechtsspezifische Sozialisation in reflexiver Modernisierung heißt also mit Blick auf das Geschlechtersystem und dessen Zwang zur Geschlechterspezifikation nicht, daß aus der eigenen Geschlechtszugehörigkeit immer weniger Orientierung und aus der fremden immer weniger Interpretation von Handlungen gewonnen werden (vgl. Hirschauer, 1989, S. 117). Vielmehr hat sich die Orientierung und Interpretation verändert: Die androgyne männliche oder weibliche Geschlechtsidentität ist - und zwar wegen der individualisierten Rolle - aus sich selbst heraus zu gewinnen. Der Rückgriff auf Traditionen ist erlaubt, solange die Abgrenzung zur Tradition deutlich und die Androgynitätsnorm nicht verletzt wird; soweit trotz des Rückgriffs auf traditionale Bestände deutlich wird, daß die Geschlechtsidentität vom individualisierten Ich selbst kreiert worden ist. Alles ist erlaubt, es muß nur das psychische Geschlecht für andere wahrzunehmen sein, und durch die Betonung der Unterschiedlichkeit zwischen den Geschlechtern darf nicht der Eindruck ihrer Ungleichwertigkeit resultieren: das ist Mann- und Frauwerdung unter der Bedingung von Individualisierung und des reflexiv-modernisierten Geschlechterverhältnisses. „All jene Tendenzen, die monistisch, totalitär, hegemonial, ausbeuterisch und diskriminierend die Gleichberechtigung des Differenten zu zerstören trachten, können aus dieser Sicht nur bekämpft werden" (Prengel, 1990b, S. 43). Der „Macker" oder das „Heimchen am Herd" sind zu akzeptieren - solange sie sich in diesem Rahmen bewegen, der durch Individualisierung und Androgynität erzeugt wird. Bekannte Namen erhalten einen neuen Inhalt und werden dadurch zu anderen Begriffen.

Ich fasse zusammen: Die Untersuchung der Sozialisationsinstanz mit Namen Schule erbringt eine Bestätigung der Hypothese vom reflexiv-modernisierten Geschlechterverhältnis. Denn in der Schule wirkt die feministische Geschlechtsrolle, und diese hat die Erarbeitung einer je individuellen feministischen Geschlechtsidentität bei Schülern beiderlei biologischen Geschlechts forciert.

4.2.2.3 Erwachsene

Ich habe vorgeschlagen, zwischen den Geschlechtsrollen und -identitäten Jugendlicher und den Geschlechtsrollen und -identitäten Erwachsener zu unterscheiden. Zwar werden sie in der empirischen Forschung identisch operationalisiert. Aber wegen des asymmetrischen Generationenverhältnisses muß angenommen werden: die Wirkungsmächtigkeit der erwachsenen Geschlechtsrolle ist größer als die der jugendlichen. Darüber hinaus kann man locker zwischen Erwachsenen allgemein und Eltern im speziellen unterscheiden. Grundsätzlich ist zu bedenken, die Übergänge vom Jugend- ins Erwachsenenalter sind fließend. Jugend wird mittlerweile als die Gruppe der 14-28jährigen operationalisiert. Dadurch gibt es Überschneidungen, da bei den sogenannten Erwachsenenstudien auch 16- und 18jährige auftauchen. Diese Überlappungen sind hier jedoch kein Problem, weil es nicht um Hypothesenprüfung, sondern um eine Sammlung von empirischen Belegen geht; und der Zusammenhang zwischen Theorie und Beleg darf bei einer explorativen Untersuchung lockerer sein als der zwischen Hypothese und Falsifikationsversuch. Kurzum, bei der Unterscheidung von Erwachsenen und Jugend handelt es sich um eine nicht vollständig ausgereifte Begriffsbildung; sie dient vor allem der losen Strukturierung des wenigen empirischen Materials.

Die Geschlechtsrollen und -identitäten werden auf unterschiedliche Weise operationalisiert. Die einen schwören auf die sogenannte subjektive Geschlechtsrollennormierung (vgl. vor allem Krampen 1979, 1980, 1983); der Rest fragt allgemein nach Wünschen, Zielen und Plänen. Es wird kontrovers diskutiert, welche Form der Operationalisierung dem Untersuchungsgegenstand, namentlich der Geschlechtsrolle und -identität, adäquat ist. Ich schließe mich dem üblichen Vorgehen an, diesen methodischen Dissens zu ignorieren und die Forschungsergebnisse gleichwertig zu verarbeiten. Das heißt: Die Forschungsergebnisse werden als Selbstbilder interpretiert, die nicht unbedingt mit dem realisierten Verhalten identisch sind; aber sie sind, das ist die Minimalannahme von Selbstbildstudien, nicht ohne Einfluß auf das Handeln; zudem ist zu berücksichtigen, daß die Geschlechtlickkeit nur ein Teilaspekt des Menschen ist. Daraus folgt: Die Realisierung dieses Persönlichkeitselements wird von anderen Aspekten derselben Persönlichkeit moderiert, so daß die gemessene Geschlechtsidentität nie mit dem Handeln oder dem Idealtypus, sprich: dem Begriff identisch sein kann.

Eine aktuelle empirische Deskription bundesdeutscher erwachsener Männlichkeit hat Walter Hollstein (1990) vorgelegt. Mit seiner Studie ist er in die Fußstapfen der Pross-Studie (1984) der siebziger und der Metz-Göckel / Müller-Studie (1986) und Infas-Studie (1988) für die achtziger Jahre getreten. Seine Repräsentativ-Studie knüpft an diese Erhebungen an, um zu überprüfen, ob der Wandlungsprozeß in Richtung androgyner Männlichkeit fortgesetzt worden ist; das wird durch Hollsteins Zielsetzung verdeutlicht, namentlich den männlichen Bewußtseinswandel aufzuweisen und zu unterstützen, der von den genannten Untersuchungen - die den Zeitraum von 1975-1983 umfassen - signalisiert wird: Das Machtgefälle in der Partnerschaft ist im Zeitverlauf verschwunden: das bestätigt die These von der Institutionalisierung des feministischen Bewußtseins. Die rigide geschlechtsspezifische Primärzuständigkeit bei familiären Aufgaben wird stetig durch eine flexible und abgeschwächte Realzuständigkeit - die nicht unbedingt der normativen Auflösung geschlechtsspezifischer Arbeitsteilung widerspricht - abgelöst (vgl. auch Hollstein, 1990, S. 78; Metz-Göckel/Müller 1987; Postler/Schreiber Hrsg. 1985, S. 24-39). Hat sich dieser Prozeß fortgesetzt, bei dem das feministische Geschlechterverhältnis von den Subjekten kreiert wird und die Kinder und Jugendlichen zu dessen Übernahme aufgefordert werden?

Die Hollsteinsche Untersuchung enthält quantitative und qualitative Elemente (zur Methode a. a. O., S. 106-111). Im Mittelpunkt standen die 26-45jährigen, weil sie die kulturell hegemoniale Position verkörpern. Der Untersuchungszeitraum umfaßte die Zeit vom 12. November 1988 bis zum 26. März 1989. Es sind ausschließlich Männer in dem alten Bundesgebiet einschließlich Westberlin befragt worden. Auf eine gesonderte Darstellung der Kategorien Religionszugehörigkeit, Stadt-Land und Region wurde infolge des Fehlens von signifikanten Unterschieden verzichtet. Gearbeitet wird mit dem üblichen Fünf-Schichten-Schema. Meines Erachtens kann man sie als eine empirische Beschreibung heutiger Männlichkeitsnormen interpretieren, wie sie vom männlichen Geschlecht vorgenommen werden und wie sie den sozialisierenden Subjekten in deren alltäglicher Lebenspraxis gegenübertreten dürften. Merkwürdigerweise fehlen analoge Untersuchungen mit ausschließlich weiblichen Teilnehmern; es existieren einzelne Untersuchungen zum Frauenleitbild in diversen Medien (vgl. Feldman-Neubert 1991), aber die Frauen selbst sind bislang nicht befragt worden.

Der Gesamteindruck der Hollsteinschen Untersuchung ist, daß sich „der deutsche Mann ... entspannen, hingeben und fallen lassen kann, daß ihm das Spaß macht und daß dies alles als integraler Bestandteil zu seinem Leben gehört. Er ist nicht mehr eindimensional auf Arbeit, Leistung und Erfolg fixiert ... kümmert sich mehr um sich selber. Das beweist seine gestiegene Genußfähigkeit, aber auch das gewachsene Interesse an seinem Körper, seiner Gesundheit, seinem Aussehen und seiner Attraktivität. Ein Indikator dafür ist ebenfalls der zunehmende und lustvolle Gebrauch von Lotions, Rasierwasser und anderen Mitteln zur Körperpflege ..." (a. a. O., S. 218). Kurz, der neue Mann präsentiert eine verweiblichte Männlichkeit, und diese tritt als Norm den vergesellschafteten Subjekten beiderlei Geschlechts gegenüber. Der neue Mann ist ein feministischer Mann, er hat das Programm der Geschlechterbewegung zu psychischer Struktur gemacht, falls er nicht selbst dieser Bewegung angehört hat. Er ist ein Teil der Sozialisationsbedingungen, welche die Heranwachsenden verarbeiten müssen.

Zur Veranschaulichung seien die wichtigsten Daten genannt: Von den befragten Vätern beschäftigen sich 72 v.H. mit den Schulproblemen ihrer Kinder, 70 v.H. mit den Problemen, welche die Kinder mit ihren Eltern haben, 63 v.H. setzen sich mit den Leistungsproblemen ihrer Kinder auseinander, 61 v.H. mit deren Ängsten, 51 v.H. mit den Schwierigkeiten ihrer Kinder im Freundeskreis und 46 v.H. mit sexuellen Problemen: „Insgesamt vollzieht sich in den vergangenen Jahren ein positiveres Verhältnis zwischen Vätern und Kindern" (a. a. O., S. 155). Diese Wandlungen von Männlichkeit und Väterlichkeit, die als eine Balancierung von Expressivität und Instrumentalität interpretiert werden können, indizieren eine androgynisierte Geschlechtsrolle und -identität.

Das feministische Bewußtsein wird ebenfalls durch die Gestaltung der gegengeschlechtlichen Beziehung indiziert: Die übergroße Mehrheit der Männer sieht „die Frau" als ein „personales, ganzheitliches, gleichberechtigtes und partnerschaftliches Subjekt" (a. a. O., S. 158) an. Das zeigt sich insbesondere daran, daß die „Arbeitsteilung zwischen den Geschlechtern ... in den Köpfen der Männer nicht mehr besteht. Nahezu 90 Prozent der deutschen Männer verwerfen das alte Diktum, daß die Frau ins Haus und der Mann ins Erwerbsleben gehört" (ebd.). Man akzeptiert die materielle Unabhängigkeit von Frauen, optiert für die partnerschaftliche Lösung in Entscheidungs- und Konfliktsituationen und empfindet die Frauenemanzipation als „gut, gerecht und unterstützenswert" (a. a. O., S. 164). 41 v.H. der befragten Männer bewerten die Quotierungsregelungen als gerecht, 19 v.H. als ungerecht; 31 v.H. meinen, sie sei eine gute Sache und 20 v.H. bewerten sie exakt gegenteilig. Am stärksten stimmen der Quotierungsregelung die Männer der mittleren und oberen Mittelschicht zu. Zudem sind die meisten Männer in der Lage, die Haushaltsführung zu übernehmen (was sie unter anderem während ihrer Grundausbildung bei der Bundeswehr lernen); denn sie beherrschen die hierfür erforderlichen Fähigkeiten: 89 v.H. können putzen, 87 v.H. Wäsche waschen, 81 v.H. kochen, 69 v.H. braten und backen, 49 v.H. nähen und 37 v.H. stopfen (a. a. O., S. 174ff.). Summa summarum: Die deutschen Männer, vor allem die Jüngeren und Angehörigen der Mittelschicht, sind in der Lage, sich selbsttätig zu reproduzieren. Auf die Versorgung durch das andere Geschlecht sind sie nicht angewiesen: Der deutsche Mann hat eine feministische Geschlechtsidentität und präsentiert somit den Heranwachsenden eine androgyne Geschlechtsrolle.

Das neue Männlichkeitsideal wird im Kontrast zum alten Männlichkeitsideal, zu dem der ersten Moderne, formuliert. Man realisiert infolgedessen eine „enthärtete" männliche Rolle, nimmt Frauen als gleichberechtigte Personen wahr, als Menschen nämlich, und interagiert dementsprechend mit ihnen (a. a. O., S. 195): eben gleichberechtigt, so daß der Geschlechtsunterschied nicht mehr durch Hierarchisierung erzeugt wird. Man kann daher sagen: Die Eindimensionalität des harten, gefühllosen Mann-Seins als das Ideal und die Erwartungshaltung (a. a. O., S. 196), die auf der selbstgewollten Überordnung über das andere Geschlecht basiert, hat sich aufgelöst. Die reflexiv-modernisierte Männlichkeit ist ergo mit den Adjektiven flexibel, farbig, offen, weich beschreibbar (a. a. O., S. 197). Dabei ist der Trend „zur androgynen Annäherung, zum menschlichen Helden und liebenswerten Außenseiter ... am deutlichsten in den beiden Mittelschichten" (a. a. O., S. 214) ausgeprägt. Das feministische Männerbild entlarvt sich mithin als eine „Wunschbild-Negation(en)" (Beck, 1990b, S. 200).

Gesellschaftliches Faktum ist das androgynisierte Männlichkeitsideal, das sich dennoch von Weiblichkeit unterscheiden läßt. Es ist die herrschende Norm, mit der sich heutige Kinder und Jugendliche auseinandersetzen müssen, weil sie zu sozial handlungsfähigen Männern oder Frauen werden wollen. Diese Geschlechtsrolle ist von ihnen zu Geschlechtsidentität zu machen und an andere Mitglieder unserer Gesellschaft in täglichen Interaktionsspielen weiterzugeben. Mit anderen Worten: Die Umwandlung des Geschlechterverhältnisses hat einen neuen Höhepunkt erreicht, der die Kategorie des reflexiv-modernisierten Geschlechterverhältnisses erzwingt. Denn es ist bei Männern die androgyne Geschlechtsidentität zu beobachten, eine Identität als Geschlechtswesen eben, bei der der Unterschied nicht erzeugt wird, indem die Interaktion hierarchisiert wird. Es wird ein Mann gewollt, „der seine Männlichkeit durchaus bewahrt und handelnd offenbart, aber nicht seinen Willen egoistisch durchsetzt. Männlichkeit soll viel mehr in als weiblich etikettierte Eigenschaften von Sensibilität, Empathie, Hilfsbereitschaft und Offenheit eingebettet sein.

So sehen es ... die deutschen Männer (...); sie wollen, daß Männer Männer bleiben und Frauen Frauen. Nur das scheint ihnen die gesunde und erotische Spannung zwischen den Geschlechtern zu ermöglichen. Männliche Identität - wie umgekehrt auch weibliche - gibt es für den deutschen Mann nur dort, wo es auch den Unterschied gibt. Die Geschlechterdifferenz beinhaltet die Anerkennung biologischer Grenzen und dessen, was daraus an Genuß von Reiz, Aufregung, Neugier, Erotik, Herausforderung und Sexualität zu entstehen vermag. ... Die große Majorität der Deutschen spricht sich für Gleichberechtigung, Gleichstellung, gleiche Chancen und gleiche Möglichkeiten *beider* Geschlechter aus" (Hollstein, 1990, S. 243f.).

Diese empirische Identifikation feministischer Männlichkeit respektive der androgynisierten Geschlechtsrolle geht gesamtgesellschaftlich einher mit einer neuen Väterlichkeit. Aus der Familien- und Väterforschung sind „deutliche Verhaltensänderungen bei den Männern mit kleinen Kindern zu erkennen" (Rerrich, 1989, S. 96). Es wird allgemein ein erhöhtes Interesse an Schwangerschaft und Entbindung konstatiert (vgl. Nave-Herz 1988). Der Veränderungsprozeß besteht in einer bewußten Teilnahme und institutionellen Einbeziehung in die gesamte Schwangerschaft. Der „schwangere Mann", seine Teilnahme und Unterstützung an und bei der Geburt wird zu einer kulturellen Selbstverständlichkeit, beinahe schon zu einem Zwang, dem sich nur noch der „Reaktionär" zu entziehen vermag, und der in mehr oder weniger wohlmeinender Art als Verkindlichung von Mann und Gesellschaft interpretiert wird (Lenzen, 1985, 141ff.). Was mit der Schwangerschaft beginnt, setzt sich im familiären Arbeitsalltag fort. Die „deutlich erhöhte Teilnahme des Mannes am Arbeitsalltag mit dem Kind" (Rerrich, 1989, S. 97) ist für den Zeitgenossen nicht zu übersehen. Mit Blick auf Schweizer Väter hat Ryffel-Gericke festgestellt: „Väter erleben sich selbst als fröhlicher, verständnisvoller und vor allem auch zärtlicher ihren Kindern gegenüber als diesbezüglich die eigene Vätergeneration von ihnen eingeschätzt wird. Zusätzlich ist der Vater von heute auch weniger streng" (1983, S. 153; zit. n. Rerrich, 1989, S. 97).

Der androgyne Vater löst die instrumentelle Vaterfigur ab, die noch Parsons/Bales (1955) als universalistisches Familienmerkmal vor Augen hatten. Die neuen Väter werden zu Spielkameraden. Wissensvermittlung und Disziplinierung ist out. Sie präsentierten feminisierte Männlichkeit, den Niederschlag der feministischen Geschlechterbewegung in der Psyche des vergesellschafteten Subjekts.

Die Feminisierung von Männlichkeit wird durch die Maskulinisierung von Weiblichkeit komplementiert[22] (vgl. z. B. Feldmann-Neubert 1991). Beide Aspekte machen die androgynisierte Geschlechtsrolle aus, die für das reflexiv-modernisierte Geschlechterverhältnis der zweiten Moderne charakteristisch ist. Die Maskulinisierung von Weiblichkeit hat viele Gründe (vgl. Beck-Gernsheim 1983; Beck, 1986, S. 182ff.); diese sind an dieser Stelle irrelevant. Beachtenswert ist, daß der maskulinisierten Weiblichkeit, wenn ich das einmal so nennen darf, eine zentrale Bedeutung - ebenso wie der feminisierten Männlichkeit - bei der gegenwärtigen geschlechtsspezifischen Sozialisation zukommt.

Neben dem bereits genannten Aspekt der Androgynisierung fällt die modifizierte Primärzuständigkeit im System geschlechtsspezifischer Arbeitsteilung auf. Es ist das Ergänzungsstück zur Expressivität aktueller Väterlichkeit. Die Instrumentalität aktueller Mütterlichkeit zeigt sich in der veränderten Struktur der Frauenerwerbstätigkeit. „Zwar ist rein äußerlich der Anteil der

---

[22] Wie bereits festgestellt wurde, es gibt keine quantifizierenden empirischen Untersuchungen zum Weiblichkeits- und Männlichkeitsbild erwachsener Frauen in Analogie zu den bundesdeutschen Männerstudien.

Frauen an allen Erwerbstätigen seit rund einem Jahrhundert bei etwa 36 % erstaunlich konstant geblieben" (Beck, 1986, S. 126). Aber der Status ihrer Erwerbstätigkeit innerhalb und außerhalb des familiären Binnengefüges hat sich gewaltig verändert. Es ist nicht mehr Mithilfe bei der ökonomischen Reproduktion der Familie, sondern es handelt sich um die Realisierung eines eigenen Bedürfnisses. Selbst wenn das Arbeitseinkommen des Mannes ausreichend ist, wird vom weiblichen Geschlecht einer beruflichen Tätigkeit nachgegangen. Außerhäusliche Arbeitstätigkeit gilt nun als die Realisierung des „Anspruch(s) auf ein Stück „eigenes Leben" (Beck-Gernsheim 1983). Die Hausfrauentätigkeit, deren komplexe Anforderungsstruktur in der feministischen Literatur so häufig ausgeführt wird, beschreibt man nunmehr als das Gegenteil von Selbstverwirklichung. Sie wird mit negativem Unterton als „Dasein für andere" (ebd.) charakterisiert. Es wird so getan, als ob die außerberufliche Tätigkeit reine Selbstverwirklichung sei, keine Elemente von Entfremdung hätte und kein „Dasein für andere" wäre (vgl. auch Beck, 1990b, S. 200ff.). Die Beobachtung ist kurios und interessant, daß die Autorin, welche einerseits in der Lage ist, die persönlichkeitsdestruierende Wirkungen lebenslänglicher Berufsarbeit am Beispiel des Mannes in dieser Gesellschaft herauszuarbeiten, andererseits zu dem Schluß kommt, insbesondere die lebenslängliche Berufstätigkeit des weiblichen Geschlechts wäre eine Möglichkeit für diese, sich selbst zu verwirklichen (vgl. Beck-Gernsheim 1980). Ob die Hypothese zur Charakteristik von Haus- und Berufsarbeit eine treffende Wirklichkeitsbeschreibung ist oder nicht, ist in diesem Zusammenhang weniger bedeutsam als die Deutung dieser beiden Sphären in der Öffentlichkeit.

Die Struktur weiblicher Erwerbstätigkeit hat sich also verändert. In Zahlen: „Zwischen 1950 und 1980 sinkt der Anteil der „Mithelfenden" bei allen Ehefrauen von 15% auf 4%, spiegelbildlich wächst die Quote der eigenständig erwerbstätigen Ehefrauen von 9% auf 36%" (Beck, 1986, S. 126). Hierdurch werden die Machtbeziehungen in Ehe und Familie verändert. Die Frauen werden in die Lage versetzt, auf der Basis der ökonomischen Selbständigkeit ihre eigenen Interesse und Ansprüche zu formulieren. Das wird verstärkt durch die Feminisierung von Bildung, so daß das weibliche Geschlecht keine kognitiven Nachteile bei der Artikulation der eigenen Bedürfnis- und Interessenlage mehr hat. Es ist mithin nicht nur die normative Gleichstellung und Verpartnerschaftlichung der Geschlechter in einem komplexen Modell geschlechtsspezifischer Sozialisation zu berücksichtigen. Gleichermaßen ist die Wirkung von realer Gleichheit und Partnerschaftlichkeit zu thematisieren: die androgynisierte Geschlechtsrolle und -identität. Sie weist deutlich darauf hin, die feministische Geschlechterbewegung hat sich als feministisches Bewußtsein gesellschaftlich etabliert. Das Geschlechterverhältnis der ersten Moderne, welches das der feudalistischen Gesellschaft ablöste, ist von einem weiteren modernen Geschlechterverhältnis abgeschafft worden. Dieses Geschlechterverhältnis ist die unmittelbare Bedingung zeitgenössischer Mann-

und Frauwerdung. Im Unterschied zur Mann- und Frauwerdung am Übergang von der einfach- in die reflexiv-modernisierte Moderne müssen die Heranwachsenden nun keinen Intrageschlechtsrollenkonflikt verarbeiten. Sie sind mit der Eindeutigkeit der feministischen Geschlechtsrolle konfrontiert. Denn die erwachsenen Männer und Frauen, auf die Kinder und Jugendliche in allen Sozialisationsinstanzen treffen, besitzen bereits eine androgyne Geschlechtsidentität. Und nicht nur das: Darüber hinaus treffen heutige Kinder und Jugendliche auf feminisierte Väter und maskulinisierte Mütter. Das heißt: Sie müssen sich mit androgynen Eltern auseinandersetzen, um zu Geschlechtsidentität zu gelangen. Ihre Eltern zeigen ihnen, wie man Mann und Frau sein kann, ohne diesen Unterschied überzubetonen und ohne sich in Unisex oder Hierarchisierung zu verlieren. Es wäre ein Wunder, prägten sie nicht auch androgyne Weiblichkeit oder androgyne Männlichkeit aus.

4.2.2.4 Jugend

Der Shell-Jugendstudie aus dem Jahr 1991 (Shell 1992) ist zu entnehmen: Die Geschlechtsrollen und -identitäten männlicher und weiblicher Jugendlicher unterscheiden sich kaum. Bei einzelnen Items gibt es zwar statistisch signifikante Unterschiede; deren praktische Bedeutsamkeit ist aber wegen der großen Untersuchungspopulation gering, sind doch die absoluten Unterschiede unbedeutend. Die Varianz innerhalb der Geschlechtsgruppe ist nicht erfaßt worden. Dasselbe gilt für das Verhältnis von ost- und westdeutscher Geschlechtlichkeit. Zwar sind die ostdeutschen Jugendlichen etwas „gleichheitsorientierter" (Metz-Göckel u. a., 1992, S. 342) als die westdeutschen, aber auch hierbei handelt es sich um minimale Unterschiede. Sie können an der These nichts ändern, daß derzeitige Geschlechtersozialisation eine feministische Generation erzeugt; hierfür spricht: „Partnerschaftliches Verhalten in den Beziehungen ist offizieller Konsens bei jungen Leuten" (ebd.). Nur eine verschwindene Minderheit teilt diese dem zeitgenössischen Geschlechterverhältnis innewohnende Norm nicht, macht diesen gesellschaftlichen Erwartungskomplex nicht zu einer androgynen Geschlechtsidentität. Anders ausgedrückt, die feministische Geschlechterbewegung ist in den Köpfen und Körpern der Menschen, der Feminismus ist historisch obsolet, das zeigen die Daten (vgl. a. a. O., S. 343); sie sind wie folgt zu interpretieren: In den Klammern stehen die Mittelwerte; die erste Zahl gibt den weiblichen, die zweite den männlichen Durchschnitt wieder. Die „3" vor dem Komma bedeutet „trifft zu", die „4" vor dem Komma ist mit „trifft sehr zu" zu übersetzen; den Jugendlichen ist eine sogenannte vierstufige Partnerschaftsskala mit sieben Items vorgelegt worden. Inwieweit die geschlechtsspezifische Mittelwertsdifferenz geschlechtsbedingt ist, kann nicht gesagt werden, weil die Daten nicht mit schließender Statistik ausgewertet worden sind: Die Behauptung, die männliche oder die ostdeutsche Gruppe sei gleichheitsorientierter, ist ergo nicht durch die Daten gedeckt, sie ist spekulativ, könnte die Differenz auch eine Pseudokorrelation sein.

Die Ergebnisse: Ein Machtverhältnis zwischen den Geschlechtern innerhalb der Familie wird abgelehnt (3.63 - 3.39); die Aufteilung von Haus- und Berufsarbeit sowie Kindererziehung soll symmetrisch erfolgen (3.14 - 2.80); zudem wird vom Partner erwartet, daß er sich in die Situation des anderen hineinversetzt (3.43-3.40); schließlich sollen beide Partner unabhängig von ihrem Geschlecht zwar nicht alles gemeinsam machen (2.88-2.94), aber auf jeden Fall gleich viel Zeit haben, damit sie ihren jeweiligen Freizeitinteressen frönen zu können (3.45-3.29); und beide Partner sollen sich gleich viel Gedanken über ihren Partner machen (3.63-3.45) sowie bei ihrer beruflichen Planung gleich viel Rücksicht auf Kinder nehmen (3.34-3.19).

Diese Untersuchung unterstützt somit die These von der Popularisierung des feministischen Paradigmas als feministischer Geschlechtsidentität. Es ist eine Minderheit, die das Geschlechterverhältnis der ersten Moderne tradieren möchte. Die feministische Sozialisation hat gewirkt und wird von der heutigen Jugend weitergegeben, Stichwort „Sozialisation in der Gruppe der Gleichaltrigen". Leider ist der Teil der Shell-Studie, welcher der Geschlechtsidentität vorbehalten ist, nicht repräsentativ. Die entsprechenden Items wurden im Frühjahr 1991 780 Jugendlichen - je zur Hälfte west- und ostdeutschen - im Alter von dreizehn bis neunundzwanzig Jahren vorgelegt; diese Befragung ist nicht Teil der Gesamterhebung. Wie dem auch sei, es sollte bei diesem Pretest kein repräsentatives Abbild der deutschen Jugend gewonnen werden; vielmehr wurden gleichgroße Gruppen hinsichtlich der Kriterien Alter, Geschlecht und Bildung zusammengestellt. Dieses Manko der mangelnden Repräsentativität weist die Studie von Allerbeck/Hoag (1985) nicht auf; sie geht jedoch in dieselbe Richtung, was darauf hindeutet, daß die Ergebnisse von Shell '92 repräsentativ sind.

Klaus Allerbeck und Wendy J. Hoag (1985) befragen im Jahre 1983 eine repräsentative Zufallsstichprobe von 2066 fünfzehn- bis neunzehnjährige Jugendlichen (Jahrgang 1964-1968) mündlich und schriftlich, um unter anderem deren Geschlechtsrollen beziehungsweise -identitäten zu erfahren. Als Ergebnis der Frage nach den Vorstellungen zu zukünftigen familiären Entscheidungsprozessen ist festzustellen: 40,2 v.H. der männlichen und 64,1 v.H. der weiblichen Jugendlichen lehnen den Satz ab, daß die meisten wichtigen Entscheidungen im Leben einer Familie vom Mann getroffen werden sollten. Die Befürworter dieses Satzes sind bei beiden Geschlechtern in der Minderheit. Schichtunterschiede sind bei männlichen Jugendlichen stärker ausgeprägt, und zwar korreliert der Grad an Partnerschaftlichkeit positiv mit der Höhe der sozialen Schicht: Während 89 v.H. der männlichen Jugendlichen mit höherer Schulbildung diesen Satz stark beziehungsweise nur ablehnen, sind dies nur 72,2 v.H. der Befragen mit niedrigerer Schulbildung. Bei den weiblichen Jugendlichen beträgt das Verhältnis 93,4 v.H. zu 83,9 v.H. (a. a. O., S. 203).

Ein leichter Alterseffekt im Sinne von mehr Partnerschaftlichkeit mit zunehmendem Alter läßt sich bei weiblichen Jugendlichen nachweisen. Als Tendenz bleibt festzuhalten: „Mit steigender sozialer Schicht wächst die Aufgeschlossenheit für die Gleichberechtigung" (a. a. 0., S. 125). Dieses Ergebnis hatten wir schon bei Hollstein gefunden; es wird unter 4.5 theoriebildend verarbeitet. Es belegt die These von der feministischen Generation.

Die Analyse der Kategorie „weiß nicht" ist eine weitere Dimension zur Überprüfung von unterschiedlichen Geschlechtsrollenkonzepten oder der Überprüfung des Vorhandenseins geschlechtsspezifischer Sozialisationseffekte. Hier zeigt sich im Vergleich zum Datenmaterial aus dem Jahre 1962 eine annähernd vollständige Aufhebung der Geschlechterdifferenz. Während 1962 noch deutliche, bilungsunabhängige Unterschiede auftraten, wenn man die Gesamtheit der Fragen zu den groben Komplexen „außerhäuslich" und „häuslich" zusammenfaßte, sind diese 1983 weitgehend und schichtenunabhängig verschwunden (a. a. O., S. 125ff.). Männliche und weibliche Jugendliche halten sich für den häuslichen und außerhäußlichen Bereich gleichermaßen kompetent. Sie fühlen sich unabhängig von ihrem biologischen Geschlecht dazu berufen, Entwicklungen in beiden Bereichen zu kommentieren. Das indiziert, anders ausgedrückt, den Niederschlag der normativ aufgelösten geschlechtsspezifischen Arbeitsteilung in der psychische heutiger Jugendlicher. Eine geschlechtsspezifische Primärzuständigkeit für die psycho-physische oder ökonomische Reproduktion brauchen die Heranwachsenden nun nicht mehr zu verinnerlichen: es verhinderte ihre Handlungsfähigkeit in der zweiten Moderne. Feministische Geschlechtlichkeit ist von einer Randerscheinung zu einem Massenphänomen geworden.

Vom Sinus-Institut für sozialwissenschaftliche Forschung wurde 1982 und 1983 im Rahmen des Lebenswelt-Forschungsprogramms mit Frauen aus allen sozialen Schichten mehrere hundert biographische Interviews durchgeführt (Sinus, 1985, S. 31). Im Sommer 1982 werden im Anschluß an die qualitative Vorstudie 2012 repräsentative Jugendliche und junge Erwachsene beiderlei Geschlechts im Alter von fünfzehn bis dreißig Jahren zu dem Themenkomplex befragt, der hier als Geschlechtsrolle benannt wird (vgl. Sinus, 1985, S. 30-49). Das Ergebnis ist der empirische Nachweis der androgynen Geschlechtsrolle, wie sie von der feministischen Geschlechterbewegung gewollt wurde, wie sie sich im Bereich von Politik und Recht institutionalisiert hat und wie sie von heutigen Erwachsenen und Eltern gelebt wird: die sogenannte „neue Flexibilität" (ebd.). Konkret: Das traditionelle weibliche Rollenmuster „Nur"-Hausfrau und Mutter wird nur von einer Minderheit vor allem älterer Frauen präferiert. Die große Mehrzahl der Frauen in der Altersgruppe 15-30 (also Jahrgang 1953-1968) hält dagegen die Kombination von traditionellen Rolleninhalten „wie Einfühlsamkeit und Zärtlichkeit mit bewunderten „männlichen" Eigenschaften wie Selbstsicherheit, berufliche Kompetenz und Unabhängigkeit" (ebd.) für optimal. Allerdings handelt es sich nicht um ein Rollenstereotyp, sondern diese Rollenvorstellung basiert auf einer „psychologischen Rollenflexibiliät" (ebd.), womit eine situations- und anforderungsspezifische Umsetzung des komplexen Ideals in konkrete Handlungen gemeint ist: „Diese neue Flexibilität zielt darauf, Rollenbilder zu verschmelzen, ohne erneut Gegensätze zu schaffen" (ebd.). Eine solche Rollenflexibilität fordern insbesondere die jüngeren Frauen von ihren Partnern ein; bei den Männern rennen sie damit offene Türen ein. Mit anderen Worten: Das Ergebnis lautet, daß „Partnerschaft zwischen Mann und Frau ... heute als unbestrittene und universelle Norm für das Verhalten der Geschlechter zueinander" (ebd.) angesehen werden muß. Darüber hinaus sind „flexiblere und partnerschaftsbezogene Leitbilder zu allgemeingültigen Geschlechtsrollen-Prinzipien geworden sind, die junge Frauen ebenso wie junge Männer teilen" (a. a. O., S. 31f.). Denn zwischen „70 und 90 Prozent aller 15- 30jährigen halten Aktivität, Zärtlichkeit, Kinderliebe, Selbstsicherheit, sexuelle Treue, Kreativität, die Fähigkeit, Gefühle zu zeigen und Empfindsamkeit gleichermaßen wichtig für Männer und Frauen" (a. a. O., S. 32). Kurz, die hier behauptete gesellschaftliche Normierung der Geschlechtstatsache wird durch die empirische Jugendforschung belegt. Die androgynisierte Geschlechtsrolle dominiert die alltäglichen Interaktionen im Jugend- und frühen Erwachsenenalter. Androgyne männliche und weibliche Kinder sowie Jugendliche sind zu beobachten - wenn man den Durchschnittsjugendlichen betrachtet, der die herrschende kulturelle Norm verkörpert.

Helga Bilden meint, der androgyne Jugendliche sei eine Minderheit (Bilden, 1991, S. 299). Ähnlich argumentiert Kurt Möller: „Gewalt ist - wie man weiß - ein Bestandteil des Rollenbildes von Maskulinität. Innerhalb dessen wird „Härte" weitreichend mit Durchsetzungsfähigkeit gleichgesetzt. Empfindsamkeit ist weniger gefragt ... „Die Waffen einer Frau" werden demgegenüber eher anderen Durchsetzungsformen zugeordnet. Die Stilisierung von Männlichkeit in der Rolle des Kriegers, Kämpfers, Jägers und Beschützers hat kulturübergreifend weit zurückreichende Wurzeln in der phylogenetischen Entwicklung. Aktuelle Männlichkeitsattributionen können nicht völlig losgelöst davon gesehen werden. Wenn es darauf ankommt, auch mal kraftvoll zuschlagen, handfest „aufräumen" und „für Ruhe und Ordnung" sorgen zu können, wird weithin - gerade von Jüngeren - als unerläßlicher Beweis „echter" Männlichkeit angesehen" (Möller, 1993, S. 316). Und an anderer Stelle desselben Aufsatzes schreibt Möller: Das männliche Geschlecht „tritt in der Rolle des „Beschützers" weithin sozial akzeptiert auf den Plan" (a. a. O., S. 318), wobei er sich explizit auf Sinus (1983) bezieht[23].

Beide Positionen können vertreten werden - warum die genannten Autoren sie jedoch mit der Sinusstudie rechtfertigen, bleibt schleierhaft: dort wird die androgyne Jugend proklamiert: „Vor allem zwei Merkmale - „Überlegen-

---

[23] Sinus (1983) und Sinus (1985) beruhen auf demselben empirischen Material. Sie unterscheiden sich nur hinsichtlich der statistischen Auswertung.

heit" und „Härte" - stehen nicht hoch im Kurs: Sie werden von 54 % respektive 45% der befragten Jugendlichen als „generell unwichtig" bezeichnet. Der typische „Macker", den insbesondere diese beiden Eigenschaften auszeichnen, scheint demnach nicht sehr populär zu sein" (Sinus, 1983, S. 64). Es ist nur ein knappes Drittel der Männer, die glaubt, „Härte", „Durchsetzungsvermögen" und „Überlegenheit" hätten heute noch etwas mit Männlichkeit zu tun (vgl. a. a. O., S. 65). Anders ausgedrückt: „Auch wenn es sich sicherlich nur um ein Randphänomen handelt, ist der in jüngster Zeit zu beobachtende „Neo-Machismus" in Teilen der Jugendkultur in gewisser Weise symptomatisch für explizit männliche Schwierigkeiten im Umgang mit veränderten Rollennormen. Skin-Heads, Mitglieder von Fußball-Fan-Clubs und Hakenkreuzbewaffnete Motorradgangs stilisieren sich zu Bannerträgern eines neuen Männlichkeits-Wahns. Zivilisations-Überdruß und Emanzipationsangst führen hier zu einem Rückzug in die archaisch anmutende Rotte" (a. a. O., S. 164). Kurzum, es gibt noch Jugendliche, die den herkömmlichen Geschlechtsrollenstereotypen zu entsprechen scheinen; ob das mit Geschlechtersozialisation zu erklären ist, das ist jedoch eine andere Frage. Auf jeden Fall aber ist es „nurmehr eine Minderheit" (a. a. O., S. 65), die dem Klischee vom echten Mann entspricht - wenigstens erbringt die Sinusstudie dieses Ergebnis. Ist man anderer Meinung, sollte sie nicht mit dieser Untersuchung gerechtfertigt werden, zumindest sollte der Leser informiert werden, daß hier das genaue Gegenteil herausgekommen ist.

Es scheint sich etwas zu wiederholen, was Sinus (1985) bereits am Sechsten Jugendbericht der Bundesregierung (1984) kritisiert hat: „Eine Schwäche des genannten Berichts der Sachverständigenkommission, die in dieser Frage schon fast defätistisch argumentiert, scheint uns in diesem Zusammenhang die mangelnde Sensibilität der „Sachverständigen" gegenüber dem Einstellungswandel, der bei den jungen Männern stattfindet und schon stattgefunden hat" (Sinus, 1985, S. 46f.). Die männliche Jugend wird gerade zu einem Zeitpunkt heftigst kritisiert, zu dem der Veränderungsprozeß des männlichen Geschlechts schon beinahe abgeschlossen, mithin die androgyne Revolution beendet ist. Das zeigt meines Erachtens die Empirie, wenn sie mit einer subjekttheoretischen Sozialisations- und einer reflexiven Modernisierungstheorie gedeutet wird.

Schließlich fällt auf, daß Möller sich mit rechtsextremistischen Jugendlichen beschäftigt. Auf diese mögen seine Analysen zutreffen, schließlich präferieren sie die Ideologie sozialer Ungleichheit, und diese begründen sie biologistisch; zur Durchsetzung dieser Ideologie wird die Gewalt als ein legitimes Mittel angesehen (vgl. Heitmeyer, 1989, S. S. 16). Man kann aber den rechtsextremen Jugendlichen, bei dem sozialisatorische Benachteiligungen kumulieren, nicht zum Prototypen des modernen Jugendlichen (auch Hoffmann, 1994, S. 111ff.) machen. Der Normalfall ist, Gewalt wird nicht akzeptiert (vgl. Fischer, 1992, S. 52ff.; Heim u. a. 1991; Heitmeyer 1992; Held u.

a. 1991; Hoffmann, 1993a, S. 16; Preuss-Lausitz, 1993, S. 106ff., S. 112; Sturzenhecker 1991). Zudem kann meines Erachtens Gewalt nicht auf männliche Sozialisation zurückgeführt werden. Dann müßte die Mehrheit gewalttätig sein. In der Tat ist es doch eine obskure Vorstellung, daß eine Gesellschaft Gewalttäter durch Regelsozialisation erzeugen wolle. Kurzum, marginalisierte männliche Jugendliche werden gewalttätig - aber von diesen wiederum auch nicht alle. Bei der Akzeptanz der „Ideologie der Ungleichheit" sind allein verschwindend geringe geschlechtsspezifische Unterschiede nachzuweisen; Differenzen gibt es bei der Gewaltausübung (Heitmeyer, 1992, S. 116)[24]. Marginalisierte Mädchen scheinen überwiegend ihr Gewaltpotential an ihren „Makker" zu delegieren (vgl. Holzkamp/Rommelsbacher 1991): an der androgynen Revolution können diese Phänomene nichts ändern; sie sind auf einer anderen analytischen Ebene angesiedelt, sie bedürfen einer Theorie devianter Sozialisation; inwieweit diese durch eine Theorie reflexiv-modernisierter Geschlechtersozialisation präziser wird, kann hier nicht diskutiert werden.

Die sozialwissenschaftliche Ignoranz der androgynen Revolution ist zudem mit dem Sozialisationshintergrund zu erklären, von dem sich die tonangebenden Wissenschaftler nicht freimachen können; sie verallgemeinern den Entstehungskontext, der sie zur feministischen Geschlechterbewegung geführt hat, unzulässigerweise (vgl. Popper, 1994, S. 6ff.) auf die heutigen Kinder und Jugendlichen. Diese These wird erstmalig von Carol Hagemann-White vertreten, allerdings wird sie selbst von ihr nicht in eine neue Theorie geschlechtsspezifischer Sozialisation umgesetzt, die den Geschlechtsrollenwandel berücksichtigt. Sie schafft es, anders ausgedrückt, nicht über den Sozialisationskontext jener Generation hinauszutreten, zu der auch sie gehört; nämlich derjenigen, „die in den 70-er Jahren die Diskussion um weibliche Sozialisation in der neuen Frauenbewegung hervorgebracht hat. Die in Selbsterfahrungsgruppen ausgetauschten Erfahrungen mit der eigenen Kindheit ... (machen; B. H.) die Theorien plausibel, doch die Kindheit der Frauen aus den Jahrgängen zwischen 1940 und 1955 hatte besondere Bedingungen. Denn für die Generation der Mütter dieser Jahrgänge waren durch Krieg und Flucht zahlreiche Netzwerke zerrissen, auf die sich Frauen bei der Kindererziehung früher verlassen hatten. Andererseits hatten sie einen zwölfjährigen Propagandafeldzug gegen jegliche Aneignung von Selbständigkeit oder von männlichen Tätigkeiten durch Frauen erlebt. Angesichts Vergewaltigungserfahrungen, Verbreitung von Halbprostitution als Überlebensstrategie junger Mädchen, wäre es nicht verwunderlich, wenn Mütter in der Nachkriegszeit eine diffus angstbesetzte, spezifisch einschränkende, und mit Bruchstücken unreflektierter BDM-Ideologie angereicherte Mädchenerziehung praktiziert hätten. Die Erinnerung an eigene Mädchensozialisation in der Frauenbewegung

---

[24] Mit Gewaltausübung ist die physische Gewalt gegen anderen gemeint, nicht autoaggressives Verhalten oder das Anfeuern oder die „logistische" Unterstützen des „eigenen Mackers".

der 70er Jahre betraf diese Zeit, ist jedoch ... nicht verallgemeinerbar für junge Mädchen heute" (Hagemann-White, 1984, S. 63).

Eine ähnliche Hypothese formuliert Ulf Preuss-Lausitz (1993), und zwar unabhängig von Hagemann-White: *„Diese Mädchen sind die Mütter von heute,* und vielleicht unterstützen deshalb viele so stark die Bildungswünsche und die Selbständigkeitsansprüche ihrer Töchter, weil sie einst unter ihrer eigenen Zurücksetzung und Zurichtung so gelitten haben. Vielleicht wurzelt ein Teil der Energie der neuen Frauenbewegung, von denen viele in den 50er Jahren ihrer Kindheit verbrachten, in der anhaltenden Wut über das, was ihnen da in der Familie, in der Schule, in der ganzen Öffentlichkeit angetan worden war. Vielleicht erklärt sich aus dieser wütenden Trauer über Versäumtes auch manche Schärfe" (Preuss-Lausitz, 1993, S. 152) und - so möchte ich hinzufügen - die falsche Selektivität bei der Analyse geschlechtsspezifischer Sozialisation. Aus Angst vor der Wiederkehr des Alten kann das Neue nicht gesehen werden, solange sich der kleinste Hinweis auf Traditionales in der sozialen Wirklichkeit auffinden läßt. Diese traditionale Partikelchen muß überinterpretiert werden, dagegen muß solange angekämpft werden, bis das Herkömmliche ganz und gar aus der Wirklichkeit verschwunden ist. Dabei merkt man nicht, daß etwas für traditional gehalten wird, was nur modernisierungstheoretisch zu erklären ist: die Verbreitung von rechtsextremistischen Orientierungen bei einer Minderheit von Jugendlichen (vgl. Fend 1991a, 1994 a, b; Heitmeyer 1989; Heitmeyer u. a. 1992; Krappmann 1994).

Diese sozialisationstheoretische Erklärung der weitverbreiteten Unfähigkeit, die feministische Generation als das allgemeine und den rechtsextremistischen Jugendlichen als das besondere - als das Schmuddelkind im gesellschaftlichen Modernisierungsprozeß - wahrzunehmen, trifft auch für männliche Wissenschaftler zu, die sich der feministischen Position annehmen (z. B. Böhnisch/Winter 1993; Möller 1993). Es sind in der Regel Männer der Jahrgänge 1940-1950, und diese sind unter den gleichen Bedingungen groß geworden wie ihre Kolleginnen. Diesen Sozialisationshintergrund faßt Elisabeth Badinter mit eindringlichen Worten zusammen: „Während dieses Krieges, der in der Geschichte des Westens einen Wendepunkt darstellt, hat die Männlichkeit ihr fratzenhaftestes, das heißt das mörderischste Bild von sich geboten" (Badinter, 1991, S. 165). Und Bruno Schonig betitelte eine seiner Vorlesungen an meinem Fachbereich, in der die nationalsozialistische Erziehungsideologie im Mittelpunkt stand, mit - so der ungefähre Wortlaut - „Erziehungsideal der/Erziehung zur/der destruktiven Männlichkeit". Interessant in diesem Zusammenhang wäre sicherlich auch die Auseinandersetzung mit Theweleits Männerphantasien (1987a, b). In diesem Buch wird der soldatische und faschistische Mann unter eine psychoanalytische Lupe gelegt (vgl. auch Preuss-Lausitz 1987a, b). Hinzu kommt, oft haben die kritischen Männer aufgrund ihrer „linken" Vergangenheit ein schlechtes Gewissen, privilegiert zu sein; im Zeitverlauf wird aus dem antikapitalistischen ein antipatriarchaler Mann. Und

„die Männer, die für die Entkolonialisierung gekämpft hatten, gehörten zu den ersten, die sich vom Protest der Frauen betroffen fühlten. Sie empfanden das gleiche Schuldgefühl, das sie zuvor gegenüber den Kolonialisierten empfunden hatten" (Badinter, 1991, S. 167).

Wie dem auch sei: Das Neue taucht nur als Modifikation des Alten auf. So wie die Elemente der neuen Gesellschaftsordnung bereits in der alten Gesellschaftsordnung enthalten sind, so führen die Elemente, die für die alte Gesellschaft typisch gewesen sind, in der neuen Gesellschaft ein Eigenleben. Man blockierte also jegliches theoretische Verständnis gesamtgesellschaftlicher Modernisierungsprozesse, wenn man durch Überbetonung der Kontinuität die fundamentalen Unterschiede zwischen differenten soziohistorischen Entwicklungsstadien negierte (Fromm, 1988, S. 43). Es kommt auf die dominante Struktur des Geschlechterverhältnisses an, die sich durch eine je besondere Kombination von modernen und traditionalen Elementen ergibt, wobei „Modernität" und „Traditionalität" infolge reflexiver Modernisierung neu zu definieren sind. Wer das nicht erkennt, der verfällt - ob er will oder nicht - einem naiven Empirismus. Konkreter: Heutige Jungen und Mädchen, egal, wie alt sie sind, haben mit den männlichen und weiblichen Individuen der Nachkriegszeit nichts gemeinsam. Selbst der rechtsextremistisch orientierte Jugendliche von heute ist mit dem nicht zu vergleichen, der im nationalsozialistischen Deutschland durch totalitäre Sozialisation erzeugt worden ist. Wer diesen Unterschied nicht zu erkennen vermag, leistet keinen Beitrag bei der Aufarbeitung der Vergangenheit, unterstützt nicht die Erziehung, die der „Forderung, daß Auschwitz nicht noch einmal sei" (Adorno, 1971, S. 88), genügt.

Ich fasse die Ausführung zum reflexiv-modernisierten Geschlechterverhältnis zusammen: In der zweiten Moderne ist die geschlechtsspezifische Arbeitsteilung normativ aufgelöst, die Norm der geschlechtsspezifischen Primärzuständigkeit muß nicht mehr verinnerlicht werden, um soziale Handlungsfähigkeit zu besitzen, das Geschlechterverhältnis ist um ein Element ärmer geworden: infolge der Aktivitäten des geschlechterbewegten Menschen, nicht nur, weil sich Frauen an der geschlechtsspezifischen Arbeitsteilung stören, wie es zum Beispiel Helga Bilden (1991, S. 297) oder Yvonne Schütze (1993, S. 553) sehen, die die herrschende sozialwissenschaftliche Position repräsentieren. Dagegen sprechen die Aktivitäten von Männer- und Schwulenbewegung, die die Argumentation von kapitalismuskritischen Männern mit einer neuen Terminologie fortführen. Die normative Auflösung geschlechtsspezifischer Arbeitsteilung wird durch den Zwang zur androgynen Geschlechterspezifikation im Sinne von Verweiblichung des Mannes und Vermännlichung der Frau begleitet; das Geschlechtersystem hat eine androgyne Färbung, die nicht mit dem Ende psychischer Geschlechtlichkeit gleichgesetzt werden kann. Zwar soll der Geschlechtsunterschied beibehalten werden, aber nicht mehr im Sinne des polarisierenden und hierarchisierenden Maskulinitäts- und

Feminitätsparadigmas; sicher ist wohl nur, daß uns noch die Begriffe fehlen, damit die reflexiv-modernisierte Geschlechterspezifikation nicht nur intuitiv wahrgenommen, sondern theoretisch durchdrungen, auf einen Begriff gebracht werden kann. Ferner: Partnerschaftlichkeit und Gleichwertigkeit sind der Zielhorizont der zwischengeschlechtlichen Interaktion, sie tritt an die Stelle von Interaktionsritualen, bei der die Ungleichwertigkeit männlicher und weiblicher Lebensäußerungen betont wird. Schließlich: Der Negation der Männlichkeit und des Mannes kommt nur wenig Bedeutung zu. Es mag einige gesellschaftliche Splittergruppen geben, die sich für einen derartigen Umgang mit der Geschlechterfrage begeistern können. Als normativer Rahmen von Geschlechtersozialisation setzt sich die Anti-Männlichkeit nicht durch; selbst in der Frauenbewegung wird dem Männerhaß bereits in den siebziger Jahren deutlich Einhalt geboten: Es wird die Negation der nunmehr traditionalen Geschlechtsrolle und -identität angestrebt. Wer damit nicht klarkommt, bekommt Selbstwertprobleme. Zudem fällt die Entkriminalisierung respektive Erlaubnis von Homosexualität auf. Die Homophobie verschwindet aus der Gesellschaft, die nicht auf dem Weg in die bisexuelle Normalität ist: Dieses komplexe Konstrukt der Geschlechtsrolle wird von der ausschlaggebenden Bevölkerungsmehrheit zu individueller psychischer Struktur gemacht; Geschlechtersozialisation individuiert eben, weil sie integriert, sprich: soziale Handlungsfähigkeit erzwingt.

Das reflexiv-modernisierte Geschlechterverhältnis wird über den individualisierten Vergesellschaftungsmodus angeeignet; er hat im Kontext einer Theorie geschlechtsspezifischer Sozialisation den Stellenwert als eigenständige und mittelbare Determinante der Mann- und Frauwerdung. Große Konflikte, diese beiden widersprüchlichen Vergesellschaftatbestände zu verarbeiten, sehe ich nicht: sie weisen beide in dieselbe Richtung. Ein Problem entstünde nur, wenn die Norm der geschlechtsspezifischen Arbeitsteilung und die der geschlechtspolaren Geschlechterspezifikation beibehalten worden wäre. Dem ist aber nicht so. Dadurch ist der Widerspruch zwischen der Anforderung, sich als Individuum und als Geschlechtswesen zu vergesellschaften, ausgesprochen gering. Es scheint kein Konfliktpotential zu sein, das zu sozialpädagogischer oder -politischer Prävention auffordert, weil sozialunverträgliche Bewältigungsmuster dieses Interrollenkonflikts zu erwarten wären. Individualisierung und Androgynität bringen zwar nicht dieselben, aber sie bringen immerhin ähnliche Qualitäten auf den Begriff. Drückt die eine Kategorie die Ich-Wir-Balance aus (vgl. Elias 1991), so beschreibt der andere Begriff das Verhältnis von Mensch und Geschlecht. Es ist nicht zwingend, daß zu einer Zeit, in der das Ich in den Vordergrund gerückt wird, die Differenz von Mensch und Geschlecht verschwindet. Das muß nicht so sein. Differente Bewegungsgeschwindigkeit unterschiedlicher gesellschaftlicher Teilsysteme im Modernisierungsprozeß sind denkbar: Dysfunktionalitäten bei der Vergesellschaftung sind nicht ungewöhnlich. Indes ist es um so erfreulicher, daß Individualisierung und Androgynität in dieselbe Richtung weisen.

4.3 Berufs- und Familienstruktur

Es gibt einen weiteren zentralen Aspekt, der beim Bau einer Theorie geschlechtsspezifischer Sozialisation in der bundesdeutschen Gegenwartsgesellschaft zu berücksichtigen ist: die Berufsrolle oder - womit dasselbe gemeint ist - die Logik arbeitsmarktspezifischer Vergesellschaftung (vgl. insbesondere Kreckel 1992, 1993; auch Handl 1993; Frerichs/Steinrücke Hrsg. 1993). Anders ausgedrückt, es gibt soziale Tatsachen, welche die geleistete Diagnose der Gegenwartsgesellschaft mit der Perspektive einer Theorie geschlechtsspezifischer Sozialisation fortzuführen erzwingen. Wir finden eine Vielzahl namhafter Autoren beiderlei Geschlechts (vgl. Beck 1986, 1993; Beck/Beck-Gernsheim 1990, 1993a, b; Beer 1991; Bilden 1991; Krüger 1990; Metz-Göckel/Müller 1987; Rabe-Kleeberg Hrsg. 1990), welche die These „feministische Generation" zurückweisen dürften, obzwar sie die Veränderung des Geschlechterverhältnisses zugestehen, wie sie auch in dieser Arbeit dargelegt wird. Mithin widersprächen mir selbst die Vertreter oder Sympathisanten der reflexiven Modernisierungstheorie: namentlich deren Argumentation ist zu widerlegen, um die These, die androgyne Revolution ist vollendet, aufrechterhalten zu können.

Es müssen in diesem Teilabschnitt die zwei Phänomene diskutiert werden, die man gewöhnlich als Argument anführt, um der These des institutionalisierten feministischen Bewußtseins den Wind aus den Segeln nehmen. Daraus folgt als Aufgabe dieses Kapitels, folgendes zu verdeutlichen: Das zentrale Problem heutiger Mann- und Frauwerdung ist nicht der Intrageschlechtsrollenkonflikt, der durch das Nebeneinander des einfach- und des reflexiv-modernisierten Geschlechterverhältnisses verursacht wird (Beck 1986; Preuss-Lausitz, 1993, S. 164). Meine These ist: Diese Widersprüchlichkeit betrifft den bereits geschafften Übergang von der ersten in die zweite Moderne, heutige Widersprüchlichkeit im Sinne von Intrageschlechtsrollenkonflikt ergibt sich hingegen aus der Pluralisierungstatsache in der zweiten Moderne, die im Kapitel 4.5 begründet und mit dem reflexiv-modernisierten Geschlechterverhältnis in Verbindung gebracht wird. Zu Besorgnis Anlaß gibt auch nicht der Interrollenkonflikt, der durch die Gleichzeitigkeit von individualisierter und geschlechtsspezifischer Sozialisation konstituiert wird: Das Problem, das die sozialverträgliche Identitätsentwicklung bedroht, ist jener Interrollenkonflikt, der durch die Unvereinbarkeit von Berufs- und Geschlechtsrolle hervorgerufen wird - ein Konflikt, der nicht mit der Inkongruenz von Berufs- und Familienrolle zu verwechseln ist. Durch diesen Interrollenkonflikt wird die Bedeutung von Geschlecht tradiert - trotz der feministischen Geschlechtsrolle als unmittelbarer Bedingung zeitgenössischer Mann- und Frauwerdung.

Es springen gewöhnlich zwei vermeintliche Fakten ins Auge. Zum einen wird auf die Geschlechtstypik des familiären Rollensystems verwiesen: realiter übt regelmäßig das weibliche Geschlecht die Primärverantwortlichkeit für die psycho-physische und das männliche Geschlecht die für die ökonomische Reproduktion des familiären Systems aus. Zum anderen wird die geschlechtliche Ungleichheit in der Öffentlichkeit als Gegenargument angeführt. Beide Aspekte sollen nun auf ihre Ursache untersucht werden. Hierbei lautet meine These: Diese beiden Fakten widersprechen der These des reflexiv-modernisierten Geschlechterverhältnisses nicht - werden sie richtig erklärt: Es ist weder die Tradition noch die hegemoniale Männlichkeit und gleichfalls nicht die Kinder, es ist die Berufsrolle im Sinne von arbeitsmarktspezifischer Logik, die suggeriert, es hätte sich nichts geändert, sie verhilft dem zur Geltung, was der flüchtige Beobachter als Tradition oder hegemoniale Männlichkeit verarbeitet. Kurz, die partiell identische Oberflächenstruktur ist die Wirkung einer neuen Tiefenstruktur (vgl. Kohli, 1991, S. 313); diese Ursache erkennt man nicht, weil nicht gesehen wird, daß es sich nur um eine partiell identische Oberflächenstruktur handelt.

4.3.1 Familie

Betrachtet man die familiäre Wirklichkeit recht oberflächlich, so gewinnt man den Eindruck, sie sei durch ein Paradoxon konstituiert. In den vielen Untersuchungen, welche die Familie zu Gegenstand haben, wird auf der einen Seite regelmäßig ein Einstellungswandel gemeldet, der in einen ursächlichen Zusammenhang mit der normativen Auflösung der geschlechtsspezifischen Arbeitsteilung und Primärzuständigkeit gebracht wird; dieses Faktum ist nicht zuletzt in dieser Arbeit ausführlich dokumentiert: Es stützt die These, ein Geschlechterverhältnis, dem eine neue Qualität zuzuweisen ist, weil es klar von dem einfach-modernisierten Geschlechterverhältnis zu unterscheiden ist, hat sich aus dem geschichtlichen Verlauf geschält. Auf der anderen Seite stünden dem gegenüber der normale Modus der faktischen Gestaltung des familiären Alltagsbereichs. Wird er unter die sozialwissenschaftliche Lupe gelegt, so melden viele einen Augenschein, der das reflexiv-modernisierte Geschlechterverhältnis widerlegen könnte - eine Suggestion nämlich, die in einem merkwürdigen und irritierenden Kontrast zur Gestalt des Geschlechterverhältnisses der zweiten Moderne steht, das den Subjekten, stimmt meine These, als androgyne Geschlechtsrolle feministischer Machart entgegentritt. Mit anderen Worten: Der familiäre Alltag hätte „hartnäckig allen Veränderungsbestrebungen" (Keddi/Seidenspinner, 1991, S. 160) getrotzt. Zwar lebten Männer heute mit Frauen zusammen, die nicht nur als Mithilfe erwerbstätig seien und somit langfristige berufliche Perspektiven und Karriereinteressen verfolgten. Aber bei der geschlechtsspezifischen Arbeitsteilung im Sinne von Primärzuständigkeit hätte das männliche Geschlecht sein Verhalten innerhalb der Partnerschaft nicht geändert. „Frauen sind immer noch überwiegend verantwortlich und zuständig für die Hausarbeit und, wenn der Maßstab der Gleichverteilung häuslicher Aufgaben angelegt wird, häufig doppelt und dreifach belastet. Faktisch gibt es bisher kaum Anzeichen für eine tiefgreifende Veränderung in der Arbeitsteilung von Männern und Frauen, und dies gilt letztlich für alle Altersgruppen, Schichten und Lebensformen" (Keddi / Seidenspinner, 1991, S. 160).

Zu diesem Resümee gelangen Barbara Keddi und Gerlinde Seidenspinner angesichts der vermeintlichen empirischen Fakten, die ein umfassendes Familiensurvey des Deutschen Jugendinstituts (Bertram Hrsg. 1991, 1992) produziert hat. Sicher ist wohl nur: das Familiensurvey deckt sich im großen und ganzen mit ähnlichen Untersuchungen jüngeren und älteren Datums (zusammenfassend: Hollstein, 1990, S. 69-79; Infas 1988; Nave-Herz 1988; Postler / Schreiber, Hrsg. 1985, S. 25ff.). Auch dort meinen männliche und weibliche Sozialwissenschaftler - selbstverständlich auf gesicherter empirischer Basis - „insgesamt feststellen zu können: auch die Männerrolle gerät in Bewegung. Die Veränderungen sind allerdings sehr zögernd und betreffen eher die Einstellungsebene, weniger die Verhaltensebene. Hieraus auf einen kontinuierlichen Prozeß zu schließen, bleibt Spekulation. Zudem bleibt kritisch anzumerken, daß sich der Wandel im Bereich der Aufgabenteilung, die im Vordergrund der Überlegungen stand, offenbar im wesentlichen innerhalb bestimmter familiärer Eckdaten vollzieht: die Entwicklung geht in Richtung auf eine gemäßigte, aufgelockerte Polarisierung; der Übergang zu qualitativ anderen, durch volle partnerschaftliche Aufgabenwahrnehmung gekennzeichnete Formen bleibt ... *statistisch gesehen* vorerst die Ausnahme" (Postler/Schreiber, Hrsg. 1985, S. 41; Hervorhebung durch B. H.).

Stellt man diese Statistik nicht in Frage, so hat man keine andere Wahl, als die Fragestellung „Partner oder Gegner" (Metz-Göckel/Müller 1987) ganz im Sinne der feministischen These zu beantworten: An die Stelle der offenen Zuweisung geschlechtsspezifischer Verantwortlichkeit sei nun gesamtgesellschaftlich eine „*Rhetorik der Gleichheit*" (Beck, 1986, S. 162) getreten; den hehren Worten folgten keine Taten. Man kann wohl auch sagen: der männliche Herrschaftsanspruch modernisiere und subtilisiere sich; ein Strukturwandel des Geschlechterverhältnisses habe sich nicht ereignet, sei höchstens Ideologie der herrschenden Männer, die schon immer die Universalität der Menschenrechte betonten, um das andere Geschlecht zu unterdrücken[25] (Gerhard u. a. Hrsg. 1990). Oder nochmals mit dem Vater der Theorie reflexiver Mo-

---

[25] Zur Tradition feministischer Männlichkeit verweise ich auf Hoffmann (1994, S. 50-57).

dernisierung gesprochen: „Ihre eigene „Hausarbeits-Freiheit" zu verteidigen *und* die Gleichberechtigung der Frau zu akzeptieren ist den Männern kein Widerspruch" (Beck, 1986, S. 172). Recht schnell hätten „die bösen Buben" „die stabilste Bastion gegen die Gleichstellung der Frau" (Metz-Göckel / Müller, 1986, S. 27) entdeckt: „die Frauenfrage zur Kinderfrage zu machen" (ebd.). Stellvertretend für die bundesdeutsche geschlechtsspezifische Sozialisationsforschung bläst Helga Bilden in dasselbe Horn: „der sagenumwobenen Männerherrschaft" (Beck, 1990b, S. 200); sie schreibt und realisiert somit ein weiteres Mal das Stereotyp vom Mann, welcher der Herrschaft bedarf: „Das Gros der *Männer* macht ... privat ... nur soweit Konzessionen, als ihre Vormachtstellung nicht gefährdet ist. Daß Männer, wenn sie diese Machtstellung gefährdet sehen, Gewalt gegen sie (die Frauen; B. H.) befürworten, läßt für die Zukunft schwere Kämpfe voraussehen. Es macht die Analyse der Produktion männlicher Gewaltbereitschaft ... zu einer drängenden Aufgabe. ... Es wird um neue oder leicht modifizierte alte Formen von Männlichkeit, welche Arbeitsteilung und patriarchale Macht aufrechterhalten *gerungen*" (Bilden, 1991, S. 298f.). Denn die „Macht ist der hegemonialen Männlichkeit nicht äußerlich, sondern sie ist ein Teil der Persönlichkeit" (Brzoska/Hafner, o. J., S. 13), ist „hegemoniale Männlichkeit[26] ... (doch; B. H.) eine Praxis, die Frauen, aber auch andere untergeordnete Männer unterdrückt (...) Die psychologische Dimension hegemonialer Männlichkeit ist nicht ein Set von charakterlichen Eigenschaften ... Vielmehr ist hegemoniale Männlichkeit die Praxis dominierender Männer zur Legitimierung und Reproduktion ihrer Dominanz" (a. a. O., S. 17). Wenn ich es richtig verstehe: Durch Sozialisation erwerben wir Männer eine Herrschaftstrieb.

Die feministische These ist leicht zu lehren, sonst wäre sie nicht so ausgesprochen populär. Indes genügt ein absichtsvoller Blick in die diversen Jugendstudien, um sie aus den Angeln zu heben. Ich will hier nur die drei wichtigen Erhebungen zum Problem der geschlechtsspezifischen Arbeitsteilung und Primärzuständigkeit diskutieren:

Helmut Fend (1991, S. 93-111) hat (ich habe die Untersuchung schon erwähnt) die Fragestellung untersucht, welche familienbezogenen Lebenspläne bundesdeutsche Jugendliche im Alter von sechzehn Jahren haben. Seine Ergebnisse können als repräsentativ angenommen werden. Sie wurden 1983 an 1685 Jugendlichen, 979 Mädchen und 706 Jungen, erhoben. Motiviert ist die Untersuchung durch die Frage, ob es eine auffällige Veränderung des Geschlechterverhältnisses gegeben hat. Operationalisiert wurde sie, wie üblich, über die Akzeptanz der geschlechtsspezifischen Primärverantwortlichkeit. Hier die Ergebnisse im einzelnen, die auf dem 1 v.H. Niveau signifikant sind:

---

[26] Zum Begriff der „hegemonialen Männlichkeit", der aus der australischen Männerforschung stammt, vgl. Carrigan u. a. 1985; Brzoska/Hafner, o. J., S. 15ff.; Böhnisch/Winter, 1993, S. 34ff.

Eineinhalb Prozent der Mädchen sowie viereinhalb Prozent der Jungen wollen, daß die Frau mit dem Zeitpunkt der Heirat ihren Beruf aufgibt und der Ehemann der familiäre Alleinernährer ist. Daraus folgt offensichtlich, niemand will mehr das Geschlechterverhältnis der ersten Moderne; denn diese Quantität ist noch mit dem Zufall vereinbar. Würde dem Patriarchat Folge geleistet, so müßte die Mehrheit ein derartiges Votum abgeben. Interessant ist hingegen: Sechzehneinhalb Prozent der Mädchen und zwölf Prozent der Jungen wollen, daß die Frau ab der Geburt des ersten Kindes ihren Beruf vollständig aufgibt; denn dieses Ergebnis scheint der These vom feministischen Geschlechterverhältnis zu widersprechen und die Behauptung von der bleibenden Bedeutung des Patriarchats zu untermauern, das von beiden Geschlechtern gewollt wird. Dem ist jedoch wiederum deutlich entgegenzuhalten: 50 vom Hundert der Mädchen und 28,5 vom Hundert der Jungen sind erst für eine berufliche Unterbrechung der Mutter nach der Geburt, und zwar nur für einige Jahre; sie plädieren also für das sogenannte Drei-Phasen-Modell, und dieses ist nicht mit der Geschlechtsrolle der ersten Moderne kongruent; sie erlaubte nämlich nur die weibliche Mithilfe bei ökonomisch bedingten Familienkrisen. Auch diese Fakten sprechen gegen die Existenz des einfach-modernisierten Geschlechterverhältnisses in der heutigen Bundesrepublik Deutschland: 15,5 Prozent der Mädchen und 21,5 Prozent der Jungen sind für eine Halbtagstätigkeit der Frau mit Kind[27]. Ferner sind immerhin 14 vom Hundert der Mädchen und 22 vom Hundert der Jungen der Meinung, die Frau sollte ihre beruflichen Interessen trotz Kinder nicht zurückstellen; und die männlichen Jugendlichen wollen auch dazu beitragen, damit dies möglich wird: Sie wären bereit, zugunsten ihrer Frau berufliche Abstriche zu machen. Und sogar zwölf Prozent der Jungen, aber nur drei Prozent der Mädchen sind dafür, daß der Mann den Haushalt übernimmt, damit ihre zukünftige Partnerin ihren Karriereinteressen frönen kann. Signifikante schichtenspezifische Differenzen konnten von Fend im Gegensatz zu Stadt-Land-Differenzen nicht nachgewiesen werden: die städtischen Jugendlichen vertreten in der Tendenz egalitärere Einstellungen als die vom Land. Kurzum, Fends Untersuchung zeichnet das Bild einer widersprüchlichen Realität. Deutlich wird, es ist eine Randgruppe, die das geschlechtspolare Geschlechterverhältnis leben möchte. Die Mehrheit will etwas Neues. Dreißig Prozent der Jugendlichen männlichen Geschlechts beabsichtigen, die berufliche Karriere ihrer zukünftigen Partnerin mit Kind zu unterstützen. Zwölf Prozent der gesamten männlichen Population sind sogar bereit, Hausmann zu werden. Sprechen diese Ergebnisse nicht für die androgyne Revolution? Ist das nicht das institutionalisierte feministische Bewußtsein?

Von Allerbeck/Hoag (1985) wurde ebenfalls, wie weiter oben berichtet, im Jahre 1983 eine repräsentative Zufallsstichprobe von 2066 fünfzehn- bis

---

[27] Nach einer Halbtagstätigkeit von beiden Partnern ist nicht gefragt worden.

neunzehnjährigen Jugendlichen mündlich und schriftlich befragt, um unter anderem zu erfahren, wie sie zur sogenannten geschlechtsspezifischen Arbeitsteilung und Primärzuständigkeit stehen. Als typisches Geschlechtsrollenkonzept wird für weibliche Jugendliche die „Doppelorientierung" ausgemacht. „Die große Mehrheit möchte heiraten und Kinder haben. Sie erwartet auch, zum Lebensunterhalt der Familie durch außerhäusliche Arbeit beizutragen" (Allerbeck/Hoag, 1985, S. 116). Die Doppelorientierung soll nach Ansicht der befragten Jugendlichen folgendermaßen realisiert werden: 36,1 v.H. der Jungen und 22,9 v.H. der Mädchen stimmen für die vollständige Berufsaufgabe der Frau bei Geburt des ersten Kindes. 54,5 v.H. der Mädchen und 47,5 v.H. der Jungen präferieren das Drei-Phasen-Modell, wobei Einigkeit darüber besteht, daß die Unterbrechung circa fünf Jahre dauern und in einer Teilzeitbeschäftigung (90 v.H.) münden sollte. 19, 4 v.H. der Mädchen sowie 14,8 v.H. der Jungen wollen, daß die Frau weniger arbeitet. 1,7 v.H. der Jungen und 3,2 v.H. der Mädchen wollen genauso arbeiten wie bisher.

Im Unterschied zu den Daten von Fend (1991) konnten Allerbeck/Hoag (1985) schichtenspezifische Differenzen feststellen. „Je niedriger die soziale Schicht, desto stärker das Hausfrauenideal" (a. a. O., S. 118), was auf eigentümliche Weise dadurch kontrastiert wird, daß 61,5 v.H. der Mädchen mit höherer Bildung und nur 43,3 v.H. der Mädchen mit niedrigerer Bildung ihre Berufstätigkeit unterbrechen wollen; 17,1 v.H. der Mädchen mit höherer und 30,5 v.H. der mit niedrigerer Bildung präferieren die Hausfrauenrolle. Die Korrelation von Geschlechtsrolle und -identität mit der Sozialstruktur, die über die Bildungsvariable operationalisiert wird, meldet ebenfalls Sinus (1985, S. 38), das bekanntlich gleichfalls die Geschlechtsrollenkonzepte Jugendlicher erhoben hat. Im Sommer 1982 wurden 2012 repräsentative Jugendliche und junge Erwachsene im Alter von 15 und 30 Jahren zu diesem Themenkomplex befragt (vgl. Sinus, 1985, S. 30-49). Als Ergebnis ist festzuhalten: Die Geschlechtsidentität der ersten Moderne kennzeichnet einzig und allein eine Minderheit älterer Frauen der zweiten Moderne. Hingegen wird von fünfzig Prozent der Befragten die symmetrische Aufteilung der familiären Arbeitsaufgaben gewollt. Exakt formuliert: Einundvierzig Prozent der männlichen und neunundvierzig Prozent der weiblichen Befragten sind für die Halbtagsarbeit beider Partner und fordern konsequentermaßen die gleichmäßige Verteilung von Hausarbeit und Kindererziehung auf der einen Seite und ökonomische Reproduktion der Familie auf der anderen Seite (vgl. Sinus, 1985, S. 38f., S. 89; Sinus, 1983, S. 67ff.).

Die Fakten sagen uns, so lautet das Fazit, die patriarchale Geschlechtsrolle wird nicht mehr gewollt: weder von weiblichen noch von männlichen Jugendlichen - beide haben die feministische Geschlechtsrolle übernommen, und sie wollen sie leben, weil sie ihren psychischen Dispositionen entspricht, die sie bei der Verarbeitung des reflexiv-modernisierten Geschlechterverhältnisses erworben haben. Weiterhin wird deutlich: Beide Geschlechter machen die Geschlechterfrage zur Kinderfrage, weshalb diese Geschlechtsrolle nicht gänzlich verwirklicht werden kann. Aber haben sie eine andere Option, als sich auf das kompromißlerische Drei-Phasen-Modell einzulassen? Kann nicht sein, daß das Patriarchat verschwunden ist und die soziale Ungleichheit zwischen den Geschlechtern bestehen bleibt? Kommt nicht ein weiteres Mal „das ausgeschlossene Dritte" zu seinem Recht, ist nicht dessen Genese zu erklären, anstatt den männlichen Subjekten die Schuld an etwas in die Schuhe zu schieben, das sie selbst nicht wollen, aber müssen? „Die Gleichstellung von Männern und Frauen ist nicht in institutionellen Strukturen zu erreichen, die die Ungleichstellung von Männern und Frauen voraussetzen. Wir können nicht die neuen *„runden"* Menschen in den alten *„eckigen"* Schachteln der Vorgaben des Arbeitsmarktes, Beschäftigungssystems, Städtebaus, sozialen Sicherungssystems usw. zwängen" (Beck, 1990a, S. 43.). Folgt daraus nicht, daß die Jugend noch viel feministischer ist, als die Jugendstudien melden? Für diese Vermutung spricht: Die Erhebungen versuchen - aufgrund ihrer Grundannahme, namentlich: die bleibende Bedeutung des Patriarchats in den männlichen Köpfen - nicht ans Tageslicht zu zerren, inwieweit der partiell geschlechtsspezifische Charakter der familiären Arbeit das Ergebnis der antizipativen Unterordnung unter Herrschaftsverhältnisse ist, unter die Logik arbeitsmarktspezifischer Vergesellschaftung eben, einer Logik nämlich, die nicht deckungsgleich mit der Geschlechtsidentität der feministischen Generation ist.

Die These von der bleibenden Bedeutung des Patriarchats krankt also an einer methodologischen Schwäche. Eine Interpretation der Daten von zeitgenössischer Sozialforschung in der Weise, daß sie indizierten, das Patriarchat ist auch weiterhin als Strukturmerkmal in Geltung, ist nämlich nur so lange der gesellschaftlichen Wirklichkeit angemessen, wie die Daten valide sind - das jedoch muß infolge der Argumentation unter 4.2 bezweifelt werden. Denn über die allgemeine Zufriedenheit mit den gesellschaftlichen Vorgaben, die Familienverhältnisse mit patriarchalischen Elementen zu realisieren naheliegen (was noch bewiesen wird), sagen die Studien nichts aus: sie wird nicht abgefragt, scheint nicht zu interessieren. Das verwundert nicht, denn als Erkenntnisinteresse wird ja regelmäßig die Reproduktion gesellschaftlicher Tradition, die eine patriarchalische sei, angegeben. Wer nicht suchet, der nicht findet, muß man an dieser Stelle ausrufen. Mit anderen Worten, zieht man die allgemeine Zufriedenheit in Frage, so erkennt man, diese ist von den Studien nicht problematisiert, sondern von den Forschern, die mit der Kategorie der hegemonialen Männlichkeit oder mit Begriffen desselben Sachgehalts argumentieren, vorausgesetzt worden. So jedoch kann kein Zweifel an der feministischen These erwachsen, die die Kongruenz von männlichem Bedürfnis und herrschender Gesellschaft behauptet. Wer - weil er unterstellt, Männer seien mit dem Patriarchat zufrieden - unterläßt, männlichen Menschen diese Frage zu stellen, hat nichts entdeckt - man hat nur das Vorurteil bestätigt, das einem spätestens bei der Lektüre männerbewegter Literatur hätte verlassen müssen. Somit ist es berechtigt, zu bezweifeln, daß die männlichen Individuen mit der patriarchalisch getränkten Rollenaufteilung zufrieden sind, daß sie diese wollen. Mit gleichem Recht kann nach Lage der Dinge diese Gegenhypothese formuliert werden: Es wird - allerdings nur partiell - die gesellschaftliche Normalität reproduziert, weil man nicht weiß, wie es anders sein könnte. Diese wird in einer Weise als mächtig erlebt, daß eine vollständige androgyne Lebensplanung so lange nicht in den Sinn kommt, wie nicht explizit nach ihr gefragt wird und keine Intra- und Interrollenkonflikte erforscht werden - so lange, bis das Phänomen unbewußt bleibender gesellschaftlicher Herrschaft nicht auf methodisch trickreiche Weise ans Tageslicht gezerrt wird. Bislang ist das nicht versucht worden. Vielleicht sind die reflexiv-modernisierten Menschen noch androgyner als mit solch oberflächlicher Empirie herauszubekommen ist, wie sie von der populären empirischen Sozialforschung praktiziert wird. Jedenfalls steht fest, die theoretische Kontroverse macht sie nur schwer entscheidbar, gegensätzliche Thesen können mit gleichem Recht formuliert werden. Dabei gilt Becks Satz: „Die haufenweise vorhandenen Zweifel, Unübersichtlichkeiten, Abweichungen, der ganze Nebel der Sozialstruktur wird immer wieder massendatenweise und methodenintensiv in die alten Kategorienflaschen abgefüllt. ... aber ... (d)ie Kontinuitätsdiagnose ohne theoretische Alternative ist empirisch leer, *nicht falsifizierbar*" (Beck, 1991a, S. 43). Die Überprüfung eines Paradigmas erfolgt erst, „nachdem ein fortdauerndes Unvermögen, ein bemerkenswertes Rätsel zu lösen, eine Krise hat entstehen lassen. Und auch dann erfolgt sie erst, wenn das Bewußtsein der Krise einen Alternativkandidaten für das Paradigma hervorgebracht hat" (Kuhn, 1976, S. 155f.). Die Alternative zum Patriarchats- ist das Androgynitätsparadigma, das aus der reflexiven Modernisierungstheorie folgt und im vorigen Abschnitt detailliert dargelegt worden ist. Die feministische Geschlechtsrolle wollen die männlichen und weiblichen Jugendlichen auf individuelle Art realisieren, und sie bringen sie hervor. Das indizieren die Daten der empirischen Jugendforschung. Das patriarchale Geschlechterverhältnis wird nicht mehr gewollt, jedoch teilweise reproduziert - warum?

Wir sollten uns vor schnellen Antworten, sprich: gängigen Erklärungsschablonen hüten und die Komplexität der Wirklichkeit auf uns wirken lassen - und der Intention reflexiver Modernisierungstheorie mit aller Konsequenz folgen. Das heißt, nicht nur die klassische Kapitalismusthese a la Marx und Weber (vgl. Beck, 1986, S. 130ff.), sondern gleichsam die Patriarchatsthese ist zu bezweifeln - um Erkenntnisfortschritt zu erreichen, kurz: die Kernthese der „Philosophie des Nein" muß berücksichtigt werden: „ ... was theoretische Erkenntnis des Wirklichen angeht, das heißt in allem, was eine Kenntnis angeht, die über die einfache Deskription hinausreicht..., ist alles ungenau, was leicht zu lehren ist" (Bachelard, 1980, S. 37). Zudem wird eine feminismuskritische Herangehensweise - was nicht das Gegenteil von patriarchats-

oder herrschaftskritisch ist - an die Tradierung geschlechtsspezifischer Arbeitsteilung und Verantwortlichkeit innerhalb der Familie durch das Familiensurvey des Deutschen Jugendinstituts (Bertram Hrsg. 1991, 1992) nahegelegt.

Rezipiert man die dort gefundenen Ergebnisse mit dem Interesse, die differenzierte Wirklichkeit wahrzunehmen und nicht vorurteilsgetränkten Schablonen unterzuordnen, so wird deutlich, „daß die geschlechtsspezifische Arbeitsteilung in Partnerschaft und Familie gerade auch unter Berücksichtigung neuerer Entwicklungen sehr genau nach Lebensform, biographischer und familialer Phase, sowie nach Schichtungsfaktoren und Wertungsmustern differenziert werden muß, um über Pauschalaussagen hinauszukommen“ (Keddi/Seidenspinner, 1991, S. 163f.). Kurz, Barbara Keddi und Gerlinde Seidenspinner ringen sich in durchaus widersprüchlicher Weise dazu durch, zu ihren eigenen Pauschalaussagen (vgl. weiter oben) auf Distanz zu gehen: sie werden offensichtlich der empirischen Wirklichkeit nicht gerecht. Leider fehlt eine theoretische Einordnung der paradox scheinenden Befunde.

Für eine fundamentale Veränderung der Familie beziehungsweise der Geschlechtsrolle spricht die androgyne Geschlechterspezifikation heutiger Eltern und die Symmetrie respektive partnerschaftliche Ausprägung familiärer Entscheidungsstrukturen und -prozesse. Dies betrifft im übrigen nicht allein die Einstellungs-, sondern gleichfalls die Handlungsebene. Wie kommt man eigentlich zu der Unterstellung, das männliche Subjekt würde bei entsprechenden Fragen in anonymen Erhebungen lügen? Hinzu kommt der modifizierte Stellenwert der weiblichen Erwerbstätigkeit für die ökonomische Reproduktion der Familie und die hohe männliche Bereitschaft, zur psychophysischen Reproduktion beizutragen. Zwar löst das nicht die geschlechtsspezifische Primärzuständigkeit auf der faktischen Ebene auf. Sie bekommt aber eine neue Färbung, die (um ein weiteres) geschlechtsspezifische Sozialisation in der zweiten Moderne von der unterscheidbar macht, die in der ersten Moderne ablief. Und diese Veränderung betrifft nicht nur den ökonomischen Aspekt der familiären Arbeit, sondern gleichfalls die Dimension psychophysischer Reproduktion der familiären Lebenseinheit. Hier ist noch einmal mit Nachdruck auf die väterliche Expressivität und Beteiligung am Erziehungsgeschehen zu verweisen. In gesamtgesellschaftlicher Perspektive ist weiterhin auffällig: es existieren im Durchschnitt immerhin ein Drittel der Haushalte, die nichtkonventionell organisiert sind und dennoch sich an Kindern erfreuen (vgl. Keddi/Seidenspinner, 1991, S. 175, Tabelle 6). Dieses Faktum dürfte sich im öffentlichen Bewußtsein einnisten und sozialisatorische Auswirkungen haben. Andersherum gesprochen, der Mann ist nicht Feind, sondern Partner. Die Richtigkeit dieser These zeigt sich auch daran: Es ist mittlerweile normal - und zwar unabhängig vom Geschlecht -, der Vollerwerbstätigkeit von Mann und Frau zuzustimmen, solange keine Kinder vorhanden sind. Dies wird regelmäßig begleitet durch eine geschlechtsübergreifend ausgesprochen klare Vorstellung, wie die Betreuung von Kleinstkindern, Kindergartenkindern und Schulkindern innerhalb einer je spezifischen Familie erfolgen soll, nämlich durch das Drei-Phasen-Modell (Bertram/Dannenbeck, 1991, S. 105): Selbst für den Fall, daß die Mutter mit Kindern erwerbstätig ist, sind Männer bereit, sich an psycho-physischer Reproduktion der Familie zu beteiligen. „Wenn Frauen erwerbstätig sind, verteilen sich die Aufgaben im Haushalt aus der Sicht der Frauen selbst mehr von ihnen weg auf die Kategorie „gemeinsam" bzw. „abwechselnd". Und dies nicht nur im Bereich der Kinderbetreuung und des Spielens mit Kindern, sondern auch in einer so klassischen Tätigkeit wie Putzen. ... Es verlagern sich ... die Belastungen der Hausarbeit nicht direkt von der Frau auf den Mann, sondern von der Frau auf „abwechselnd" bzw. „gemeinsam", d. h. der Mann bringt sich zusammen mit seiner Partnerin in diese z. T. ungeliebten Arbeiten zwar ein, aber Verantwortung und Zuständigkeit bleiben doch überwiegend bei den Frauen" (Keddi/Seidenspinner, 1991, S. 183)[28]. Es ist, mit anderen Worten, als Tendenz festzuhalten, „daß Männer mit Kindern, deren Partnerin erwerbstätig ist, sich stärker an der Hausarbeit, insbesondere der Kinderbetreuung und -versorgung beteiligen" (Krombholz, 1991, S. 224) als Männer mit nichtberufstätigen Frauen, haben diese nun Kinder oder nicht. Hierin ist ein weiteres klares Indiz für die Wandlung des Geschlechterverhältnisses, für die Verinnerlichung der Androgynitätsnorm und mithin der Institutionalisierung des feministischen Bewußtseins auf allen gesellschaftlichen Ebenen zu sehen: Es gibt androgyne Eltern, die geschlechtsspezifische Arbeitsteilung ist normativ aufgelöst, eine Norm, die von den Menschen in der bundesdeutschen Gegenwartsgesellschaft verinnerlicht ist. Und die reale Arbeitsteilung in der Familie ist weniger rigide, selbst in Familien mit Kindern. Ergo ist eine reale Abschwächung der Primärzuständigkeit konstatierbar, die jedoch streng von dem Faktum ihrer vollständigen Abschaffung auf der normativen Ebene unterschieden werden muß. Es sind diese familiären Verhältnisse, welche die Heranwachsenden als ihre je individuelle Sozialisationsbedingung verarbeiten müssen und zu ihrer je individuellen Geschlechtsidentität machen müssen. Das haben nicht zuletzt die Ergebnisse empirischer Jugendforschung gezeigt, wie sie ausführlich referiert wurden. Sie berichten allesamt ein Bedürfnis nach geschlechtsunspezifischer Reproduktion des familiären Systems und androgyner Geschlechterspezifikation, mithin: die feministische Geschlechtsrolle und -identität als Massenphänomen.

---

[28] Methodisch ist anzumerken: die Arbeitsbelastung im Haushalt wird durch die subjektive Einschätzung der Befragten operationalisiert. Hierbei kommt es zu einer bisher nicht erklärten Differenz. Frauen und Männer schätzen insgesamt den eigenen Anteil an den einzelnen Tätigkeiten jeweils höher ein, den Anteil des Partners geringer ein. Wer recht hat, ist zur Zeit und mittels subjektiver Einschätzung nicht feststellbar (vgl. Keddi/Seidenspinner, 1991, S. 166, S. 168).

Weiterhin: das Kind scheint die Reproduktion vermeintlich traditionaler Familienstrukturen zu bewirken. Denn die allgemeine Tendenz ist, die Frau soll mit der Geburt des ersten Kindes ihre Erwerbstätigkeit für eine eher kurze Zeit unterbrechen (Allerbeck/Hoag 1986; Fend 1991; Sinus 1983, 1985). Diese Einstellung ist kongruent mit der realen Entwicklung familiärer Systeme (vgl. Keddi/Seidenspinner 1991; Krombholz 1991), und sie wird von beiden Geschlechtern vertreten. Die leichten Differenzen im Mittelwert können wegen der großen Datenmenge ignoriert werden, zumal nicht gesagt wird, ob diese Differenzen geschlechtsbedingte sind; hierzu müßte mit schließender Statistik gearbeitet werden.

Angesicht dieser Forschungsergebnisse erscheint es angemessen, die These vom reflexiv-modernisierten Geschlechterverhältnis beizubehalten und das feministische Paradigma zur Sozialisations- und Gesellschaftstheorie zurückzuweisen. An seine Stelle tritt die Theorie reflexiver Modernisierung, deren Ausgangspunkt ist: „Dringender denn je brauchen wir Begrifflichkeiten, die - ohne falsch verstandene Hinwendung zu dem ewig alten Neuen ... - das ... Neue neu denken ... lassen. Neuen Begriffen auf die Spur zu kommen ... ist ein schwieriges Unterfangen. ... haben sich (doch viele; B. H.) in Kernüberzeugungen eingeigelt und beginnen nun angesichts einer sich selbst gegen den innersten Strich abgetrotzten Linientreue - und das kann vieles heißen: Marxismus, Feminismus, quantitatives Denken, Spezialisierung - auf alles einzuschlagen, das die Duftmarken des streunenden Abweichlertums aussendet" (Beck, 1986, S. 16).

Erklärungsbedürftig bleibt, so ist dieser Abschnitt zu schließen, warum sich das reflexiv-modernisierte Geschlechterverhältnis, die feministische Geschlechtsrolle und -identität, nicht auch in entsprechenden Familienverhältnissen niederschlägt, die der normativen Auflösung geschlechtsspezifischer Arbeitsteilung entsprechen, die das Geschlechterverhältnis der zweiten Moderne charakterisieren. Die naheliegende und noch nichtssagende Vermutung ist: Wenn die gesellschaftlichen Verhältnisse ihre Subjekte nicht in die geschlechtsspezifische Arbeitsteilung abgeschwächter Form zwängen, so realisierten sie ein androgynes Leben. Die Gesellschaft verlangt zur Zeit die Quadratur des Kreises: Man soll androgyn sein und man soll nicht androgyn sein, um eben die biologische Reproduktion der Gattung betreiben zu können. Aber wer ist die Gesellschaft? Wer erzeugt die Faktizität, die niemand will und niemand vorschreibt, wenn es weder die Männer noch die Frauen sind? Die Kinder können es ja nicht sein, sie können höchstens eine Ursache zur Wirkung bringen? Und ist man dieser Wirkung unterworfen? Oder gibt es Handlungsalternativen, die nicht in die faktische Arbeitsteilung für einen kleinen Abschnitt im Lebenslauf führen?

4.3.2 Logik des Arbeitsmarktes

Der bloße Augenschein hat uns zu der These geführt: Es sind die Kinder, die eine abgeschwächte Form des sogenannten Patriarchats reproduzieren. Allerdings kann man in diesem Fall schlecht von Patriarchat sprechen; denn das ist schließlich charakterisiert durch: exklusive Zuweisung der familiären Primärzuständigkeit, geschlechtspolare Geschlechterspezifikation und die institutionalisierte Familienhierarchie zwischen Mann und Frau. Diese Norm gibt es in unserer Gesellschaft nicht mehr, ergo kann man auch nicht vom Patriarchat sprechen, das Kinder reproduzierten. Zudem sind deutliche Veränderungen bei der faktischen Gestaltung der beiden familiären Aufgaben, ökonomische und psycho-physische Reproduktion, zu konstatieren. Aber sind es wirklich die Kinder, welche die neue faktische Primärzuständigkeit veranlassen?

Meine These ist: Es ist die Berufsstruktur, die es nicht erlaubt, Beruf und Familie in wechselnder, halbtäglicher Verantwortlichkeit geschlechtsunspezifisch zu bewältigen - die androgyne Geschlechtsidentität zu realisieren und sich somit als androgyner Mensch zu verwirklichen - was eigentlich gewollt wird. Hätten wir eine andere Berufsstruktur beziehungsweise Vergesellschaftungslogik des Arbeitsmarktes, und zwar die, welche mit dem reflexiv-modernisierten Geschlechterverhältnis kongruent wäre, die Kinder reproduzierten nicht die geschlechtsspezifische Arbeitsteilung. Wenn dem so ist, kann man die Kinder nicht mehr als Ursache bezeichnen, es sei denn, wir wollten weiter auf der Basis von Pseudokorrelationen Gesellschafts- und Sozialisationstheorie betreiben; mithin sind sie als Trägervariable zu konzeptualisieren, als Transporteure der arbeitsmarktspezifischen Vergesellschaftungslogik, einer Logik, die ohne Geschlechtsrolle auskommt.

Diese These ist zu begründen, und zwar über die Auseinandersetzung mit der unübersehbaren Geschlechtstypik der Öffentlichkeit, weil die Statistiken dem Interpreten eine quantitative Geschlechterungleichheit signalisieren (vgl. Beck 1990a; Gern 1992; Hoffmann 1994). Sie legt die These nahe, es findet eine geschlechtsspezifische Differenzierung statt, die auf eine Geschlechtsrolle zurückzuführen sei, die nun wiederum die geschlechtliche Ungleichheit bedingt: namentlich die Geschlechtsrolle der ersten Moderne, welche die geschlechtsspezifische Primärzuständigkeit in der Familie verlangt und dadurch die geschlechtstypische Öffentlichkeit mittelbar erzwingt. Wäre dem so, die These einer fundamentalen Wandlung des Geschlechterverhältnisses müßte mangels empirischer Evidenz verworfen werden. Dies ist wohl der allgemeine Konsens respektive die herrschende Meinung: Gegenwärtig charakterisiere ein Nebeneinander von Widersprüchlichem die Lage der Geschlechter. Das heißt konkret: Einerseits wären „epochale(r) Veränderungen" (Beck/Beck-Gernsheim, 1990, S. 23) bei der Analyse der gesellschaftlichen Lage von Männern und Frauen zu konstatieren; diese Wandlungen haben hier zu der These der feministischen Generation geführt. Diese Behauptung wird vom soziologischen Konsens nicht vertreten, denn andererseits würden diese epochalen Veränderungen von fortbestehenden Ungleichheiten zwischen den Geschlechtern begleitet: „Dies hat den - scheinbar paradoxen - Effekt, daß das Mehr an Gleichheit die fortbestehenden und sich verschärfenden Ungleichheiten noch deutlicher ins Bewußtsein hebt" (Beck. U., 1990a, S. 24). Die Ungleichheiten zwischen Mann und Frau wären „nicht wirklich beseitigt" (a. a. O., S. 17). Geschärft aber wäre der „Blick für sie" (ebd.). Sie würden „rechtfertigungslos, nervig, politisch werden" (ebd.). Die beseitigten Ungleichheiten seien also vor allem Papiertiger, stünden auf einem Papier, das von nicht mehr als einem fortschrittlichen Bewußtsein - vielleicht auch nur einem schlechten Gewissen - beschrieben worden wäre (vgl. a. a. O., S. 24). Kurz, es gäbe eine Dialektik von Gleichheit und Ungleichheit, von Wandel und Konstanz, wobei der Konstanz mehr Gewicht als der Veränderung zugemessen werden sollte. Sicherlich habe sich viel verändert, aber eigentlich sei das doch nichts, könnte man auch sagen.

Bekanntlich ist die Dialektik eine fruchtbare Forschungsmethode, die auch in dieser Arbeit ihre Schuldigkeit im positiven Sinn des Wortes getan hat. Leider hat sie, wie alle anderen auch, ihre Grenzen (vgl. Adorno u. a. 1993; Popper 1965). Sie fordern dazu auf, sie zu überwinden, mithin das widersprüchliche Gemengelage zu ordnen, um nicht bei unlogischen Aussagen stehenbleiben zu müssen. Fakt ist, die Lage scheint widersprüchlich. Daher ist die Aufgabe, diese vermeintlich widersprüchliche Lage so zu ordnen, daß die existierenden Widersprüche gesellschafts- und sozialisationstheoretisch interpretierbar und damit potentiell modifizierbar werden. Diese Ordnung kann meines Erachtens durch die präzise Unterscheidung zwischen Geschlechtsrolle und Berufsrolle hergestellt werden. Daraus folgt, die implizite These, es gäbe einen Intrageschlechtsrollenkonflikt, ist von der Behauptung des Konflikts zwischen Berufs- und Geschlechtsrolle zu ersetzen, der individuell zu balancieren ist: Nicht das Geschlechterverhältnis ist nicht mehr zu legitimieren. Vielmehr ist es die Berufsstruktur, die illegitim zu sein scheint. Es ist das reflexiv-modernisierte Geschlechterverhältnis, das ihre Rechtschaffenheit in Frage stellt. Es sind die androgynen Männer und Frauen, die es nicht mehr akzeptieren wollen, weil es ihrer Geschlechtsidentität widerspricht; sie wollen eine andere Berufsstruktur, nämlich eine, die es erlaubt, daß aus den androgynen Männern und Frauen androgyne Menschen werden können - Menschen, die nicht mehr gezwungen sind, ihre androgyne Geschlechtsidentität zu einem Teilaspekt ihrer Persönlichkeit zu machen, weil die Gesetzmäßigkeit des ökonomischen Sektors verhindert, daß sie zum dominanten Teil des Menschen beiderlei Geschlechts wird. Durch diese Berufsrolle wird die Ungleichheit in Familie und Öffentlichkeit erzeugt - nicht durch die Geschlechtsrolle.

Diese These läßt sich erst einmal über die Auseinandersetzung mit der Frage begründen, ob die geschlechtliche Ungleichheit am Arbeitsmarkt, an der sich in den letzten zehn bis fünfzehn Jahren wenig verändert hat (vgl. Frerichs/Steinrücke Hrsg. 1993), zu der Aussage berechtigt, zum Geschlechterverhältnis der Gegenwart gehört die geschlechtsspezifische Zuweisung von Tätigkeitsfeldern im privaten und öffentlichen Bereich. Ist diese begründet in der ebenfalls zugewiesenen geschlechtsspezifischen Arbeitsteilung in der Familie? Hat es doch keinen sozialen Wandel gegeben, mit dem eine neue gesellschaftsgeschichtliche Qualität verbunden wäre? Widerlegt die Empirie das „reflexiv-modernisierte Geschlechterverhältnis"?

Erstens ist bei der Interpretation des statistischen Zahlenmaterials zu berücksichtigen, daß keine absolute Differenzen bestehen. Verstünde man die Statistiken als absolute Differenzen, reifizierte man die Kategorie Geschlecht und machte die Geschlechtsspezifik der Extremwerte zur Grundlage der Beschreibung der Gesamtheit männlicher und weiblicher Individuen. Das ist nicht zulässig; deshalb muß von der geschlechtstypischen und nicht von der geschlechtsspezifischen Öffentlichkeit gesprochen werden. Es fragt sich, warum es diese Regel gibt und warum diese Regel von einer relevanten Vielzahl von Menschen durchbrochen wird.

Zweitens: Eine relative Differenz, welche die Statistiken anzeigen, sagt nichts über die Ursachen des Geschlechtsunterschiedes aus. Jedwede Interpretation bleibt spekulativ, wenn sie nicht in eine empirische Studie eingebettet ist, die der Frage nach den Ursachen dieser geschlechtstypischen Ausprägung des öffentlichen Lebens nachgeht. Um zu fundierten, nicht spekulativen Aussagen zu kommen, müßte empirisch geklärt werden, welche Gründe dazu führen, daß die Struktur der gegenwärtigen Öffentlichkeit geschlechtstypisch ist. Hierzu müßten statistische Daten gewonnen werden, die den Verfahren schließender Statistik zugänglich sind. Mit anderen Worten, es ist bei der Interpretation des referierten Zahlenmaterials zu berücksichtigen, es ist deskriptive, keine induktive Statistik. Nur mittels schließender Statistik ist es möglich, jene Faktoren zu identifizieren, welche die statistische Geschlechterdifferenz verursachen. Man kann nicht aus der Sozialstatistik eine spezifische Geschlechtsrolle oder eine spezifische Ausformung des Geschlechterverhältnisses herleiten. Hierzu müßte man die varianzaufklärende Kraft der Geschlechtsvariablen kennen (vgl. Bortz 1989) und wissen, infolge welcher Geschlechtsrolle und -identität die Subjekte handeln (vgl. Krampen, 1979, S. 254f.) Andersherum, im Unterschied zu der herrschenden Sicht auf das Phänomen der Geschlechtstypik ist die These beim derzeitigen Stand der Forschung gleichberechtigt: Die statistische Geschlechterungleichheit wird nicht durch die geschlechtsspezifische Normierung der sozialen Wirklichkeit provoziert, mithin steht sie nicht mit dem aktuellen Geschlechterverhältnis, dem der zweiten Moderne, in Verbindung, ist dessen markantes Element doch die Androgynitätsnorm. In einem neuen Satz gesprochen: Es ist einzig eine Vermutung, daß es einen kausalen Zusammenhang zwischen dem aktuellem Geschlechterverhältnis und der geschlechtstypischen Öffentlichkeit gibt. Oder mit Ursula Beer gesprochen, die ihre Habilitationsschrift wie folgt zusammenfaßt: „Wissenschaftlich begründet ist diese Annahme (vom Kausalzusammenhang; B. H.) noch nicht" (Beer, 1990, S. 9). Inwieweit diese Vermutung auf guten Gründen beruht, wird nachfolgend zu bezweifeln sein. - Nichts ist langweiliger als eine übereinstimmende Wissenschaft, Objektivität entsteht durch konfligierende Subjektivitäten: durch streitende Wissenschaftler nämlich. Oder mit Karl Popper gesprochen: „Wir können dem Wissenschaftler nicht seine Parteilichkeit rauben, ohne ihm auch seine Menschlichkeit zu rauben. Ganz ähnlich können wir nicht seine Wertungen verbieten oder zerstören, ohne ihn als Menschen und als Wissenschaftler zu zerstören ... Der objektive und der wertfreie Wissenschaftler ist nicht der ideale Wissenschaftler. Ohne Leidenschaft geht es nicht, und schon gar nicht in der reinen Wissenschaft. Das Wort „Wahrheitsliebe" ist keine bloße Metapher" (Popper, 1994, S. 114). Ergo sind „Objektivität und Wertfreiheit für den einzelnen Wissenschaftler praktisch unerreichbar" (ebd.): Es ist „eine der Aufgaben der wissenschaftlichen Kritik" (a. a. O., S. 115). Kurz, den Sozialstatistiken wird zur Zeit das feministische Paradigma übergestülpt. Ich will nun zeigen, daß mit gleichem Recht die Empirie geschlechtlicher Ungleichheit dem Androgynitätsparadigma subsumiert werden kann.

Meine These lautet: Es ist möglich, mit Reinhard Kreckel (1991; 1992, 1993) das Phänomen der vermeintlichen Gleichheit in der Ungleichheit theoretisch in den Griff zu bekommen und damit die These der feministischen Generation gegen feministische Einwände zu verteidigen. Seine These soll hier skizziert werden, weil sie den Satz legitimiert, es gibt eine feministische Geschlechtsrolle und -identität. Die feministischen Einwände können mit der Kreckelschen Argumentation zurückgewiesen werden. Mit Kreckel kann demonstriert werden: Es ist nicht die Geschlechtsrolle der ersten Moderne, welche die Geschlechtstypik der Öffentlichkeit provoziert, es ist die Logik arbeitsmarktspezifischer Vergesellschaftung, die etwas bedingt, was an das Geschlechterverhältnis der ersten Moderne erinnert, an das sogenannte Patriarchat - wenn man der feministischen Terminologie folgen mag.

Ich gebe zu bedenken: Kreckel will nicht die Reproduktion geschlechtsspezifischer Arbeitsteilung im Sinne der geschlechtsspezifischen Primärzuständigkeit als einer sozialen Faktizität, sondern die Reproduktion der geschlechtsspezifischen Ungleichheit am Arbeitsmarkt erklären. Seine Frage lautet also nicht, warum immer Frauen „muttern" und weshalb immer Männer „vatern", obwohl sie es angesichts des Geschlechterverhältnisses nicht müßten. Als Explanandum ist die geschlechtsspezifische Ungleichheit am Arbeitsmarkt bestimmt, demnach nicht das Phänomen, daß Frauen für Haushaltsführung und Kindererziehung und Männer für die ökonomische Reproduktion der Familie in der Regel de facto und in erster Linie zuständig sind. Es handelt sich um einen Beitrag zur Soziologie sozialer Ungleichheit und somit nicht um eine Auseinandersetzung mit der geschlechtsspezifischen Sozialisation. Indes soll seine Argumentation zu einer Beschreibung geschlechts-spezifischer Sozialisation gemacht werden. Denn die zu verwerfende These lautet, geschlechtliche Ungleichheit sei der mittelbare Effekt einer zeitgenös-sischen Geschlechtersozialisation, bei der die Subjekte die Norm der ge-schlechtsspezifischen Primärzuständigkeit verinnerlichen sollen - über alltäg-liche Interaktionsrituale. Kann man nun zeigen, welche Gründe die ge-schlechtliche Ungleichheit am Arbeitsmarkt hat, und stellt sich sodann heraus, es ist nicht die Geschlechtsvariable, so muß man folgern: Geschlechtstypische Ungleichheit ist nicht die Wirkung der Ursache Geschlechterverhältnis, ergo kann die These des reflexiv-modernisierten Geschlechterverhältnisses beibe-halten werden.

Kreckels Ausgangsthese lautet (1993, S. 51f.): Mit der Kategorie der doppelten Sozialisation (vgl. Hoff Hrsg. 1990) kann die geschlechtsspezifi-sche Ungleichheit auf dem Arbeitsmarkt in fortgeschrittenen kapitalistischen Staatsgesellschaften soziologisch erklärt und darüber hinaus die klassen- und geschlechtertheoretischen Argumentation integriert werden (vgl. Kreckel, 1992, S. 246ff.). Implizit ist damit zugegeben, die Annahme, alle Arbeits-marktungleichheit sei geschlechtsbedingt, ist unhaltbar. Denn es gibt Un-gleichheiten am Arbeitsmarkt, die durch die geschlechtsneutrale Vergesell-schaftungslogik bürokratisch-kapitalistischer Arbeitsmärkte bedingt sind. Daraus folgt die hypothetische Existenz von geschlechtsbedingten und ar-beitsmarktbedingten Ungleichheiten. Nicht nur die herkömmliche und in vie-len Variationen existierende marxistische oder weberianische These, alle Un-gleichheit am Arbeitsmarkt wäre arbeitsmarktbedingt, ist nicht länger zu hal-ten. *„Herkömmliche Ungleichheitstheorien sind weitgehend „geschlechts-blind"* „ (Kreckel, 1992, S. 213; vgl. die Abgrenzung auf S. 213-223). Zwar würden geschlechtsspezifische Ungleichheiten in der Familie und am Arbeits-markt von der traditionalen Soziologie sozialer Ungleichheit nicht geleugnet, sie fühlt sich jedoch „für ihre theoretische Erklärung ... nicht zuständig ... Die Erforschung „herkömmlicher" klassen- oder schichtspezifischer Ungleichhei-ten müssen aus der Sicht aller „klassenrealistisch" argumentierender Forscher (also; B. H.) *zwei separate Unterfangen* bleiben, die einander zwar nicht ignorieren, aber auch nicht in die Quere kommen sollten" (a. a. O., S. 221).

Gleichfalls zu verwerfen ist das feministische Dogma, alle Ungleichheit sei geschlechtsbedingt. Johann Handl hat diese Behauptung empirisch belegt (vgl. auch Handl, 1993, S. 16-25), indem er am Beispiel Bundesrepublik Deutschland mittels eigener Analyse umfassenden Datenmaterials nachweist, „daß die Differenzen in den Chancenstrukturen zwischen den Geschlechtern zwei unterschiedliche Wirkungsgrößen widerspiegeln. Zum einen „Ge-schlechtszugehörigkeit", zum anderen „Unterschiede der sozialen Herkunft" (a. a. O., S. 19f.). Denn die geschlechtsspezifisch erfaßten Chancenstrukturen variieren sehr stark nach der „sozialen Herkunft von Frauen und Männern" (a. a. O., S. 19). „Gleichzeitig variieren diese geschlechtsspezifischen Chancenunterschiede in ihrer Größe, aber auch in Abhängigkeit von der jeweiligen sozialen Herkunft.

So finden zwar die Söhne aus allen sozialen Herkunftsgruppen in stärkerem Umfang als die Töchter Zugang zu den gehobenen ... Positionen. Ihr Vorsprung ist in den einzelnen Schichten allerdings sehr unterschiedlich: 35% für die Söhne der Väter in gehobenen ... Positionen, 20% für die Söhne mit Vätern in einfachen Angestelltenverhältnissen und nur 7% für die Arbeitersöhne" (ebd.).

Indes, bei der These, beides spielte zusammen, kann man nicht stehenbleiben. Vielmehr muß von der programmatischen These ausgegangen werden, „*alle* Formen von strukturierter sozialer Ungleichheit, gleichgültig ob vertikal oder nicht-vertikal, national oder international, (benötigen) ein gemeinsames begriffliches und damit theoretisches Dach" (Kreckel, 1992, S. 221). Es ist also die Aufgabe einer guten Theorie, die Interaktion beider Phänomene zu durchdringen (auch Kreckel 1991):

Die bürokratisch-kapitalistischen Arbeitsmärkte sind durch zwei geschlechtsunspezifische Ungleichheitsphänomene gekennzeichnet. Sie lassen sich im Anschluß an Webers Argumentation wie folgt bündeln: Es gibt zum einen ein primäres Machtgefälle, das aus der strukturellen Asymmetrie zwischen Arbeitgebern und Arbeitnehmern (Kapital und Arbeit) herrührt. Hiervon sind alle abhängigen Beschäftigten in derselben Weise betroffen. Sie zählen in entwickelten Industriegesellschaften ungefähr neunzig Prozent der Erwerbspersonen. Innerhalb dieser „negativen Besitzklasse" gibt es ein sekundäres Machtgefälle, das neben der vertikalen eine horizontale Arbeitsmarktstrukturierung mitsichbringt. „Im (nie erreichten) meritokratischen Idealfall kommt es dabei zu einer vollkommenen Entsprechung zwischen ungleichen Leistungsqualifikationen, ungleichen hierarchischen Positionen im Berufsleben und ungleichem Arbeitsentgelt. (...) Nicht die Geschlechtszugehörigkeit, sondern allein der Besitz oder Nichtbesitz von strategisch einsetzbaren Leistungsqualifikationen entscheidet in diesem abstrakten Arbeitsmarktmodell über die Erwerbschancen und den beruflichen Status der Individuen" (Kreckel, 1993, S. 52). An dieses Phänomen setzt die ehemals schichtenspezifische und heute soziostrukturelle Sozialisationsforschung an, indem sie zu erklären versucht, wie sich die Ungleichheitsstruktur am Arbeitsmarkt sozialisatorisch reproduziert. Sie fokussiert hierbei vor allem auf Prozesse familialer Sozialisation. Eine Verbindung von geschlechts- und arbeitsmarktbedingten Ungleichheiten ist auch der sozialstrukturellen Sozialisationsforschung noch nicht gelungen (vgl. hierzu Steinkamp 1991). Konstatiert man nun, „daß in einer modernen Gesellschaft wie der Bundesrepublik Deutschland kein Staatsbürger und keine Staatsbürgerin allein aufgrund ihres Geschlechts daran gehindert ist, über Reichtum zu verfügen, sich Wissen anzueignen, jede beliebige Position in einer hierarchischen Organisation einzunehmen oder vorteilhafte „Beziehungen" zu knüpfen: Grundsätzlich gilt jeder Mann und jede

Frau als gleichermaßen befähigt, die verfügbaren sozialen Ressourcen zu nutzen und dadurch die eigenen Lebenschancen zu verwirklichen. Anders ausgedrückt, nichts spricht in einer modernen Gesellschaft dagegen, daß Frauen ebenso wie Männer höchste Qualifikationen erwerben, höchste Positionen einnehmen, höchste Einkommen beziehen und sich selbständig in den exklusiven Kreisen bewegen können ... Erklärungsbedürftig ist folglich die faktische geschlechtsspezifische Ungleichheit des Ressourcenzugangs, also: die relative Seltenheit des Erfolges von Frauen innerhalb des bestehenden Ungleichheitssystems" (Kreckel, 1992, S. 224f.).

Die geschlechtsindifferente Betrachtungsweise zwingt dazu, die tatsächlich auftretenden geschlechtstypischen Ungleichheiten am Arbeitsmarkt auf Faktoren zurückzuführen, die in der Theorie des Arbeitsmarktes bislang nicht an markanter Stelle auftauchen. Gäbe es keine geschlechtsbedingten Ungleichheiten am Arbeitsmarkt, so dürfte dieser keine geschlechtstypische Strukturierung aufweisen. Die Behauptung von geschlechtsbedingten Ungleichheiten am Arbeitsmarkt - die nicht ohne weiteres mit dem Geschlechterverhältnis erklärt werden können - ist demnach keine theoriedogmatische Setzung, sondern sie läßt sich auf induktivem Wege empirisch begründen: Die Statistiken signalisieren, wenn auch nur auf der deskriptiven Ebene, Geschlechterungleichheit. Um zum Kern geschlechtsbedingter Ungleichheit am Arbeitsmarkt vorzudringen, ist es indessen nötig, sich mit drei zentralen Argumenten auseinanderzusetzen, die gegenwärtig die Debatte zur geschlechtsbedingten sozialen Ungleichheit dominieren: die sogenannte Qualifikationsdefizit-, die sogenannte Diskriminierungs-, die sogenannte Segregations- und die sogenannte Kombinationshypothese.

Die sogenannte Qualifikationsdefizithypothese kann „nur noch eine Teilerklärung für das Auftreten geschlechtsspezifischer Disparitäten auf dem Arbeitsmarkt liefern ... Diese Teilerklärung betrifft in erster Linie die älteren Jahrgangsgruppen und verliert allmählich an Gewicht" (Kreckel, 1993, S. 52f.). Sie ist vor allem für Verhältnisse der ersten Moderne bedeutsam. Nun aber, also im Kontext des reflexiv-modernisierten Geschlechterverhältnisses, haben Mädchen und Jungen beim Verlassen der Schule die gleiche formale Qualifikation. Man kann auch sagen, es ist eine Frage der Zeit, bis der Vergesellschaftungsmodus des reflexiv-modernisierten Geschlechterverhältnisses eine nachhaltige Veränderung des Arbeitsmarkts veranlaßt hat. Die Freisetzung aus traditionalen Abhängigkeiten und Zuweisungen ist ein historisch junges Phänomen. Es ist demnach ein Zeitquantum in Rechnung zu stellen, bis der Idealtypus zweite Moderne sich nicht nur in normativer Hinsicht, sondern auch in der Alltagspraxis des beruflichen Ausbildungs- und Berufs- sowie des Hochschulsystems durchgesetzt haben wird (auch Gräfrath, 1992, S. 113ff.). Die Nachwirkungen des Geschlechterverhältnisses der ersten Moderne nehmen mithin kontinuierlich ab und sind keine besonders bedeutsame Größe mehr bei der Genese geschlechtstypischer Arbeitsmarktstrukturen, sie betreffen einzig die älteren Jahrgangsgruppen, nicht jedoch die maßgeblichen Elemente des Modernisierungsprozesses. Kurzum, es ist zu beachten, *„daß die Einkommensunterschiede zwischen Männern und Frauen deutlich größer sind als die Qualifikationsunterschiede"* (Kreckel, 1992, S. 235).

Die Diskriminierungshypothese kann ebenfalls nur eine Teilerklärung liefern, denn: „Unmittelbare Konkurrenzsituationen zwischen Männern und Frauen, bei denen es zu direkter Arbeitsmarktdiskriminierung kommen kann, sind im Erwerbsleben eher eine Ausnahme. Die Mehrzahl der Erwerbstätigen sind nämlich in sogenannten Männer- und Frauenberufen bzw. in eindeutig männlich bzw. weiblich geprägten Branchen tätig" (Kreckel, 1993, S. 53). Auf dem Arbeitsmarkt gehen sich die Geschlechter aus dem Weg, so daß keine geschlechtsspezifische Diskriminierung stattfinden kann. Sie geschieht so selten, daß sie bei der Theoriebildung ignoriert werden kann: Geschlechtliche Arbeitsmarktungleichheit ist komplizierter zu konzeptualisieren, auf jeden Fall kann der Qualifikations- und der Diskriminierungs-Hypothese keine ausschlaggebende Wirkungsmächtigkeit zugewiesen werden.

Es drängt sich die sogenannte Segregationshypothese auf: der Angelpunkt für mögliche „geschlechterstrukturelle Diskriminierungen" sei die geschlechtsspezifische Arbeitsmarktsegregation. Anders ausgedrückt: Diese Hypothese ersetzt die individuumszentrierte Argumentation im Kontext eines popularisierten und simplizistischen Diskriminierungsverdachts. Diese Hypothese scheint empirisch evident zu sein, wenngleich der Begriff „geschlechterstrukturelle Diskriminierung" noch zu problematisieren wäre. Denn es steht fest, rund drei Viertel aller Frauen sind in eindeutig weiblich dominierten Berufsfeldern tätig. Bei Männern ist der Anteil noch höher. Als geschlechtsspezifisch, besser: geschlechtstypisch gilt ein Arbeitsmarktsegment dann, wenn es einen Geschlechteranteil von mehr als sechzig Prozent aufweist (Willms-Herget, 1985, S. 22ff.). Demnach konkurrieren in der Regel Frauen mit Frauen, Männer mit Männern, eher selten Männer mit Frauen. Des weiteren fällt auf, daß weibliche Berufsfelder gewöhnlich in der Hierarchie der Berufe ungünstiger plaziert sind als männliche Berufsfelder, welche die gleiche Qualifikationsanforderung stellen. Zum anderen sind die Leitungsfunktionen in der Regel mit Männern besetzt. Kurzum, Männer und Frauen gehen sich am Arbeitsmarkt gewöhnlich aus dem Weg. Frauen erleben den Arbeitsalltag selten aus der Minderheitenperspektive. Geschlechtsbedingte Diskriminierungspraktiken und qualifikatorische Defizite können keine vorrangige Rolle spielen. „Frauen, die etwas für sie scheinbar naheliegendes tun, indem sie einen Frauenberuf ergreifen, handeln sich dabei mit großer Wahrscheinlichkeit Status- und Einkommensnachteile ein. Denn sowohl die Tätigkeitsbereiche, in denen sich gering qualifizierte weibliche Arbeitskräfte konzentrieren, als auch die typischen Frauenqualifikationen sind auf dem Arbeitsmarkt insgesamt ungünstiger plaziert als vergleichbar qualifizierte Männerberufe" (Kreckel, 1992, S. 242).

Aus dem Gesagten folgt: Man kann eine geschlechtstypische Arbeitsmarktsegregation konstatieren und sie als Angelpunkt für „geschlechterstrukturelle Diskriminierungen" ansehen, die in Verbindung mit geschlechtsspezifischer Diskriminierung und qualifikatorischen Defiziten zur geschlechtsstypischen Struktur am Arbeitsmarkt führt. Entscheidet man sich für diesen Erklärungsansatz, so stellt sich ein neues Problem, das die bisherige Argumentation in Zweifel zieht. Man kann es zu der Frage machen, wie es zu dem kommt, was hier erst einmal als geschlechtstypische Arbeitsmarktsegregation beziehungsweise geschlechterstrukturelle Diskriminierung bezeichnet werden soll. Einmal gewendet, vollständig überzeugend ist diese begriffliche Synonymisierung nicht, weil sie voraussetzt, die Arbeitsmarktlagen von Männern und Frauen seien vergleichbar. Gegen eine derartige Sicht spricht jedoch, daß dreißig Prozent der erwerbstätigen Frauen in den alten Bundesländern teilzeitbeschäftigt sind. Dem stehen zwei Prozent teilzeitbeschäftigte Männer gegenüber. Weiterhin sind weibliche Erwerbslebensverläufe diskontinuierlich, und zwar infolge der sogenannten Familienphase, die von der überwiegenden Mehrheit weiblicher Individuen eingelegt wird. Das heißt, Frauen haben ein geringeres Erwerbszeitquantum aufzuweisen als Männer. Das gilt vor allem in den Phasen, die für den Aufbau einer beruflichen Karriere entscheidend sind. „Mit anderen Worten, es kommt jetzt die *Arbeitszeit-Hypothese* hinzu, die davon ausgeht, daß bei gleicher Qualifikation jeweils die Person einen arbeitsmarktstrategischen Vorteil hat, die die vollständigere und kontinuierlichere Berufsorientierung an den Tag legt bzw. erwarten läßt. Das sind in der Regel die erwerbstätigen Männer" (Kreckel, 1993, S. 53). Dieses unterschiedliche Arbeitszeitquantum führt dazu, daß sich die geschlechtstypische Struktur des Arbeitsmarktes ausprägt. Handelt es sich hierbei um einen strukturellen Tatbestand, der die Behauptung eines reflexiv-modernisierten Geschlechterverhältnisses empirisch problematisiert? Die Antwort hierauf ist abhängig von der unterstellten Ursache für dieses geschlechtsspezifische Arbeitszeitquantum.

Die bisher geleistete Argumentation weist einen weiteren Schwachpunkt auf: Zwar sind die drei Hypothesen an sich von einer gewissen Plausibilität, aber sie kränkeln an ihrer hochgradigen Heterogenität. Dies stellt uns die Aufgabe, nach einem systematischen Zusammenhang zu suchen, mit dem sich die in den drei Hypothesen angesprochenen Zusammenhänge theoretisch ordnen, mithin auf den richtigen Begriff bringen lassen. Damit ist a priori unterstellt, „daß die heterogenen Merkmale der geschlechtsspezifischen Arbeitsmarktstrukturierung in einem gemeinsamen empirisch gegebenen Lebenszusammenhang verankert sind" (Kreckel, 1993, S. 54). Um diesen angenommen empirischen Zusammenhang zu identifizieren, ist es erforderlich, den Blick vom Arbeitsmarkt zu lösen. Denn auf diesem gehen sich die Geschlechter aus dem Weg. „Das heißt, der soziale Zusammenhang der Geschlechter ist nicht im Beschäftigungssystem institutionalisiert, sondern ... in der *privaten Haus-*

haltsführung" (Kreckel, 1993, S. 54), die im Kontext der arbeitsmarktspezifischen Vergesellschaftungslogik eine besondere Färbung erhält.

Kreckel macht „den Begriff der „doppelten Vergesellschaftung" zur Bezeichnung einer allgemeinen, alle Gesellschaftsmitglieder betreffenden Strukturtatsache" (Kreckel, 1993, S. 58). Damit grenzt er sich von ihrem Entstehungskontext ab. Denn die Kategorie „doppelte Vergesellschaftung" oder auch „doppelte Sozialisation" (Knapp 1989, 1990) ist entwickelt worden, um die Vergesellschaftung weiblicher Arbeitskraft auf den Begriff zu bringen. Indes ist mit Kreckel davon auszugehen: „Die „doppelte Vergesellschaftung" gilt in der bürokratisch-kapitalistischen Gesellschaft für beide Geschlechter. Beide sind von der Trennung zwischen privater Familiensphäre und öffentlicher Berufssphäre betroffen. Beide sind deswegen in ihrem Leben typischerweise mit zwei „Logiken" konfrontiert, die einander widersprechende Verhaltensanforderungen stellen" (Kreckel, 1993, S. 58). Es ist daher zu fragen, wie Männer und Frauen mit diesem strukturellen Antagonismus umgehen. Bei der Beantwortung dieser Frage zeige „sich dann in der Tat, daß es der männlichen Seite weitgehend gelungen ist, sich von der Ambivalenz zwischen produktiver und reproduktiver Existenz zu entlasten, indem sie das Privatleben den beruflichen Anforderungen unterordnen" (a. a. O., S. 59). Dies würde zu einer geschlechtstypischen Situation am Arbeitsmarkt führen, die man als „geschlechterstrukturelle Diskriminierung" bezeichnen kann, aber nicht muß, wie die moralphilosophische Debatte zur sozialen Ungleichheit zeigt: Es wird dort kontrovers diskutiert, inwieweit eine soziale Ungleichheit, die ihre Ursache in differenten Lebensplänen hat, als strukturelle Diskriminierung zu etikettieren sei. Dieses Problem trifft nicht allein die Geschlechterfrage, wenngleich dieses Phänomen zu besonderen emotionalen Eruptionen herausfordert. Grundsätzlich ist wohl als Konsens festzustellen, die Antwort auf diese Frage hängt vom impliziten oder expliziten Gerechtigkeitskonzept ab. Anders ausgedrückt: Man ist gezwungen, sich unweigerlich in der Sphäre der praktischen Philosophie zu bewegen, die dieses Problem derzeit vor allem mit der Fragestellung diskutiert, „wie gerecht ist die Frauenquote?" (Gräfrath 1992). Je nach Gerechtigkeitskonzept gelangt man konsequent zu antagonistischen Antworten, die sich wiederum in die gesellschaftspolitische Kontroverse Quotierung versus Chancengleichheit fassen lassen. Mithin ist zu bedenken, *„daß es durchaus auch „legitime" geschlechtsspezifische Arbeitsmarktungleichheiten geben kann* - nämlich immer dann, wenn diese sich auf entsprechende Qualifikationsunterschiede zurückführen lassen" (Kreckel, 1992, S. 227). Ob geschlechtsspezifische Arbeitszeitquanten Arbeitsmarktungleichheiten legitimieren können, ist hochgradig umstritten. Dieses Problem kann hier nicht weiter verfolgt werden.

Festzuhalten bleibt, die geschlechtstypische Ungleichheit am Arbeitsmarkt ist mit der geschlechtsspezifischen Integration von sogenannter produktiver und reproduktiver Sphäre zu erklären, die mit unterschiedlichen Arbeitszeitquanten einhergeht. Das führt unter der Bedingung kapitalistischer Verwertungslogik zu einer strukturellen Benachteiligung des weiblichen Geschlechts am Arbeitsmarkt. Geschlechtsspezifische Diskriminierungen und mindere Qualifikationen sind als Randphänomene zu betrachten. Der Hauptfaktor ist die Erwartung des geschlechtsspezifischen Arbeitszeitquantums. Ob es sich um „strukturelle Diskriminierung" oder legitime Arbeitsmarktungleichheit handelt, ist vom gebrauchten Gerechtigkeitskonzept abhängig. Inwieweit allerdings das geschlechtsspezifische Arbeitsmarktquantum durch das Geschlechterverhältnis oder einen anderen Bestandteil der sozialen Wirklichkeit verursacht wird, konnte bislang nicht geklärt werden, mithin die Frage, wer das Patriarchat reproduziert, nicht beantwortet worden.

4.3.3 Berufs- versus Geschlechtsrolle

Die Frage, wer die unterschiedlichen Arbeitszeitquanten verursacht, läßt sich nun anhand der Kreckelschen Definition des Geschlechterverhältnis demonstrieren: „Ebenso wie das abstrakte Klassenverhältnis sich in der kapitalistischen Gesellschaft als struktureller Gegensatz von Kapital und Arbeit darstellt, so nimmt das abstrakte Geschlechterverhältnis dort die Form eines strukturellen Gegensatzes von Produktion und Reproduktion an ... Genauso wenig wie sich aus dem abstrakten Klassenverhältnis die empirische Existenz von zwei (oder mehreren) sozialen Klassen als „realen" gesellschaftlichen Großgruppen zwingend ableiten läßt, genauso wenig läßt sich aus dem abstrakten Geschlechterverhältnis die eindeutige empirische Zuordnung von Männern oder Frauen zu einer bestimmten Arbeitsform, also: zu Beruf oder Hausarbeit, herleiten. In beiden Fällen kann nur die empirische Erfahrung lehren, auf welche Weise sich die Menschen im konkreten gesellschaftlichen Leben mit den sie betreffenden strukturellen Gegensätzen arrangieren" (Kreckel, 1993, S. 59f).

Als Geschlechterverhältnis definiert Kreckel also den strukturellen Gegensatz von Produktion und Reproduktion. Er weicht damit von der Definition ab, wie ich sie vorgenommen habe: die Kategorien Geschlechtsrolle und Geschlechterverhältnis zu synonymisieren und als geschlechtsspezifischen Erwartungskomplex zu verwenden. Dieser definitorische Unterschied ist jedoch kein sonderlich bedeutsames Problem, weil mit Kreckels Definition dennoch demonstrierbar ist, daß die These „feministische Generation" trotz geschlechtsspezifischer Ungleichheit am Arbeitsmarkt und in der Familie - beides hängt eng zusammen - beibehalten werden kann. Die Kreckelsche Argumentation ist mit der vollendeten androgynen Revolution kompatibel, ja sie weist auf deren markante Problematik - wenn auch nur implizit - hin; sie braucht nur zu der Aufforderung expliziert zu werden: zu bestimmen, wie der strukturelle Gegensatz von Produktion und Reproduktion in unserer Gesellschaft gelöst wird. Mithin ist jetzt zu fragen, wie das konkrete Geschlechter-verhältnis im Sinne der Kreckelschen Definition der Kategorie Geschlechter-verhältnis aussieht: Das zeitgenössische Geschlechterverhältnis, das wir schon kennengelernt haben, ist mit den Argumenten des vorigen Abschnitts zu ver-schmelzen.

Reinhard Kreckel selbst leistet diese notwendige Integration von konkre-tem und reflexiv-modernisiertem Geschlechterverhältnis nicht. Dadurch ist seine Analyse der geschlechtstypischen Struktur des öffentlichen Lebens zu allgemein, wenigstens für den Fall, daß wie hier nach der zeitgenössischen Mann- und Frauwerdung und nicht nach der Ursache geschlechtsbedingter Arbeitsmarktungleichheiten gefragt wird: Wenn man die Definition des refle-xiv-modernisierten Geschlechterverhältnissen annimmt, wie sie hier mit Re-kurs auf die empirische sozialwissenschaftliche Forschung geleistet worden ist (Androgynitätsnorm), so ist das konkrete Geschlechterverhältnis wie folgt zu bestimmen:

Es wird gewöhnlich behauptet, die männliche Berufstätigkeit sei in der Regel kontinuierlicher als die weibliche. Diese Aussage kann wohl ernsthaft kaum bezweifelt werden; indes ist es eine jener vermeintlichen Trivialitäten, die uns zu der Frage anregen sollte, warum das so ist. Implizit behauptet Kreckel, das hinge mit der Tradition zusammen, mithin sei es die Ge-schlechtsrolle oder die geschlechtsspezifische Sozialisation, welche die ge-schlechtsspezifischen Arbeitszeitquanten hervorbringe; sodann hieße konkre-tes Geschlechterverhältnis, die Gesellschaft würde die Produktions- und Re-produktionssphäre geschlechtsspezifisch zuweisen. Aber das ist falsch. Denn das zeitgenössische Geschlechterverhältnis ist ein reflexiv-modernisiertes, mit dem das Subjekt in jedweder Sozialisationsinstanz in der konkreten Form der Androgynitätsnorm feministischer Machart konfrontiert ist. Wenn dem so ist, dann kann es zu den unterschiedlichen Arbeitszeitquanten nicht infolge des zeitgenössischen Geschlechterverhältnisses kommen. Das mag in der ersten Moderne anders sein, in der zweiten Moderne ist es jedenfalls nicht die Ge-schlechtsrolle und nicht das Interesse des Subjekts - das der Geschlechtsrolle sehr ähnlich ist -, welches die unterschiedlichen Arbeitszeitquanten verur-sacht. Mithin wird die familiäre und arbeitsmarktspezifische Geschlechterun-gleichheit nicht durch die Geschlechtsrolle verursacht, kommt in ihr nicht das Wollen des reflexiv-modernisierten Geschlechtersubjekts zum Ausdruck.

Meine These, die sich aus der Analyse des zeitgenössischen Geschlecht-erverhältnisses ergibt, ist: Die männliche Berufstätigkeit ist deshalb kontinu-ierlicher als die weibliche, weil die Arbeitgeber in der Regel erwarten, daß der Berufsverlauf von Männern kontinuierlicher ist als der von Frauen. Sie ist nicht deshalb kontinuierlicher, weil es die weiblichen und männlichen Ar-beitnehmer wollen - sie wollen Symmetrie, zumindest man nimmt sie als Ge-schlechtsidentitäten und nicht als Identität wahr, betreibt geschlechtsspezifi-sche und nicht allgemeine Sozialisationstheorie.

Die Frage stellt sich, warum die Arbeitgeber diese Erwartung der geschlechtsspezifischen Arbeitszeitquanten haben, widerspricht sie doch eindeutig den Vorgaben des zeitgenössischen Geschlechterverhältnisses. Die naheliegende These nun lautet: Das ist ihre Lebenserfahrung, die in dem Geschlechterverhältnis der ersten Moderne gründet und die von den diversen, hier referierten Studien empirischer Sozialforschung - wenigstens oberflächlich - bestätigt wird. Diese These greift zu kurz, denn: diese Erwartung wird erst durch einen Interrollenkonflikt hervorgerufen, der für die Sozialisationsverläufe in der zweiten Moderne konstitutiv ist. In dieser Gesellschaft gibt es nämlich zwei widersprüchliche Erwartungen von hervorragender Relevanz, namentlich die Berufs- und Geschlechtsrolle. Diesen Interrollenkonflikt gibt es, weil die heutigen Kinder und Jugendlichen geschlechts*un*spezifische Lebenspläne haben - verursacht durch das aktuelle Geschlechterverhältnis. Sie weisen Familie und Beruf den gleichen Stellenwert zu; der vieldiskutierte Bedeutungsverlust von Arbeit ist auf das Gleichziehen der Mädchen mit den Jungen zurückzuführen: Männliche Jugendliche zeigen eine „deutlich schlechtere Einstellung zur Arbeit als vor dreißig Jahren ... Für Mädchen ist dagegen die Arbeit sogar tendenziell wichtiger geworden als vor dreißig Jahren, und sie ist ihnen wichtiger als den erwachsenen Frauen im Jahre 1984. Die epochalen Wandlungen bilden sich ... hauptsächlich in Verschiebungen der Bewertung der Arbeit zwischen den Geschlechtern ab" (Fend, 1988, S. 237). Kurzum: „Die persönlichen Lebensziele heutiger Jugendlicher haben sich in Richtung Familiengründung verlagert ... Während in den 50er Jahren diese Lebensaufgaben für Jungen nahezu bedeutungslos wurden, äußern junge Männer in den 80er Jahren fast gleich häufig wie die Mädchen entsprechend familienbezogene Lebensziele" (Zinnecker, 1987, S. 317; Zsfg. bei Fend, 1988, S. 236ff.; aktuell: Mansel / Hurrelmann, 1991, S. 90ff.).

Zwar ist es richtig, daß die verschiedenen empirischen Studien einen leicht geschlechtsdifferenten Stellenwert der Arbeit bei Jugendlichen melden (ebd.). Aber diese Meldungen sind mit Vorsicht zu werten. Zum einen sind die Unterschiede recht gering, zum anderen muß davon ausgegangen werden, daß diese geringfügigen geschlechtsspezifischen Differenzen auf eine Antizipation gesellschaftlicher Zwänge im beruflichen Sektor zurückzuführen sind. Und diese Antizipation führt dazu, die Bedürfnisse nicht zu artikulieren, die hier als androgyne Geschlechtsidentität benannt werden. Man gibt daher an, die abgeschwächte geschlechtsspezifische Primärzuständigkeit zu präferieren. Alles andere erscheint dem Individuum als blanke Utopie; beim Versuch, sie hier und jetzt zu realisieren, liefe er Gefahr, frustriert zu werden. So nimmt der heutige Jugendliche lieber an, er wolle etwas anderes, nämlich die modifizierte geschlechtsspezifische Primärzuständigkeit und nicht das Leben in männlicher und weiblicher Androgynität: die Geschlechtsidentität ist eindeutig, die allgemeine Identität ambivalent. Gäbe es nur die Geschlechtsidentität, Sozialisation wäre ein problemloses Unternehmen.

Dieser tief verwurzelte und wohl regelmäßig ins Unbewußte gedrängte Wunsch nach einer androgynen Lebenspraxis ist mit einer Berufsstruktur konfrontiert, der eine Art traditionaler Geschlechtsrolle immanent ist. Das heißt: Das Individuum trifft am Arbeitsmarkt auf die Nachwirkungen des Geschlechterverhältnisses der ersten Moderne, das von den Arbeitgebern strukturell präsentiert werden muß. Sie können sich nämlich nicht vorstellen, besser: sie sind strukturell gezwungen, von der Annahme zu lassen, daß bei beiden Geschlechtern die berufliche Karriere den gleichen Stellenwert hat. Sie müssen diese Hypothese formulieren, um das Verwertungsrisiko zu minimieren. Gäbe es dieses Verwertungsrisiko nicht, so müßte diese Annahme nicht getroffen werden. Anders ausgedrückt, es handelt sich bei den Erwartungen der Arbeitgeber nicht um anachronistische Bewußtseinszustände, die damit zusammenhingen, daß es sich bei der ersten und zweiten Moderne um soziologische Idealtypen handelt, die realiter nur in unreiner Form auftauchen. Es sind somit nicht die Elemente der ersten Moderne, die in der zweiten Moderne geschlechtsspezifische Ungleichheit in Familie und Arbeitswelt diktieren. Es ist die Verwertungslogik des Kapitals, welche die Ungleichheit verursacht und den Eindruck hervorruft, es gäbe anachronistische Bewußtseinszustände. Denn das Kapital muß sich fragen, wie werden heutige Arbeitnehmer beiderlei Geschlecht die unvereinbaren Rollen (Geschlecht und Beruf) vereinbaren. Unwahrscheinlich scheint ihm, daß dies in der Form des Rollentauschs geschieht. Also wird das männliche Geschlecht auf dem Arbeitsmarkt präferiert. Wenigstens gilt dieser Satz für die gehobenen Positionen am Arbeitsmarkt, bei der der geschlechtsbedingte Vorsprung am größten ist. Auf der unteren Hierarchieebene verschwindet der geschlechtsbedingte Arbeitsmarktvorteil beinahe (vgl. Handl, 1993, S. 19 oder den vorigen Abschnitt). Oder mit Kreckel gesprochen: „Die Arbeitgeberseite ist in erster Linie an der Aufrechterhaltung des „Normalarbeitsverhältnisses"[29] interessiert. Voll professionalisierte, voll verfügbare Arbeitskräfte werden als „Kernbelegschaften" im primären Arbeitsmarktsektor bevorzugt. Die leistungstragenden und leitenden Berufe sind fast durchweg als „Anderthalb-Personen-Berufe" (Beck-Gernsheim, 1980, S. 68) konzipiert[30]. Das heißt, sie setzen die Existenz einer zweiten Person im Hintergrund voraus, die die Entlastung von

---

[29] Das Normalarbeitsverhältnis wird von Martin Osterland definiert als „eine arbeits- und sozialrechtlich abgesicherte, im Einklang mit tarifrechtlichen Vereinbarungen stehende, kontinuierliche, auf Dauer angelegte Vollzeitbeschäftigung, die es erlaubt, über hinreichenden Lohn die Reproduktion zu sichern" (Osterland, 1990, S. 351).

[30] Elisabeth Beck-Gernsheim behauptet im übrigen, daß ihre Analyse auf alle Berufsgruppen zutrifft. Mir scheint Kreckels These treffender, dies ist eine Analyse der gesellschaftlichen Funktionseliten. Ich würde sie jedoch insoweit einschränken wollen, als grundsätzlich die Möglichkeit besteht, Personal einzustellen, die die Reproduktionsarbeiten in einem Umfang übernimmt, daß beide Partner Karriere machen können.

Familien- und Hausarbeit übernimmt. Dieser für die Reproduktionsarbeit zuständigen Person bleibt dann allenfalls noch eine „unausgelastete" Hälfte übrig, die sich trefflich für eine Teilzeitbeschäftigung nutzen läßt" (Kreckel, 1992, S. 274). Und dem Arbeitgeber ist die Wahrscheinlichkeit zu gering, daß der Rollentausch praktiziert wird.

Diese These ergibt sich, wenn gefragt wird, welches die Ursachen für die quantitative Ungleichheit zwischen den Geschlechtern sind. Sie sind auf keinen Fall auf der Ebene der rechtlich fixierten geschlechtsbezogenen Zuschreibungen zu suchen, aus denen die Kategorie geschlechtsspezifische Arbeitsteilung ihren empirischen Gehalt zieht. Mithin müssen sie in den Einstellungen, Erwartungen und Einschätzungen von Arbeitgebern gesehen werden. Die entsprechenden Arbeitgeber leisten der Installierung des reflexiv-modernisierten Geschlechterverhältnisses im beruflichen Sektor Widerstand. Aber sie machen das nicht vorrangig, weil sie dem Geschlechterverhältnis der ersten Moderne nachhängen, sondern wegen der Gesetzmäßigkeiten kapitalistischer Reproduktion. Diese nötigen dazu, Arbeitskräfte möglichst umfassend auszubeuten, sie als Vollerwerbstätige zu vergesellschaften und dabei möglichst kein Risiko einzugehen (vgl. Kreckel, 1992, S. 269ff.). Und es wird vermutet, daß man das männliche Geschlecht besser der kapitalistischen Produktionslogik subsumieren kann. Dies liegt zum einen an einem anachronistischen Geschlechterbild. Zum anderen ist das auf die wohl vernünftige und - wie ich meine ausschlaggebende Annahme zurückzuführen, daß männliche und weibliche Individuen den Interrollenkonflikt von Berufs- und Geschlechtsrolle über den partiellen Rückgriff auf das Geschlechterverhältnis der ersten Moderne lösen, selbst wenn dies nicht ihren Bedürfnissen entspricht. Es scheint ihnen aber angenehmer zu sein, als den Rollentausch zu proben. Jedenfalls gilt das für den Bevölkerungsdurchschnitt. Für diese Annahme lassen sich Argumente ins Feld führen:

Es dürfte für weibliche Individuen aus historischen Gründen leichter sein, auf die berufliche Karriere zu verzichten als für männliche Individuen: Die soziologischen Streßtheorien lehren uns, Menschen regredieren, wenn sie von der Komplexität der Wirklichkeit überfordert werden, auf ein vormals überwundenes individual- und gesellschaftsgeschichtliches Stadium (Mansel/ Hurrelmann, 1991, S. 48-56). Und der durch die arbeitsmarktspezifische Vergesellschaftungslogik systematisch induzierte Interrollenkonflikt löst Streß aus, weil er vom Individuum nicht wirklich zu lösen ist. Es ist mitnichten ein „Emanzipationsstreß" (Sinus, 1985, S. 37), wie er von Sinus (1985, S. 35ff.) am Beispiel Frau beschrieben wird: „Auf der Bewußtseinsebene haben sie sich bereits den Idealen der neuen Frau verschrieben, seelisch - was die konkreten Beziehungen zu ihren männlichen Partnern, was ihre Beziehungen zur sozialen Umwelt überhaupt betrifft - scheinen sie aber in hohem Maße Defizite zu erleben" (a. a. O., S. 36): die Subjekte wären von ihren eigenen Wünschen nach Gleichberechtigung überfordert; bei beiden Geschlechtern käme es zu „massive(n) psychosexuelle(n) Dissonanzen ... Erotische Ansprüche und Partner-Normen stehen vielfach im Widerspruch ... sind es vor allem die alten Muster erotischer Attraktion, die die Wirksamkeit der neuen Leitbilder schwächen" (a. a. O., S. 36f.).

Eine derartige Argumentation ist nicht nur nicht empirisch abgesichert - das Gegenteil wird von Sinus suggeriert (vgl. ebd.) - , sie ist zudem zynisch, weil den Individuen in die Schuhe geschoben wird, was von sozialstrukturellen Determinanten, der Berufsrolle nämlich, bewirkt wird. Es ist der Streß, der in der „strukturelle(n) Hilflosigkeit" (Mansel/Hurrelmann, 1991, S. 50) des vereinzelten Einzelnen seine Ursache hat, es ist nicht die individuelle Unfähigkeit zu gleichberechtigtem Sex, zur emanzipierten Erotik. Es sind nicht die „neuen Rollenanforderungen" (Sinus, 1985, S. 37), welche „viele - Männer und auch Frauen - überforder(n)" (ebd.), es ist der strukturelle Antagonismus zwischen Reproduktion und Produktion, der aufgrund des reflexiv-modernisierten Geschlechterverhältnisses den Interrollenkonflikt zwischen Geschlechts- und Berufsrolle erzeugt. Diesem Interrollenkonflikt ist das Subjekt nicht gewachsen. Es sieht sich gezwungen, auf traditionale Rollenstrukturen zurückzugreifen, um Selbstwertschädigungen zu vermeiden (vgl. Mansel/Hurrelmann, 1991, S. 48ff.), um nicht beim Versuch, das Unvereinbare zu vereinbaren, zerrissen zu werden. Die Ansprüche werden nicht unbedingt zurückgenommen, sie werden nur relativiert, eben um Selbstwertschädigungen zu vermeiden. Sie sind weiterhin existent und konstituieren ein zumindest latentes Unzufriedenheitspotential, das nach Veränderung der Berufswelt schreit. Mit sexuellen Problemen hat das wenig zu tun. Es ist die mittelbare Wirkung des abstrakten Geschlechterverhältnisses im Kreckelschen Sinn, die zum strukturellen Streß führt. Allerdings passiert das nicht auf der sexuellen Ebene, sondern es geschieht auf familienstruktureller Ebene, weil die Berufsstruktur die symmetrische und vollständig nichtpatriarchalische Familie unmöglich macht. Sie ist dennoch kein rein patriarchalische Familie: der Umgang zwischen den Männern und Frauen hat sich im feministischen Sinn verändert, die geschlechtsspezifische Primärzuständigkeit gibt es nur noch in abgeschwächter Form, sie könnte in Zukunft verschwinden.

Die familiäre Basissozialisation erleichtert das Einfinden in nicht gewollte Familienstrukturen, und zwar unter Beibehaltung der androgynen Geschlechtsidentität, sonst verschwände der Interrollenkonflikt: Die überwiegende Zahl derjenigen, die in der Bundesrepublik Deutschland geboren werden, erfahren, daß eine Frau die Primärverantwortlichkeit für die psycho-physische und ein Mann die für die ökonomische Reproduktion übernimmt, wenngleich dies phasenspezifisch unterschiedlich stark ausgeprägt ist. Das hat das aktuelle Familiensurvey des Deutschen Jugendinstituts (Bertram Hrsg. 1991, 1992) gezeigt. Von einer Pluralisierung und Individualisierung der familiären Aufwachsbedingungen von Kindern kann kaum gesprochen werden. 85,3 v.H. aller Kinder bis achtzehn Jahre wachsen im Sinne des traditionalen Familientypus auf, also in einer Ehegemeinschaft, die zumindest so lange hält, wie die Kinder im Haus sind. Bei den übrigen Kindern dominieren familiäre Verhältnisse, die nicht durch das Fehlen eines Elternteils, sondern durch *„multiple Elternschaft* infolge einer erneuten Aufnahme einer (ehelichen) Beziehung durch das Elternteil, das mit dem Kind eine Haushaltsgemeinschaft bildet, bestimmt sind" (Nauck, 1991, S. 403). Dies geht mit einer Zunahme von „Stabilitätsrisiken familiärer Verhältnisse" einher (a. a. O., S. 428), die insbesondere mit der gestiegenen Ehescheidungsrate im Zusammenhang stehen. An der Erfahrung der Geschlechtsspezifik der familiären Primärverantwortlichkeit ändert dies nichts. Sie erscheint im Kontext reflexiver Modernisierung jedoch in einem neuen Licht und in modifizierter Ausprägung. Das System geschlechtsspezifischer Arbeitsteilung wird von vermännlichten Müttern und verweiblichten Vätern tradiert, wobei die Abgrenzung der ehemals geschlechtsspezifischen Arbeitsfelder schwächer wird und teilweise ganz verschwindet. Ein positiver und klarer Zusammenhang zwischen dem Geschlechtsrollenkonzept der Jugendlichen und der Geschlechtsrollenrealisierung der Mutter besteht sowohl bei weiblichen als auch bei männlichen Jugendlichen unabhängig von der Bildungsstufe, allerdings „für männliche Jugendliche noch stärker als für Mädchen" (Allerbeck/Hoag, 1986, S. 123). Das heißt, daß ein Mädchen mit einer berufstätigen Mutter die Rolle der berufstätigen Frau eher bevorzugt als ein Mädchen mit nichtberufstätiger Mutter. Gleiches gilt für männliche Jugendliche und ihre Erwartung an ihre zukünftige Lebenspartnerin: Jugendliche, die den Konflikt zwischen Berufs- und Geschlechtsrolle bei der Einmündung in familiäre Verhältnisse balancieren müssen, werden - zumal unter Streß - auf die Tradition ihrer Eltern zurückgreifen. Schließlich ist diese fest in ihrem Unbewußten verankert (vgl. Chodorow 1985; Hagemann-White 1984; hier 1.3.3). Der Rollentausch dürfte ergo nur vor besonderen soziokulturellen Hintergründen praktiziert werden. Ich denke an die Alternativszene oder besondere psychologische Voraussetzungen. Hinzu kommt, daß die Eltern ihre Kinder bei der Lösung des Interrollenkonflikts unterstützen: Sie werden ihnen sagen, das beste ist, ein Stück Tradition zu reproduzieren, schließlich seien sie damit ganz gut gefahren. Mithin werden sie ihnen nicht sagen, sie müssen die geschlechtsspezifische Arbeitsteilung reproduzieren, sie werden ihnen sagen, deren normative Auflösung ist gut. Nur unter gegebenen Bedingungen am Arbeitsmarkt ist es vernünftig, eine abgeschwächte Form der geschlechtsspezifischen Primärzuständigkeit zu praktizieren: die Infragestellung des einfach-modernisierten Geschlechterverhältnisses wird nicht infragegestellt.

Die Arbeitgeber nehmen also an, der Rollenkonflikt wird auf annähernd traditionale Weise gelöst, ergo kann man sagen, die vermeintliche Tradition wird durch die arbeitsmarktspezifische Vergesellschaftung induziert; gäbe es diese nicht, das als Tradition erscheinende würde nicht wieder aufgewärmt. Mithin ist nicht ein anachronistischer Bewußtseinszustand von hervorragender Bedeutung, sondern es ist der Zwang zur Lösung des Konflikts zwischen Berufs- und Geschlechtsrolle, der seine Wurzel im strukturellen Antagonismus von Produktion und Reproduktion hat, der die sogenannte Tradition am Leben erhält.

Es ist die scheinbare traditionale Geschlechterrolle bei Arbeitgebern, welche die Geschlechtstypik in der Öffentlichkeit erklärt. Und diese „traditionale Geschlechtsrolle" ist bei diesen auf die kapitalistische Verwertungslogik, nicht jedoch auf die Ausprägung des aktuellen Geschlechterverhältnisses zurückzuführen. Ergo ist es keine Geschlechtsrolle, kein Element des zeitgenössischen Geschlechterverhältnisses, sondern die spezifische Lösung eines strukturellen Antagonismus durch die Gesellschaft. Diese Lösung führt zu einer allgemeinen Unzufriedenheit, weil sie im Widerspruch zu den normativen Vorgaben des Geschlechterverhältnisses steht, das als geschlechtliche Bedürfnis- und Interessenstruktur beim Subjekt auftaucht.

Es ist ein Stück „Traditionalität" in der zweiten Moderne zu erkennen. Aber bereits die Tatsache indiziert den Umschlag in eine zweite Moderne, daß dieses Phänomen als traditional bezeichnet wird. Immerhin gilt es in der ersten Moderne als normal, familiäre Verantwortlichkeiten geschlechtsspezifisch zu bewältigen - wegen des einfach-modernisierten Geschlechterverhältnisses. Dies gilt nun nicht mehr als normal, obwohl es weiterhin, allerdings in abgeschwächter Form getan wird. Das Geschlechterverhältnis der ersten Moderne wirkt in die zweite Moderne nach. Es bekommt im Kontext der zweiten Moderne jedoch eine gänzlich andere Färbung, die sich an der Inkongruenz von normativer Auflösung der geschlechtsspezifischen Arbeitsteilung und dem arbeitsmarktspezifischen Zwang zeigt, diese de facto - wenn auch abgeschwächt - zu reproduzieren. Ergo ist es nicht das aktuelle Geschlechterverhältnis, das die Reproduktion einer geschlechtsspezifischen Arbeitsteilung verursacht. Vielmehr ist der „Schuldige" die Struktur des Erwerbssystems: es verhindert die familiäre Rollenangleichung - die vollständige Realisierung des feministischen Bewußtseins - zumindest dann, wenn Kinder das familiäre Leben bereichern. Erst mit Kindern setzt sich das traditional scheinende Modell wieder durch, wenngleich dies nur partiell geschieht. Der geschlechtsbezogenen Entnormierung des Geschlechterverhältnisses steht also eine Berufsstruktur gegenüber, die weiterhin auf dem Geschlechterverhältnis der ersten Moderne aufbaut. Zumindest gilt es festzustellen, daß sie die Tradierung des Geschlechterverhältnisses der ersten Moderne fördert, weil es den ganzen Menschen braucht, eine Person nämlich, die nicht durch familiäre Belastungen an der Vollerwerbstätigkeit gehindert wird. Kurz, es wird strukturell ein geschlechtsspezifischer Interrollenkonflikt induziert. Die explizite Geschlechtsrolle des Geschlechterverhältnisses und die implizite Geschlechtsrolle der Berufsstruktur sind inkompatibel. Man kann dies als implizite Geschlechtsrolle bezeichnen, weil es sehr unwahrscheinlich ist, daß die Individuen sich für den Rollentausch entscheiden. Ohne diese Annahme handelte es sich selbstverständlich nicht um eine implizite Geschlechtsrolle, sondern um die immanente Verhinderung einer geschlechtersymmetrischen Aufgabenverteilung innerhalb und außerhalb der Familie: die These, es gibt ein reflexiv-modernisiertes Geschlechterverhältnis, kann beibehalten und das Androgynitätsparadigma verwendet werden. Die Geschlechtsrolle des Geschlechterverhältnisses ist eindeutig; es stellt keine sich widersprechenden Erwartungen an die Menschen, welche die Rede vom Intrageschlechtsrollenkonflikt rechtfertigten. Das Problem ist die Berufsstruktur: es ist von einem Interrollenkonflikt in der reflexiv-modernisierten Geschlechtersozialisation auszugehen.

Da die Berufsstruktur die Größe ist, die den Anschein erweckt, an der Geschlechtsspezifik der Familie habe sich nichts verändert, erscheint es geboten, diese Geschlechtsspezifik aus dem Geschlechterverhältnis auszugliedern. Der analytische Gewinn besteht darin, daß ein Interrollenkonflikt als Determinante aktueller geschlechtsspezifischer Sozialisation zum Vorschein kommt. Es ist kein Intrageschlechtsrollenkonflikt, der den Nachwirkungen patriarchalischer Traditionen in der zweiten Moderne geschuldet wäre; ein solcher Intrageschlechtsrollenkonflikt ist für den Übergang von der ersten in die zweite Moderne charakteristisch: die offenkundige soziale Ungleichheit wird von der Berufsrolle verursacht. Sie erhält - allerdings nur in Teilen - eine Tradition am Leben, die nun nicht mehr im Geschlechterverhältnis wurzelt. Das Geschlechterverhältnis ist gewandelt, aber die Berufsrolle verhindert die Umsetzung seiner Normen. Dadurch wird der Anschein fehlender Veränderung geweckt. Diese Suggestion ist falsch, weil für eine Intrageschlechtsrollenkonflikt gehalten wird, was eine spezifische Verarbeitung des Interrollenkonflikts ist, der durch die Diskrepanz von Geschlechts- und Berufsrolle in der zweiten Moderne erzeugt wird. Zwar sind die Kategorien „erste Moderne" und „zweite Moderne" gesellschaftstheoretische Idealtypen, weshalb die Frage naheliegt, inwieweit sich in der zweiten Moderne Elemente des Geschlechterverhältnisses der ersten Moderne befinden, die sozialisationstheoretisch zu berücksichtigen wären, aber dennoch: das Feld der psychischen Mann- und Frauwerdung wird nicht durch das Nebeneinander von Traditionalität, die ehemals Ausdruck von Modernität gewesen ist, und (neuer) Modernität kompliziert. Einmal gewendet: Obwohl sich an der Geschlechtstypik der Öffentlichkeit in den vergangenen Jahrzehnten wenig verändert hat, ereignet sich dieses Phänomen im Kontext eines neuen, eines reflexiv-modernisierten Geschlechterverhältnisses. Damit wird deutlich, es ist die Verwertunglogik des Kapitals, die in der zweiten Moderne das Bild erzeugt, es hätte sich nichts verändert. Aber das ist falsch, weil in der ersten Moderne die Struktur des Geschlechterverhältnisses die Geschlechtstypik der Öffentlichkeit verursacht hat. Nun ist es die Logik arbeitsmarktspezifischer Sozialisation, in der die Struktur des Geschlechterverhältnisses der ersten

Moderne am stärksten nachwirkt; aber es ist kein Geschlechterverhältnis, das auf dem Arbeitsmarkt wirkt, denn dieser ist geschlechtsneutral.

Ein Blick in die deskriptive Statistik genügt also nicht, weil eine gelungene Beschreibung immer eine Erklärung beinhaltet. Verändert sich die Erklärung, so gelangt man bei gleicher statistischer Ausprägung zu einer neuen Beschreibung, die eben hier dazu führt, von einer gesellschaftlichen Gestalt namens zweiter Moderne zu sprechen. Trotz der Geschlechtstypik der Öffentlichkeit kann also die These „reflexiv-modernisiertes Geschlechterverhältnis" beibehalten werden. Anders gesagt: In der ersten Moderne sind Geschlechterverhältnis und Kapitalverhältnis insoweit kongruent, als sie keinen Interrollenkonflikt provozieren. Der Antagonismus von Reproduktion und Produktion ist in der einfach-modernisierten Geschlechtsrolle, die manchmal auch die patriarchale heißt, aufgehoben. Eignen sich die Subjekte diese normativen Vorgaben mit „Haut und Haaren" sowie mit „Kopf und Bauch" an, so müssen sie zwar einen Preis für die verdrängten Bedürfnisse in Form eines Leidens an der Geschlechtsrolle zahlen; aber sie müssen nicht die psychischen Ambivalenzen balancieren, die von dem Interrollenkonflikt der zweiten Moderne verursacht werden. Mithin gibt es in der bundesdeutschen Gegenwartsgesellschaft Probleme bei der Mann- und Frauwerdung, weil sich das Geschlechterverhältnis revolutioniert hat, aber die Berufsstruktur konstant geblieben ist. Die Subjekte müssen diesen Widerspruch, der erfahrungsgemäß zu Ambivalenzen führt, balancieren: regelmäßig tradieren sie eine abgeschwächte Form der geschlechtsspezifischen Primärzuständigkeit, die sie schon bei ihren Eltern kennengelernt haben; zudem machen sie androgyne Geschlechterspezifikation und verzichten auf hierarchiebetonte Interaktionsrituale.

Eher selten wird auf Kinder verzichtet, um für beide Partner zu ermöglichen, Karriere machen zu können. Allerdings gibt es mittlerweile eine Vielzahl von kinderlosen Lebensgemeinschaften, bei denen sich die Symmetrie der alltäglichen ökonomischen und häuslichen Aufgabenbewältigung am stärksten zeigt (vgl. Keddi/Seidenspinner 1991; Krombholz 1991). Auch dies hat sozialisatorische Wirkung. Sie besteht darin, daß die Auflösung geschlechtsspezifischer Arbeitsteilung für die Heranwachsenden ab dem Zeitpunkt Bestandteil ihres Wissens wird, ab dem sie sich für die gesamtgesellschaftlichen Lebensverhältnisse zu interessieren beginnen; dieses Phänomen könnte die frühkindliche Erfahrung geschlechtsspezifischer Primärzuständigkeit relativieren, der ja jedes Individuum ausgesetzt ist. Zudem dürfte dieses Faktum die arbeitsmarktspezifische Vergesellschaftung nicht unbeeinflußt lassen, so daß die gesellschaftliche Unsicherheit bei der Frage steigt, inwieweit es richtig ist, dem männlichen Geschlecht eine größere Bereitschaft zum Verzicht auf Kinder zuzutrauen.

Die Geschlechter könnten sich auch am Rollentausch versuchen und gesellschaftsgeschichtliches Neuland betreten. Je nach soziokultureller Einbettung dürfte diese Entscheidung zu mehr oder weniger großen psychischen Belastungen führen. Eine andere Möglichkeit ist: Die Geschlechter versuchen sich trotz der gegebenen Berufsstruktur an einem symmetrischen Modell. Das geht entweder auf Kosten der Kinder oder, wenn beide Teilzeitbeschäftigte sind, zu Lasten des finanziellen Spielraums und der beruflichen Möglichkeiten. Indes: Die wahrscheinlichste Lösung ist noch, die Geschlechter arrangieren sich mit den gegebenen gesellschaftlichen Widersprüchen, indem sie die normativen Vorgaben des reflexiv-modernisieren Geschlechterverhältnisses ignorieren; es wird das kompromißlerische Drei-Phasen-Modell realisiert, die Frustrationen führen zur Veränderung der Berufsstruktur und zur Verbesserung von ganztäglichen Kinderbetreuungsmöglichkeiten.

4.4 Erlebnisgesellschaft

Das institutionalisierte feministische Bewußtsein ist die unmittelbare Sozialisationsbedingung der gegenwärtigen psychischen Mann- und Frauwerdung. Ihr gegenüber steht die Berufsstruktur als eine der beiden wichtigen mittelbaren Bedingungen der aktuellen Geschlechtersozialisation: Sie verhindert die Realisierung des androgynen Menschen und zwingt den vergesellschafteten Subjekten auf, einen Interrollenkonflikt zu balancieren, der sich als psychische, identitätsbedrohende Ambivalenz niederschlägt. Hierunter dürften die Heranwachsenden vor allem dann leiden, wenn sie eine Familie gründen. Versuchte man sich nicht an dem Balanceakt „Familie", so spielte dieser Interrollenkonflikt, der typisch für die Lebensverhältnisse der reflexiv-modernisierten Moderne ist, keine Rolle - der Normalfall ist ein anderer (vgl. Bertram Hrsg. 1991, 1992). Damit ist implizit die Hurrelmannsche These zur Geschlechtersozialisation zurückgewiesen worden, die er wohl implizit aus Becks Gesellschaftstheorie (vgl. Beck, 1986, S. 185ff.) deduziert; denn er behauptet: „Für Jungen liegt in der ... Karriereorientierung „kein strukturelles" psychisches Problem" (Hurrelmann, 1991, S. 61). Nur Mädchen gerieten wegen des Widerspruchs zwischen Berufs- und Geschlechtsrolle in eine „Identitätsfalle" (ebd.).

Ich habe die Legitimität des Androgynitäts-Paradigmas demonstriert, demzufolge diese Identitätsfalle beide Geschlechter auf der strukturellen Ebene gleichermaßen betrifft. Dem widerspricht nicht, daß die Lösung dieses Konflikts die Geschlechter dazu bringt, sich in unterschiedlichen gesellschaftlichen Bereichen hauptsächlich aufzuhalten (Stichwort „faktische geschlechtsspezifische Primärzuständigkeit"). Die Fähigkeit zur Lösung dieses Interrollenkonflikts und das Aushalten der Ambivalenz und Frustration, die mit ihm verbunden ist, ermöglicht unter anderem geschlechtsspezifische Handlungsfähigkeit in der bundesdeutschen Gegenwartsgesellschaft, einer Gesellschaft, die für moderne Industriestaaten westlichen Zuschnitts typisch sein dürfte. Der je individuelle Besitz dieser geschlechtsspezifischen Handlungsfähigkeit verhindert jedoch nicht, daß die Subjekte unter dem Interrollenkonflikt leiden. Ich behaupte nur, sie haben in der Regel gelernt, mit diesem Konflikt auf sozialverträgliche Weise umzugehen. Daß ihn die Menschen aus der Welt schaffen wollen, wird durch diese Kompetenz, die das vergesellschaftete Subjekt heute hat, nicht ausgeschlossen: die Fähigkeit mit ihm sozialverträglich umzugehen, ist die notwendige - nicht die hinreichende - Bedingung beim Versuch, diese Ursache für psychische Ambivalenz aus der Welt zu schaffen.

Nun soll, um zu einer halbwegs vollständigen Explikation der äußeren Realität geschlechtsspezifischer Sozialisation in der zweiten Moderne zu gelangen, die zweite bedeutsame mittelbare Sozialisationsbedingung aktueller Mann- und Frauwerdung dargelegt werden. Sie kann mit dem Begriff „Erlebnisgesellschaft", wie er jüngst von Gerhard Schulze (1993) in die gesellschaftstheoretische Debatte geworfen worden ist, recht gut gebündelt werden; andere Termini wären (ohne Anspruch auf Vollständigkeit): Dienstleistungsgesellschaft, Freizeitgesellschaft oder postindustrielle Gesellschaft (vgl. Zapf, 1993b, S. 201ff). Diese unterschiedlichen Kategorien fokussieren jeweils, allerdings mit einem je spezifischen Forschungsinteresse, auf dieselben gesellschaftlichen Phänomene, und sie belegen jene mit einer eindrucksvollen Etikette, die nicht zuletzt die Phantasie der Leser anregt. Daran wollen wir uns hier nicht weiter stören, vielmehr sei diese Argumentation aufgenommen und auf ihren Kern zurückgeführt. Das heißt, die konsumkapitalistische Vergesellschaftung ist als mittelbare Bedingung geschlechtsspezifischer Sozialisation auszuführen und zu erörtern, als Variable eben, die mit dem Geschlechterverhältnis interagiert und in der Konsequenz dessen Wirkung modifiziert. Kurz, die Wandlung der Geschlechtsidentität geht mit der Modifikation der (allgemeinen) Identität einher. Es kommt zu Wechselwirkungen, die es zu bestimmen gilt.

Meine These ist, die strukturelle Gewalttätigkeit des hervorragenden Interrollenkonflikts der reflexiv-modernisierten Geschlechtersozialisation wird durch die Struktur der sogenannten Erlebnisgesellschaft im Sinne von mittelbarer Bedingung zeitgenössischer Mann- und Frauwerdung verringert. Entscheidend ist an der Erlebnisgesellschaft demnach nicht ihr Beitrag bei der Androgynisierung der Geschlechterspezifikation (vgl. implizit Distler 1970; Hoffmann 1993a, b, 1994; Preuss-Lausitz 1983a, 1987a, b, 1993; Schneewind, 1991, S. 70f.); eine solche These überzeugt nur auf der Basis einer reifizierten, mithin nicht subjekttheoretisch qualifizierten Geschlechtskategorie bipolarer Provenienz. Indes modifiziert die Erlebnisgesellschaft die motivationalen Grundlagen von geschlechtsspezifischen Handlungen und erleichtert - anders formuliert - die Androgynisierung der zwei familiären Arbeitsaufgaben (Stichwort „Primärzuständigkeit"). Es wird erst einmal die Struktur konsumkapitalistischer Vergesellschaftung ausgearbeitet und deren Auswirkung auf die Identitätsentwicklung diskutiert, um schließlich die Interaktion mit der Geschlechtersozialisation zu bestimmen.

4.4.1 Vom Produktions- zum Konsumtionskapitalismus

Der Übergang von der einfachen zur reflexiven Modernisierung wird durch den Umschlag vom Produktion- zum Konsumtionskapitalismus begleitet. Beide Ereignisse passieren ungefähr am Ende der sechziger Jahre, hierbei entsteht die sogenannte Erlebnisgesellschaft. Im Laufe der siebziger Jahre setzt sich der Konsumkapitalismus, man kann auch sagen: der Wohlfahrtstaat Bundesrepublik Deutschland, durch (vgl. z. B. Brand u. a. 1986). Eine Vielzahl von Widersprüchen kapitalistischer Vergesellschaftung forciert diesen Vorgang (vgl. Habermas 1973, 1988a, b; Offe 1973), der von mittelbarer Bedeutung für die psychische Mann- und Frauwerdung in der zweiten Moderne ist.

Die kapitalistische Wirtschaftsweise ist zum einen grundsätzlich abhängig von der sogenannten protestantischen Arbeitsethik a la Max Weber. Egal ist, ob es sich um einen schwerpunktmäßig produktionistischen oder konsumistischen Kapitalismus handelt. Bei dem produktionsorientierten Kapitalismus - er ist für die erste Moderne charakteristisch - stehen die vermeintlichen Sekundärtugenden: Selbstdisziplin, Pflichtbewußtsein, Pünktlichkeit und Leistungsbereitschaft im Vordergrund des arbeitsmarktspezifischen Vergesellschaftungsprogramms. Es sind die Tugenden abstrakter Arbeit, einer Herstellungsweise nämlich, die auf Arbeitsteilung und Entfremdung aufbaut.

Zum anderen untergräbt der Prozeß kapitalistischer Profitmaximierung die soziokulturelle Basis des produktionskapitalistischen Tugendkanons, bei dem der Genuß der Früchte, die auf dem Boden unglaublicher Anstrengungen wachsen, nicht im Vordergrund steht. Es werden durch kapitalismusbedingte Modernisierungen nicht nur überkommene Lebensformen, Moral- und Glaubensvorstellungen in Frage gestellt. Darüber hinaus entfaltet die sinnentleerte, die abstrakte Arbeit eine Wirkung: Sie veranlaßt nämlich eine Aufwertung der Freizeitssphäre, namentlich um die Frustrationen der sinnentleerten Arbeit zu kompensieren, mithin um die entfremdeten Arbeitsvollzüge aushaltbar zu machen. In dieser Freizeitsphäre dominieren jedoch hauptsächlich die Tugenden des Genusses beziehungsweise das Wertesystem des Hedonismus. Dieser hedonistische Tugendkatalog bringt das exakte Gegenteil der Werte des produktionistischen Kapitalismus zum Ausdruck. Mit anderen Worten: Insgesamt nimmt die gesamtgesellschaftliche Bedeutung des vormals - aufgrund struktureller Erfordernisse, weniger wegen moralischer Erwägungen - verabscheuten Hedonismus zu. Die Ursache ist: Der Typus konsumkapitalistischer Vergesellschaftung benötigt die gesamtgesellschaftliche Akzeptanz des Hedonismus, damit er sich reproduzieren kann. Mit den Worten von Brand u. a.: „Die von der „Konsumgesellschaft", von der Werbung stimulierten Bedürfnisse nach Liebe, Zärtlichkeit, Sexualität, Anerkennung, Freiheit, Abenteuer treten in sichtbaren und fühlbaren Widerspruch zur langweilig-spießbürgerlichen Routine von Arbeit und Familie, zum „puritanischen" Pflichtgefühl und Leistungsethos, zur moralinsauren Tugend des Verzichts und des Gehorsams" (Brand u. a., 1986, S. 56). Das bedeutet gleichzeitig, daß der Stellenwert der Fähigkeiten relativiert wird, die der kapitalistische Produktionssektor benötigt, um seine Aufgabe zu bewältigen und gleichzeitig konsumkapitalistische Vergesellschaftung zu ermöglichen.

Ferner: In der Zeit von 1960 bis 1974/75 wird der immanente Widerspruch kapitalistischer Vergesellschaftung durch die strukturellen Widersprüche eines wohlfahrtsstaatlichen Kapitalismus verstärkt. Es gibt eine Vielzahl von relevanten Faktoren. Die wichtigsten sind zu skizzieren: sozialpolitische Fortschritte, starke Reallohnerhöhungen, 5-Tage-Woche, lange Phase wirtschaftlicher Prosperität, kurzum: die Gefahr, zu einem Element der „industriellen Reservearmee" zu werden, ist verschwindend gering (vgl. Brock, 1990, S. 107ff.). Durch den gestiegenen Lebensstandard gewinnt der Freizeitsektor an Bedeutung. Dieser Bedeutungsgewinn wird durch die sinkende Jahresarbeitszeit begleitet und unterstützt: die Möglichkeiten, Freizeit zu genießen und Lust zu erleben, wachsen. Insgesamt verliert der Kampf um einen Arbeitsplatz und die eigene ökonomische Existenzsicherung an Schärfe, weshalb die Notwendigkeit zur Unterdrückung der „Triebnatur" objektiv an Bedeutung verliert - für beide Geschlechter, sind sie doch in der Familie miteinander im „Daseinskampf" verbunden.

Schließlich: Mitte der siebziger Jahre wird dieser Siegeszug der hedonistischen Weltanschauung durch den ersten gravierenden Konjunktureinbruch der Nachkriegszeit im Jahre 1974/75 und durch die Entwertung der Arbeitskraft infolge des technischen Fortschritts in der bundesrepublikanischen Nachkriegsgesellschaft vorangetrieben, auf durchaus ambivalente Art und Weise: Der berufliche Selektionsdruck wird auf einen neuen Gipfel getrieben. Die Arbeitslosenzahlen steigen, so daß man gut daran tut, die arbeitsfixierte Identität um eine freizeitorientierte zu erweitern, die protestantische zur hedonistischen Arbeitsethik zu transformieren - frei nach dem Motto: Man kann ja nie wissen (auch Brock, 1990, S. 114ff.). Diese Hypothese wird empirisch vor allem von jenen Jugendlichen angeregt, „die von der Arbeitsmarkt- und Ausbildungskrise hart getroffen worden sind" (Olk/Strikker, 1990, S. 181); gerade sie entwickeln „überwiegend familienorientierte bzw. freizeitorientierte Lebenskonzepte" (ebd.). Es ist zu vermuten: Bei diesen Jugendlichen kommt besonders stark zum Ausdruck, was sich beim Normaljugendlichen in abgeschwächter Form abspielt. Hinzu kommt: Dieser Vorgang wird von der Verschiebung im Verhältnis von Freizeit und Arbeitszeit begleitet. Kurz und bündig: Der Freizeitpark Deutschland wird sowohl vom kapitalistischen Bedürfnis nach Arbeitslosigkeit als auch vom Hedonismus produziert. Produktivitätsfortschritte sind die notwendige Bedingung bei diesem Umschlag vom

Produktions- zum Konsumtionskapitalismus, in dessen Folge die Erlebnisgesellschaft geboren wird.

Als markante empirische Fakten, die diesen Wandel der Produktions- und Konsumtionsstruktur veranschaulichen, sind zu nennen: Im Laufe der vergangenen hundert Jahre ist die durchschnittliche Lebenserwartung der Männer um zehn, die der Frauen um dreizehn Jahre gestiegen. Die durchschnittliche Erwerbsarbeitszeit wird um mehr als ein Viertel verringert, wobei bei dieser Zahl der im Durchschnitt zwei Jahre spätere Eintritt in das Erwerbsleben und der drei Jahre früher erfolgende Austritt aus eben diesem Erwerbsleben nicht mitgerechnet worden ist. Die Verkürzung der Lebensarbeitszeit zeigt sich vor allem daran, daß die Quote der älteren Erwerbstätigen in Deutschland von 65,5 v.H. im Jahre 1982 auf 60,1 v.H. im Jahre 1992 sinkt. Die Gruppe der älteren Erwerbstätigen umfaßt die über 55jährigen. Auffällig ist ebenfalls die Verdreifachung der Realeinkommen im Zeitraum von 1880 bis 1970. Der größte Sprung allerdings fällt in die Zeit nach 1950. Dies hat den sogenannten - hier nicht negativ konnotierten (vgl. Zapf, 1993a, S. 188) - Fahrstuhleffekt zur Folge, bei dem „die „Klassengesellschaft" ... insgesamt eine Etage höher gefahren" (Beck, 1986, S. 122) wird. Infolgedessen wird selbst „in der Arbeiterschaft das Joch der „proletarischen Enge" abgeschüttelt", die bis dahin das Leben diktiert (a. a. O., S. 123; vgl. Mooser 1983; Brock 1988). In Zahlen gesprochen: Bis 1950 mußte der durchschnittliche Arbeiterhaushalt drei Viertel seines Einkommens für Nahrung, Kleidung und Wohnung ausgeben. 1973 beträgt dieser Anteil nur noch sechzig Prozent. Hierbei ist zu berücksichtigen, daß der Konsum auf einem qualitativ höherem Niveau vonstatten geht, was durch den reinen Zahlenvergleich nicht ausgedrückt werden kann. Gleichfalls ist eine „'Demokratisierung' von symbolträchtigen Konsumgütern" (Beck, 1986, S. 123) zu beobachten: Radio, Fernsehen, Auto und Kühlschrank werden auch in Arbeiterfamilien zu selbstverständlichen Konsumgütern. Die proletarische Wohnküche wird vom Wohnzimmer abgelöst. Urlaubsreisen in die entferntesten Länder werden möglich. Die Sparquote steigt an, und im Jahre 1977 können sich neununddreißig Prozent der Arbeiterhaushalte den Wunsch nach den eigenen vier Wänden erfüllen - 1950 waren es nur sechs Prozent. Das Fazit lautet: „Lebenszeit, Arbeitszeit, Arbeitseinkommen - diese drei Komponenten haben sich mit der Entwicklung der Bundesrepublik grundlegend zugunsten einer Entfaltung der Lebenschancen verschoben" (Beck, 1986, S. 124; zum historischen Vergleich: Berger 1986). Man kann auch sagen, die Beziehung der Menschen zu Gütern und Dienstleistungen hat sich in der Nachkriegszeit kontinuierlich verändert. Die Menschen machten aus dem produktionistischen den konsumistischen Kapitalismus. Die hedonistischen Werte verschwinden aus ihrem Schattendasein und stehen nun gleichberechtigt neben der protestantischen Arbeitsethik. Infolgedessen wird die Kategorie des Erlebnisses zu einer zentralen gesellschafts- und sozialisationstheoretischen Kategorie.

Der Gestaltwandel des Gesellschaftlichen zeigt sich besonders deutlich bei der Werbung. „Produkte werden nicht mehr als Mittel zu einem bestimmten Zweck offeriert, sondern als Selbstzweck. Sie sollen an sich zufriedenstellen, unabhängig von ihrer Verwendbarkeit für irgendwas" (Schulze, 1993, S. 12). Produkte büßen ihren instrumentellen Charakter ein und werden expressiv, zu einem emotionalen Erlebnis, zu einer Gefühlsladung eben. In der - nennen wir sie Erlebnisgesellschaft, um die kulturpessimistische Symbolik der Risikogesellschaft begrifflich ein wenig zu kompensieren - ist „das Leben schlechthin zum Erlebnisprojekt geworden" (a. a. O, S. 13). Der antizipierte „bloße Erlebniswert" (ebd.) einer realisierbaren Handlung, motiviert die Subjekte, diese auszuführen. Die Handlung, die einen höheren Erlebniswert als die alternative Verhaltensvariante verspricht, besser: erwarten läßt, wird verwirklicht.

Dieser Begriff, die Kategorie „Erlebnis" nämlich, „macht die moderne Art zu leben insgesamt zum Thema. Im historischen Vergleich zeigt sich die Ausbreitung und Normalisierung der Erlebnisorientierung als etwas Neuartiges" (Schulze, 1993, S. 14). Erlebnisorientierung gibt es zwar in allen Gesellschaften, in der zweiten Moderne erlauben es die reflexiv-modernisierten Lebensverhältnisse aber, daß der Erlebnisorientierung eine neue Qualität und ein neuer Stellenwert im gesellschaftlichen Leben zukommt: sie wird zu einem hervorragenden Medium der Vergesellschaftung. Deshalb kann man sagen: Die gesellschaftstheoretische Kategorie der Erlebnisgesellschaft benennt einen neuen Handlungstypus, der dominant geworden ist und durch Sozialisation erworben werden muß. Er hat die instrumentelle Orientierung a la Max Weber zurückgedrängt, die für den produktionistischen Kapitalismus kennzeichnend war, und um die expressive Orientierung des konsumorientierten Kapitalismus ergänzt.

Die Erlebnisorientierung ist dem Handlungstypus der protestantischen Ethik entgegengesetzt. An die Stelle von aufgeschobener Befriedigung tritt die unmittelbare Suche nach dem Glück, nach dem Erlebnis. Der Handlungstypus „aufgeschobene Befriedigung tritt zurück: Sparen, langfristiges Liebeswerben, zäher politischer Kampf, vorbeugendes Verhalten aller Art, hartes Training für ein arbeitsreiches Leben, für Entsagung und Askese werden zunehmend zu anachronistischen Werten: sie motivieren in der Erlebnisgesellschaft allein nicht zum Handeln. Ausschlaggebend ist die Verheißung des Erlebnisses, das sich sofort einstellt. In Verbindung mit einer instrumentellen Grundorientierung bedingt es subjektive und objektive Handlungsvollzüge - so meine Interpretation der Ausführungen von Schulze (1993).

Die Sinnfrage wird im Kontext der Erlebnisgesellschaft ebenfalls neu beantwortet. Erlebnisorientierung als zentrale Determinante menschlicher Handlungsvollzüge bedeutet: Die Qualität subjektiver Prozesse definiert den „Sinn des Lebens ... Man will ein schönes, interessantes, angenehmes, faszinierendes Leben. Durch den Einwand, dies sei ja eine schlichte Selbstverständlichkeit, wird die Hauptthese gestützt, da der Einwand selbst zu dem Phänomen gehört, dessen Existenz er bestreitet" (Schulze, 1993, S. 22). Einmal gewendet, man handelt nicht mehr allein, weil man von Liebe und Plicht dazu genötigt würde. Sondern das alte Liebes- und Opfersyndrom wird durch den Wertekanon der Selbstentfaltungswerte erweitert und in seiner qualitativen Struktur somit fundamental verändert. Man kann zwar auch weiterhin aus Plicht- und Liebesgefühl heraus handeln. Aber dies wird nur gemacht, wenn damit eine Erlebnisqualität verbunden ist; es wird aus Liebe und Pflicht gehandelt, weil hiermit positive Erlebnis- und Genußzustände verbunden sind. Eine so motivierte Handlung wird nun nicht mehr moralinsauer tabuisiert - ganz im Gegenteil; sie wird von den heutigen Sozialisationsinstanzen eingefordert (vgl. z. B. Preissing u. a. 1990; Preuss-Lausitz, 1993, 178). In einem neuen Satz: Die Erlebnisgesellschaft akzeptiert die Tatsache der Interessenbedingtheit menschlicher Handlungsvollzüge, daß der Mensch nicht nur aus Nächstenliebe oder Verpflichtung, sondern infolge eigener, selbst gewollter Zielsetzungen handelt, zu deren Durchsetzung er manchmal Taktik und Strategie heranzieht (vgl. Geulen 1989, S. 173ff., S. 440ff.). Hierbei spielt eine Rolle, daß es gegenwärtig „nicht primär ums Überleben, um Sicherheit, um Abwehr von Bedrohungen und Kampf gegen Restriktionen (geht), sondern um die Lebensgestaltung jenseits situativ bedingter Probleme, unabhängig vom objektiven Vorhandensein solcher Probleme. Reale Knappheit in unserer eigenen Gesellschaft oder gar außerhalb davon kommt im typischen Entwurf der Existenz nicht als primärer Bezugspunkt vor, reale Bedrohung wird nicht in ein defensives oder offensives Lebensprogramm umgesetzt. An die Stelle der altgewohnten situativ definierten Lebensprobleme treten subjektive Lebensprobleme" (Schulze, 1993, S. 22), so daß die Gesellschaft von einer „Überlebensorientierung zur Erlebnisorientierung" wechseln konnte (Schulze, 1993, S. 55).

Der dargelegte Vorgang wird gleichfalls durch den Ausbau des Dienstleistungssektors indiziert. Vor allem in den sechziger und siebziger Jahren kommt es zu einer wohlfahrtsstaatlichen Dienstleistungsexpansion, wodurch sich die Berufsstruktur verändert. Seit 1980 sind über fünfzig Prozent der Beschäftigten im Dienstleistungssektor tätig, es gibt mehr Angestellte als Arbeiter, mehr Studenten als Lehrlinge (Zapf, 1993a, S. 198). Zu berücksichtigen ist zudem, daß dieser Vorgang von einer Veränderung der Erwartungen an die Mitarbeiter begleitet wird: Teamfähigkeit, Flexibilität, Kooperationsfähigkeit, Kommunikationsfähigkeit sind die Kompetenzen, die der moderne Mitarbeiter in seinem Sozialisationsprozeß erworben haben muß, damit er den Anforderungen des Berufslebens gewachsen ist; der Einzelkämpfer wird historisch obsolet (vgl. Badura 1988; Baethge 1989; Bilden, 1991, S. 299; Mertens, D. 1988; Tagesspiegel vom 31. Mai 1994, S. 15): der Mensch der zweiten Moderne muß sich die hedonistische Arbeitsethik aneignen; er dürfte dies auf je individuelle Weise leisten.

Berücksichtigt man die genannten Faktoren, so kommt man zu dem Schluß: Es hat „*ein Umbruch im Verhältnis von Arbeit und Leben* stattgefunden" (Beck, 1986, S. 124), bei dem die protestantische von der hedonistischen Arbeitsethik abgelöst wurde. Es ist zu einem fundamentalen gesellschaftlichen Wandel der motivationalen Grundlage von Handlungen gekommen. Diese Veränderung wurde innerhalb und außerhalb der Erwerbsarbeit vollzogen. An seinem Ende steht der gesellschaftliche Idealtypus der Erlebnisgesellschaft. In ihr ist der hedonistische mit dem protestantischen Tugendkatalog zur hedonistischen, zur erlebnisorientierten Arbeitsethik verschmolzen. Es ist ein neuer Kapitalismus entstanden, ein Kapitalismus mit einer hedonistisch-konsumistischen Ausrichtung, und er läßt sich mit der Kategorie des Erlebnisses auf einen anregenden Begriff bringen. Aus der Sozialisationstheorie folgt, diese gesellschaftliche Objektivität wird von den Heranwachsenden zu ihrer individuellen Identität gemacht: Die gesellschaftliche Genese der hedonistisch-konsumistischen Identität, der Erlebnisidentität, ist die Folge der skizzierten Struktur konsumkapitalistischer Vergesellschaftung. Mit anderen Worten: Dieser neue Handlungstypus ist in allen Bereichen des gesellschaftlichen Lebens zu finden.

Die Kategorie „Erlebnis" verabschiedet sich also in der zweiten Moderne aus den Fängen der Freizeitsoziologie, an die der Begriff die kundigen Leser spontan erinnert. Daß dem so ist, signalisiert nicht zuletzt das Phänomen der „normativen Subjektivierung der Arbeit" (Baethge 1989). Hiermit ist die „Geltendmachung persönlicher Ansprüche, Vorstellungen und Forderungen in der Arbeit, im Gegensatz zu solchen Momenten von Handlungsspielraum und Berücksichtigung persönlicher Bedürfnisse, die aus dem funktionalen Interesse des Arbeitsprozesses zugestanden werden" (a. a. O., S. 7), gemeint. Man bezieht „*nicht sich auf die Arbeit*" (a. a. O., S. 10), sondern „*die Arbeit auf sich*" (ebd.). Mit anderen Worten: „Der markanteste Zug des subjektiven Verhältnisses ... zur Erwerbsarbeit besteht in dem starken Rückbezug auf die eigene Emotionalität und Persönlichkeitsentfaltung, in der Offenheit, mit der ... (das; B. H.) Bedürfnis nach Selbstdarstellung und -entwicklung auch in der Arbeit" (a. a. O., S. 8) reklamiert wird. Die neue Generation will die „guten, in der vorberuflichen Sozialisation angeeigneten intellektuellen und kommunikativen Fähigkeiten nun in der Arbeit in kooperativen Vollzügen anwenden ... Sie wollen als ganze Person und nicht nur als Rollenspieler behandelt werden und lehnen sachlich nicht begründete Autoritätsverhältnisse ab, sehen die Arbeit auch als Gelegenheit an, etwas Neues zu lernen, sich weiterzuentwickeln und ein Gefühl der Kompetenz und Unabhängigkeit zu gewinnen; zugleich kalkulieren sie sehr genau, wieweit sie sich auf welche Arbeit einlassen. Sie wollen sich von der Arbeit nicht auffressen lassen, da sie auch ein befriedigendes Privatleben führen möchten, und versuchen, sofern die Tätigkeit ihre expressiven Bedürfnisse nicht erfüllt, diese anderswo außerhalb der Arbeit zu befriedigen" (a. a. O., S. 9). Diese neue hedonistische Identität läßt sich empirisch auch in der Gruppe der Arbeiterschaft und der Gruppe der weniger qualifizierten Arbeitskräfte nachweisen, sie ist nicht nur auf Angestellte und hochqualifizierte Arbeitskräfte beschränkt (vgl. Baethge, 1989, S. 7; Brock 1988, 1990).

Die sozialwissenschaftliche Kindheits- und Jugendforschung meldet ebenfalls die konsumistisch-produktionistische Identität als Normalfall. Sie hat an vielen Stellen dargelegt, daß in der Zeit von etwa 1965 bis 1975 ein markanter und dynamisierter Wandel der allgemeinen Identität stattgefunden hat. Er führt über die Kriegs- zur Konsum- in die Krisenkindheit, wobei die Krisenkindheit eine besondere Variante der Konsumkindheit ist (Preuss-Lausitz u. a. 1983). Anders gesagt: Der Wandel des Kapitalismus erfordert nicht nur, darüber hinaus erzeugt er eine neue Identität: zum Massenphänomen wird der „hedonistische, verbrauchende, genußfähige, aufs je Neue neugierige und aufnahmebereite ... Mensch „ (Preuss-Lausitz, 1987b, S. 307; 1987a, S. 141). Die Wandlung in der Struktur der nun erforderlichen Identität wird zudem durch die simultane „Veränderung der Institutionsbindung und der Arbeitsethik (beide sind zurückgegangen) und der Veränderung des politischen Interesses und des Erziehungszieles Selbständigkeit (beide sind gestiegen)" (Fend, 1988, S. 99) indiziert. Gleichfalls sollten wir die fundamentale Veränderung der Sexualmoral berücksichtigen, die in der veränderten gesellschaftlichen Normierung von Ehe und Sexualität zum Vorschein kommt (vgl. a. a. O.; Nave-Herz 1988).

Lustbetonte Selbstverwirklichung und Selbstfindung in sozialverträglicher Weise ist somit heute für den überwiegenden Teil der bundesdeutschen Kinder und Jugendlichen die nachhaltige Sozialisationserfahrung, die sie für ein ganzes Leben bestimmen wird (vgl. Fend, 1988, S. 168; Preuss-Lausitz 1983). Dies spricht nicht gegen die Verbreitung einer Kultur methodischer und disziplinierter Lebensführung, wie sie von Max Weber mit der protestantischen Arbeitsethik als psychische Bedingung kapitalistischen Wirtschaftens theoretisch und empirisch ausgearbeitet worden ist. Vielmehr geht diese Arbeitsethik mit einem hedonistischen Wertesystem einher, so daß die Jungen und Mädchen des „konsumorientierten Hedonismus" (Pasolini 1978) kapitalistischer Herkunft kulturelle Hegemonie ausüben. Der Leittypus der zweiten Moderne wäre wie folgt zu charakterisieren: „individualistisch, sich selbst liebend und gerade deshalb auch frei für vielfältige soziale Bezüge; unaggressiv und deshalb offen für Vielfalt und Fremdes; neugierig, auch rastlos, und deshalb die idealen Konsumenten ... Der trainierte, gebräunte, zugleich offene und empfindungsfähige Körper wird zum Leitbild beider Geschlechter. Energie-, Lust- und Symbolkörper verschmelzen miteinander und sind überall zugleich präsent. Geist und Seele sind nicht mehr Gegensatz zu Körper und Trieb, Kultur entsteht nicht mehr aus Sublimation" (Preuss-Lausitz, 1993, S. 176f.).

Es hat sich also ein weiteres Wertsystem im Kontext wohlfahrtsstaatlicher Modernisierung gesamtgesellschaftlich etabliert, „das den Genuß der Früchte dieser Anstrengung legitimiert" (Fend, 1988, S. 170), aber die kapitalistische Produktionsweise nicht negiert. Denn der Kapitalismus der zweiten Moderne benötigt ein „doppeltes Subjekt", nämlich eines, das einerseits zu hoher Arbeitsleistung fähig ist. Andererseits muß dieses leistungsmäßig hochgezüchtete Individuum gleichfalls in der Lage sein, die Verführung zu einer ausschließlich hedonistischen Lebensauffassung (ähnlich Fend, 1988, S. 170) so zu tradieren, daß weder die Konsumtionslogik noch die Produktionslogik im Sinne protestantischer Arbeitsethik tangiert wird: Die Härte disziplinierender Berufsarbeit als Vorbedingung für Konsummöglichkeiten ist mit den Glücks- und Erlebnisversprechen der weichen und hedonistischen Seite des Kapitalismus der zweiten Moderne in Einklang zu bringen. „Was sich gegenwärtig im Bereich der normativen Orientierungen vollzieht, ist ... eine Fortentwicklung der Werte des okzidentalen Rationalismus unter veränderten Verwirklichungsbedingungen" (Olk/Strikker, 1990, S. 186), es ist nicht das Ende der Kultur der rationalistischen Lebensführung a la Max Weber. Dennoch werden „Ressourcen, vor allem Leistungsbereitschaft, aus dem Berufsbereich in andere Lebensbereiche abgezogen" (Bolte/Voß, 1988, S. 83). Kurzum: Die vergesellschafteten Subjekte müssen bei ihrer individuellen allgemeinen Sozialisation einen Intrarollenkonflikt balancieren. Dies scheint ihnen gut zu gelingen. Revolutionen und Revolten sind nicht zu beobachten. Wichtiger ist in unserem Zusammenhang jedoch die Einsicht, infolge der Genese der Erlebnisgesellschaft wird die Geschlechtersozialisation verändert, die Erlebnisidentität moderiert die androgyne Geschlechtsidentität feministischer Provenienz. Selbst wenn das Geschlechterverhältnis der ersten Moderne geblieben wäre, die Erlebnisgesellschaft mit ihren neuen Menschen machte es zu einem anderen.

4.4.2 Wirkung auf Geschlechterspezifikation

Die Kategorie des Hedonismus wird gerne mit unserem kulturellen Stereotyp der Weiblichkeit gleichgesetzt. Diese Synonymisierung legt die These nahe: Als Effekt des hedonistischen Siegeszugs ist eine Verlagerung von einer „patristisch-instrumentellen" zu einer eher „matristisch-expressiven" Kultur festzuhalten (vgl. Distler 1970): In einer patristischen Kultur würde der männlichen Rolle der größere Wert zugeschrieben. Die Sozialisation in instrumentelle Rollen sähe man als das hauptsächliche kulturelle Ideal an. In einer matristischen Kultur würden dagegen die expressiven Aspekte der weiblichen Rolle wie z. B. Gefühlsäußerungen, Intimität, sinnliche Wahrnehmung und Selbstexploration stärker wertgeschätzt. Eine solch allgemeine kulturelle Verschiebung zugunsten eines traditionell „weiblichen" Rollenprofils scheint im

Einklang mit einem generellen Wertewandel in Richtung auf „postmaterielle" Bedürfnisse in den industrialisierten westlichen Ländern zu stehen (vgl. Hoffmann 1993a, b, 1994; Inglehardt 1989; Preuss-Lausitz, 1983, S. 102; Schneewind, 1991, S. 70f.).

Meine These ist: Die Gleichsetzung von Weiblichkeit und Hedonismus wie Matriarchat und Konsumkapitalismus, von Männlichkeit und protestantischer Arbeitsethik wie Patriarchat und Produktionskapitalismus ist falsch. Wenn dem so ist, dann muß die „hedonistische Revolution" etwas anderes als die androgyne Revolution sein. Kurzum, Hedonismus wird zwar parallel zur androgynen Geschlechtlichkeit in den Mittelpunkt des gesellschaftlichen Lebens gerückt, aber es sind zwei unterschiedliche Qualitäten: Hedonismus ist nicht einfach-modernisierte Weiblichkeit, die Männlichkeit der ersten Moderne ist nicht die andere Vokabel für protestantische Arbeitsethik. Mithin soll auch die neue Frau regelmäßig und gut gebräunt, mit Cremes und Parfums gepflegt sein und einen trainierten weiblichen Körper in erotischer Kleidung präsentieren. Das wird von der Erlebnisgesellschaft und nicht von dem feministischen Geschlechterverhältnis verlangt: androgyne Geschlechterspezifikation tritt in hedonistischer Farbe auf.

Unser herkömmliches kulturelles Weiblichkeitsbild kann auf keinen Fall mit den empirischen weiblichen Individuen oder mit der weiblichen Geschlechtsrolle gleichgesetzt werden, zumal die androgyne Weiblichkeit von der traditionalen Weiblichkeit unterschieden werden muß. Das Bild der lustspendenden und hingebungsvollen Frau ist eine kulturelle Projektion, die weder mit den heutigen noch mit den herkömmlichen Frauen, wie sie wirklich sind, etwas zu tut hat - selbst wenn diese glaubten, sie wären das weibliche und lustvolle Geschlecht. Nur wer empirische Weiblichkeit mit lustvoller und genießender Weiblichkeit synonymisiert, kann Hedonismus für Weiblichkeit halten. Das jedoch ist nicht der Kern der Weiblichkeit. Vielmehr besteht er in der Primärverantwortlichkeit für die psycho-physische Reproduktion. Das geschieht in der ersten Moderne auf der normativen und auf der faktischen, in der zweiten Moderne hingegen allein auf der faktischen Ebene; wobei zu erinnern ist, daß die Faktizität der zweiten einen anderen Charakter hat als die der ersten Moderne. Die reflexiv-modernisierte Geschlechterspezifikation ist nicht hedonistisch, sie ist eine androgyne: Statt der Ungleichwertigkeit, wie bei der einfach-modernisierten, wird in alltäglichen Interaktionsritualen in der zweiten Moderne die Gleichwertigkeit des Geschlechtsunterschiedes inszeniert, zudem wird auf rigide Abgrenzungen verzichtet.

Es hat ein kultureller Wandel des Lustbegriffs stattgefunden. Heute, in der bundesdeutschen Gegenwartsgesellschaft, wird die psycho-physische Reproduktion mit Lustgewinn gleichgesetzt. Zur Zeit des Produktionskapitalismus und der kulturellen Vorherrschaft des einfach-modernisierten Geschlechterverhältnisses war diese Reproduktion nicht mit Lust im Sinne von Hedonismus zu übersetzen, das Weiche und Lustvolle wurde von der herrschenden

Kultur in das „Weib" projeziert, es war aber nicht Element der weiblichen Geschlechtsrolle. Realiter war psycho-physische Reproduktion eine Aufgabe, die von Frauen bewältigt werden mußte, ob man das schön fand oder nicht. Die Entdeckung der Lüste im hedonistischen Sinn ist das Ergebnis der sogenannten 68er-Kulturrevolution. Die protestantische Arbeitsethik hingegen ist Teil des Viktorianischen Zeitalters. Ich glaube, es ist die Wirkung des reifizierten Geschlechterdenkens bipolarer Machart, daß Frau und „verschlingende Lust" kulturelle synonymisiert werden. Das geschieht, weil sie - wenigstens gilt das für die gehobenen bürgerlichen Frauen - eine andere Tätigkeit machen als ihre Männer. Diese Arbeit hält man für das Gegenteil von mühseliger Berufsarbeit, weil das andere Geschlecht grundsätzlich und immer das Gegenteil des männlichen täte, machten sie es doch immer und überhaupt als Männlein oder Weiblein. Indes, genießerisch und lustvoll zu sein, war noch nie - weder in der ersten noch in der zweiten Moderne - Teil der weiblichen Geschlechtsrolle, sondern ausschließlich eine wohl nur psychoanalytisch zu verstehende Projektion von Männern. „Körpererziehung sowohl der Kirche als auch der bürgerlichen Gesellschaft zielte für Mädchen auf Tugendhaftigkeit als Selbstkontrolle, auf (auch) körperliche Darstellungsfähigkeit für den bürgerlichen Salon, auf Anmut, Haltung und Gesundheit, um die Kindererziehung und den Haushalt selbst in die Hand nehmen zu können. Gymnastik war die dafür adäquate Sportart, ansonsten war der Mädchenkörper versteckt, mit Kleidern, die Passivität und vorsichtige Bewegung geradezu erzwangen" (Preuss-Lausitz, 1993, S. 172). Mit der konsumistischen, erlebnisorientierten Identität des zeitgenössischen Konsumkapitalismus hat das nichts zu tun.

Die protestantischen Arbeitstugenden scheinen dem traditionellen männlichen Geschlechtsrollenstereotyp zu entsprechen, weil angeblich nur Männer beruflich arbeiten würden. Dieses Stereotyp sollte indes nicht mit dem empirischen männlichen Individuum und auch nicht mit der männlichen Geschlechtsrolle gleichgesetzt werden. Zum einen wird auch das weibliche Geschlecht außerhäuslich vergesellschaftet. Zum anderen, was wichtiger ist, die protestantische Arbeitsethik spricht etwas völlig anderes an als die Männerrolle. Die Männerrolle und die protestantische Arbeitsethik, die Ethik des produktionistischen Kapitalismus, müssen unterschieden werden: Die protestantische Arbeitsethik mußten beide Geschlechter gleichermaßen verinnerlichen, damit sich der Kapitalismus mit produktionistischer Schlagseite reproduzieren kann. Selbst die Frauen, die nicht außerhäuslich tätig waren, mußten diese Tugenden übernehmen, um sie an ihre Kinder weiterzugeben oder um ihren Mann bei der Ausübung seiner Berufsarbeit die nötige emotionale Unterstützung geben zu können. Mithin kommt in der protestantischen Arbeitsethik ein allgemeines und kein geschlechtsspezifisches Vergesellschaftungsprogramm zum Ausdruck. Beide Geschlechter mußten die Normalität des ursprünglichen Kapitalismus akzeptieren: das schlägt sich in der Psyche nieder, und das bringt eine entsprechende Körperlichkeit hervor. Nicht die allgemeine, sondern die geschlechtsspezifische Sozialisation ist geschlechts-spezifisch verlaufen. Jedoch wandelt sich die motivationale Basis: Während in der Erlebnisgesellschaft die neue Geschlechtsidentität realisiert wird, weil sie ein lustbringendes Erlebnis verheißt, wird die alte Geschlechtsidentität aus Pflicht- und Opferbereitschaft gelebt - man muß halt, ob man will, ist für beide Geschlechter irrelevant. Anders gesagt: Hätte sich die Geschlechtsidentität nicht geändert, die rigide und hierarchisierende Geschlechterspezifikation würde nun verwirklicht, weil das Subjekt einen Lustgewinn antizipierte. Die konsumkapitalistische Vergesellschaftung forciert also nicht die Vermännlichung der Frau und die Verweiblichung des Mannes vor dem kulturellen Hintergrund der Wertschätzung einer hedonistischen Grundorientierung. Dennoch wird immanent eine neue männliche und weibliche Qualität bedingt: Die Realisierung androgyner Männlichkeit und Weiblichkeit wird zum Element eines umfassenden Erlebnisprojektes.

Es wird von der Erlebnisgesellschaft nicht die Geschlechtsrolle als solche gewandelt, sondern die abnehmende Bedeutung der Berufsrolle verändert mittelbar die Struktur der Geschlechtsrolle. Dieser Vorgang ist im Kontext des Geschlechterverhältnisses geschlechtsspezifisch. Die kombinierte Wirkung tritt den vergesellschafteten Subjekten als Sozialisationsbedingung gegenüber. In der Folge entsteht eine neue Männlichkeit und eine neue Weiblichkeit, bei der die klassischen Geschlechtsstereotypen zur Beschreibung des Phänomens herangezogen werden müssen, weil uns neue Begriffe noch fehlen. Anders gesprochen: Ich halte es für falsch, den neuen, expressiv-androgynen Mann als die Frau von gestern zu bezeichnen. Es entsteht etwas, für das unserer Kultur noch die Worte fehlen. Es ist eine Androgynität, die eine neue Qualität und keine Kombination oder Addition von zwei ehemals getrennten Teilen darstellt. Vielleicht ist es eine androgyne Männlichkeit und eine androgyne Weiblichkeit mit jeweils expressivem Schwerpunkt. Oder mit Preuss-Lausitz gesprochen, wodurch die Sache leider auch nicht klar wird: Es „entsteht ... eine neue männliche Identität für alle Männer, in der das „Männliche" wie das „Unmännliche" aufgehoben sind" (Preuss-Lausitz, 1983, S. 102); mithin wird eine neue weibliche Identität erarbeitet, in der das „Weibliche" und das „Unweibliche" aufgehoben sind: es ist dringend nötig, den Begriff der Geschlechterspezifikation zu explizieren, das Phänomen zu begreifen, das mit dieser Kategorie intuitiv eingefangen wird. Fest steht nur, die neue Geschlechterspezifikation darf nicht mit Hedonismus gleichgesetzt werden, auch wenn sie wegen der mittelbaren Sozialisationsbedingung, die Erlebnisgesellschaft heißt, hedonistisch daherkommt.

Aus dem Gesagten folgt zudem: Es sind nicht allein Frauen, die den Anspruch auf ein eigenes Stück Leben einklagen, wie es die süffisante These von Elisabeth Beck-Gernsheim (1983) zu glauben nahelegt, nachdem die Frau mehrere Jahrhunderte auf das Dasein für andere zurückgeworfen gewesen wäre. Nein, die Kategorie der Erlebnisgesellschaft, welcher der Umschlag vom

Produktions- zum Konsumtionskapitalismus immanent ist, macht hingegen wahrnehmbar: es ist ein gesamtgesellschaftliches, mithin ein geschlechtsübergreifendes Phänomen. Vom Zwang, sich lustvoll selbst verwirklichen zu müssen, sind die männlichen und die weiblichen Individuen gleichermaßen betroffen, und sie tradieren beide diese neue kulturelle Norm. Männer und Frauen verändern im historischen Vergleich die Koordinaten ihres Wertesystems, ihre handlungsleitenden Motivationen. Der reflexiv gewordene Modernisierungsprozeß löst bei beiden Geschlechtern mittelbar die Orientierung am Dasein für andere durch den Anspruch auf ein eigenes Stück Leben ab; denn auch Männer praktizierten ein Dasein für andere, und zwar indem sie im Beruf ihr Bestes gaben, um ihrer Familie den materiellen Lebensunterhalt zu sichern. Besser noch: Orientiert sich Frau oder Mann heute am anderen, dann geschieht dies nicht aus Nächstenliebe, sondern es wird zum Zwecke der Selbstverwirklichung, die ein Erlebnis verspricht, getan. Nicht die männliche Erwerbsbiographie wäre demnach asozial, wie man manchmal zu sagen pflegt, sondern männliche und weibliche Biographiemuster würden asozial (Schoppe, 1994, S. 70f.). Indessen muß bezweifelt werden, daß dieser Terminus, nämlich asozial, dem Problem angemessen ist. Denn das Dasein für andere wird nicht durch die Selbstverwirklichung abgelöst, sondern die Orientierung am anderen Menschen ist durch eine neue Motivation, die Erlebnismotivation abgelöst worden, sie mag sich partiell auf andere Arbeits- und Freizeitbereiche gelegt haben, auf keinen Fall ist sie mit einem egoistischen Individualismus zu synonymisieren, sondern gleichzusetzen ist sie mit dem sozialverträglichen Individualismus. Eine neuere Studie aus den USA zeigt: Werte wie Humanität, Gruppenorientierung, Demokratie, Aktivität, Einkommen, Altruismus sind geschlechtsunspezifisch von der Mehrheit vertreten. Leichte geschlechtsspezifische Differenzen, die wir nicht überbewerten wollen, gibt es bei den Werten für Unabhängigkeit und Freizeit, und zwar jeweils zugunsten der weiblichen Jugendlichen (Erez u. a. 1989). Kurzum, ein solidarischer Individualismus scheint die geschlechtsunspezifische Norm heutiger Jugendlicher zu sein (vgl. auch Rülcker, 1990, S. 20ff.), und sie wird von der Erlebnisgesellschaft bedingt.

Schließlich wird nochmals deutlich, eine reine Frauen- beziehungsweise eine reine Männerforschung ist eine forschungsmethodische Sackgasse. Eine solche Forschung ist nicht in der Lage zu erkennen, welche Phänomene geschlechtsspezifisch und welche geschlechtsneutral sind. Denn um eine Aussage zur Geschlechtsspezifik irgendeines gesellschaftlichen und empirisch beobachtbaren Phänomens machen zu können, muß der Vergleich mit dem anderen Geschlecht durchgeführt werden. Nur so kann das Geschlechtsspezifische vom Menschlichen geschieden werden. Die Verallgemeinerbarkeit der Befunde oder der theoretischen Annahmen ist in einer reinen Männer- und Frauenforschung unmöglich. Man ist wegen des eingeschränkten Anschauungsmaterials gezwungen, sich auf die Aussage zu beschränken: wir haben bei Frauen festgestellt, wir haben bei Männern festgestellt. Ob dies aber für Frauen oder Männer typisch ist, kann nicht geklärt werden. Damit wird eine Erkenntnismöglichkeit verschenkt, und, was noch problematischer ist: aufgrund unserer kulturellen Angewohnheit, Frau- und Mannsein polar-komplementär zu denken, wird suggeriert, Männer beziehungsweise Frauen seien genau gegenteilig. Dem kann auch kaum dadurch abgeholfen werden, daß man feststellt, über das jeweils andere Geschlecht wird keine Aussage gemacht. Denn dann fragt man sich: Außer Spesen nichts gewesen? Die falsche Gleichsetzung von Weiblichkeit und Hedonismus sowie von Männlichkeit und protestantischer Arbeitsethik kann nicht erkannt werden, die veränderte motivationale Grundlage zeitgenössischer Geschlechtsidentität, namentlich der erlebnisorientierten androgynen, sind nicht wahrnehmbar.

4.4.3 Wirkung auf Primärzuständigkeit

Es ist zu einer auffälligen Steigerung des materialen Lebensstandards gekommen. Die Möglichkeit der Partizipation am Konsum verallgemeinert sich zum Phänomen des Massenkonsums. Es eröffnen sich neue Bewegungsspielräume und Chancen bei Realisierung von Konsum- und Lebensstilen. Hinzu kommt der Zuwachs an Lebenszeit, in der keiner Erwerbstätigkeit nachgegangen werden muß. Die neue Freiheit wird nicht immer vom Subjekt gewollt. Die Rede von der Flexibilisierung pluraler Unterbeschäftigung ist durchaus ambivalent. Bei Beck (1983, 1986, 1994) wie auch bei anderen (Arbeitsgruppe Bielefelder Jugendforschung 1990) führen diese Fakten zu der These, die Individuen werden aus klassenkulturellen Milieus freigesetzt (a. a. O., S. 14). Dem möchte ich jetzt nicht widersprechen, und es soll auch nicht differenziert werden (vgl. Bertram 1991c, 1992a; Bertram/Dannenbeck 1990; Mayer 1991; Mayer/Blossfeld 1990). Wichtiger ist an dieser Stelle die Schlußfolgerung, diese gesellschaftsgeschichtliche Wandlung manipuliert mittelbar die Prozesse geschlechtsspezifischer Sozialisation. Daher ist sie hier als Bedingung von psychischer Mann- und Frauwerdung zu konzeptualisieren, präzise: sie interagiert mit der faktischen geschlechtsspezifischen Arbeitsteilung respektive Primärzuständigkeit.

Die Wechselwirkung mit dem Geschlechterverhältnis wird normalerweise nicht gesehen, eine männerspezifische Argumentation dominiert den Geschlechterdiskurs. Es wird behauptet, die genannten Veränderungen beträfen hauptsächlich die männlichen Individuen, mithin die Männerrolle in unserer Gesellschaft: Die prekäre Arbeitsmarktsituation sei kombiniert mit der kulturell gewachsenen Bedeutung der „Bereiche Freizeit, Nachbarschaft und Familie" (Brock, 1990, S. 113). Zudem seien die Anforderungen an Familienväter gestiegen, was im Zusammenhang mit einem modernen Verständnis von Partnerschaft und Kindererziehung stünde, welche *„die Hausarbeits-*

losigkeit des Mannes zu einem Familienpolitikum" machen würden (Beck, 1986, S. 127). Das ginge mit der sinkenden Anforderung an Männer einher, die ökonomische Reproduktion der Familie zu bewerkstelligen, weil die weibliche Erwerbstätigkeit im Kontext des gewandelten Geschlechterverhältnisses und des sich popularisierenden feministischen Bewußtseins zu einer kulturellen Selbstverständlichkeit geworden wäre; der Alleinernährer würde vom Haupternährer abgelöst. Dadurch relativiere sich die Wirkungsmächtigkeit der Berufsrolle im männlichen Lebenszusammenhang von einer weiteren Seite, währenddessen sie im weiblichen Lebenszusammenhang anstiege. Davon, daß sie nicht mehr so gebraucht würden, wie sie sein wollten, hätten die Männer noch gar nichts gemerkt. Sie empfänden vor allem Verlust, den Gewinn könnten sie nicht sehen. Ulrich Beck spöttelt über „die „erlittene" Emanzipation der Männer" (Beck, 1990b, S. 199). Hingegen leidet Walter Hollstein mit den Männern, ruft deshalb die „Krise des Mannes" (Hollstein 1991) aus und hält konsequentermaßen ein Plädoyer dafür, „Männlichkeit als ein sozialpädagogisches Problem" (Hollstein 1991b) wahrzunehmen.

Leider wird nicht gesehen: Die Relativierung von beruflicher Arbeit verkleinert die psychische Ambivalenz bei den heranwachsenden Jugendlichen beiderlei Geschlecht, die der Interrollenkonflikt reflexiv-modernisierter Geschlechtersozialisation induziert, insbesondere zu dem Zeitpunkt, zu dem in eine Familie eingemündet wird und die ersten Kinder zur Welt gebracht werden. Mithin betrifft der Umschlag vom Produktions- zum Konsumtionskapitalismus beide Geschlechter, und zwar obwohl es de facto die geschlechtsspezifische Primärzuständigkeit innerhalb der Familie gibt; allerdings ist es eine andere Faktizität als noch in der ersten Moderne. Denn durch die gesamtgesellschaftliche Relativierung von Arbeit wird für beide Geschlechter objektiv möglich, das zu machen, was sie subjektiv anstreben: ihre androgyne Geschlechtsidentität stärker zu verwirklichen. Dies wäre nämlich schwieriger und konfliktreicher, wenn die Berufsarbeit noch jenes Quantum der verfügbaren Lebens-, Jahres- und Tageszeit beanspruchte, das sie in der ersten Moderne okkupierte. Der gesamtgesellschaftliche subjektive und objektive Bedeutungsverlust der Berufsarbeit hat somit zur Konsequenz, für das männliche Individuum verringert sich der Zwang zum „Aushalten der Erwerbsarbeit" (Beck, 1990b, S. 200), die Androgynisierung des Mannes wird infolgedessen in der zweiten Moderne möglich. Im gleichen Atemzug reduziert sich das zeitliche Ausmaß, indem heutige weibliche Individuen psychophysische Reproduktion machen müssen. Denn die Männer arbeiten weniger und können sich dadurch stärker an der Hausarbeit und Kindererziehung beteiligen. Das vermeintliche Politikum der Hausarbeitslosigkeit des Mannes kann von der Bildfläche verschwinden, weil nun die Zeit vorhanden ist, Hausarbeit und Kindererziehung zu machen; daß dem so ist, habe ich bereits referiert. Ferner ist in Rechnung zu stellen, auch für Frauen ist die berufliche Arbeitszeit geringer geworden, handelt es sich doch bei der Veränderung arbeitsmarktspezifischer Vergesellschaftung um einen geschlechtsneutralen Vorgang. Infolgedessen muß die berufstätige Frau weniger Arbeitszeit verbrauchen: Der Konflikt zwischen familiärer und beruflicher Verpflichtung wird auch für weibliche Individuen abgeschwächt, zumal sie bei der Hausarbeit und Kindererziehung deutlich von ihren Partnern unterstützt werden und die Betreuungsmöglichkeiten für Kinder in den vergangenen vier Jahrzehnten auf jeden Fall besser geworden sind: die Gewalttätigkeit des Interrollenkonflikts reflexiv-modernisierter Geschlechtersozialisation wird gedämpft - das ist ein Gewinn für beide Geschlechter. Anders ausgedrückt: Der Prozeß männlicher Identitätsbildung ist von dem gesamtgesellschaftlichen Verschiebungen im Verhältnis von Produktion und Reproduktion nicht besonders betroffen. Denn der Zwang zur lebenslänglichen Berufsarbeit ist nur in der ersten Moderne der Kern der Männerrolle, der Zwang zur lebenslänglichen Hausarbeit und Kindererziehung ist nur in der ersten Moderne der Kern der Frauenrolle - die feministische Geschlechterbewegung hat gewirkt und sich institutionalisiert. Ergo gehen wir von androgynen Geschlechtsidentitäten aus.

Nur für den Fall, daß das Geschlechterverhältnis kein feministisches geworden wäre - das Gegenteil haben wir den geschlechterbewegten Menschen zu verdanken -, relativierte sich infolge der Genese der Erlebnisgesellschaft ausschließlich die herkömmliche Männerrolle. Die vergesellschafteten männlichen Individuen würden von den Sozialisatoren aufgefordert, sich nicht an der herkömmlichen Geschlechtsrolle zu orientieren, da die Bedeutung der Arbeit sich gesamtgesellschaftlich relativiert habe, das einfach-modernisierte Geschlechterverhältnis daher dysfunktional geworden sei. Sie sagten, deshalb müsse man nach sinnvollen und identitätstiftenden Lebensinhalten auch außerhalb der Arbeit suchen. Eine solche Botschaft modifizierte mittelbar die Geschlechtsrolle, weil die Sozialisationsinstanzen davor warnten, traditionaler Geschlechtlichkeit zu folgen, schließlich wäre sie objektiv nicht mehr lebbar. - Es fällt auf, der zeitgenössische Geschlechterdiskurs wird von Frauen und von Männern dominiert, die ihre primäre geschlechtsspezifische Sozialisation in der ersten Moderne hatten. Könnte es sein, daß sie ihre eigene Lebensproblematik unzulässig auch auf die neuen Kinder und Jugendlichen verallgemeinern? Man sieht ein weiteres Mal, geschlechtsspezifische Sozialisationsforschung ist etwas anderes als Männer- und Frauenforschung. Konkreter formuliert: Die heutigen Kinder und Jugendlichen haben zum einen die feministische Geschlechtsrolle verinnerlicht. Zum anderen sind sie bereits mit Vätern aufgewachsen, die ihnen gezeigt haben, wie mit dem objektiven Bedeutungsverlust von Arbeit produktiv umgegangen werden kann.

Familie und Freizeit gewinnen an Bedeutung, nicht nur weil es der Subjektivität der Individuen entspricht, sondern weil die gesellschaftliche Objektivität eine modifizierte Subjektivität erlaubt. Es ist plausibel anzunehmen, daß die lebensaltersmäßig vorgezogene Freisetzung aus der Berufsrolle die Geschlechtsrolle verändert, weil Mann und Beruf nicht mehr gleichgesetzt werden. Je jünger die Männer werden, die aus dem Beruf aussteigen, desto schwächer dürfte der Zusammenhang zwischen Männlichkeit und Beruf in den Köpfen der Menschen werden. Es ist zu vermuten, daß die Jugendlichen, bei denen der Vater frühzeitiger aus dem Erwerbsleben ausgeschieden ist als bei anderen, auch weniger stark Männlichkeit mit Berufstätigkeit verknüpfen. Der Mann der anderen Moderne tritt also als eine Person auf, die zwar noch stark durch die Arbeitsbelastung charakterisiert ist. Berufsarbeit ist aber nicht mehr das einzige, was ihm wichtig ist. Familie und Freizeit rangieren auf der Prioritätenliste an gleicher Stelle. Dies ist eine Sozialisationsbedingung, mit der sich beide Geschlechter auseinandersetzen müssen. Sie beobachten Doppel- und Dreifachbelastungen bei beiden Geschlechtern, die ertragen werden können. Die Hausarbeitslosigkeit des Mannes verschwindet genauso wie die Berufslosigkeit der Frau von der Bühne der Gesellschaftsgeschichte. Hiermit müssen sich heutige Kinder und Jugendliche auseinandersetzen. Sie machen es, indem sie eine feministische Geschlechtsidentität ausbilden. Diese ist konfrontiert mit einer arbeitsmarktspezifischen Vergesellschaftungslogik, die der Geschlechtsrolle inhaltlich widerspricht. Da sich die Arbeitsbelastung objektiv verringert hat, führt der Interrollenkonflikt der zweiten Moderne nicht zu identitätszerstörenden psychischen Ambivalenzen.

Es gibt also eine Reihe von immanenten Widersprüchen kapitalistischer Vergesellschaftung, mit denen sich alle westlichen Industrienationen - jenseits kultureller Spezifika - auseinandersetzen müssen (Raschke 1988). Sie führen nicht nur zur Wandlung der Produktion- und Konsumtionsstruktur, zu Individualisierungsschüben im Kontext der Auflösung klassenkultureller Verortung, sondern sie bedingen mittelbar gleichfalls die androgynisierte Geschlechtsidentität, weil sie objektiv möglich machen, sie zu leben. Dies wird nicht unmittelbar bewirkt, denn die Berufsrolle ist analytisch nicht Teil der Geschlechtsrolle. Anders gesprochen, die Modifikation von Berufsrolle wie auch die Veränderung im Verhältnis von produktiver und reproduktiver Sphäre, die zum Beispiel im Begriff „Erlebnisgesellschaft" bündelbar ist, betreffen die Gesamtheit der männlichen und weiblichen Individuen unabhängig von der Ausprägung der aktuellen Geschlechtsrolle, des Geschlechterverhältnisses.

Es erscheint nicht zwingend, daß Wandlung von Berufsrolle und Modifikation von Geschlechtsrolle parallel laufen. Eine Verselbständigung gesellschaftlicher Teilsysteme ist theoretisch vorstellbar. Es ist durchaus möglich, daß Berufsrolle und Geschlechtsrolle in einem dysfunktionalen Verhältnis stehen. Interrollenkonflikte sind eben für Gesellschaften in Modernisierung charakteristisch. Dessen ungeachtet, meine These ist, daß dieser Interrollenkonflikt in der zweiten Moderne infolge der veränderten arbeitsmarktspezifischen Vergesellschaftung, welche die geschlechtsspezifische Sozialisation begleitet, geringer ist als unter den arbeitsmarktspezifischen Bedingungen der ersten Moderne, wenn auch dort die androgyne Revolution geschehen wäre. Die konkreten Verhaltenserwartungen von Berufs- und Geschlechtsrolle streben nicht insoweit auseinander, als sie vom Subjekt nicht integriert werden könnten.

Im historischen Vergleich kann feststellt werden: Der strukturelle Antagonismus von Produktion und Reproduktion ist verringert worden. Er macht möglich, daß in der zweiten Moderne der Interrollenkonflikt der Geschlechtersozialisation ertragen werden kann. Mithin ist aus dem Leiden an der Geschlechterrolle ein Leiden an dem Interrollenkonflikt der reflexiv-modernisierten Geschlechtersozialisation geworden. Es ist also nicht die erste Moderne, die einen geschlechtersozialisatorischen Interrollenkonflikt induziert: Die These, es ist ein sozialgeschichtlich neues Phänomen, muß jedenfalls angesichts der hier geleisteten Argumentation zurückgewiesen werden. Richtig ist, daß die Berufsforschung sich dieses Problems kaum angenommen hat (Krüger/Born, 1990, S. 53f.), zumindest nicht mit Blick auf die Geschlechterproblematik in modernen Gesellschaften. Forschungslücke und historische Neuigkeit sind aber erfahrungsgemäß zwei Paar Schuhe. Das männliche und weibliche Leiden an der Geschlechtsrolle gehört zur ersten Moderne, in der zweiten Moderne dürften die Subjekte eher an der Überwindung dieser leiderzeugenden Struktur leiden, an dem Konflikt zwischen Berufs- und feministischer Geschlechtsrolle. Es kommt wegen der Unvereinbarkeit von Geschlechts- und Berufsidentität für die reflexiv-modernisierten Subjekte zu einer Ambivalenz, jedoch wird dieser strukturell induzierte Widerspruch durch die mit der Kategorie Erlebnisgesellschaft gebündelten sozialstrukturellen Phänomene wiederum vermindert. Einmal gewendet: Der Leidensdruck verschwindet und der Soziologe erkennt nun, die erste Moderne wäre durch einen leid- und schmerzhaften Interrollenkonflikt charakterisiert gewesen, wenn es dort nicht die normative Zuweisung zur geschlechtsspezifischen Arbeitsteilung gegeben hätte. Hingegen ist für die zweite Moderne zu konstatieren: Der durch die Unvereinbarkeit von Familien- und Berufsleben erzwungene geschlechtliche Interrollenkonflikt ist infolge der Veränderungen im Verhältnis von Freizeit und Arbeitszeit aushaltbar. In einer Gesellschaft mit einem hohem Maß an arbeitsfreier Zeit wird es möglich, Beruf und Familie in einer Weise zu vereinbaren, welche die permanente Überforderung der beteiligten Subjekte nicht erzwingt. Zwar ist dem männlichen wie dem weiblichen Lebenszusammenhang weiterhin die widersprüchliche gesellschaftliche Anforderung immanent, die sich widersprechenden Erwartungen der Teilsysteme Beruf, Familie, Freizeit miteinander in Übereinstimmung zu bringen. Aber dieses soziale Phänomen zieht nun nicht mehr - weder bei Mädchen noch bei Jungen - eine schwerwiegende Beziehungs- und Identitätsfalle nach sich. Denn infolge der reflexiven Modernisierung der gesellschaftlichen Produktions- und Konsumtionsstruktur ist in der Karriere- und Familienorientierung im Jugend- wie Erwachsenenalter kein gravierendes strukturelles psychisches Problem mehr zu sehen. Männliche und weibliche Individuen in der zweiten Moderne müssen und können die Mehrfachbelastung von Beruf, Familie und Freizeit integrieren - ohne hierbei Identitätsverlust zu erleiden. Das ist nicht immer einfach und mag auch manches Mal im ganz normalen Chaos der Liebe enden, bei dem sich die Geschlechter mit bewaffneter Ratlosigkeit gegenüberstehen. Der Krieg der Geschlechter ist aber nicht die Regel. Dies wäre er nur, wenn der Umschlag vom Produktions- zum Konsumtionskapitalismus nicht erfolgt wäre.

4.5 Pluralisierung

Die Bestimmung der äußeren Realität psychischer Mann- und Frauwerdung in der heutigen Bundesrepublik Deutschland ist um ein letztes zentrales Element zu erweitern, das als Pluralisierung bezeichnet werden kann. Wir treten somit in eine weitere wichtige gesellschafts- und sozialisationstheoretische Kontroverse ein. Meine These lautet: Die Kategorie der reflexiv-modernisierten Geschlechtersozialisation muß pluralisiert werden; es ist von Intrageschlechtsrollenkonflikten in der zweiten Moderne auszugehen, weil viele Geschlechtersozialisationen existieren, die in einem hierarchischen Verhältnis stehen. Diese Vielzahl betrifft das Insgesamt der Determinanten heutiger Mann- und Frauwerdung, die den Begriff der reflexiv-modernisierten Geschlechtersozialisation ausmachen: Individualisierung, reflexiv-modernisiertes Geschlechterverhältnis, Berufs- und Familienstruktur sowie Erlebnisgesellschaft. Mithin ist von einer differenten Nähe zur individualisierten Vergesellschaftungsform und zur feministischen Geschlechtsrolle und -identität auszugehen. Dadurch wirkt die arbeitsmarktspezifische Vergesellschaftungslogik auf besondere Weise und wird durch eine lebenslagenspezifische Erlebnisgesellschaft abgeschwächt und geprägt. Leider kann dieser Zusammenhang, sprich: die Kategorie der reflexiv-modernisierten Geschlechtersozialisation pluralisierter Machart beinahe nur auf der programmatischen Ebene abgehandelt werden. Mithin sind die folgenden Ausführungen mehr als Plädoyer für intensive Forschungsanstrengungen zu lesen. Mehr gibt der Stand der Forschung nicht her.

4.5.1 Eine Gesellschaft?

Es ist hochgradig umstritten, ob es angesichts der (reflexiven) Modernisierung gesellschaftlicher Lebensverhältnisse überhaupt möglich ist, im Sinne von empirisch gehaltvoll und wissenschaftlich fruchtbar, eine allgemeine Tendenz gesamtgesellschaftlicher Entwicklung zu bestimmen, wie es hier mit der Kategorie der reflexiv-modernisierten Geschlechtersozialisation exemplarisch exerziert worden ist. Die schlichte Gegenthese lautet: Das ginge nicht, weil es empirisch keine gesamtgesellschaftliche Tendenz gäbe, sondern von einer

Pluralisierung der Lebensverhältnisse ausgegangen werden müßte. Eine Prüfung von globalisierenden Hypothesen, die auf der theoretischen Annahme einer gesamtgesellschaftlichen Tendenz formuliert würden, sei wenig aussagekräftig, mithin Forschungsartefakt einer historizistischen Gesellschaftswissenschaft, die sich um den modischen Beifall „ihrer" Gesellschaft bemühe und die bereits frühzeitig von Popper (1979) vernichtend kritisiert worden sei (vgl. Mayer/Blossfeld, 1990, S. 316; Bertram, 1987, S. 3).

Indes, es könnte doch sein, daß die Existenz gesellschaftlicher Pluralisierungsphänomene nicht die soziologische Tatsache einer die pluralisierten Verhältnisse übergreifenden gesamtgesellschaftlichen Tendenz negiert. Anders gesagt, eine fruchtbare gesellschaftstheoretische Argumentation besteht doch gerade darin, das Verhältnis vom Allgemeinen und Besonderen, von gesamtgesellschaftlicher Tendenz und ihrer Pluralisierung im Kontext differenter, sprich: sozial ungleicher und in sich homogener Lebenslagen auszuarbeiten. Für ein solches Vorgehen spricht meines Erachtens nicht zuletzt die Kategorie der kulturellen Hegemonie, wie sie von Antonio Gramsci (1967, S. 405ff.; vgl. auch Büchner, 1983, S. 207f.) erarbeitet worden ist. Mit dieser Kategorie wird darauf aufmerksam gemacht, politische Herrschaft beruht nicht nur auf Zwang, sie beruht zudem auf kultureller Hegemonie - auf kultureller Meinungsführerschaft, pflegt man heute zu sagen: auf freiwilliger Zustimmung, die durch vielfältige ideologische Beeinflussung hergestellt wird. Der Mechanismus, mit dem kulturelle Hegemonie erlangt wird, besteht grundsätzlich darin, daß Sonderinteressen von bestimmten gesellschaftlichen Gruppen zu vermeintlichen Allgemeininteressen, denen sich andere gesellschaftliche Gruppen anpassen müssen, transformiert werden. Oder mit den Worten von Karl Marx und Friedrich Engels: „Die Gedanken der herrschenden Klasse sind in jeder Epoche die herrschenden Gedanken, d. h. die Klasse, welche die herrschende *materielle* Macht der Gesellschaft ist, ist zugleich ihre herrschende geistige Macht" (Marx/Engels, 1958, S. 46). Und diese herrschenden Gedanken, namentlich die feministische Geschlechtsrolle, nehmen die „Form der Allgemeinheit" (a. a. O., S. 47) an, denn: „Jede neue Klasse nämlich, die sich an die Stelle einer vor ihr herrschenden setzt, ist genötigt, schon um ihren Zweck durchzuführen, ihr Interesse als das gemeinschaftliche Interesse aller Mitglieder der Gesellschaft auszudrücken, d. h. ideell ausgedrückt: ihren Gedanken die Form der Allgemeinheit zu geben, sie als die einzig vernünftigen, allgemein gültigen darzustellen" (ebd.). Schließlich läßt sich auch das Lebenswerk von Norbert Elias (1976a, b, 1991) argumentativ für die These der kulturellen Hegemonie ins Feld führen, geht es in ihm gleichfalls darum aufzuzeigen, welche Sogwirkung die Lebenspraxis gesellschaftlicher Eliten in gesamtgesellschaftlicher Perspektive hat. Und die gesellschaftliche Elite gibt sich, was das Geschlechterverhältnis angeht, feministisch, mithin erzwingt sie die androgyne Geschlechtlichkeit als das einzig wahre. Dadurch induziert sie das Konfliktfeld der reflexiv-modernisierten Geschlechtersozialisation.

Wird der Argumentationsfigur der kulturellen Hegemonie gefolgt, so muß die These aufgestellt werden: Es existiert eine Pluralität androgynisierter Geschlechtsrolle respektive reflexiv-modernisierter Geschlechtersozialisationen. Diese unterschiedlichen Mann- und Frauwerdungen - und hierin besteht die Verbindung von Allgemeinem und Besonderem respektive die Konstitution einer Konfiguration namens Gesellschaft - sind an dem Idealtypus der androgynen Geschlechterrolle und -identität orientiert; denn er determiniert die geschlechtsspezifische Vergesellschaftung in der zweiten Moderne maßgeblich, man kann auch sagen: unmittelbar. In Verbindung mit den genannten mittelbaren Determinanten geschlechtsspezifischer Sozialisation entsteht auf diesem Weg das Interrollenkonfliktfeld der reflexiv-modernisierten Geschlechtersozialisation. Mit anderen Worten: Die hypothetische empirische Pluralität von Geschlechtsrollen und Geschlechterverhältnissen ist Ausdruck sozial ungleicher Lebenslagen, die in einem hierarchischen Verhältnis stehen. Das heißt: Es gibt Feinabstufungen androgynisierter Geschlechterrollen, die trotzdem - empirisch wie theoretisch - keine Überlappungen mit einer Geschlechterrolle aufweisen, wie sie für die Phase einfacher Modernisierung von Gesellschaft typisch war, auch wenn sie manchmal hieran erinnern mögen; sie haben mit ihnen nichts zu tun, weil sie unter der Bedingung der reflexiv- und nicht der einfach-modernisierten Moderne erwartet werden. Mithin ist diese spezifische Geschlechtsrolle nur im Kontext einer Gesellschaft zu verstehen, die bei aller Rücksicht auf pluralistische Tendenzen ihre Individuen allgemein vergesellschaftet: unter der normativen Vorgabe des zur Institution geronnenen feministischen Bewußtseins.

Das soeben erarbeitete hierarchische Gesellschaftsmodell ist mit der Theorie reflexiver Modernisierung metatheoretisch kompatibel, die hier mit Bezug auf Beck ausgeführt worden ist (vgl. Hoffmann, 1995, S.560ff.). Dort steht das Individualisierungstheorem im Mittelpunkt der Argumentation; indes ist es mit der Behauptung sozialstruktureller Ungleichheit kompatibel: „Die Herkunft als Bestimmungsfaktor für die Zuweisung sozial ungleicher Chancen bleibt in Geltung" (Beck, 1986, S. 141). Und 1983 schreibt derselbe Autor: „Etwas pauschal kann man dies (die Soziologie sozialer Ungleichheit; B. H.) dahingehend zusammenfassen, daß die Kinder der Eltern, die sich vor 30 Jahren in dem unteren Drittel der Einkommens-, Macht-, Bildungs- und Prestigehierachie befanden, sich auch heute noch in der überwiegenden Mehrzahl der Fälle in dem unteren Drittel der Einkommens-, Macht-, Bildungs- und Prestigehierarchie befinden" (Beck, 1983, S. 35). An dieser Auffassung hat Beck bis 1994 (vgl. S.43) nichts geändert. Diese Aussage, die eine Konstanz sozialer Ungleichheitsphänomene behauptet, ist empirisch gehaltvoll. Das zeigt nicht nur das Familiensurvey des Deutschen Jugendinstituts unter der Leitung von Hans Bertram (insbesondere Bertram 1991c): „Man kann also die These formulieren, daß für junge Männer und Frauen die Bedeutung der sozialen Herkunft für den erreichten Bildungsabschluß bei jenen Fällen zugenommen hat, bei denen schon die Eltern einen hohen Bildungsabschluß erreicht hatten, während sich der Zusammenhang in jenen Fällen, bei denen die Eltern über Hauptschulabschluß verfügen, gelockert hat" (Bertram, 1991c, S. 248). Berücksichtigt man, daß die Bedeutung des Hauptschulabschlusses gesamtgesellschaftlich nachgelassen hat, so kann man wohl zu dem Beckschen Schluß kommen, daß sich die Relationen sozialer Ungleichheit nicht, jedoch das Niveau, auf dem sie sich einstellt, geändert hat. Dieselbe Tendenz präsentiert das Forschungsprojekt zur sozialen Ungleichheit am Max-Planck-Institut für Bildungsforschung. Es handelt sich um eine Lebensverlaufsstudie, die sich mit dem Projektleiter Mayer (Mayer 1991) gut zusammenfassen läßt[31]:

„Der Zusammenhang zwischen der sozialen Herkunft und dem erreichten Bildungsniveau (gemessen als kombinierte Skala von Allgemeinbildung und beruflicher Bildung) ist am stärksten für die jüngste Kohorte und am schwächsten für die mittlere Kohorte. Entgegen weitverbreiteten Erwartungen führte die Bildungsexpansion der sechziger Jahre also nicht zu einem geringeren, sondern zu einem stärkeren Einfluß des Elternhauses: Die Chancenungleichheit im Zugang zu Bildung nach sozialer Herkunft nimmt bei den Männern eher zu und nicht ab. Bei unseren kleinen Stichproben werden diese Unterschiede allerdings nicht signifikant, so daß konservativ zumindest von einer Stabilität der Ungleichheit der Bildungschancen nach Herkunft ausgegangen werden muß. Der Zusammenhang zwischen dem erreichten Bildungsniveau und dem ersten Beruf folgt einem ähnlichen Muster. Er ist am schwächsten in der mittleren Kohorte. Insgesamt wird der Status beim Berufseinstieg um so besser durch Herkunft und Bildung voraussagbar, je jünger die Kohorte ist. Der soziale Selektionsprozeß in der Phase bis zum Berufseintritt ist also rigider geworden.
In besonders starker Weise hat sich aber auch die Statuskontinuität im frühen Verlauf der Berufskarriere erhöht. ... In einem zunehmendem Maße ist also der für die meisten im Alter 30 auf Dauer festgelegte Status bereits mit dem Berufseinstieg vorgezeichnet. Der „Aufzug-Effekt" eines voll entwickelten Bildungssystems - d. h. eine stärkere Verlegung der Selektionsphase in die Ausbildung - wird also nicht kompensiert durch eine größere Offenheit der Karrierechancen, sondern vielmehr noch verstärkt durch eine engere Beziehung zwischen dem Status des ersten Berufes und dem Status des Berufes im Alter von 30 Jahren" (Mayer, 1991, S. 674).

Diese Diskussion beendend sei noch auf die längsschnittlich angelegte Studie von Jürgen Mansel (1993) verwiesen[32]. Denn als Ergebnis ist zu vermerken, daß der „Statuszuweisungsprozeß zwischen Elterngeneration - Bildungswesen - Berufshierarchie und Berufskarriere (...) nicht offener geworden ist"

---

[31] Die folgenden Kohorten sind miteinander verglichen worden: 1929-1931, 1939-1941, 1949-1951. Erhebungszeitpunkt war 1981/82. „Wir erwarten ..., daß die ... (genannten; B. H.) Tendenzen einer stärkeren Verkrustung und Rigidität sozialer Ungleichheiten eher noch zunehmen werden" (a. a. O., S. 684).

[32] Es handelt sich um eine schriftliche Befragung der Eltern von 147 Schülern, die 1982 eingeschult worden sind. 1991 wird der zu diesem Zeitpunkt besuchte Schultyp ermittelt. Gefragt wird nach den Arbeitsbedingungen und dem Erziehungsverhalten. Diese Faktoren werden um soziostrukturelle Daten erweitert. Der Kontext wird durch das Projekt „Auswirkungen der Arbeitsbedingungen auf die familiale Erziehungssituation" gebildet (vgl. ausführlich Mansel 1986).

(Mansel, 1993, S. 38). Die ausschlaggebenden Variablen für den „Kreis ...
der intergenerationalen Reproduktion sozialer Ungleichheit" (a. a. O., S. 55)
sind die „Art der beruflichen Tätigkeit, die vorgefundenen Bedingungen am
Arbeitsplatz und die Erfahrungen im Rahmen der Berufsausübung und daraus
resultierender Erziehungshaltungen und -verhaltensweisen" (a. a. O., S. 54).
Sie führen dazu, „daß über Generationen hinweg Kinder sozial „in die Fußstapfen ihrer Eltern treten" und im Rahmen ihrer beruflichen Karriere meist
eine ähnliche soziale Position wie ihre Eltern erreichen" (ebd.).

Was Beck auch immer meinen mag, meine These ist, daß wir es mit einem neuen Vergesellschaftungsmodus zu tun haben, der sich im Individualisierungstheorem begrifflich bündeln läßt. Zum anderen ist weiterhin von einer
sozialen Ungleichheit auszugehen, die sich im Kontext einer Gesellschaft ausbildet, eine Annahme, die von der Individualisierungsthese in keiner Weise
negiert wird. Zumindest ist das die Betrachtungsweise, die hier gewählt wird,
wobei die konkreten sozialisatorischen Folgen noch zu diskutieren sind. Anders gesagt, expliziert man die Theorie reflexiver Modernisierung und spitzt
sie dadurch auf die Behauptung eines Individualisierungsschubes im Sinne
einer fundamentalen Modifikation des maßgeblichen allgemeinen Vergesellschaftungsmodus zu, so gelangt man nicht zu der Interpretation von Beck u.
a., sie würden die Auflösung pluralisierter und hierarchischer Lebensverhältnisse behaupten; und man ist auch nicht gezwungen, die Existenz gesamtgesellschaftlicher Tendenzen zu negieren, welche die differenten Lebensverhältnisse miteinander verbinden, mithin wird die Genese einer tribunalistischen
Soziologie verhindert.

4.5.2 Pluralisierung versus Individualität

Zwar geht mit der Theorie reflexiver Modernisierung das Pluralisierungs-
theorem einher, und Beck erzeugt nicht selten den Eindruck, aus dem
Individualisierungsschub folge ein Pluralisierungsschub. Aber bei einer
distanzierten Betrachtung wird deutlich, von Beck selbst ist der gesellschaftliche Tatbestand, der als Pluralisierung gesamtgesellschaftlicher Tendenzen beschrieben werden kann, nicht weiter ausgeführt worden. Bei ihm erfährt man
nicht, wie es zu einer Vielzahl homogener Lebenslagen unter der Bedingung
reflexiv-modernisierter Lebensverhältnisse kommt. Er hat selbst keinen theoretischen Vorschlag gemacht, wie sich in der heutigen Bundesrepublik homogene Lebensverhältnisse konstituieren. Er hat hinsichtlich dieses Aspektes
nicht mehr, aber auch nicht weniger als eine Antithese zu Weber und Marx
formuliert, zur zeitgenössischen Ungleichheitsforschung (vgl. Hradil, 1992, S.
18). Das heißt, es handelt sich weniger um eine Theorie als um ein Plädoyer,
bei dem die These vom ausgeschlossenen Dritten ausgeführt und mit empirischen Versatzstücken angereichert wird: Ein Kapitalismus ohne klassische

Klassen und Schichten sei vorstellbar; bei diesem erfolge die klassen- oder schichtenspezifische Vergesellschaftung vor dem Hintergrund des dominanten individualisierenden Vergesellschaftungsmodus (vgl. Beck, 1986, S. 130-139). Wie die Pluralität individualisiert-homogenisierter Vergesellschaftung jedoch konkret aussieht, darüber erfährt man bei Beck nichts, hierzu fehlt das begriffliche Instrumentarium. Zur Bestimmung der ungleichen Lebenslagen in der reflexiv-modernisierten Gesellschaft und ihrem Zusammenhang mit der geschlechtsspezifischen Vergesellschaftung muß also auf andere sozialwissenschaftliche Traditionen zurückgegriffen werden.

Im Windschatten der Beckschen Thesen, Theoreme und Ideologeme sind eine Reihe von Vorschlägen entstanden, die sich um das Problem der Bestimmung einer Pluralität homogener Lebensverhältnisse in der aktuellen Bundesrepublik Deutschland kümmern, um eine Explikation von Pluralisierung vor dem Hintergrund reflexiv-modernisierter Lebensverhältnisse (vgl. Berger / Hradil 1990). Allerdings bleibt diesen Versuchen eine grundsätzliche Schwäche gemeinsam, die entscheidend ist. Allesamt scheitern sie an der Aufgabe, die historisch neuartige Qualität von Pluralisierung zu bestimmen. In ihrer Gänze suggerieren sie, die erste Moderne sei eine homogenisierte Gesellschaft gewesen. Faktum ist aber, daß die Erforschung sozial ungleicher Lebensverhältnisse eines der traditionsreichsten Forschungsgebiete der Soziologie ist. In der Sozialisationsforschung firmierte dieser sozialwissenschaftliche Zweig lange Zeit unter der Überschrift „Klassen- und schichtenspezifische Ansätze in der Sozialisationsforschung" (vgl. Steinkamp 1980). Mittlerweile präferiert man den Namen „Sozialstrukturelle Sozialisationsforschung" (vgl. Steinkamp 1991).

Es ist festzuhalten: Pluralisierung der Lebensverhältnisse ist kein neuartiges gesellschaftsgeschichtliches Phänomen, das erst mit der reflexiven Modernisierung die gesellschaftliche Bühne betreten hätte. Mit anderen Worten: „Wir behaupten, daß eines der in Frage stehenden spezifischen Merkmale die Pluralität der Lebenswelten ist, in der der Mensch in einer modernen Gesellschaft typischerweise lebt" (Berger u. a., 1987, S. 59). Dieses Faktum der Pluralisierung, das die erste und die zweite Moderne qualitativ verbindet, erzwingt, die These von Berger/Hradil[33] zurückzuweisen: „Verfeinerte Meßmethoden, differenzierte Kategorien, mehrdimensionale Konzepte, neue Sensibilitäten und veränderte Wahrnehmungsraster zeichnen auch ein anderes, u. U. „bunteres" und „farbigeres" Bild vergangener gesellschaftlicher Verhältnisse: Das „Neue" an den „neuen" Ungleichheiten wären dann nicht so sehr diese selbst, sondern die erhöhte Aufmerksamkeit, die sie finden - und ein solcher Bedeutungsgewinn könnte dann nicht ohne weiteres und „direkt" aus „objektiven" Veränderungen erklärt werden ... Patentlösungen für solche und verwandte Probleme einer historisch orientierten Sozialstrukturforschung, die

---

[33] Peter A. Berger und Peter L. Berger sollten nicht verwechselt werden.

ja immer mit „objektiven" Wandlungsprozessen und Bedeutungsver-schiebungen zugleich zu rechnen hat ..., werden sich allerdings kaum finden lassen" (Berger/Hradil, 1990, S. 12). Es liegt eine offensichtlich und gleich-sam mißlungene Form der Kritikimmunisierung vor. Die Verhältnisse im Stadium einfacher Modernisierung erscheinen nicht nur differenzierter, sie sind pluralisiert und differenziert gewesen. Das ist empirisch fundiertes sozio-logisches Wissen (vgl. Dahrendorf 1965; Bertram/Dannenbeck, 1990, S. 216f.). Das heißt für unseren Zusammenhang, die Pluralisierung der Ge-schlechtersozialisation als solche, mithin die hypothetische Existenz von ge-schlechtsspezifischen Sozialisationen ist kein historisch neues Phänomen.

Aus dem Gesagten geht nicht hervor, es habe sich nichts verändert. Be-hauptet wird, daß die neue Qualität aktueller Geschlechtersozialisation nicht so leicht zu bestimmen ist: die traditionellen Konzepte zur Bestimmung der sozial ungleichen Verhältnisse haben nicht ausgereicht. Der Soziologie wie Sozialisationsforschung ist nicht gelungen, die sozial ungleichen Lebensver-hältnisse der fünfziger und sechziger Jahre theoretisch wie empirisch mit einer Präzision zu bestimmen, die als ausreichend zu akzeptieren wäre (vgl. insbesondere Bertram 1981; zusammenfassend Steinkamp 1991). Zumindest gilt diese Aussage für den Versuch, sozioökonomisch homogene Lebenslagen zu bestimmen und mit dazu passenden Mentalitätsstrukturen systematisch zu korrelieren (Bertram/Dannenbeck 1990). Umstritten ist nicht die Existenz sozial ungleicher Lebenslagen, also von pluralisierten und hierachisierten Lebensverhältnissen. Ebenfalls besteht Übereinstimmung in der Hinsicht, daß soziale Ungleichheitsstrukturen im Sozialisationsprozeß tradiert und herge-stellt werden. Das ist die unhintergehbare Annahme sozialstruktureller Soziali-sations- wie soziologischer Ungleichheitsforschung (vgl. Geulen, 1991, S. 39; Steinkamp, 1991, S. 270). Kontrovers diskutiert wird das „wie" dieses Prozesses.

Mittlerweile entsteht bei der Rezeption der sozialen Ungleichheitsfor-schung jedoch der Eindruck, daß vor lauter akademischer Lust an der Diffe-renzierung das Wesentliche verlorengeht, nämlich die soziale Tatsache, daß soziale Ungleichheit sozialisatorisch reproduziert wird. Anders ausgedrückt: Jeder Typologisierungsversuch stößt dort an seine Grenzen, wo die menschli-che Individualität Gegenstand der Untersuchung ist. Kritisiert man typo-logisierende Modelle, weil sie dem Phänomen der Individualität nicht gerecht werden, so verfehlt die Kritik das Diskussionsthema. Es scheint, als ob die aktuelle Pluralisierungsdebatte diesem Fehler verfallen ist: Sie rekurriert im-plizit auf Individualität, wo sie von Pluralisierung spricht. Sicherlich sind ma-krostrukturelle Modifikationen im Kontext wohlfahrtsstaatlicher Modernisie-rung zu berücksichtigen, welche die klassische Schichtungsstruktur durchein-ander wirbeln, weil es zu höchst umfangreichen und unterschiedlichen staatli-chen Transferleistungen kommt. Ebenfalls zu beobachten sind „die unglei-chen Startchancen für Jugendliche und junge Erwachsene der geburtenstarken

Jahrgänge gegenüber den älteren Alterskohorten, die ungleich besseren Arbeitsmarktbedingungen in den urbanen Zentren Süddeutschlands gegenüber denjenigen Norddeutschlands, das Auseinanderdriften der Alterssicherung zwischen bestimmten Bevölkerungsgruppen, die ungleiche Versorgung mit Infrastruktureinrichtungen in städtischen und ländlichen Regionen" (Bertram/Dannenbeck, 1990, S. 207), die nicht ohne weiteres in das Schichtungsparadigma der Ungleichheitsforschung einzufügen sind. Aber diese differenzierte Betrachtung sollte sich nicht in der These verlieren, alle Menschen befänden sich in einer individuellen Lage. Das ist zwar richtig, aber auch wissenschaftlich höchst unfruchtbar. Denn die Empirie zeigt, die Reproduktion sozialer Ungleichheit folgt Gesetzmäßigkeiten, die Typologisierungen nahelegen. Kurz, wird hier von Pluralisierung geredet, so ist nicht die Individualität sozialer Lagen, sondern es sind die sozial ungleichen Lebensverhältnisse gemeint. Sie müßten sich typologisieren lassen, und zwar ohne die Unterstellung, das sei die Wirklichkeit. Es wäre ein Modell der Wirklichkeit, mit dem Tendenzen idealtypisch stilisiert werden, damit man den Wald vor lauter Bäumen sieht.

Man kann also sagen, bei der Bestimmung der Charakteristik pluralisierter Lebensverhältnisse ist zu beachten, daß Pluralisierung kein neues historisches Phänomen ist. Von einer historisch besonderen Qualität dürfte jedoch sein, daß die androgynisierte Geschlechtsrolle und damit die reflexivmodernisierte Geschlechtersozialisation in pluralisierter Form auftritt. Der Idealtypus, der eine gesamtgesellschaftliche Tendenz auf den Begriff bringt, ist mithin um die Idealtypen zu erweitern, welche die lebenslagenspezifische Ausprägung dieses Idealtypus auf den Begriff bringen. Es wird somit die schlichte Behauptung aufgestellt, die sich empirisch bewähren muß: Es gibt eine sozialgeschichtlich neuartige Pluralisierung des Geschlechterverhältnis und damit von Geschlechtersozialisation, weil die androgynisierte Geschlechtsrolle genauso ein soziohistorisch neues Phänomen ist wie der Tatbestand, daß dies im Kontext reflexiver Modernisierung gesamtgesellschaftlicher Verhältnisse geschieht.

Es liegt forschungsmethodisch nahe, an die klassischen Bestimmungen der sozialstrukturellen Gliederung modernisierter Gesellschaften anzuknüpfen, um eine sozialstrukturell adäquate und differenzierte Deskription von geschlechtsspezifischer Sozialisation zu erhalten. Die Hypothese, die man als Integration der sozialstrukturellen in die geschlechtsspezifische Sozialisationsforschung begreifen kann, lautet: Die individuelle Annäherung an den Idealtypus androgynisierte Geschlechtsidentität im Kontext der kulturellen Hegemonie des reflexiv-modernisierten Geschlechterverhältnis wird variiert durch die typisierbare Stellung im System gesellschaftlicher Ungleichheit. Mit dieser Hypothese ist darauf verwiesen, daß hier der sozialstrukturellen Sozialisationsforschung gefolgt wird, um die soziologische Dimension einer

Theorie geschlechtsspezifischer Sozialisation in der zweiten Moderne ein weiteres Mal zu differenzieren.

4.5.3 Schichtenspezifische Geschlechtlichkeit

Die sozialstrukturelle Sozialisationsforschung geht davon aus, daß die Verteilung von Macht, Einfluß, Prestige, Einkommen, Besitz und Bildung in einer Gesellschaft mittelbare und teilweise unmittelbare Auswirkungen auf den Sozialisationsprozeß hat. Denn diese Diversifikation knapper und begehrter Güter bestimmt in erheblichem Maß, wie die sozialen und materiellen Lebensbedingungen sind, mit denen sich Menschen auseinanderzusetzen haben (Hurrelmann, 1993, S. 107). Problem dieses Ansatzes innerhalb der Sozialisationsforschung im Zusammenhang mit unserer Fragestellung ist, sein Forschungsprogramm ist vor allem auf die erfahrungswissenschaftliche Analyse der Prozesse fixiert, welche „die sozial ungleichen Entwicklungs-, Bildungs- und Berufschance bewirken und damit zur beständigen Reproduktion gesellschaftlicher Ungleichheitsstrukturen beitragen" (Steinkamp, 1991, S. 252). Daher ist die Frage nicht in das Blickfeld gerückt, inwieweit die bestehende Sozialstruktur nicht nur die Ursache der Reproduktion der gesellschaftlichen Schichtenstruktur ist, sondern darüber hinaus - möglicherweise auch damit zusammenhängend - als Ursache differierender Geschlechtsrollen und Geschlechtsidentitäten in Frage kommt, einer Varianz, die regelmäßig von der hier wiedergegebenen empirischen Sozialforschung gemeldet wird. Diese Variabilität empirischer Geschlechtlichkeit muß eine Ursache haben. An dieser Stelle wird ausschließlich nach soziologischen Gründen gesucht.

Es ist nicht so, daß die Variable Geschlecht in den neueren Konzepten der sozialstrukturellen Sozialisationsforschung oder den Konzepten zur Analyse sozialer Ungleichheit nicht berücksichtigt wird. Ganz im Gegenteil, es sind verstärkt Versuche zu beobachten, die von dem Bemühen getragen sind, die alte Kontroverse um „Haupt- und Nebenwidersprüche" fruchtbar zu synthetisieren (vgl. Frerichs/Steinrücke 1993; Kreckel 1992). Die soziale Ungleichheitsforschung stellt sich dem Vorwurf der Frauenforschung innerhalb der sozialen Ungleichheitsforschung, „daß Frauen in der Mobilitäts- und Schichtungsforschung überhaupt nicht oder nicht angemessen berücksichtigt werden würden" (Handl, 1993, S. 13). Gefragt wird dennoch nicht, welche Auswirkung die Sozialstruktur auf die Verarbeitung der Tatsache hat, daß es zwei Geschlechter gibt, inwieweit es also schichtenspezifische Geschlechtsidentitäten gibt und wie diese aussehen könnten. Das ist nicht zu lamentieren, sondern in die Schlußfolgerung zu überführen: Für die schichtenspezifische und die geschlechtsspezifische Sozialisationsforschung sind unterschiedliche Frage- und Problemstellungen konstitutiv. Wechselseitige Befruchtungen werden nicht ausgeschlossen. Aber es ist und bleibt ein Unterschied, ob nach der psychischen Mann- und Frauwerdung gefragt wird oder ob die Problemstellung „Reproduktion sozialer Ungleichheit" lautet. Das Explanandum der geschlechtsspezifischen Sozialisationsforschung ist die Genese von Geschlechtsidentität in subjektiver Auseinandersetzung mit dem Geschlechterverhältnis als unmittelbarer und darüber hinaus mit anderen mittelbaren Determinanten psychischer Mann- und Frauwerdung. Die theoretischen Fragmente sozialstruktureller Sozialisationsforschung fungieren dabei als Explanans, als unabhängige Variablen. Bei der sozialstrukturellen Sozialisationsforschung ist das Verhältnis umgekehrt. Die Geschlechtsidentität ist nicht Explanandum, sondern *eine* unabhängige Variable, mit der ein Teil der Varianz sozialer Ungleichheit und ihrer sozialisatorischen Reproduktion erklärt werden kann. Eine Theorie geschlechtsspezifischer Sozialisation, die nur die Kategorie Geschlechterverhältnis verwendet, greift zu kurz, weil sie die sozialstrukturelle Dimension negiert, welche die Geschlechtersozialisation pluralisiert. Allerdings greift die sozialstrukturelle Sozialisationsforschung gleichfalls zu kurz, wenn sie sich bei der Untersuchung der Reproduktion sozialer Ungleichheit nur am Kapital- und nicht auch am Geschlechterverhältnis orientiert. Geschlechtsspezifisch und sozialstrukturelle Sozialisationsforschung sind aufeinander verwiesen, obwohl sie divergente Fragestellungen verfolgen - zum einen die Genese von Geschlechtlichkeit, zum anderen die Genese von sozialer Ungleichheit.

Mit Sozialstruktur wird die zu einem bestimmten historischen Zeitpunkt gegebene Verteilung der Bevölkerung auf soziale Positionen bezeichnet (Blau, 1978, S. 204). Diese Verteilung beschreibt man als „ursächliche Komponente ihrer Lebenschancen" (Weber, 1980, S. 531). Diese unterschiedlichen Lebenschancen sind „Möglichkeiten des individuellen Wachstums, der Realisierung von Fähigkeiten, Wünschen und Hoffnungen" (Dahrendorf, 1979, S. 50; zit. n. Steinkamp, 1991, S. 251). Typologisiert man die Sozialstruktur, so kommt man zu der Aussage: Auf einer gesellschaftlichen Position respektive einem annähernd homogenen Positionsbündel ist die Geschlechtsrolle identisch. Es müßten annähernd identische Geschlechtersozialisationen passieren.

Die Struktur sozialer Ungleichheit ist nur eine Strukturdimension moderner Gesellschaften. Es ist das Charakteristikum der traditionellen schichtenspezifischen Sozialisationsforschung, den Zusammenhang zwischen sozialer Ungleichheitsstruktur und familialer Sozialisation zu untersuchen. Ihre Grundannahme (der hier gefolgt wird), mit der der Zusammenhang zwischen Schichtzugehörigkeit, familialer Sozialisation, kindlicher Persönlichkeitsentwicklung, Schul- und Berufserfolg hergestellt wird, ist die eines Zirkelmodells (vgl. Rolff 1969). Dieses unterstellt folgende Kausalität: Mit abnehmender Stellung einer Familie in der Erwerbsstruktur ist diese in ihrer Wirkung sich kumulativ verstärkenden ökonomischen, sozialen und kulturellen Benachteiligungen und Belastungen ausgesetzt. Diese strukturieren die in der Familie ablaufenden Sozialisationsprozesse derart, daß eine optimale Entwicklung solcher kognitiver, motivationaler und sprachlicher Kompetenzen der Kinder zunehmend unwahrscheinlicher wird, die für den Schulerfolg in der reflexiv-modernisierten Gesellschaft entscheidend sind. Das System der Schule kompensiert diese sozialisatorischen Defizite nicht, es verstärkt sie eher noch. Damit werden die Weichen so gestellt, daß in eine Berufsposition respektive gesellschaftliche Stellung eingemündet wird, die der väterlichen sehr ähnlich ist (Steinkamp, 1991, S. 252).

Es ist zu vermuten, daß dieser Zusammenhang gleichfalls die geschlechtsspezifische Sozialisation betrifft, bei der die Geschlechtsidentität als abhängige Variable auftritt. Diese schichtenspezifische Geschlechtsidentität dürfte im interaktiven Zusammenhang mit den anderen genannten Persönlichkeitsvariablen die Reproduktion sozialer Ungleichheit unterstützen. Hier ist nur von Interesse: Die schichtenspezifische Geschlechtsidentität tritt den Heranwachsenden in Form der schichtenspezifischen Geschlechtsrolle gegenüber. Die empirischen Untersuchungen zu diesem Punkt lassen sich insoweit zusammenfassend interpretieren, als die Annäherung an die androgynisierte Geschlechtsrolle um so geringer ist, desto niedriger die Stellung im gesellschaftlichen Schichtensystem ist (vgl. hier 4.2.2.2).

Es gibt eine kaum zu übersehende Anzahl von empirischen Untersuchungen, die der empirischen Haltbarkeit des Zirkelmodells gewidmet sind. Eine Vielzahl von Sammelreferaten hat deren Bewertung zum Gegenstand. Diese Überblicksartikel machen darauf aufmerksam, daß die Vergleichbarkeit der Studien durch konzeptionelle und methodische Besonderheiten und Schwächen stark eingeschränkt ist (z. B. Bertram 1981). Resümierend läßt sich dessen ungeachtet festhalten: Die Beziehungen zwischen der unterschiedlich operationalisierten Schichtenvariablen und den untersuchten Dimensionen familialer Sozialisation sind konsistent, wenngleich sie ein „erhebliches Maß schichtinterner Varianz" (Steinkamp, 1991, S. 254) aufweisen. Die Varianzaufklärung durch die Schichtenvariable liegt regelmäßig unterhalb eines Niveaus (unter zehn Prozent), das eine schichtenspezifische Theoriebildung erzwänge (auch Gecas, 1979, S. 377). Weiterhin ist problematisch, daß es sich bei dem Zirkelmodell um ein drei Ebenen umfassendes Modell handelt: Schicht - Sozialisation - Persönlichkeitsentwicklung. Es wird in der traditionellen schichtenspezifischen Sozialisationsforschung indes nie der Zusammenhang der drei Ebenen untersucht. In der Regel wird der Zusammenhang zwischen der ersten und der zweiten Ebene untersucht. Die dritte wird mit anderen Studien post-hoc verknüpft. Eine Bestätigung für ein Drei-Ebenen-Modell kann so nicht erreicht werden (Bertram, 1982, S. 38).

Indessen, im vorliegenden Zusammenhang ist bedeutsamer, daß die theoretische Modellierung sozialer Ungleichheit nur bedingt überzeugen kann. Es handelt sich um recht globale und willkürlich gewählte Schichtungsmerkmale,

274

die kaum theoretisch begründet sind (Steinkamp, 1991, S. 258), wenngleich sie sich oft auf komplexe gesellschaftstheoretische Modelle beziehen (vgl. Bertram, 1981, S. 17ff.). Damit kommt es in der Forschungspraxis zu einem „doppelt reduzierten Verständnis von Sozialstruktur" (Steinkamp, 1991, S. 259). Theoretisch fixiert man nur die Erwerbsstruktur als Indikator sozialer Ungleichheit. Diese eindimensionale Betrachtung wird dadurch verstärkt, daß die Erwerbsstruktur beinahe ausschließlich durch die Hierarchisierung der Berufsstruktur erfaßt wird, was sich vor allem bei den Berufs-Prestige-Indizes zeigt, die in eine mehr oder minder willkürliche Reihenfolge gebracht werden. Das theoretische Konzept selbst ist ein wenig differenzierter. Es basiert auf der Annahme, daß es homogene soziale Lagen gibt, die sich über die Indikatoren Bildungsniveau, Berufsposition und Einkommen bilden lassen. Betrachtet man hingegen die Forschungslandschaft, so stellt man fest, daß es kaum Schichtungsmodelle gegeben hat, die überhaupt im Ansatz den Versuch unternommen haben, auf der Basis der genannten, theoretisch gut begründeten Indizes homogene sozio-ökonomische Lagen zu konstruieren. Zwar wird in den empirischen Studien ein großer technischer Aufwand getrieben, aber das ändert nichts daran, daß es sich bei den meisten Schichtungsskalen entweder um reine Berufs-Prestige-Indizes handelt, die auf irgendeine Weise in eine hierarchische Reihenfolge gebracht worden sind, oder aber um additive Indizes, die mit dem Nachteil behaftet sind, daß beispielsweise eine Person mit hohem Einkommen, niedrigem Schulabschluß und mittlerer Berufsposition den gleichen additiven Gesamtwert erhalten kann wie eine Person mit niedrigem Einkommen, hohem Schulabschluß und mittlerer Berufsposition (Bertram/Dannenbeck, 1990, S. 210f.). Hinzu kommt, daß regelmäßig einzig auf die Berufsposition des Vater rekurriert worden ist, ein Vorgehen, daß bereits für die siebziger Jahre zweifelhaft ist, aber unter den Bedingungen des reflexiv-modernisierten Geschlechterverhältnisses erst recht nicht mehr aufrechterhalten werden kann, weil die Ehefrau nicht mehr nur „mitverdienendes" Familienmitglied ist.

Diese recht grob referierte Kritik wird sprachlich im Wandel von der klassen- und schichtenspezifischen zur sogenannten sozialstrukturellen Sozialisationsforschung aufgenommen. Diese erhebt den Anspruch, die Schwachstellen ihrer „Vorgängerin" zu überwinden. Dies geschieht, indem nicht nur der ökonomische Status in der Berufshierarchie bestimmt wird, sondern darüber hinaus die inhaltlichen Arbeitsanforderungen als unabhängigen Variable konzipiert werden. Das führt zu einer idealtypischen Gegenüberstellung von Arbeitsplätzen auf der Skala Fremdbestimmung versus Selbstbestimmung. Diese Dimensionen werden als vorrangig sozialisationsrelevant angesehen. „Selbstbestimmung erfordert Gelegenheiten und Erfahrungen, die überdurchschnittlich oft jenen Leuten offenstehen, welche sich in der hierarchischen Gesellschaftsordnung in einer bevorzugten Position befinden; Anpassung ist die natürliche Folge mangelnder Gelegenheiten zur Selbstbestimmung" (Kohn, 1981, S. 203).

Arbeitsbedingungen sind also als eine eigenständige Dimension sozialer Ungleichheit zu betrachten, die nur partiell mit dem sozioökonomischen Status korreliert (vgl. Bertram 1978, Steinkamp und Stief 1978). Es wird nicht mehr nur der Schichtungsfaktor konzeptionell berücksichtigt, der vor allem die Marktmacht eines Individuums berücksichtigt. Deren Erklärungskraft ist schwach, und sie reicht vor allem nicht aus, um zum Beispiel die „Differenzen der kindlichen moralischen Urteilsstruktur zu erklären" (Bertram, 1978, S. 226). Sie dürfte wohl auch nicht ausreichen, um die hypothetische schichteninterne Varianz bei der Geschlechtsrolle und der Geschlechtsidentität zu begreifen. Einmal gewendet, die Pluralität der reflexiv-modernisierten Geschlechtersozialisation ergibt sich einmal aus der Stellung in der Berufshierarchie und zum anderen durch die Charakteristik der inhaltlichen Arbeitsanforderungen.

Mit Bernstein (1972), der eine Typologie zur Charakterisierung familialer Systeme entwickelt hat, läßt sich der Zusammenhang von Arbeitsplatzerfahrung und familialer Sozialisation erklären: Familiale Systeme lassen sich danach unterscheiden, ob die Handlungsmöglichkeiten der Familienmitglieder durch deren sozialen Status (Mutter, Vater, Sohn, Tochter) fixiert sind oder ob sie durch jeweils persönliche Bedürfnisse und Interessen aushandelbar und veränderbar sind. Das erste wird als eine „geschlossene Familienstruktur", das zweite Modell als eine „offene Familienstruktur" bezeichnet. Eine geschlossene Struktur stellt sich eher bei Familien ein, in denen die Eltern restriktive Arbeitserfahrungen machen. Eine offene Struktur steht mit der Möglichkeit zu selbstbestimmten Arbeitsvollzügen in Verbindung. Sie beinhaltet ein an den einzelnen Personen orientiertes und flexibles System der Interaktion und Kommunikation. Der Gegenpart wird durch ein rigides Kommunikationssystem gebildet (a. a. O., S. 213). Man kann diese unterschiedliche soziale Umwelt gleichfalls mit der Kategorie soziale Kontrolle beschreiben. Während in den offenen Systemen eine elaborierte sprachliche Konstruktion von Wirklichkeit dominiert, ist in den geschlossenen Strukturen eine sprachlich restringierte Kontrollform zu beobachten (vgl. auch Hurrelmann, 1993, S. 117ff.).

Der Zusammenhang zur Geschlechtsrolle und zur Genese von Geschlechtsidentität tritt hervor, wenn man sich vergegenwärtigt, daß ein spezifisches Sprachmuster einen besonderen Zugang zur Struktur der gesellschaftlichen Ordnung bedeutet. Das heißt, die Wahrnehmung von Wirklichkeit ist abhängig von der Fähigkeit zu deren differenzierter Reflexion sowie ihrer sprachlichen Abbildung im Bewußtsein. Während die elaborierten Sprachmuster einem Menschen eine differenzierte und komplexe Reflexion von Gesellschaft ermöglichen, schränken die restringierten Sprachmuster diese Wahrnehmung in erheblichen Umfang ein. Vergegenwärtigen wir uns nun, daß die androgynisierte Geschlechtsrolle ein äußerst komplexes Phänomen ist, so drängt sich förmlich die Hypothese auf, daß sie insbesondere nicht in Lebenslagen auftritt, in denen es zu einer Kumulation von gesellschaftlichen Unterprivilegierungen kommt. Denn dort ist das Nicht-Wissen über die Differenz von biologischem und sozialem Geschlecht beziehungsweise die kognitive Unfähigkeit, einen nichtreifizierten Geschlechtsbegriff zu verwenden, am größten. Es ist zu vermuten, daß die Unterscheidung von biologischem Geschlecht und Geschlechtsidentität dort kaum geleistet werden kann und eher auf die Gleichsetzung von Biologie und geschlechtsspezifischen Bedürfnissen und Interessen zurückgegriffen wird. Diese Form der geschlechtsspezifischen Vergesellschaftung wird durch die Statusorientierung der Familienmitglieder verstärkt. Die zu bewältigenden Aufgaben werden nicht bedürfnis- und situationsadäquat verteilt, sondern prinzipiell, und das heißt auch: geschlechtsbezogen zugewiesen.

Der Begriff der sozialen Schicht ist also aus inhaltlichen Gründen von dem der „sozialen Lebenslage" abgelöst worden. Er wird entwickelt, „um sich von den vereinfachten schichtenanalytischen Konstruktionen abzusetzen" (Hurrelmann, 1993, S. 114), wie sie insbesondere die sozialwissenschaftliche Debatte der sechziger und siebziger Jahre beherrschen. Hauptproblem ist sowohl das begriffliche Konzept „soziale Schicht" als auch die forschungspraktische Operationalisierung dieser Kategorie, die nur partiell mit einer unzureichenden Theoriebildung in Verbindung zu bringen ist. Hieran schließt sich das Konzept soziale Lebenslage an, indem es neben der Berufsposition von beiden Elternteilen (wenn vorhanden) weitere Indikatoren für die soziale und materielle Position einer Familie in der Sozialstruktur verwendet. Hierbei ist über die Berufsposition hinaus an die Wohnlage und Infrastrukturversorgung des Wohngebietes, Wohnungsausstattung und -größe, soziale Herkunft, kulturelle Tradition der Herkunftsfamilie sowie Einkommen, Besitz, Bildung, Macht und Einfluß zu denken. „Diese Faktoren beeinflussen sich zum Teil wechselseitig und treten in bestimmten Konstellationen auf, die jeweils in typischen Bündelungen identifiziert werden müssen, wenn man aus ihnen Klassifikationen von sozialen und materiellen Lebensbedingungen gewinnen will" (ebd.). Bislang ist allerdings weitestgehend ungeklärt, inwieweit durch die Auffächerung der unabhängigen Variablen neue Erklärungsmöglichkeiten entstanden sind. Es spricht einiges dafür, daß die Auffächerung theoretisch redundant ist (vgl. Grundmann 1994; Rosenbaum 1983). Am erklärungsmächtigsten ist regelmäßig die inhaltliche Arbeitsanforderung am Arbeitsplatz, die partiell mit der Stellung im beruflichen System korreliert. Ergo müßte die schichtenspezifische Nähe zur Androgynitätsnorm mit dieser unabhängigen Variable korrelieren. Eine weitere wichtige Variable ist die Regionalität, wie sie in jüngster Zeit vor allem Bertram empirisch ausgearbeitet hat.

4.5.4 Regionalspezifische Geschlechtlichkeit

Es ist der Stellenwert der Kategorie „Region" für die Konzeptualisierung der äußeren Realität geschlechtsspezifischer Sozialisation in reflexiver Modernisierung zu bestimmen. Hierbei werde ich auf die Ausführungen von Hans Bertram zurückgreifen, der sich seit längerem um dieses zur Zeit innerhalb der Ungleichheitsforschung wenig beachtete Phänomen engagiert kümmert. Allerdings halte ich es für eine überflüssige Radikalität, vollständig auf gesamtgesellschaftliche Schichtungsmodelle verzichten zu wollen. Mich persönlich überzeugt der Bertramsche Vorschlag am stärksten, regionalspezifische Schichtenstrukturen zu suchen, weil von regionalspezifischen Traditionsbeständen und den damit zusammenhängenden Mentalitätsstrukturen auszugehen ist, die ein ausschließlich vertikal konzipiertes Modell sozialer Ungleichheit unterlaufen und horizontale Disparitäten innerhalb einer vertikalen Erwerbsstruktur verursachen. Diese Theorieauswahl wird darüber hinaus dadurch angeregt, daß Bertram sich für die Bestimmung von Mentalitätsstrukturen interessiert. Diese spielen im Kontext der Theoriebildung zur geschlechtsspezifischen Sozialisation eine besondere Rolle. Außerdem weist der Bertramsche Vorschlag auch die stärkste empirische Sättigung auf und bewegt sich zudem in meinem Interesse, sozial ungleiche Lebensverhältnisse zu identifizieren. Denn diese müßten sich auch bei der Geschlechtersozialisation zeigen und würden pädagogische und sozialpolitische Kompensationen erzwingen. Ferner hat Bertram bereits eine Typologie bundesrepublikanischer Regionen vorgelegt. Somit kann sich die hier vorgelegte Arbeit an einen Forschungsstrang anschließen und die Frage untersuchbar machen, inwieweit die Bertramsche Typologie pluraler Lebensverhältnisse mit unterschiedlichen reflexiv-modernisierten Geschlechtersozialisationen korreliert. Regionalspezifische Fokussierungen wären also theoretisch eingebettet, jedoch noch nicht mit dem Schichtenparadigma integriert, das von bleibender Bedeutung ist (auch Geißler 1990).

Es handelt sich bei „Regionalität" um eine Sichtweise, die im Bereich der Geschichtswissenschaften keinesfalls neu ist (vgl. Bertram, 1992, S. 127). Man muß sagen, es ist historisch betrachtet mitnichten eine originelle Leistung, heute auf die Bedeutung regionalspezifischer Vergesellschaftungsmuster aufmerksam zu machen. Dieser Eindruck entsteht nur, weil in den siebziger und achtziger Jahren dieses Thema nahezu aus dem öffentlichen Bewußtsein verschwunden ist. Man kümmert sich vorrangig um die Frage von Klasse, Schicht und - mit ein wenig Verspätung: Geschlecht. In einem neuen Satz formuliert: Die gegenwartsbezogene theoretische Analyse regionalspezifischer Vergesellschaftungsmuster schließt sich an die Tradition an, die erst zum Ende der sechziger Jahre von der Gesellschafts- und Sozialisationstheorie zunehmend ignoriert wird. Bis zu diesem Zeitpunkt ist es „in fast allen Schriften zur sozialen Ungleichheit bzw. zur deutschen Gesellschaft üblich, bei einer Beschreibung von Lagerungsbildern städtische und ländliche Räume deutlich voneinander zu unterscheiden, die Entwicklung sozialer Lagen in den Ballungszentren von jenen in ländlichen Regionen zu differenzieren, sowie auch die Kumulation bestimmter Schichten zu bestimmten Gemeinden und Stadtbezirken zu analysieren" (Bertram/Dannenbeck, 1990, S. 217). Diese gesellschaftstheoretische Fokussierung zeigt sich auch in der damaligen gesellschaftspolitischen Debatte. Im Kontext der sehr differenzierten soziologischen Wahrnehmung sozialer Unterschiede in der Bundesrepublik wird die in den sechziger Jahren vehement einsetzende Debatte um Chancengleichheit von Anfang an regionalspezifisch geführt. Es werden die von der Empirie her deutlich sichtbaren regionalen Differenzierungen zwischen städtischen und ländlichen Regionen, zwischen Katholiken in ländlichen Bezirken und Protestanten in städtischen Regionen, zwischen Jungen und Mädchen in Stadt und Land regelmäßig beanstandet und als ein wesentliches Element von Chancenungleichheit in der damaligen bundesdeutschen Gesellschaft definiert. „Denn die Ungleichheit der Chancen beginnt ja erst in der weiteren Ausbildung. Hier begegnen uns drei große Kategorien der deutschen Gesellschaft nur mehr in ständig abnehmendem Maße: Landkinder, Arbeiterkinder und Mädchen. Eine vierte Gruppe, die Katholiken, ist unter bestimmten Aspekten diesen hinzuzufügen, obwohl sich hier am deutlichsten ein Wandel abzeichnet ..." (Dahrendorf, 1965, S. 88). Und unter der Überschrift „Soziale Lage und Bildungschancen in Deutschland" weist der viel gelesene Peisert (1967) nach, daß die Unterschiede zwischen Stadt und Land teilweise über den Unterschieden zwischen Arbeiterkindern und anderen gesellschaftlichen Gruppen in unserer Gesellschaft liegen. Einschränkend ist jedoch zu berücksichtigen, daß die Kategorie „Raum" bislang gesellschaftstheoretisch nicht hinreichend integriert worden ist. Das gilt für die alte wie für die neue Debatte zur sozialen Ungleichheit (vgl. Giddens, 1992, S. 161ff.)

Die Explikation des Räumlichen in gesellschaftstheoretischer Perspektive ist erforderlich, weil die Annahme unberechtigt ist, daß die Interessen, Einstellungen und Orientierungen eines Mitglieds der Industriearbeiterschaft in Hamburg mit den Interessen, Einstellungen und Orientierungen eines Augsburger Industriefacharbeiters übereinstimmen und somit keiner regionalspezifischen Variation unterliegen. Man kann nicht a priori annehmen, daß die Lebensbedingungen, Lebensperspektiven und Orientierungen eines Mitglieds der Dienstleistungsklasse in Bonn und Umgebung mit den Einstellungen und Orientierungen eines Mitgliedes der Dienstleistungsklasse in Berlin oder Stuttgart übereinstimmen. Eine derartige Annahme ist überhaupt nur mit der Prämisse theoretisch evident: Das System sozialer Ungleichheit - die Lebensbedingungen der unterschiedlichen Schichtungsgruppen, die Einstellungen und Orientierungen der Mitglieder bestimmter Sozialschichten - ist empirisch unabhängig von den spezifischen Lebensbedingungen und Lebenslagen in unterschiedlichen sozialen Räumen der Bundesrepublik Deutschland. Darüber hinaus müßte man von der unhaltbaren Voraussetzung her argumentieren, daß politische Entscheidungen und die politische Entscheidungsgeschichte unterschiedlicher Regionen keinerlei Bedeutung für die Lebenslage, die Einstellungen, Interessen und Orientierungen von Individuen unterschiedlicher sozialer Schichten haben (Bertram, 1992, S. 125).

Beide Voraussetzungen sind nicht zwingend. Das zeigt sich daran, daß in der Bundesrepublik Deutschland seit einiger Zeit - und nicht erst seit der Wiedervereinigung - in der politischen Sphäre eine intensive Diskussion mit der Fragestellung geführt wird, wie die grundgesetzlich fixierte Zielvorgabe für eine Einheitlichkeit der Lebensbedingungen herzustellen ist. Aus der Art und Weise der Fragestellung geht bereits hervor, daß die Bundesrepublik Deutschland durch ein regionalspezifisches Strukturierungsprinzip gekennzeichnet ist. Es ist zu vermuten, daß dies nicht allein auf die unterschiedliche Wirtschaftskraft, sondern gleichsam auf differente politische Entscheidungen in vielen Bereichen zurückzuführen ist, die höchst unterschiedliche Entwicklungen mit sich bringen (Bertram, 1992, S. 125f.). Daraus folgt: Wenn man im Rahmen einer empirisch orientieren Analyse sozialer Ungleichheit die Zielsetzung verfolgt, nicht nur Probleme und Fragestellungen zu bearbeiten, die ausschließlich von akademischem Interesse sind, sondern auch politische Entscheidungsprozesse beeinflussen möchte, so ist es erforderlich, Schichtungsmodelle nicht mehr ausschließlich als gesamtgesellschaftliche Modelle zu entwerfen. „Vielmehr sollte man versuchen, regionale Disparitäten mit unterschiedlichen Stellungen in der Erwerbsstruktur, Lebensführungen und Einstellungen in Beziehungen zu setzen" (Bertram, 1992, S. 126). Das könnte in Analogie zu den sechziger Jahren enorme politische Bedeutung bekommen.

Die These der lebenslagenspezifischen Geschlechtersozialisation beziehungsweise die Behauptung, es gibt eine Pluralität androgynisierter Geschlechtsrollen wird nun um die These erweitert, daß sich die schichtenspezifische Hierarchisierung regionalspezifisch ausprägt und dadurch ihr besonderes Gesicht erhält. Man kann auch sagen, daß die regionale Differenzierung in der Bundesrepublik Deutschland der Gegenwart zu unterschiedlichen Lebensbedingungen, zu differenten Schichten innerhalb der einzelnen Regionen, sowie auch zu unterschiedlichen Orientierungen, Lebensentwürfen und Interessen führen, die sich auch beim Konstrukt Geschlechtsrolle zeigen müßten, was eine regionalspezifische Hierarchisierung von Prozessen psychischer Mann- und Frauwerdung zur Folge haben müßte, die teilweise quer liegt zur schichtenspezifischen Differenzierung, aber in einem umfassenden theoretischen Konzept sozialstruktureller Ungleichheit integriert werden könnte.

Eine derartige These ist nicht nur leicht formuliert, sondern sie kann auch für sich Anspruch nehmen, in einer Weise empirisch fundiert zu sein, die der These schichtenspezifischer Vergesellschaftung in nichts nachsteht. Es ist, andersherum formuliert, empirisch möglich, die Bundesrepublik in empirisch unterscheidbare Regionen zu teilen, die sich deutlich hinsichtlich ihrer Sozialstruktur, hinsichtlich der Lebenslage ihrer Bewohner, wie aber auch ihrer Interessen und Einstellungen unterscheiden (vgl. Bertram, 1992, S. 126f.). Es sind die ganz großen urbanen Zentren innerhalb der Bundesrepublik Deutschland als ein jeweils spezifischer Raum zu behandeln. Es ist unmöglich, beispielsweise Frankfurt oder München in ein und dasselbe Cluster zu bringen. Eine sinnvolle Interpretation würde unmöglich. Die großen Städte, die eine Dichte von mehr als 1500 Einwohner pro qkm aufweisen: Berlin, Hamburg, München und Stuttgart müssen also bei diesem induktivem Vorgehen gesellschafts- und sozialisationstheoretisch als eigenständige Regionen behandeln werden, in denen sich eine spezifische sozialisatorische Dynamik ereignet. Sie können nicht zu einem gemeinsamen Konstrukt „Zentren" zusammengefaßt werden (vgl. Bertram, 1992, S. 129). Allerdings kann man, um die Prägnanz der Theoriebildung zu erhöhen, die urbanen Zentren auf einer Skala dichotomisieren, deren Pole durch Berlin und München gebildet werden. Des weiteren können miteinander verglichen werden

- die norddeutschen (Schleswig-Holstein, Niedersachsen) protestantischen Großstädte: Bremen, Hamburg und Kiel,
- die westdeutschen Industriestädten: Duisburg, Bochum, Herne,
- die südwestdeutschen Universitätsstädte: Freiburg, Heidelberg, Tübingen,
- die norddeutschen protestantischen ländlichen Regionen und die
- süddeutsch-bayrischen katholischen ländlichen Regionen.

Alle anderen Regionen bewegen sich zwischen diesen extremen Gruppen (Bertram, 1992, S. 129f.). Es ist demnach zu berücksichtigen, daß man auch eine feinere Differenzierung bei der Regionalanalyse wählen kann. Hierauf ist allerdings an dieser Stelle zu verzichten, weil es nicht um Detailanalyse geht. Ziel ist es, grobe und prägnante Tendenzen bundesdeutscher Geschlechtersozialisation zumindest programmatisch anzudeuten.

Die Auswahl der genannten fünf Regionen ist nicht nur empirisch gehaltvoll, sondern darüber hinaus ist ihr eine gewisse theoretische Plausibilität zuzusprechen. Denn sie ist orientiert „an Aspekten einer gewissen historischen beziehungsweise kulturellen Einheit" (Bertram/Dannenbeck, 1991, S. 83). Dem Dienstleistungscharakter wird ein höherer Stellenwert als der konfessionellen Differenz respektive Identität zugewiesen, ist doch zu vermuten, daß der Dienstleistungscharakter konfessionelle Orientierungen zu kulturellen Anachronismen werden läßt. Die ländlichen Kreise, die unterschieden werden, sind in erster Linie durch eine andere konfessionelle Charakteristik gekennzeichnet, wobei der Dienstleistungscharakter nur marginalen Einfluß geltend machen kann. Die ländlichen Kreise Schleswig-Holsteins, Niedersachsens und Nordrhein-Westfalens weisen durchweg einen Anteil an protestantischer Bevölkerung von über sechzig Prozent auf. Entsprechend beläuft sich der Anteil der Katholiken in den süddeutschen ländlichen Regionen Bayerns und Baden-Württembergs ebenso auf jeweils über sechzig Prozent.

Hinzu kommen die katholischen Kreise von Rheinland-Pfalz und Saarland, die ebenfalls katholisch dominiert sind.

Diese Typologisierung, die auf der Basis von Daten der Amtsstatistik generiert wird, wird ergänzt durch umfangreiches empirisches Material aus dem Familiensurvey des Deutschen Jugendinstituts, das den Charakter von Individualdaten hat. Dabei kann als Ergebnis festgehalten werden, daß die Tendenz der Typologisierung auf der Basis der Amtsstatistik bestätigt wird. Es ergibt sich das Muster einer hohen Bevölkerungsdichte, die in Kombination mit einer überproportional hohen Scheidungsquote, einem statistisch auffällig hohen Bildungsniveau, und zwar sowohl bei Erwachsenen als auch bei Kindern, auftritt. Das Gesamtbild wird durch Kaufkraftunterschiede selbst zwischen den süddeutschen Großstädten und den katholischen ländlichen Regionen vervollständigt. Insgesamt ergibt die Datenauswertung deutliche Abstufungen zwischen den norddeutschen Großstädten, den süddeutschen Großstädten, den norddeutschen ländlichen protestantischen Regionen und den süddeutschen ländlichen katholischen Regionen (Bertram/Dannenbeck, 1991, S. 86). In süddeutschen Großstädten sind die Dienstleistungsklasse und die Dienstleistungsberufe stärker vertreten als in den übrigen bundesrepublikanischen Regionen, wobei es nur geringfügige Unterschiede zu den westdeutschen Großstädten gibt. Die meisten angelernten Arbeiter und Facharbeiter finden sich in den ländlichen katholischen Regionen Süddeutschlands. Hier sind auch die wenigsten Vertreter der Dienstleistungsklasse. Demgegenüber stehen die west- und süddeutschen Großstädte, die den geringsten Anteil an Arbeitern und Facharbeitern aufweisen. In den norddeutschen Großstädten liegt wiederum der Anteil der Arbeiter, ähnlich wie in den ländlichen Regionen Norddeutschlands, insgesamt noch höher als in den west- und süddeutschen Großstädten. Es zeigen sich insgesamt erhebliche regionale Unterschiede zwischen den regionalspezifischen Familienformen und Wertemustern (Bertram/Dannenbeck, 1991, S. 91, S. 108).

Das Datenmaterial läßt sich in der Weise interpretieren, daß es anzeigt, daß eine regionalspezifische Nähe zur reflexiven Modernisierung gesamtgesellschaftlicher Lebensverhältnisse besteht. Die gesellschaftlichen Tendenzen, die überhaupt die Ausarbeitung einer Theorie reflexiver Modernisierung motiviert haben: vom Alleinleben bis hin zur Entwicklung neuer Lebensformen und neuer geschlechtsspezifischer Arbeitsteilungen sind insbesondere Ausdruck der urbanen Lebensformen, die das kulturelle Klima in der Bundesrepublik Deutschland prägen. „Während in den 70er und 80er Jahren Kinder zunehmend erst aus den Innenstädten und dann aus den Randlagen verschwanden, und Familien mit Kindern seitdem in den großen urbanen Zentren der Bundesrepublik eine Minderheit darstellen, scheint sich parallel ein deutlicher Einstellungswandel vollzogen zu haben" (Bertram/Dannenbeck, 1991, S. 108). Es ist demnach eine unterschiedliche Nähe zu gesamtgesellschaftlichen Modernisierungsprozessen zu konstatieren, die sich an regionalspezifischen Traditionsbeständen brechen, die sich engagiert der reflexiven Modernisierung widersetzen. Insgesamt erscheinen die großen Städte im Norden und im Westen der Bundesrepublik sehr viel fortgeschrittener als die ländlichen Regionen. Bei bestimmten Aspekten liegen die süddeutschen Großstädten zwischen den Großstädten Westdeutschlands und den ländlichen Regionen Süddeutschlands (Bertram/Dannenbeck, 1991, S. 109). Nimmt man also an, daß die hier ausgearbeitete androgynisierte Geschlechtsrolle die aktuelle Tendenz des Geschlechterverhältnis der zweiten Moderne auf den Begriff bringt, so dürfte sie in Reinform vor allem in den großen Städten im Norden und Westen der Bundesrepublik Deutschland anzutreffen sein. Das Schlußlicht bilden demgegenüber die katholisch geprägten ländlichen Regionen Süddeutschlands, die den Übergang zur zweiten Moderne noch nicht geschafft haben und infolge der reflexiven Modernisierung zur Tradition werden, die von den gesellschaftlichen Funktionseliten negiert wird. Grundsätzlich ist zu bedenken, daß es bisher nicht gelungen ist, Region und Schicht in einem Modell zu integrieren.

4.5.5 Intrageschlechtsrollenkonflikt

Der Begriff der reflexiv-modernisierten Geschlechtersozialisation ist pluralisiert worden. Pluralisierung ist zu einem weiteren Aspekt der reflexiv-modernisierten Geschlechtersozialisation gemacht worden. Infolgedessen wird deutlich, daß die Argumentation in den vorangegangenen Kapiteln, bei der vor allem die feministische Generation charakterisiert worden ist, auf die herrschende gesellschaftliche Tendenz fixiert war, mithin die individuelle geschlechtsspezifische Sozialisation des durchschnittlichen Kindes und Jugendlichen nachgezeichnet wurde. Diese gesellschaftliche Normalität hat Sogwirkung, auch auf die weniger privilegierten Gruppen in unserer Gesellschaft. Die gesellschaftlichen Subgruppen können mit der sozialstrukturellen Sozialisationsforschung beschrieben werden. Sie unterteilt die gesellschaftliche Normalität zum einen mit dem Kriterium „Schicht", das vor allem aus dem beruflichen Einkommen und den Arbeitsplatzerfahrungen zusammengesetzt ist. Zum anderen erfolgt die gesellschaftliche Hierarchisierung regionalspezifisch, und zwar hauptsächlich wegen der differenten soziokulturellen Mentalitätsbestände. Dieses Faktum kann mit der Kategorie des Raumes auf den Begriff gebracht werden. Die Begriffe Raum und Schicht sind bislang theoretisch nicht integriert worden, und sie sind noch gar nicht mit der reflexiv-modernisierten Geschlechtersozialisation verknüpft worden. Dennoch kann die mehr programmatische Hypothese formuliert werden: In identischen Räumen passiert dieselbe Geschlechtersozialisation. In derselben Schicht geschieht gleichfalls eine identische Mann- und Frauwerdung. Integriert man Raum und Schicht im Begriff der „sozialstrukturellen Position", so folgt hieraus die Hypothese der sozialstrukturell differenzierten Geschlechtersozialisation reflexiv-modernisierter Provenienz: Auf ein und derselben gesellschaftlichen Position ist die Geschlechtsrolle homolog. Es werden nahezu identische Männer und Frauen erzeugt, wenngleich das Phänomen der individuierten Geschlechtersozialisation in Rechnung gestellt werden muß. Diese sozialstrukturelle Geschlechtsidentität unterstützt die nicht geschlechtsbedingte Reproduktion sozialer Ungleichheit. Zudem tritt die sozialstrukturelle Geschlechtsidentität den Heranwachsenden in Form der sozialstrukturellen Geschlechtsrolle gegenüber.

Wenn diese Analyse zutrifft, dann ist eine weitere Hypothese zu machen: Auch der Interrollenkonflikt reflexiv-modernisierter Geschlechtersozialisation ist sozialstrukturell ausgeprägt. Ich vermute, er trifft die minderprivilegierten Gruppen in der Sozialstruktur der zweiten Moderne weniger stark als jene gesellschaftlichen Konglomerate, welche die reinen Repräsentanten der androgynen Geschlechtsidentität sind. Sie erleben die Unmöglichkeit, ein androgynes Leben zu leben, nicht als Bedrohung ihrer Identität, weil die Verwirklichung des feministischen Erwartungskomplexes noch nicht ihr ureigenes Bedürfnis und Interesse ist. Sie hängen stärker dem einfach-modernisierten Geschlechterverhältnis nach, so daß sie nicht unter der Logik arbeitsmarktspezifischer Vergesellschaftung leiden müssen. Sie dürften eher an ihrer Unterprivilegierung zu knappern haben.

Aus der pluralisierten Geschlechtersozialisation folgt schließlich die These des Intrageschlechtsrollenkonflikts reflexiv-modernisierter Geschlechtersozialisation. Zwar stellt sich für die sozialstrukturell benachteiligten Gruppen unserer Gesellschaft die Inkongruenz von Geschlechts- und Berufsrolle nicht als ein Problem dar, da sie eh noch eine hohe Affinität zur normativen und faktischen geschlechtsspezifischen Arbeitsteilung haben. Aber ihre Geschlechtsidentität gilt den herrschenden gesellschaftlichen Gruppen als rückständig, als ein anachronistischer Bewußtseinszustand. Ihre Lebensform wird abgewertet, weshalb es zu Selbstwertproblemen kommen dürfte. Anders ausgedrückt: Die „Benachteiligten" werden tagtäglich mit der reflexiv-modernisierten Geschlechtsrolle konfrontiert, die ihnen ein Bekenntnis zum Feminismus abverlangt. Hierzu sind sie kognitiv und emotional nicht in der Lage. Infolgedessen werden sie als Chauvi oder Heimchen am Herd bezeichnet. Einmal gewendet: Es ist davon auszugehen, daß die kulturelle hegemoniale Gruppe mit dem Intrageschlechtsrollenkonflikt keine Probleme hat. Denn sie definiert das Gute, die Norm der zeitgenössischen Geschlechtlichkeit. Dieser Definition sind die gesellschaftlichen Randgruppen ausgesetzt, argumentativ können sie ihr nicht begegnen. Zwar können sie das androgyne Geschlechterverhältnis abwerten, aber nur um den Preis, aus ihrer gesellschaftlich unterprivilegierten Stellung nicht hinauszukommen. Das Festhalten an der patriarchalischen Gegenkultur hat die Tradierung der sozialen Ungleichheit durch die gesellschaftliche Randgruppe selbst zur Folge (vgl. hierzu Willis, 1979, S.

216ff.). Der Feminismus ist zum Massenphänomen, das Patriarchat zum Randphänomen geworden; in der ersten Moderne stellt sich der Zusammenhang umgekehrt dar.

5. Zusammenfassung und Perspektive

Ausgangspunkt der Untersuchung war die Unzufriedenheit mit der Definition des psychischen Geschlechtsunterschieds in unserer Gesellschaft; das herrschende Männlichkeits- und Weiblichkeitsbild entsprach nicht unserer Lebenserfahrung. Deshalb sollte ein alternatives Geschlechterparadigma erarbeitet und mittelbar unserer Umgang mit der Geschlechterfrage verändert werden, kurz: eine zeitgemäße kritische Theorie der geschlechtsspezifischen Sozialisation entwickelt werden. Die Unzufriedenheit wird - so lautete die Vorannahme - von zwei ungelösten Problemen bewirkt: Zum einen fehlt ein explizierter Begriff der Geschlechtersozialisation. Zum zweiten hat die geschlechtsspezifische Sozialisationsforschung den Wandel der Lebensverhältnisse nicht verarbeitet. Mithin mußten zwei Probleme bewältigt werden: die Explikation des Begriffs der Geschlechtersozialisation sowie die Beschreibung der neuen Geschlechtersozialisation. Meine Annahme war: Der Begriff Geschlechtersozialisation ist zu gewinnen durch eine historisch-systematische Aufbereitung des Forschungsstandes im Bereich der geschlechtsspezifischen Sozialisationsforschung und angrenzender Wissensgebiete mit der Methode der dialektisch-hermeneutischen Selbstexplikation des Bewußtseins. Die Explikation ist mit der Frage durchzuführen, welches Modell der Geschlechtersozialisation überzeugend beschreibt, wie Männer und Frauen werden; denn diese Fragestellung konstituiert die geschlechtsspezifische Sozialisationsforschung.

Bei der Untersuchung entwickelte ich die These: Die Theoriebildung zur Mann- und Frauwerdung kann mit zwei Idealtypen begriffen werden: „bipolare Geschlechtersozialisation" und „biplurale Geschlechtersozialisation". Der bipolare Idealtypus ist die These, die mit dem bipluralen Idealtypus zu konfrontieren ist. Als Synthese habe ich den Begriff der subjekttheoretischen Geschlechtersozialisation ausgearbeitet: Es gibt eine Vielzahl von Unterformen des bipolaren Idealtypus. Aber ausschlaggebend ist, daß diese allesamt mit demselben Vorverständnis arbeiten: Es gibt nicht den Menschen, sondern Mann und Frau, Mensch und Menschin; diese werden mit den polar-komplementären Geschlechtsrollenstereotypen beschrieben. Die Anlage-Umwelt-Kontroverse differenziert zwischen biologistischen und eigentlich sozialisationstheoretischen Ansätzen. Die sozialisationstheoretischen Ansätze können hinsichtlich ihres normativen Kerns unterschieden werden: Es stehen sich affirmative Ansätze, die den psychischen Geschlechtsunterschied gutheißen, und kritische Ansätze, die mit der Androgynitäts-Norm arbeiten, gegenüber.

Der Idealtypus der bipluralen Geschlechtersozialisation negiert die Existenz eines bipolaren Geschlechtscharakters und seiner Verankerung in der geschlechtsspezifischen Arbeitsteilung: Statistische Metaanalysen zeigen, daß das Geschlecht als unabhängige Variable nicht mehr als ein Prozent der Varianz aufklärt, bei Aggression fünf Prozent - zu wenig, um das Konstrukt des bipolaren Geschlechtscharakters aufrechterhalten zu können. Die Ergebnisse der empirischen Forschung werden mit verschiedenen theoretischen Modellen gedeutet, die allesamt kritisieren, daß Mann- und Frauwerdung nur mit der geschlechtsspezifischen Arbeitsteilung erklärt werde. Ein komplexer Theorieansatz wird verlangt, der zu beschreiben habe, daß männliche und weibliche Subjekte nicht zu zwei fundamental verschiedenen Persönlichkeiten werden, die keine bedeutsamen Gemeinsamkeiten hätten. Mann und Frau seien weder zwei Persönlichkeiten noch lebten sie in zwei Welten.

Meine These ist, daß beide Idealtypen mit einem inadäquaten Vorverständnis vom Geschlechtsunterschied die Mann- und Frauwerdung bearbeiten: Während beim bipolaren Modell die Kategorie Mensch verschwindet, löst sich beim bipluralen Modell die Kategorie Geschlecht auf, das Forschungsprogramm der geschlechtsspezifischen Sozialisationsforschung - die Beschreibung der Mann- und Frauwerdung - wird wider alle Lebenserfahrung zum Verschwinden gebracht; Sozialisationstheorie wird praktiziert. An die Stelle des Satzes, sie seien auch Menschen, tritt die Aussage, sie wären auch Geschlechtswesen. Über die Tautologie, die Geschlechter sind unterschiedlich und sie sind nicht unterschiedlich, kommt keines der beiden Modelle hinaus. Subjekttheoretische Geschlechtersozialisation überwindet die Kontroverse: An die Stelle von „worin besteht der Unterschied zwischen den Geschlechtern" tritt „worin besteht der Unterschied zwischen Mensch und Geschlecht" .

Die Kategorie Mensch ist durch die Sozialisationstheorie expliziert worden. Klammert man alle psychischen und sozialen Merkmale aus, die nicht geschlechtsspezifisch sind und weist sie der Kategorie Mensch zu, so erhält man die Kategorie Geschlecht respektive die subjekttheoretische Geschlechtersozialisation: eine sozialisationstheoretische Reformulierung des bipolaren und bipluralen Idealtypus: Die psychische Mann- und Frauwerdung wird durch das Geschlechterverhältnis bedingt. Das Geschlechterverhältnis besteht aus „Geschlechtersystem" und „geschlechtsspezifischer Arbeitsteilung". Diese geschlechtsspezifischen Sozialisationsbedingungen bewirken die Genese einer individuellen geschlechtsspezifischen Psyche, die durch Geschlechterspezifikation und geschlechtsspezifische Primärzuständigkeit in der Familie charakterisierbar ist: Neugeborene werden zu Männern und Frauen, indem sie die beiden Vorgaben des Geschlechterverhältnisses verarbeiten. Zum einen erwerben sie die Fähigkeit, ihr biologisches Geschlecht psychisch und physisch darzulegen: Geschlechterspezifikation. Zum anderen erlangen sie die Kompetenz zur Realisierung der geschlechtsspezifischen Arbeitsteilung: Primärzuständigkeit. Diese beiden Eigenschaften sind die einzigen, die männliche und weibliche Individuen unterscheidbar werden lassen. Andere psychische Merkmale sind nicht geschlechtsspezifisch. Das geschlechtersozialisierte Subjekt ist mithin ein Partikel des sozialisierten Menschen, ergo untersucht die geschlechtsspezifische Sozialisationsforschung die Genese der geschlechtsspezifischen Primärzuständigkeit und die Genese der Geschlechterspezifikation. Die Kategorie subjekttheoretische Geschlechtersozialisation hat den Status einer Metatheorie, sie soll die Forschung orientieren und beantwortet abstrakt, wie Männer und wie Frauen werden. Der veränderte Charakter der Geschlechtersozialisation kann ausgearbeitet werden.

Ich habe vor allem nach dem identitätgefährdendem Konfliktpotential aktueller Geschlechtersozialisation gesucht. Hierzu bediente ich mich der soziologischen Rollentheorie, machte deren Kategorien mit der Theorie reflexiver Modernisierung lebendig und integrierte beide Ansätze mittels der Sozialisationstheorie. Die „reflexive Modernisierung" regt die Hypothese der zwei Geschlechtersozialisationen in der einen Moderne an: der einfach- und der reflexiv-modernisierten Geschlechtersozialisation. Der Schwerpunkt der Analyse lag bei der äußeren Realität reflexiv-modernisierter Geschlechtersozialisation, beim Rahmen, in dem die Genese geschlechtsspezifischer Subjektivität erfolgt.

Der Vergesellschaftungsmodus der Individualisierung ist eine Determinante reflexiv-modernisierter Geschlechtsidentität. Während die Analyse des Geschlechterverhältnisses den Begriff der Geschlechtsrolle ergibt, sagt die Untersuchung der Kategorie Individualisierung, wie sich die Subjekte mit der Geschlechtsrolle auseinandersetzen müssen; die Erwartung lautet: Vergesellschafte dich als Individuum! Aus dieser Erwartung folgt, daß ein Interrollenkonflikt zu verarbeiten ist. Einerseits müssen die Menschen sich als Individuen vergesellschaften; andererseits werden sie gezwungen, den Status Individuum zu verlassen und ihre Geschlechterposition einzunehmen. Die subjektive Geschlechtsidentität darf nicht mehr mit Tradition legitimiert werden; Geschlechtsidentität muß vom Subjekt selbst begründet werden. Geschlechtsidentität muß - unter Berücksichtigung des Geschlechterverhältnisses - als etwas gerechtfertigt werden, was den eigenen Bedürfnissen und Interessen entspricht. Das reflexiv-modernisierte Geschlechterverhältnis sagt den Subjekten, welche Geschlechtsidentität sie ausprägen müssen. Meine These ist: Die heutigen Heranwachsenden sind mit einer androgynisierten Geschlechterrolle konfrontiert. Und diese ist von der feministischen Geschlechterbewegung durchgesetzt worden: Die geschlechtsspezifische Arbeitsteilung im Sinne der normierten und durch das Geschlechterverhältnis erzwungenen geschlechtsspezifischen Primärzuständigkeit für die entweder ökonomische oder psycho-physische Reproduktion des familiären Systems wird aufgelöst. Man muß weiterhin ein Mann oder eine Frau werden. Aber diese Begriffe sind nicht mehr sonderlich rigide. Es wird eher eine feminisierte Männlichkeit und eine maskulinisierte Weiblichkeit, eine androgynisierte Geschlechtsidentität verlangt: Diese kommt ohne geschlechtshierarchische Interaktion und grobschlächtige geschlechtliche Abgrenzungstaktiken aus; Homosexualität wird nicht mehr als Bedrohung erlebt. Partnerschaftlichkeit und Gleichwertigkeit sind die Normen, welche die zwischengeschlechtlichen Interaktionen rahmen. Mit anderen Worten: Das reflexiv-modernisierte Geschlechterverhältnis erzeugt eine feministische Generation. Bei der Herausbildung feministischer Geschlechtsidentität muß das Subjekt den Eindruck erwecken, als ob es aus freien Stücken feministisch geworden wäre und diese Geschlechtsidentität seinem Wollen entspräche. Der Konflikt zwischen Geschlechter- und Individualisierungs-Rolle ist zu balancieren.

Der zweite Konflikt aktueller Geschlechtersozialisation wird durch die unvereinbaren Erwartungen von Geschlechtsrolle und Berufsrolle hervorgebracht. Es scheint, als ob keine revolutionäre Veränderung im Geschlechterverhältnis stattgefunden habe - ein Trugschluß: Die faktische Arbeitsteilung gibt es nicht mehr wegen, sondern trotz des herrschenden Geschlechterverhältnisses. Sie wird nicht durch das Geschlechterverhältnis, sie wird durch die Logik der arbeitsmarktspezifischen Vergesellschaftung verursacht.

Die Geschlechtstypik von Erwerbssystem und Familie ist heute auf einer anderen analytischen Dimension anzusiedeln als im Stadium einfacher Modernisierung. Dieses Phänomen gehört nicht mehr dem Geschlechterverhältnis, sondern der Berufsstruktur an. Die Ursache der Reproduktion öffentlicher und privater Ungleichheit ist die Berufsstruktur - nicht das Geschlechterverhältnis. Dieses delegitimiert die zeitgenössische Berufsstruktur, die verhindert, daß die feministische Geschlechtsidentität problemlos umgesetzt werden kann: Die Berufsrolle braucht den ganzen Mann oder die ganze Frau. Für die Familie bleibt hier kein Platz, weil auch diese den ganzen Mann oder die ganze Frau in Abhängigkeit von der Primärzuständigkeit und der Anzahl wie dem Alter zu versorgender Kinder benötigt. Vergesellschaftet sich das Subjekt also kinderlos, wäre es von diesem Interrollenkonflikt nicht betroffen. Sobald jedoch Kinder das familiäre Zusammenleben bereichern, entfaltet der ausgeführte Interrollenkonflikt seine Wirkung. Anders ausgedrückt: Die Berufsstruktur induziert einen Interrollenkonflikt, der durch die - partielle - Tradierung der faktischen geschlechtsspezifischen Arbeitsteilung gelöst wird. Diese Lösung bietet sich an, ist sie doch deckungsgleich mit der individual- und der sozialgeschichtlichen Erfahrung der geschlechtsspezifischen Primärzuständigkeit. Repression passiert. Indes wird das Leiden durch den Umschlag von einer produktions- zu einer konsumkapitalistischen Vergesellschaftung vermindert. Die feministische Geschlechtsidentität kann in der Erlebnisgesellschaft partiell verwirklicht werden; die Frustration wird nicht zu groß, berufsstrukturelle und sozialpolitische Veränderungen werden gefordert.

Schließlich ist die Pluralisierung der Lebensverhältnisse als Sozialisationsbedingung zu nennen. Meine These lautet, daß es unterschiedlich starke Annäherungen an den Idealtypus der reflexiv-modernisierten Geschlechtersozialisation gibt. Die Ursache sind sozialstrukturell hierarchisierte Lebensverhältnisse; diese filtern den hegemonialen Vergesellschaftungsprozeß in schichten- und regionalspezifischer Weise. Die Folge sind Intrageschlechtsrollenkonflikte, unter denen vor allem die minderprivilegierten Gruppen leiden müßten. Indes leiden sie weniger unter dem ausgearbeiteten Interrollenkonflikt, weil ihre Geschlechtsidentität in einem höheren Maße mit der Berufsstruktur kompatibel ist als jene der hegemonialen gesellschaftlichen Gruppe. Kurzum: Es spielt sich gegenwärtig eine reflexiv-modernisierte geschlechtsspezifische Sozialisation ab. In empirischen Untersuchungen muß der Genese der geschlechtsspezifischen Subjektivität vor dem Hintergrund des Konflikpotentials reflexiv-modernisierter Lebensverhältnisse nachgegangen werden. Große Zweifel habe ich in punkto der Benennung der benachteiligten Geschlechtersozialisation als traditional und patriarchal. Benutzen wir hier nicht Begriffe aus einem anderen Kontext, weil uns bessere fehlen? Zudem müßte die Interaktion der vier Elemente, die reflexiv-modernisierte Geschlechtersozialisation ausmachen, im Kontext differenter sozialstruktureller Positionierung genauer ausgearbeitet werden. Ferner müssen die geschlechterpädagogischen Konzepte überarbeitet werden: Der explizierte Begriff der Geschlechtersozialisation muß von der Geschlechterpädagogik ebenso berücksichtigt werden wie das Konfliktpotential der reflexiv-modernisierten Geschlechtersozialisation.

6. Literaturverzeichnis

Achter Jugendbericht (1990): Bericht über Bestrebungen und Leistungen der Jugendhilfe. BMfJFFG.

Adorno, Theodor. W. (1971): Erziehung zur Mündigkeit. Frankfurt am Main.

ders. u. a. (1993): Der Positivismusstreit in der deutschen Soziologie. München: Deutscher Taschenbuch Verlag.

ders. (1993c): Zur Logik der Sozialwissenschaften, in: ders. u. a. (1993), a. a. O., S. 125-143.

Albert, H. (1993a): Im Rücken des Positivismus, in: Adorno Theodor W. u. a. (1993), a. a. O., S. 267-305.

Albert, H. (1993b): Der Mythos der totalen Vernunft, in: Adorno Theodor W. u. a. (1993), a. a. O., S. 193-234.

Albert, H. / Stapf, K. H. (Hrsg. 1979): Theorie und Erfahrung. Stuttgart.

Allerbeck, K. / Hoag, W. (1985): Jugend ohne Zukunft? München.

Allemann-Tschopp, A. (1979): Die Bedeutung des ersten Kindes für die Geschlechtsrollen-Differenzierung - Eine explorative Studie zur Gewinnung von Untersuchungshypothesen, in: Degenhardt, A. / Trautner, H.-M. (Hrsg., 1979), a. a. O., S. 102-121.

Dies. (1979a): Geschlechtsrollen. Bern - Stuttgart - Wien.

Anweiler, O. u. a. (1990): Vergleich von Bildung und Erziehung in der Bundesrepublik Deutschland und in der Deutschen Demokratischen Republik. Verlag Wissenschaft und Politik.

Arbeitsgruppe Bielefelder Jugendforschung, Redaktion: Heitmeyer, W. / Olk, T. (1990): Das Individualisierungs-Theorem - Bedeutung für die Vergesellschaftung von Jugendlichen, in: dies. (Hrsg, 1990), a. a. O., S. 11-34.

Averill, J. R. (1982): Anger and aggression. New York, Springer.

Bachelard, G. (1980): Philosophie des Nein. Frankfurt am Main.

Badinter, E. (1991): Ich bin Du. Die neue Beziehung zwischen Mann und Frau oder Die androgyne Revolution, München.

Badura, J. (1988): Schlüsselqualifikationen - Konzept, Diskussionsstand und Konsequenzen für die VHS-Arbeit, in: VHS-Kurs- und Lehrgangsdienst, IV / 1988, S. 29-38.

Baethge, M. (1985): Individualisierung als Hoffnung und Verhängnis, in: Soziale Welt, 36/85, S. 299-312.

Baethge, M. (1989): Arbeit, Vergesellschaftung, Identität - Zur zunehmenden normativen Subjektivierung der Arbeit, in: Soziale Welt, S. 6-19.

Bales, Robert F. (1953): The Equilibrium Problem in Small Groups, Kapitel IV, in Talcott Parsons / Robert F. Bales / Edward A. Shills, Working Papers in the Theory of Action, New York, The Free Press of Glencoe, 1953).

Bandura, A. (1969); Social learning theory of identificatory processes, in: Goslin, D. A. (Hrsg., 1969): Handbook of socialization theory research. Chicago.

Ders. (1986): Social foundations of thought and action. A social cognitive theory. Englewood Cliffs: Prentice Hall.

Ders. / Walters, R. H. (1963): Social learning and personality development. New York.

Barz, H. (1984): Männersache. Kritischer Beifall für den Feminismus. Zürich.

Baumert, J. (1992): Koedukation oder Geschlechtertrennung, in: Zeitschrift für Pädagogik, S. 83-110.

Baur, J. (1988): Über die geschlechtsspezifische Sozialisation des Körpers, in: Zeitschrift für Sozialisationsforschung und Erziehungssoziologie, S. 152-161.

Beauvoir, Simone de (1968): Das andere Geschlecht. Reinbek bei Hamburg.

Beck, U. (1983): Jenseits von Stand und Klasse? In: Kreckel, R. (Hrsg., 1983), a. a. O., S. 35-74.

Ders. (1986): Risikogesellschaft. Frankfurt am Main.

Ders. (1988): Gegengifte. Frankfurt am Main.

Ders. (1990a).: Freiheit oder Liebe, in: Ders. / Beck-Gernsheim, E. (1990), a. a. O., S. 20-64.

Ders. (1990b): Der späte Apfel Evas oder die Zukunft der Liebe, in: Ders. / Beck-Gernsheim, E. (1990), a. a.O., S. 184-221.

Ders. (1991a): Der Konflikt der zwei Modernen, in: Zapf, W. (Hrsg., 1991), a. a. O., S. 40-53.

Ders. (1993): Die Erfindung des Politischen. Frankfurt am Main.

Ders. (1994): Jenseits von Stand und Klasse? In: Ders. / Beck-Gernsheim, E. (Hrsg., 1994), a. a. O., S. 43-73.

Ders. / Beck-Gernsheim, E. (1990): Das ganz normale Chaos der Liebe. Frankfurt am Main.

Ders. / Beck-Gernsheim, Elisabeth (1993a): Nicht Autonomie, sondern Bastelbiographie, in: Zeitschrift für Soziologie, 3/93, S. 178-187.

Ders. / Dies. (1994): Individualisierung in modernen Gesellschaften - Perspektiven und Kontroversen einer subjektorientierten Soziologie, in: Ders. / Dies. (Hrsg., 1994), a. a. O., S. 10-39.

Ders. / Dies. (Hrsg., 1994): Riskante Freiheiten. Frankfurt am Main.

Ders. u. a. (1978): Berufliche Arbeitsteilung und soziale Ungleichheit. Frankfurt am Main.

Beck-Gernsheim, E. (1976): Der geschlechtsspezifische Arbeitsmarkt. Frankfurt am Main.

Dies. (1980): Das halbierte Leben. Männerwelt Beruf. Frauenwelt Familie. Frankfurt am Main.

Dies. (1983): Vom „Dasein für andere" zum Anspruch auf ein Stück „eigenes Leben", in: Soziale Welt, S. 307-340.

Dies. (1990a): Von der Liebe zur Beziehung? In: Beck, U. / Dies. (1990), a. a. O.

Dies. (1990b): Freie Liebe, freie Scheidung, in: Beck, U. / Dies. (1990), a. a. O., S. 105-134.

Dies. (1990c): Ist Liebe weiblich? In: Krüger, H.-H. (Hrsg., 1990), a. a. O., S. 61-78.

Dies. (1992): Anspruch und Wirklichkeit - Zum Wandel der Geschlechtsrollen in der Familie, in: Schneewind, Klaus A. (1992, Hrsg.), a. a. O., S. 37-47.

Beer, U. (1991): Geschlecht, Struktur, Geschichte. Habilitationsschrift. Frankfurt am Main.

Behnken, I. u. a. (1991): Schülerstudie '90. Weinheim und München.

Belotti, E. (1975): Was geschieht mit kleinen Mädchen? München.

Bem, Sandra L. (1974): The measurment of psychological androgyny, in: Journal of Consulting and Clinical Psychology, S. 155-162.

Bem, Sandra L. (1975): Sex-role adaptability: One consequences of psychological androgyny, in: Journal of Consulting and Clinical Psychology, S. 634-643.

Bem, Sandra L. (1977): On the utility of alternative procedures for assessing psychological androgyny, in: Journal of Consulting and Clinical Psychology, S. 196-205.

Bem, Sandra L. (1981): Gender schema theory: A cognitive account of sex typing, in: Psychological Review 88, S. 354-364.

Bem, Sandra L. (1983): Gender schema theory and its implications for child development: Raising gender-aschematic children in a gender-schematic society, in: Signs, 8, S. 598-616.

Bem, Sandra L. (1985): Androgyny and gender schema theory: A conceptual and empirical integration, in: Sonderegger, Th. (Hrsg.): Nebraska symposium on motivation. Lincoln, Nebr.: University of Nebraska Press, S. 179-226.

Bendix, R. (1969): Modernisierung in internationaler Perspektive, in: Zapf, W. (Hrsg. 1979): Theorien des sozialen Wandels. 4. Auflage 1979, S. 502-512.

Benjamin, J. (1990): Die Fesseln der Liebe. Psychoanalyse, Feminismus und das Problem der Macht. Stroemfeld/Roter Stern.

Berger, J. (Hrsg. 1986): Die Moderne - Kontinuität und Zäsuren. Soziale Welt. Sonderband 4. Göttingen.

Ders. (1988): Modernitätsbegriffe und Modernitätskritik in der Soziologie, in: Soziale Welt, S. 224-236.

Berger, P. A. / Hradil, St. (1990): Lebenslagen, Lebensläufe, Lebensstile. Soziale Welt, Sonderband 7. Göttingen.

Dies. (1990): Die Modernisierung sozialer Ungleichheit - und die neuen Konturen ihrer Erforschung, in: dies., a. a. O., S. 3-24.

Berger, P. L. u. a. (1987): Das Unbehagen in der Modernität. Frankfurt am Main.

Bernstein, B. (1972): Studien zur sprachlichen Sozialisation. Düsseldorf.

Bertram, H. (1978): Gesellschaft, Familie und moralisches Urteil. Weinheim und Basel.

ders. (1981): Sozialstruktur und Sozialisation. Darmstadt und Neuwied.

Ders. (1981a): Einleitung, Themenbereich 5, Soziale und individuelle Entwicklung: diachrone Analysen, in: Matthes, Joachim (Hrsg., 1981), a. a. O., S. 465-468

Ders. (1982): Von der schichtenspezifischen zur sozialökologischen Sozialisationsforschung, in: Vaskovics, L. A. (Hrsg. 1982): Umweltbedingungen familialer Sozialisation. Stuttgart, S. 25-54.

Ders. (1991a): Soziale Ungleichheit, soziale Räume und sozialer Wandel, in: Zapf, W. (Hrsg., 1991), a. a. O., S. 636-666.

Ders. (1991b): Die Familie in Westdeutschland. DJI: Familien-Survey 1. Opladen.

Ders. (1991c): Familie und soziale Ungleichheit, in: Ders. (1991b), a. a. O., S. 235-273.

Ders. (1991d): Einführung in das Gesamtwerk, in: Ders. (1991b): a. a. O., S. i-xix.

Ders. (1992): Die Familie in den neuen Bundesländern. DJI: Familien-Survey 2. Opladen.

Ders. (1992a): Regionale Disparitäten, soziale Lage und Lebensführungen, in: Hradil, St. (Hrsg. 1992), a. a. O., S. 123-150.

Ders. (1993): Die Familie in den großen Städten - Zur Entwicklung familialer Lebensformen in Leipzig, München, Stuttgart und Frankfurt, in: Schäfers, B. (Hrsg., 1993), a. a. O., S. 299-308.

Ders. u. a. (Hrsg. 1989): Blickpunkt Jugend und Familie. DJI Materialien. Weinheim und München.

Ders. / Dannenbeck, C. (1990): Pluralisierung von Lebenslagen und Individualisierung von Lebensführungen, in: Berger, P. A. / Hradil, St. (1990), a. a. O., S. 207-229.

Ders. / Dannenbeck, C. (1991): Familien in städtischen und ländlichen Regionen, in: Ders. (1991b), a. a. O., S. 79-110.

Bierhoff-Alfermann, D. (1989): Androgynie. Opladen.

Bilden, H. (1980): Geschlechtsspezifische Sozialisation, in: Hurrelmann, K. / Ulich, D. (Hrsg., 1980), a. a. O., S. 777-812.

Dies. (1989): Geschlechterverhältnis und Individualität im Umbruch, in: Keupp, H. / Dies. (Hrsg., 1989), a. a. O., S. 19-46.

Dies. (1991): Geschlechtsspezifische Sozialisation, in: Hurrelmann, K. / Ulich, D. (Hrsg., 1991), a. a. O., S. 279-301.

Blau, P. M. (1978): Parameter sozialer Strukturen, in: Ders. (Hrsg., 1978): Theorien sozialer Strukturen. Opladen, S. 201-233.

Block, J. (1983): Differential premises arising from differentials socialization of the sexes. Some conjectures, Child Development, 54, S. 1335-1354.

Block, J (1985): Sex-role identity and ego development. San Francisco: Jossey Bass.

Bock, G. / Duden, B. (1977): Arbeit aus Liebe - Liebe als Arbeit, in: Berliner Dozentinnengruppe (Hrsg.): Frauen und Wissenschaft, Berlin.

Bock, U. (1988): Androgynie und Feminismus. Weinheim und Basel.

Böhmecke, W. u. a. (1981): Ausbildungsabsichten und Ausbildungsentscheidungen von Schülern der gymnasialen Oberstufe, in: Giesen, H. u. a. (Hrsg., 1981): Vom Schüler zum Studenten, München, S. 21-77.

Böhnisch, L. / Winter, R. (1993): Männliche Sozialisation. Weinheim und München.

Bolte, K. M. / Voß, G. (1988): Veränderungen im Verhältnis von Arbeit und Leben, in: Reyher, L. / Kühl, J. (Hrsg. 1988): Resonanzen. Arbeitsmarkt- und Berufsforschung und Politik. Beitr. AB 111, Nürnberg 1988, S. 72-93.

Bongers, D. (1984): Männerselbstbilder. Unveröffentlichte Dissertation. TU Berlin.

Bortz, J. (1984): Lehrbuch der empirischen Forschung. Berlin.

Bortz, J. (1989): Statistik für Sozialwissenschaftler. Berlin.

Bourdieu, P. (1983): Ökonomisches Kapital, kulturelles Kapital, soziales Kapital, in: Kreckel, R. (Hrsg., 1983), a. a. O., S. 183-198.

Brand, K.-W. u. a. (1986): Aufbruch in eine andere Gesellschaft. Neue soziale Bewegungen in der Bundesrepublik. Frankfurt am Main.

Brandstädter, J. (1985): Kontinuität, Wandel und Kontext: Zum Problem des Spielraums menschlicher Entwicklung. Berichte aus der Arbeitsgruppe „Entwicklung und Handeln", Nr. 12, Universität Trier.

Brandt, C. (1990): Die Metamorphosen des 175er. Schwulenverfolgung im Spiegel des deutschen Homosexuellenparagraphen - ein juristischer Streifzug, in: Die Tageszeitung (taz), 9. Juni 1990, S. 13.

Bredenkamp, J. (1972): Der Signifikanztest in der psychologischen Forschung. Frankfurt am Main.

Breitenbach, E. (1994): Geschlechtsspezifische Interaktion in der Schule, in: Deutsche Schule, S. 179-191.

Brenner, G. / Grubauer, F. (Hrsg., 1991): Typisch Mädchen? Typisch Junge? Weinheim und München.

Brock, D. (1988): Vom traditionellen Arbeiterbewußtsein zum individualisierten Handlungsbewußtsein, in: Soziale Welt, S. 413-434.

Ders. (1990): Wie verknüpfen Männer Arbeitsorientierungen mit privaten Lebensinteressen? In: Hoff, Ernst-H. (Hrsg., 1990), a. a. O., S. 97-124.

Ders. (1991): Die Risikogesellschaft und das Risiko soziologischer Zuspitzung, in: Zeitschrift für Soziologie, S. 12-24.

Ders. (1993): Wiederkehr der Klassen? In: Soziale Welt, S. 177-198.

Brody, L. R. (1985): Gender differences in emotional development: A new review of theories and research. Journals of Personality, 53/1985, S. 102-159.

Brod, H. (Eds., 1987): The making of masculinities. The new men's studies. London.

Bronfenbrenner, U. (1981): Die Ökologie menschlicher Entwicklung. Stuttgart.

Ders. (1986): Ecology of the family as a context for human development: research perspectives, in: Developmental Psychology, 22(6), S. 723-742.

Ders., D. M. u. a. (1970) Sex-role, stereotypes and clinical judgements of natural health, in: Journal of consulting and clinical psychology, S. 1-7.

Brzoska, G. / Hafner, G. (o.J.): Möglichkeiten und Perspektiven der Veränderung der Männer, insbesondere der Väter - Forschung, Diskussion und Projekte in den Vereinigten Staaten von Amerika, Schweden und den Niederlanden. Literaturstudie im Auftrag des Bundesministeriums für Jugend, Familie, Frauen und Gesundheit. Manuskript o. J.

Bublitz, H. (1993): Geschlecht, in: Korte, H. / Schäfers, B. (Hrsg., 1993), a. a. O., S. 59-78.

Büchner, P. (1989): Vom Befehlen und Gehorchen zum Verhandeln, in: Preuss-Lausitz, Ulf u. a. (Hrsg., 1983), a. a. O., S. 196-212.

Ders. (1990): Aufwachsen in den 80er Jahren, in: Ders. u. a. (Hrsg., 1990), a. a. O., S. 79-93.

Ders. u. a. (Hrsg., 1990): Kindheit und Jugend im interkulturellen Vergleich. Opladen.

Bundesministerium für Jugend, Familie und Gesundheit (Hrsg., 1980): Frauen 80. Bonn.

Bundesministerium für Jugend, Familie und Gesundheit (Hrsg., 1984): Frauen in der Bundesrepublik Deutschland. Bonn.

Bundesministerium für Jugend, Familie, Frauen und Gesundheit (Hrsg., 1989): Männer und Frauen sind gleichberechtigt. Eine Ausstellung des Bundesministeriums für Jugend, Familie, Frauen und Gesundheit. Bonn.

Burkart, G. (1993): Individualisierung und Elternschaft - Das Beispiel USA, in: Zeitschrift für Soziologie, S. 159-177.

Ders. (1993a): Eine Gesellschaft von nicht-autonomen biographischen Bastlerinnen und Bastlern? In: Zeitschrift für Soziologie, S. 187ff..

Ders. (1994): Die Entscheidung zur Elternschaft. Stuttgart.

Butler, J. (1991): Variationen zum Thema Sex und Geschlecht, in: Nunner-Winkler, Gertrud (Hrsg., 1991), S. 56-76.

Caplan, P. J. u. a. (1985): Do sex-related differences in spatial abilities exist? American psychologist, 40, S. 786-799.

Carrigan, T. u. a. (1985): Toward a new sociology of masculinity, in: Theory and society, 14, S. 552-604.

Chodorow, N. (1985): Das Erbe der Mütter. München.

Clarke-Stewart, A. (1977): Child care and family: A review of research and some propositions for policy. New York.

Condorcet (1963): Entwurf einer historischen Darstellung der Fortschritte des menschlichen Geistes (1794), hrsg. von Alff, v. W., Frankfurt 1963.

Condorcet (1949): Bericht über die allgemeine Organisation des öffentlichen Unterrichtswesens, aus: Alt, R. (Hrsg.): Erziehungsprogramme der Französischen Revolution, Berlin/Leipzig 1949.

Connell, B. (1986): Zur Theorie der Geschlechterverhältnisse, in: Das Argument 157, S. 330-344.

Constantinople, A. (1973): Masculinity-femininity: An exception to a famous dictum? In: Psychology Bulletin, 80, S. 389-407.

Cooper, H. M. (1979): Statistically combining independent studies: A meta analysis of sex-differences in conformity research, in: Journal of Personality and Social Psychology 37, S. 131-146.

Cyba, E. (1993): Überlegungen zu einer Theorie geschlechtsspezifischer Ungleichheiten, in: Frerichs, P. / Steinrücke, M. (Hrsg., 1993), a. a. O., S. 33-49.

Czerwenka, K. u. a. (1990): Schülerurteile über die Schule. Frankfurt am Main.

Dahrendorf, R. (1957): Soziale Klassen und Klassenkonflikte in der industriellen Gesellschaft. Stuttgart.

Ders. (1964): Homo sociologicus. Opladen.

Ders. (1965): Gesellschaft und Demokratie in Deutschland. München.

Ders. (1968): Bildung ist Bürgerrecht. Hamburg.

Ders. (1979): Lebenschancen. Frankfurt am Main.

Ders. (1991): Die offene Gesellschaft und ihre Ängste, in: Zapf, W. (Hrsg., 1991), a. a. O., S. 140-150.

Ders. (1994): Der moderne soziale Konflikt. München.

Deaux, K. (1984): From individual differences to social categories: analysis of a decades 's of research of gender. American Psychologist, 39, S. 105-116.

Deaux, K. (1985): Sex and gender. Annual Review of Psychology, 36, S. 49-81.

Degenhardt, A. / Trautner, H.-M. (1979): Einleitung, in: Dies. / Trautner, H.-M. (Hrsg., 1979), a. a. O., S. 9-25.

Dies. (Hrsg., 1979): Geschlechtstypisches Verhalten. München.

Demant, H. (1955): Koedukation oder getrennte Erziehung? Frankfurt am Main.

Denmark, F. L. (1977): Psychology of women - Overview of an emerging field, in: Personality Social Psychology Bulletin, 3, S. 356-367.

Distler, L. S. (1970): The adolescent „hippie" and the emergence of a matritic culture, in: Psychiatry, 33, S. 362-371.

Dohm, H. (1986): Der Frauen Natur und Recht. Berlin 1876. Reprint: Neunkirch.

Doormann, L. (Hrsg., 1979): Keiner schiebt uns weg. Weinheim und Basel.

Dörner, D. (1974): Die kognitive Organisation beim Problemlösen. Bern.

Dörner, D. (1976): Problemlösen als Informationsverarbeitung. Stuttgart/Berlin/Köln/Mainz.

Dörre, K.: Schafft sich die autoritäre Technokratie selbst ab? In: Beck, U. (1991): Politik in der Risikogesellschaft. Frankfurt am Main, S. 232-247.

Dreitzel, H. Peter (1968): Das gesellschaftliche Leiden und das Leiden an der Gesellschaft. Stuttgart.

Duveen, G. / Lloyd, B. (1986): The significance of social identities. British journal of Social Psychology, 25, S. 219-230.

Easlea, B. (1986): Väter der Vernichtung. Reinbek bei Hamburg.

Eckert, R. (1979a): Gesellschaftliche Bedingungen der Frage nach den Geschlechtsrollen, in: Ders. (Hrsg., 1979), a. a. O, S. 9-14.

Ders. (1979b): Geschlechtsrollen im Wandel gesellschaftlicher Arbeitsteilung, in: Ders. (Hrsg., 1979), a. a. O., S. 234-257.

Ders. (Hrsg., 1979): Geschlechtsrollen und Arbeitsteilung. München.

Ehrenreich, B. (1984): Die Herzen der Männer. Reinbek bei Hamburg.

Eisenstadt, S. N. (1966): Von Generation zu Generation. Weinheim und München.

Ders. (1979): Tradition, Wandel, Modernität. Frankfurt am Main.

Elias, N. (1976a): Über den Prozeß der Zivilisation. 2 Bände. Frankfurt am Main.

Ders. (1991): Die Gesellschaft der Individuen. Frankfurt am Main.

Emnid-Institut (1954): Jugend zwischen 15 und 24. Hamburg/Bielefeld.

Enders-Dragässer, U. / Fuchs, C. (1989): Interaktionen der Geschlechter. Weinheim und München.

Erez, M. u. a. (1989): Effects of Sex or Sex Role Typing? In: Journal of Vocational Behavior, 3/1989, S. 350-366.

Erikson, Erik H. (1970): Jugend und Krise. Stuttgart.

Ders. (1992): Der vollständige Lebenszyklus. Frankfurt am Main.

Ders. (1993): Identität und Lebenszyklus. Frankfurt am Main.

Ders. (1974): Kindheit und Gesellschaft. Stuttgart.

Erlinghagen, K. (1965): Katholisches Bildungsdefizit. Freiburg.

Esser, H. (1987): Ulrich Beck, Risikogesellschaft, Auf dem Weg in eine andere Moderne, Frankfurt am Main, 1986, in: Kölner Zeitschrift für Soziologie und Sozialpsychologie, 1987, S. 806-811.

Fagot, B. I. (1977): Consequences of moderate cross-gender behavior in preschool children, in: Child Development, 48, S. 902-907.

Fagot, B. I. (1985a): Changes in thinking about early sex role development, in: Developmental Review, 5, S. 83-98.

Fagot, B. I. (1985b): Beyond the reinforcement principle: Another step toward understanding sex role development, in: Developmental Psychology, 21, S. 1097-1104.

Fahrenberg, J. u. a. (1973): Freiburger Persönlichkeitsinventar (FPI). Göttingen.

Falconnet, G. / Lefaucheur, N. (1977): Wie ein Mann gemacht wird. Berlin.

Faulstich-Wieland, H. (1991): Koedukation-Enttäuschte Hoffnung? Darmstadt.

Faulstich-Wieland, H. / Horstkemper, M. (1985): Lebenspläne und Zukunftsentwürfe von Jungen und Mädchen am Ende der Sekundarstufe I, in: Die Deutsche Schule, S. 478-491.

Dies. (1992): „Ohne Jungs fehlt der Klasse der Pep!" In: Die Deutsche Schule, S. 348-360.

Faulstich-Wieland, H. u. a. (1984): Erfolgreich in der Schule, diskriminiert im Beruf: Geschlechtsspezifische Ungleichheiten bei der Berufseinmündung, in: Rolff, H. G. u. a. (1984), a. a. O., S. 117-143.

Favreau, O. E. (1977): Sex bias in psychological research, in: Canadian Psychological Review: Psychologie Canadienne, 18, S. 56-65.

Feldmann-Neubert, C. (1991): Frauenleitbild im Wandel 1948-1988. Weinheim.

Femers, S. / Hörmann, U. (1990): Zur Wechselwirkung von Arbeit und Freizeit. Vorstellungsmuster und biographische Konfigurationen dargestellt am Beispiel von Krankenpflegern, in: Hoff, Ernst-H. (Hrsg. 1990), a. a. O., S. 74-98.

Fend, H. (1988): Sozialgeschichte des Aufwachsen. Frankfurt am Main.

Ders. (1990): Vom Kind zum Jugendlichen. Bern / Stuttgart / Toronto.

Ders. (1991a): Identitätsentwicklung in der Adoleszenz. Bern / Stuttgart / Toronto.

Ders. (1994a): Einleitung zum Themenheft Aggression, Rechtsradikalismus, Ausländerfeindlichkeit, in: Zeitschrift für Sozialisationsforschung und Erziehungssoziologie, S. 98-101.

Ders. (1994b): Ausländerfeindlich-nationalistische Weltbilder und Aggressionsbereitschaft bei Jugendlichen in Deutschland und in der Schweiz - kontextuelle und personale Antezedensbedingungen, in: Zeitschrift für Sozialisationsforschung und Erziehungssoziologie, S. 131-162.

Fichte, J. G. (1845): Grundlage des Naturrechts nach Prinzipien der Wissenschaftslehre. Hamburg 1967.

Fischer, A. (1992): Politik und jugendliche Lebenswelt, in: Shellstudie '92. Band 2. Opladen, S. 49-58.

Foundraine, J. (1961): Schizophrenia and the Family. A Survey, in: Acta Psychotherapeutica, Bd. 9, S. 82ff.

Foundraine, J. (1961): Schizophrenia and the Family. A Survey, in: Acta Psychotherapeutica, Bd. 9, S. 82ff...

Frauen im pädagogischen Diskurs. Eine interdisziplinäre Bibliographie 1984-1988. Schultz, B. (1989). Frankfurt am Main.

Frerichs, P. / Steinrücke, M. (Hrsg., 1993): Soziale Ungleichheit und Geschlechterverhältnis. Opladen.

Friedan, B. (1982): Der zweite Schritt. Reinbek bei Hamburg.

Friedrichsmeyer, S. L. (1983): The Androgyne in Early German Romanticism. Friedrich Schlegel, Novalis and the Metaphysis of Love. Bern.

French, M. (1988): Jenseits der Macht. Reinbek bei Hamburg.

Freud, S. (1969): Studienausgabe, hrsg. von Mitscherlich, A./Richards, A./Strachey, J., 10 Bde, sowie Ergänzungs- und Kommentarband, Frankfurt am Main 1969ff.

Fromm, E. (1988): Die Furcht vor der Freiheit. Frankfurt am Main - Berlin.

Fuchs, W. (1983): Jugendliche Statuspassage oder individualisierte Jugendbiographie, in: Soziale Welt, S. 341-371.

Gage, N. / Berliner, D. C. (1986): Pädagogische Psychologie. Weinheim und Basel.

Garai, J. E. / Scheinfeld, A. (1968): Sex differences in mental and behavioral traits, in: Genetic Psychology Monographs, 77, S. 169-299.

Garaudy, R. (1982): Der letzte Ausweg. Olten-Freiburg/Breisgau.

Garfinkel, H. (1967): Studies in Ethnomethodology. Englewood Cliffs.

Gecas, V. (1979): The influence of social class onsocialisation, in: Burr, W. u. a. (Eds., 1979): Contemporary theories about the family. Vol. I, New York, S. 365-404.

Geheeb, P. (1935): Die kulturelle Aufgabe der Koedukation, Goldstern.

Gehlen, A. (1961): Anthropologische Forschung. Reinbek bei Hamburg.

Geiger, T. (1949): Die Klassengesellschaft im Schmelztigel. Köln: Opladen.

Ders. (1972): Die soziale Schichtung des deutschen Volkes. Darmstadt (zuerst 1932).

Geißler, R. (1990): Schichten in der postindustriellen Gesellschaft. Die Bedeutung des Schichtbegriffs für die Analyse unserer Gesellschaft, in: Berger, P. A. / Hradil, St. (1990), a. a. O., S. 81-101.

Gerhardt, U. u. a. (Hrsg., 1990): Differenz und Gleichheit. Menschenrechte haben (k)ein Geschlecht. Frankfurt am Main.

Gerl, H.-B. (1988): Frauenbilder in der Geschichte, in: Aus Politik und Zeitgeschichte. Beilage zur Wochenzeitung Das Parlament, B 44/1988, S. 29.

Gern, C. (1992): Geschlechtsrollen: Stabilität oder Wandel? Opladen.

Geulen, D. (1973): Thesen zur Metatheorie der Sozialisation, in: Walter, H. (Hrsg., 1973a), a. a. O., S. 85-101.

Ders. (1980): Die historische Entwicklung sozialisationstheoretischer Paradigmen, in: Hurrelmann, K. / Ulich, D. (Hrsg., 1980), a. a. O., S. 15-49.

Ders. (1981): Zur Konzeptualisierung sozialisationstheoretischer Entwicklungsmodelle, in: Matthes, Joachim (Hrsg., 1981), a. a. O., S. 537-556.

Ders. (1987): Zur Integration von entwicklungspsychologischer Theorie und empirischer Sozialisationsforschung, in: Zeitschrift für Sozialisationsforschung und Erziehungssoziologie, S. 2-25.

Ders. (1989): Das vergesellschaftete Subjekt. Zur Grundlegung der Sozialisationstheorie. Frankfurt am Main. Erstausgabe 1977.

Ders. (Hrsg., 1989b): Kindheit. Neue Aspekte und Realitäten. Weinheim.

Ders. (1989c): Einführung, in: Ders. (Hrsg., 1989b), a. a. O., S. 7-20.

Ders. (1989d): Einige theoretische und forschungsstrategische Probleme bei der Erforschung des Wandels der Sozialisationsbedingungen, in: Ders. (Hrsg., 1989b), a. a. O., S. 162-172.

Ders. (1991): Die historische Entwicklung sozialisationstheoretischer Ansätze, in: Hurrelmann, K. / Ulich, D. (Hrsg., 1991), a. a. O., S. 21-54.

Ders. / Hurrelmann, K. (1980): Zur Programmatik einer umfassenden Sozialisationstheorie, in: Hurrelmann, K. / Ulich, D. (Hrsg., 1980), a. a. O., S. 51-67.

Giddens, A. (1988): Die Konstitution der Gesellschaft - Grundzüge einer Theorie der Strukturierung. Frankfurt am Main.

Giesen, H. u. a. (1992): Die Bedeutung der Koedukation für die Genese der Studienfachwahl, in Zeitschrift für Pädagogik, S. 65-81.

Gildemeister, R. (1988): Geschlechtsspezifische Sozialisation, in: Soziale Welt, S. 486-503.

Gildemeister, R. / Wetterer, A. (1991): Wie Geschlechter gemacht werden, in: Traditionen Brüche. Bielefeld, S. 201-254.

Gilligan, C. (1984): Die andere Stimme. München.

Glaser, W. R. (1979): Statistische Entscheidungsprozeduren über Hypothesen in den Sozialwissenschaften, in: Albert, H. / Stapf, K. H. (Hrsg. 1979), a. a. O., Stuttgart.

Gloger-Tippelt, G. (1993): Geschlechtertypisierung als Prozeß über die Lebensspanne, in: Zeitschrift für Sozialisationsforschung und Erziehungssoziologie, S. 258-275.

Glücks, E. / Ottemeier-Glücks, F. G. (Hrsg. 1994): Geschlechtsbezogene Pädagogik. Münster.

Goffmann, E. (1977): The Arrangement between the Sexes, in: Theorie and Society, 4/1977, S. 301-331.

Ders. (1979): Gender Advertisment. Cambridge.

Goldberg, H. (1988): Der verunsicherte Mann. Reinbek bei Hamburg.

Gostin, David A. (Hrsg., 1973): Handbook of Socialisation Theory and Research. Chicago.

Gottschalch, W. u. a. (1971): Sozialisationsforschung. Frankfurt am Main.

Gottschall, K. (1990): Vom „weiblichen Arbeitsvermögen" zur „doppelten Verge-sellschaftung" - Zur Rezeption und Kritik eines für die Frauenforschung zentra-len Paradigmas, in: SAMF-Arbeitspapiere 1990-1, S. 40-53.

Graham, P. u. a.. (1973): Temperamental characteristics as predictor of behavior dis-orders in children, in: American Journal of Orthopsychiatry, S. 328-339.

Gramsci, A. (1967): Philosophie der Praxis. Frankfurt am Main.

Gräfrath, B. (1992): Wie gerecht ist die Frauenquote? Würzburg.

Greer, G. (1971): The female eunuch. St. Albans.

Grieswelle, D. (1974): Allgemeine Soziologie. Stuttgart.

Großmaß, R. (1989): Feminismus im Schoß der Familie, in: Dies. / Schmerl, C. (Hrsg., 1989): Feministischer Kompaß, patriarchalisches Gepäck. Frankfurt am Main, S. 172-210.

Grubitzsch, S. / Rexilius, G. (Hrsg., 1990): Psychologische Grundbegriffe. Reinbek bei Hamburg.

Grundmann, Matthias (1992): Familienstruktur und Lebenslauf. Frankfurt am Main.

Ders. (1994): Das „Scheitern" der sozialstrukturellen Sozialisationsforschung oder frühzeitiger Abbruch einer fruchtbaren Diskussion? In: Zeitschrift für So-zialisationsforschung und Erziehungssoziologie, S. 163-186.

Gumperz, J. J.(Ed., 1982): Language and social identity. Cambridge.

Habermas, Jürgen (1973): Legitimationsprobleme im Spätkapitalismus. Frankfurt am Main.

Ders. (1973b): Stichworte zu einer Theorie der Sozialisation (1968), in: Ders. (1973a): Kultur und Kritik. Frankfurt am Main, S. 118-194.

Ders. (1976a): Moralentwicklung und Ich-Identität, in: Ders. (1976): Zur Rekonstruk-tion des historischen Materialismus. Frankfurt am Main, S. 62-92.

Ders. (1988a): Theorie des kommunikativen Handelns. Band 1. Frankfurt am Main.

Ders. (1988b): Theorie des kommunikativen Handelns. Band 2. Frankfurt am Main.

Ders. (1994): Individuierung durch Vergesellschaftung, in: Beck, U. / Beck-Gerns-heim, E. (Hrsg., 1994), a. a. O., S. 437-446.

Hagemann-White, C. (1984): Sozialisation: weiblich - männlich? Opladen.

Dies. / Rerrich, Maria S. (1988): FrauenMännerBilder. Bielefeld.

Handl, J. (1993): Frauen in der Mobilitäts- und Schichtungsforschung, in: Frerichs, P. / Steinrücke, M. (Hrsg., 1993), S. 13-29.

Harding, S. (1990): Feministische Erkenntnisse - Parteilichkeit und Theorie, in: Das Argument, 32. Jahrgang, Heft 4, 7-8/1990, S. 559-569.

Hausen, K. (1978): Die Polarisierung der „Geschlechtscharaktere" - Eine Spiegelung der Dissoziation von Erwerbs- und Familienarbeit, in: Rosenbaum, H. (Hrsg., 1978), a. a. O., S. 161-191.

Heigl-Evers, A. (Hrsg., 1984): Sozialpsychologie. Band 1. Weinheim und Basel.

Heitmeyer, W. (1989): Rechtsextremistische Orientierungen bei Jugendlichen. Weinheim und München.

Ders. (1992a): Desintegration und Gewalt, in: deutsche jugend, S. 109-122.

Ders. u. a. (1992): Die Bielefelder Rechtsextremismus-Studie. Weinheim und München.

Ders. / Olk, T. (Hrsg, 1990): Individualisierung von Jugend. Weinheim und München.

Helburn, A. B., Jr. (1976): Measurement of masculine and feminine sex role identies als independent dimensions. Journal of Consulting and Clinical Psychology, S. 183-190.

Held, J. u. a. (1991): „Du mußt so handeln, daß Du Gewinn machst...", in: deutsche jugend, S. 482-495.

Helmreich, R. L. u. a. (1981): A psychometric analysis of the Personal Attributes Questionnaire, in: Sex Roles, S. 1097-1108.

Hempel, Carl G. (1965): Typologische Methoden in den Sozialwissenschaften, in: Topitsch, E. (Hrsg.; 1965), a. a. O., S. 85-103.

Hepting, R. (1978): Mädchenbildung versus Koedukation. Stuttgart.

Herrmann, T. (1984): Methoden als Problemlösemittel, in: Roth, E. (Hrsg., 1984), a. a. O., S. 18-46.

Heyer P. u. a (1990): Wohnortnahe Integration. Weinheim und München.

Hilgers, A. (1994): Geschlechterstereotype und Unterricht. Weinheim und München.

Hirschauer, S. (1989): Die interaktive Konstruktion von Geschlechtszugehörigkeit, in: Zeitschrift für Soziologie, 18/89, S. 100-118.

Ders. (1993): Die soziale Konstruktion der Transsexualität. Frankfurt am Main.

Hoeppel, R. (1991): Geschlechtsspezifische Sozialisation als Thema der Frauenforschung - Ergebnisse, Probleme, Perspektiven, in: Frauenforschung. Informationsdienst des Forschungsinstituts Frau und Gesellschaft. 3/91, S. 1-14.

Hoff, Ernst-H. (Hrsg., 1990): Die doppelte Sozialisation Erwachsener. Weinheim und München.

Hoffmann, B. (1993a): „Ich weiß nun langsam, daß ich ein Mann bin", in: pädextra, 1/93, S. 10-16.

Ders. (1993b): Irrweg Jungenarbeit, in: deutschen jugend, S. 438-446.

Ders. (1994): Geschlechterpädagogik. Münster.

Ders. (1995): Wie Männer und Frauen werden. Dissertation am FB Erziehungs- und Unterrichtswissenschaften. TU Berlin .

Ders. (1996): Fehlt Jungen- und Männerforschung? Zum Defizit geschlechtsspezifischer Sozialisationsforschung, in: Zeitschrift für Pädagogik (im Erscheinen).

Hoffmann, L. M. (1974): Effects on maternal employment on the child - a review of the research, in: Developmental Psychology, S. 204-228.

Hoffmann, L. M. (1979): Maternal employment, in: American Psychologist, S. 859-865.

Hofmann, C. (1979): Über das Unglück, kein Feminist sein zu dürfen, in: Ästhetik und Kommunikation, 37/1979, S. 27-35.

Hollstein, W. (1990): Die Männer. Stuttgart.

Ders. (1991a): Nicht Herrscher, aber kräftig. Reinbek bei Hamburg.

Ders. (1991b): Männlichkeit als ein sozialpädagogisches Problem, in: Neue Praxis, S. 200-210.

Holy, M. (1991): Historischer Abriß der zweiten deutschen Schwulenbewegung 1969-1989, in: Roth, R. / Rucht, D. (Hrsg., 1991), a. a. O., S. 138-160.

Holzkamp, Ch. / Rommelsbacher, B. (1991): Frauen und Rechtsextremismus. Wie sind Mädchen und Frauen verstrickt? In: pädextra, 1/1991.

Holzkamp, K. (1985): Grundlegung der Psychologie. Frankfurt.

Horkheimer, M. (1937): Traditionelle und kritische Theorie, in: Zeitschrift für Sozialforschung. Herausgegeben im Auftrag des Instituts für Sozialforschung von Max Horkheimer. Heft 2. Paris: Librairie Fèlix Alcan, S. 245-292.

Hradil, St. (1987): Sozialstrukturdaten in einer fortgeschrittenen Gesellschaft: von Klassen und Schichten zu Lagen und Milieus. Opladen.

Ders. (1992): Alte Begriffe und neue Strukturen, in: Ders. (Hrsg. 1992), a. a. O., S. 9-55.

Ders. (Hrsg. 1992): Zwischen Bewußtsein und Sein. Opladen.

Hurrelmann, K. (1973): Familiale Sozialisation und soziale Ungleichheit, in: Walter, H. (Hrsg., 1973), a. a. O., S. 23-40.

Ders. (1975): Erziehungssystem und Gesellschaft. Reinbek bei Hamburg.

Ders. (1983): Das Modell des produktiv realitätsverarbeitenden Subjekts in der Sozialisationsforschung, in: Zeitschrift für Sozialisationsforschung und Erziehungssoziologie, S. 91-103.

Ders. (1989): Einführung in die Sozialisationstheorie. Weinheim und Basel.

Ders. (1991): Junge Frauen: Sensibler und selbstkritischer als junge Männer, in: Pädagogik, 7-8/1991, S. 58-62.

Ders. (1993): Einführung in die Sozialisationstheorie. Weinheim und Basel.

Ders. (1994): Lebensphase Jugend. Weinheim und München.

Ders. / Ulich, D. (Hrsg., 1980): Handbuch der Sozialisationsforschung. Weinheim und Basel.

Dies. (Hrsg., 1991): Neues Handbuch der Sozialisationsforschung. Weinheim und Basel.

Dies. (1980): Einführung durch die Herausgeber: Aufgaben und Probleme der Sozialisationsforschung, in: Dies. (Hrsg., 1980), a. a. O., S. 7-12.

Dies. (1991): Gegenstands- und Methodenfragen der Sozialisationsforschung, in: Dies. (Hrsg., 1991), a. a. O., S. 3-20.

Hurrelmann, K. u. a. (1985): Lebensphase Jugend. Weinheim und München.

Huston, Aletha C. (1983): Sex-typing, in: Mussen, Paul H. (Hrsg.): Handbook of child psychology. Vol. 4. New York, S. 387-467.

Hyde, J. S. (1983): How large are cognitive gender differences? American Psychologist, 36, S. 892-901.

Hyde, J. S. (1984) How large are gender differences in aggression? Developmental psychology 20, S. 697-706.

Hyde, J. S. / Lynn, M. C. (1985): The psychology of gender. Baltimore.

Hyde, J. S. / Lynn, M. C. (1988): Are there sex differences in verbal abilities? In: Psychological Bulletin, 104, S. 53-69.

Illich, I. (1983): Genus. Reinbek bei Hamburg.

Imhof, Arthur E. (1981): Die gewonnenen Jahre. München.

Infas: Institut für angewandte Sozialwissenschaft (1988): Geschlechtsrollen im Wandel. Stuttgart.

Inglehart, R. (1989): Kultureller Umbruch. Frankfurt am Main.

Intons-Peterson, M. J. (1988a) Children 's concept of gender. Norwood.

Jacklin, C. N. (1989): Female and male: Issues of gender, in: American Psychologist, 44, S. 127-133.

Janssen-Jurreit, M. (1987): Sexismus. Frankfurt am Main..

Japp, K. (1984): Selbsterzeugung oder Fremdverschulden, in: Soziale Welt, 3/1984, S. 313-329.

Joas, H. (19783): Die gegenwärtige Lage der soziologischen Rollentheorie. Wiesbaden.

Ders. (1980): Rollen- und Interaktionstheorien in der Sozialisationsforschung, in: Hurrelmann, K. / Ulich, D. (Hrsg., 1980), a. a. O., S. 147-160.

Ders. (1988): Das Risiko der Gegenwartsdiagnose, in: Soziologische Revue, S. 1-6.

Ders. (1991): Rollen- und Interaktionstheorien in der Sozialisationsforschung, in: Hurrelmann, K. / Ulich, D. (Hrsg., 1991), a. a. O., S. 137-152.

Jugendwerk der Deutschen Shell (Hrsg., 1966): Jugend, Bildung und Freizeit. Hamburg.

Kagan, J. (1964): Acquisition and significance of sex typing and sex identity, in: Hoffmann, L. / Hoffmann, L. (Eds.): Review of child development research. Vol. I. New York.

Kant, Immanuel: Beobachtungen über das Gefühl des Schönen und Erhabenen (1764), in: Ders.: Vorkritische Schriften bis 1768, hrsg. v. Weischedel, Wilhelm, Bd. 2, Darmstadt, 1975, S. 399-690.

Kauermann-Walter J. u. a. (1988): Formale Gleichheit und diskrete Diskriminierung: Forschungsergebnisse zur Koedukation., in: Rolff, H.-G. u. a. (Hrsg., 1988), a. a. O.

Keddi, B. / Seidenspinner, G. (1991): Arbeitsteilung und Partnerschaft, in: Bertram, H. (1991b), a. a. O., S. 159-192.

Keller, H. (1979a): Die Entstehung von Geschlechtsunterschieden im ersten Lebensjahr, in: Degenhardt, A. / Trautner, H.-M. (Hrsg., 1979), a. a. O., S. 122-144.

Dies. (1979c): Einleitung, in: Dies (Hrsg., 1979), a. a. O., S. 11-20.

Dies. (Hrsg., 1979): Geschlechtsunterschiede. Weinheim und Basel.

Kemper, P. (Hrsg., 1988): „Postmoderne" oder Der Kampf um die Zukunft. Frankfurt am Main.

Kessler, S. / Mc Kenna, W. (1978) Gender. New York 1978.

Keupp, H. (1989a): Einleitung. Subjekt und Gesellschaft: Sozialpsychologische Verknüpfungen, in: Ders. / Bilden, H. (Hrsg., 1989), a. a. O., S. 9-18.

Ders. (1989b): Auf der Suche nach der verlorenen Identität, in: Ders. / Bilden, H. (Hrsg., 1989), a. a. O., S. 47-69.

Ders. / Bilden, H. (Hrsg., 1989): Verunsicherungen. Göttingen.

Kimmel, M. S. (1987a): The contemporary crisis of masculinity in historical perspective, in: Brod, H. (Eds., 1987), a. a. O., S. 121-154.

Ders. (Eds., 1987b): Changing men. London.

Klees, R. u. a. (1989): Mädchenarbeit. Weinheim und München.

Kleining, G. (1959): Die Idee des „echten Mannes" in Deutschland, in: Psychologie und Praxis.

Kleiter, G. D. (1969): Krise des Signifikanztests in der Psychologie, in: Jahrbuch für Psychologie, Psychotherapie und medizinische Anthropologie, S. 144-163.

Klemm, K. (1991): Äußere Schulreform: Erfahrungen aus 20 Jahren bundesdeutscher Entwicklung, in: Preuss-Lausitz, U. (Hrsg., 1991c), a. a. O., S. 17-28.

Klüssendorf, R. (1992): Soviel Mutter wie möglich - soviel Beruf wie nötig - Identität und Lebenspläne von jungen Bankkauffrauen, in: Tillmann, K.-J. (Hrsg., 1992), a. a. O., S. 65-78.

Knafla, L. / Kulke, C. (1991): 20 Jahre neue Frauenbewegung, in: Roth, R. / Rucht, D. (Hrsg., 1991), a. a. O., S. 91-115.

Knapp, Gudrun-A. (1989): Männliche Technik, weibliche Frau? In: Zeitbilder der Technik, in: Becker, D. u. a. (1989, Hrsg.), Bonn, S. 193-243.

Dies. (1990): Zur widersprüchlichen Vergesellschaftung von Frauen, in: Hoff, Ernst-H. (Hrsg., 1990), a. a. O., S. 17-52.

Kohlberg, L. (1974a): Zur kognitiven Entwicklung des Kindes. Frankfurt am Main.

Ders. (1974b): Analyse der Geschlechtsrollenkonzepte und -attitüden bei Kindern unter dem Aspekt der kognitiven Entwicklung, in: Ders. (1974), a. a. O., S. 334-467.

Kohli, M. (1980): Lebenslauftheoretische Ansätze in der Sozialisationsforschung, in: Hurrelmann, K. / Ulich, D. (Hrsg., 1980), a. a. O., S. 299-317.

Ders. (1985): Die Institutionalisierung des Lebenslaufs, in: Kölner Zeitschrift für Soziologie und Sozialpsychologie, 1985, S. 1-29.

Ders. (1986): Gesellschaftszeit und Lebenszeit, in: Berger, J. (Hrsg. 1986): a. a. O., S. 183-208.

Ders. (1991): Lebenslauftheoretische Ansätze in der Sozialisationsforschung, in: Hurrelmann, K. / Ulich, D. (Hrsg., 1991), a. a. O., S. 303-317.

Kohn, M. L. (1981): Persönlichkeit, Beruf und soziale Schichtung. Stuttgart.

Korte, H. / Schäfers, B. (Hrsg., 1993): Einführung in Hauptbegriffe der Soziologie. Opladen.

Korth, B. (1978): Superficiality and the dimensionality of sexism, in: Applied Psychology, 2, S. 51-61.

Krampen, G. (1979): Eine Skala zur Messung der normativen Geschlechtsrollen-Orientierung (GRO-Skala), in: Zeitschrift für Soziologie, 3/1979, S. 254-266.

Ders. (1980): Sozialisationsbezogene Antezedensbedingungen von normativen Geschlechtsrollenorientierungen, in: Zeitschrift für Soziologie, S. 378-383.

Ders. (1983): Eine Kurzform der Skala zur Messung normativer Geschlechtsrollen-Orientierungen, in: Zeitschrift für Soziologie, S. 152-156.

Krappmann, L. (1971): Soziologische Dimensionen der Identität. Stuttgart.

Ders. (1994): Mißlingende Aushandlungen - Gewalt und andere Rücksichtslosigkeiten unter Kindern im Grundschulalter, in: Zeitschrift für Sozialisationsforschung und Erziehungssoziologie, S. 102-117.

Kraul, M.. / Wirrer, R. (1993): Die Einführung der Koedukation: pädagogische oder pragmatische Begründung?, In: Die Deutsche Schule, S. 84-97.

Kreckel, R. (Hrsg., 1983): Soziale Ungleichheiten. Sonderband 2 der Sozialen Welt. Göttingen.

Ders. (1991): Geschlechtssensibilisierte Soziologie. In: Zapf, W. (Hrsg., 1991), a. a. O., S. 370-382.

Ders. (1992): Politische Soziologie der sozialen Ungleichheit. Frankfurt am Main.

Ders. (1993): Doppelte Vergesellschaftung und geschlechtsspezifische Arbeitsteilung, in: Frerichs, P. / Steinrücke, M. (Hrsg., 1993), a. a. O., S. 51-63.

Kreppner, K. (1991): Sozialisation in der Familie, in: Hurrelmann, K. / Ulich, D. (Hrsg., 1991), a. a. O., S. 321-334.

Krombholz, H. (1991): Arbeit und Familie, in: Bertram, H. (1991b), a. a. O., S. 193-231.

Ders. (Hrsg., 1988): Handbuch der Jugendforschung. Opladen.

Krüger, H.-H. (1990a): Zwischen Verallgemeinerung und Zerfaserung, in: Büchner, P. u. a. (Hrsg., 1990), a. a. O., S. 113-124.

Ders. (1990b): Erziehungswissenschaft im Spannungsfeld von Kontinuitäten und Zäsuren der Moderne, in: Ders. (Hrsg., 1990), a. a. O., S. 7-22.

Ders. (Hrsg., 1990): Abschied von der Aufklärung. Opladen.

Ders. (Hrsg., 1993): Handbuch der Jugendforschung. Opladen.

Krüger, H. (1990): Jugendliche zwischen Schule und Beruf in der Bundesrepublik Deutschland, in: Büchner, P. u. a. (Hrsg., 1990), a. a. O., S. 149-161.

Dies. / Born, C. (1990): Probleme der Integration von beruflicher und familialer Sozialisation in der Biographie von Frauen, in: Hoff, Ernst-H. (Hrsg. 1990), a. a. O., S. 53-73.

Kuhn, T. L. (1976): Die Struktur wissenschaftlicher Revolutionen. Frankfurt am Main.

Kürthy, T. (1978): Geschlechtsspezifische Sozialisation. 2 Bände. Paderborn.

Lamb, M. E. (1976): The role of the father in child development. Hillsdale.

Lamb, M. E. (1979): Paternal influences and the father's role: A personal perspective, in: American Psychologist, S. 938.943.

Lambda (1995): Wären Sie lieber ein normaler Mensch?; zu beziehen über das Jugendnetzwerk Lambda, Ackerstraße 12-13, 10115 Berlin.

Lehr, U. (1972): Das Problem der Sozialisation geschlechtsspezifischer Verhaltensweisen, in: Handbuch der Psychologie, Bd. VII Sozialpsychologie, 2. Halbband. Göttingen, S. 886-954.

Dies. (1984): Stereotypie und Wandlungen der Geschlechtsrollen, in: Heigl-Evers, A. (Hrsg., 1984): Sozialpsychologie. Band 1: Die Erforschung der zwischenmenschlichen Beziehungen. Weinheim und Basel: Beltz-Verlag, S. 264-275.

Leiprecht, R. (1990): „... da baut sich ja in uns ein Haß auf ...". Berlin.

Lenzen, D. (1985): Mythologie der Kindheit. Reinbek bei Hamburg.

Ders. (1991): Vaterschaft. Vom Patriarchat zur Alimentation. Reinbek bei Hamburg.

Lepsius, R. M. (1974): Sozialstruktur und soziale Schichtung in der Bundesrepublik Deutschland, in: Löwenthal, R. / Schwarz, H. P. (Hrsg. 1974): Die zweite Republik. Stuttgart 1974, S. 263-288.

Ders. (1974): Soziale Ungleichheit und Klassenstrukturen in der Bundesrepublik Deutschland, in: Wehler, H. U. (Hrsg. 1974): Klassen in der europäischen Sozialgeschichte. Göttingen.

Ders. (1977): Soziologische Theoreme über die Sozialstruktur der „Moderne" und der „Modernisierung", in: Koselleck, R. (Hrsg.): Studien zum Beginn der modernen Welt. Stuttgart.

Lerner, D. (1964): The Passing of Traditional Society. New York.

Lersch, P. (1950): Vom Wesen der Geschlechter. München-Basel.

Leschinsky, A.: Koedukation - Zur Einführung in den Thementeil, in: Zeitschrift für Pädagogik, S. 19-25.

Lidz, Th. (1971): Familie und psychosoziale Entwicklung. Frankfurt. New York 1963: The family an Human Adaptation, S. 39-119.

Lidz, Th. u. a. (1959): Die Familienumwelt des Schizophrenen, in: Psyche Xiii, 5 und 6.

Liebau, E. (1992): Habitus, Lebenslage und Geschlecht - Über Sozioanalyse und Geschlechtersozialisation, in: Tillmann, K.-J. (Hrsg., 1992), a. a. O., S. 134-147.

Limbach, J. (1988): Die Entwicklung des Familienrechts seit 1949, in: Nave-Herz, R. (Hrsg., 1988), a. a. O., S. 11-35.

Lindemann, G. (1994): Das paradoxe Geschlecht. Frankfurt am Main.

Linn, M. C. / Petersen, A. C. (1985): Emergence and characterization of sex differences in spatial ability: A meta-analysis, in: Child Development 56, S. 1479-1498.

Lipset, S. M. (1981): Political man: The Social Base of Politics. Baltimore.

Locksley, A. / Colten, M. E. (1979): Psychological androgyny: A case of mistaken identity? In: Journal of Personality and Social Psychological, S. 1017-1031.

Lüthi, K. (1985): Feminismus und RomantikWien.

Lynn, B (1965): Sex Role and Parental Identification, in: Gordon, I. J. (Eds., 1965): Human Development, Glenview, S. 74ff..

Lytton, H. / Rommney, D. M. (1991): Parents' differential socialization of boys and girls: A meta-analysis, in: Psychological Bulletin, 109, S. 267-296.

Maccoby, E. E. (Ed., 1966): The development of sex differences. Stanford.

Maccoby, E. E. / Jacklin, C. N. (Eds., 1974): The Psychology of sex differences. Stanford.

Macha, H. (1991): Mädchen- und Jungenerziehung in der Familie - Aspekte einer Anthropologie der Geschlechter, in: Frauenforschung. Informationsdienst des Forschungsinstituts Frau und Gesellschaft. 3/91, S. 15-26.

Mackensen, R. (1988): Die Postmoderne als negative Utopie, in: Soziologische Revue, S. 6-12.

Mamozai, Martha (1990): Komplizinnen. Reinbek bei Hamburg.

Männerbilder (1976). Hrsg. von Müller, Wolfgang / Pilgrim, Volker-Elis / Pross, Herbert / Roesch, Karlheinz Hans. Trikont-Verlag.

Mansel, J. (1993): Zur Reproduktion sozialer Ungleichheit, in: Zeitschrift für Sozialisationsforschung und Erziehungssoziologie, S. 36-60.

Ders. / Hurrelmann, K. (1991): Alltagsstreß bei Jugendlichen.Weinheim und München.

Martial, J. von (1989): Koedukation und Geschlechtertrennung in der Schule. Köln.

Marx, K. / Engels, F. (1958): Die deutsche Ideologie, in: Marx/Engels, Werke, Band 3. Berlin.

Matthes, J. (Hrsg., 1981): Lebenswelt und soziale Probleme. Frankfurt am Main.

Mayer, K. U. (1991): Soziale Ungleichheit und die Differenzierung von Lebensverläufen, in: Zapf, W. (Hrsg., 1991), a. a. O., S. 667-687.

Ders. / Blossfeld, H.-P. (1990): Die gesellschaftliche Konstruktion sozialer Ungleichheit im Lebenslauf, in: Berger, P. A. / Hradil, St. (1990), a. a. O., S. 297-318.

Mead, George H. (1973): Geist, Identität und Gesellschaft. Frankfurt am Main.

Mead, Margaret (1985): Mann und Weib. Reinbek bei Hamburg.

Melzer, W. / Hurrelmann, K. (1991): Individualisierungspotentiale und Widersprüche in der schulischen Sozialisation von Jugendlichen, in: Heitmeyer, W. / Olk, T. (Hrsg, 1990), a. a. O., S. 35-59.

Mennighaus, W. (Hrsg., 1983): Schlegel, Friedrich von: Theorie der Weiblichkeit. Insel-Taschenbuch.

Menschik, J. (1977): Feminismus. Geschichte. Theorie. Praxis. Köln.

Mertens, D. (1988): Das Konzept der Schlüsselqualifikationen als Flexibilitätsinstrument, in: Literatur- und Forschungsreport Weiterbildung, Heft 22, S. 33-46.

Mertens, W. (1991): Psychoanalytische Theorien und ihre Forschungsbefunde, in: Hurrelmann, K. / Ulich, D. (Hrsg., 1991), a. a. O., S. 77-97.

Metz-Göckel, S. (1988): Geschlechterverhältnisse, Geschlechtersozialisation und Geschlechtsidentität, in: Zeitschrift für Sozialisationsforschung und Erziehungssoziologie, S. 85-97.

Dies. / Müller, U. (1986): Der Mann. Weinheim und Basel.

Dies. (1987): Partner oder Gegner? In: Soziale Welt, 1987, S. 85-97.

Dies. / Nyssen, E. (1990): Frauen Leben Widersprüche. Zwischenbilanz der Frauenforschung. Weinheim und Basel.

Mies, M. (1988): Patriarchat und Kapital. Berlin.

Miller, W. B. (o. J.): Lower class culture as a generating milieu of gang deliquency, in: Journal of Social Issues, 14 (3).

Mischel, W. (1966): A Social-Learning View of Sex Differences in Behavior, in: Maccoby, E. (Ed. 1966), a. a. O., S. 56-81.

Ders. (1970): Sex-typing and socialization, in: Mussen, P. H. (Hrsg. 1970), a. a. O..

Mishler, E. G. / Waxler, N. E. (1967): Family Interaction Processes in Schizophrenia, in: Handel, G. (Eds., 1967): The Psychosocial Interior of the Family. Chicago, S. 469ff..

Mittäterschaft und Entdeckungslust/Studienschwerpunkt „Frauenforschung" am Inst. für Sozialpädagogik der TU Berlin (Hrsg.; 1989). Berlin.

Möller, K (1993): Rechte Jungs, in: Neue Praxis, 4/93, S. 314-328.

Mooser, J. (1983): Auflösung der proletarischen Milieus, in: Soziale Welt, S. 270-306.

Mundzeck, H. (1984): „Als Frau ist es wohl leichter, Mensch zu werden". Reinbek bei Hamburg.

Mussen, P. H. (Hrsg. 1970): Carmichael's Manual of Child Psychology. Vol. 2. New York.

Ders.. (1973): Early Sex-Role Development, in: Gostin, D. A. (Hrsg., 1973): Handbook of Socialisation Theory and Research. Chicago, S. 707-731.

Nave-Herz, R. (Hrsg., 1988): Wandel und Kontinuität der Familie in der Bundesrepublik Deutschland. Stuttgart.

Dies. (1988): Kontinuität und Wandel in der Bedeutung, in der Struktur und Stabilität von Ehe und Familie in der Bundesrepublik Deutschland, in: Dies. (Hrsg., 1988), a. a. O., Stuttgart, S. 61-94.

Dies. / Markefka, M. (Hrsg., 1989): Handbuch der Familien- und Jugendforschung. Band 1: Familienforschung. Neuwied.

Dies. (Hrsg., 1989): Handbuch der Familien- und Jugendforschung. Band 2: Jugendforschung. Neuwied.

Neidhardt, F. (1965): Schichtspezifische Vater- und Mutterfunktion im Sozialisationsprozeß, in: Soziale Welt, S. 339-348

Nietzsche, F. (1975a): Also sprach Zarathrusta. Stuttgart.

Ders. (1975b): Unschuld des Werdens I. Stuttgart.

Nisbet, R. A. (1966): The sociological Tradition. New York.

Nowak, J. (1988): Soziale Probleme und Soziale Bewegungen. Weinheim und Basel..

Nötzel, R. (1987): Spiel und geschlechtsspezifische Arbeitsteilung. Pfaffenweiler.

Nunner-Winkler, G. (1985): Identität und Individualität, in: Soziale Welt, S. 466-482.

Dies. (Hrsg., 1991): Weibliche Moral. Frankfurt am Main.

Dies. (1991): Zur Einführung: Die These von den zwei Moralen, in: Dies. (Hrsg., 1991), a. a. O. , S. 9-30.

Nyssen, E. / Schön, B. (1992): Traditionen, Ergebnisse und Perspektiven feministischer Schulforschung, in: Zeitschrift für Pädagogik .

Offe, C. (1973): Strukturprobleme des kapitalistischen Staates. Frankfurt am Main.

Olk, T. / Strikker, F. (1990): Jugend und Arbeit, in: Heitmeyer, W. / Olk, T. (Hrsg, 1990), a. a. O., S. 159-193.

Opp, K.-D. (1970): Methodologie der Sozialwissenschaften. Reinbek bei Hamburg.

Ortner, S. / Whitehead, H. (Hrsg., 1981): Sexual Meanings. The Cultural Construction of Gender and Sexuality. New York.

Osterland, M. (1990): „Normalbiographie" und „Normalarbeitsverhältnis", in: Berger, P. / Hradil, St. (1990), a. a. O., S. 351-362.

Ostner, I. / Schmidt-Waldherr, H. (1984): Arbeit und weiblicher Lebenszusammenhang, in: Mayer, C. u. a. (Hrsg., 1984): Mädchen und Frauen. München, S. 221-239.

Oswald, H. u. a. (1986): Grenzen und Brücken: Interaktionen zwischen Jungen und Mädchen im Grundschulalter, in: Kölner Zeitschrift für Soziologie und Sozialpsychologie, S. 560-580.

Oswald, H. u. a. (1988): Miteinander - Gegeneinander. Eine Beobachtungsstudie über Mädchen und Jungen im Grundschulalter, in: Pfister, G. (Hrsg., 1988): Zurück zur Mädchenschule? Pfaffenweiler, S. 173-192.

Ottomeyer, K. (1977): Ökonomische Zwänge und menschliche Beziehungen. Reinbek bei Hamburg.

Ders. (1991): Gesellschaftstheorien in der Sozialisationsforschung, in: Hurrelmann, K. / Ulich, D. (Hrsg., 1991), a. a. O., S. 153-186.

Parsons, T. (1942): Alter und Geschlecht in der Sozialstruktur der vereinigten Staaten, in: Ders. (1954): Essays in sociological theory. Glencoe. Deutsch: Beiträge zur soziologischen Theorie. Neuwied. 1964, S. 65-83.

Ders. (1947): Certain primaty sources and problems of aggressions in the social structure of the Western world, in: Psychiatry, 10, S. 167-181.

Ders. (1954): Essays in sociological theory. Glencoe. Deutsch: Beiträge zur soziologischen Theorie. Neuwied. (Original 1964).

Ders. (1954a): Das Vatersymbol, in: Ders. (1968): Sozialstruktur und Persönlichkeit. Frankfurt (Original 1964), S. 46-98.

Ders. (1968): Sozialstruktur und Persönlichkeit. Frankfurt (Original 1964).

Ders. (1968a): Einleitung, in: Ders. (1968): Sozialstruktur und Persönlichkeit (Original 1964). Frankfurt, S. 5-21.

Ders. (1952): Das Über-Ich und die Theorie der sozialen Systeme. (erstmals 1952), in: Ders. (1968): Sozialstruktur und Persönlichkeit. Frankfurt (Original 1964), S. 25-45.

Ders. / Bales, R. F. (1955): Family, socialization, and interaktion process. Glencoe, Ill., Free Press.

Pasolini, P. P. (1978): Freibeuterschriften. Berlin.

Peisert, H. (1967): Soziale Lage und Bildungschancen in Deutschland. München.

Petillon, H. (1978): Der unbeliebte Schüler. Braunschweig.

Ders. (1980): Soziale Beziehungen in Schulklassen. Weinheim.

Picht, G. (1964): Die deutsche Bildungskatastrophe. Olten und Freiburg.

Pilgrim, V.-Elis (1986): Manifest für den freien Mann. Reinbek bei Hamburg.

Ders. (1987): Der Untergang des Mannes. Reinbek bei Hamburg.

Pilot, H. (1989): Jürgen Habermas' empirisch falsifizierbare Geschichtsphilosophie, in: Adorno Theodor W. u. a. (1989), a. a. O., S. 307-334.

Pleck; J. H. (1975): Masculinity-femininity. Current and alternative paradigmas. Sex Roles 1, S. 161-178.

Popper, Karl R. (1965): Was ist Dialektik? In: Topitsch, E. (Hrsg.; 1965), a. a. O., S. 262-290.

Ders. (1987): Das Elend des Historizismus. Tübingen.

Ders. (1992a): Die offene Gesellschaft und ihre Feind. Band 1.Tübingen.

Ders. (1993): Die Logik der Sozialwissenschaften, in: Adorno Theodor W. u. a. (1993), a. a. O., S. 103-123.

Ders. (1994): Logik der Forschung. Tübingen.

Postler, J. / Schreiber, R. (Hrsg., 1985): Traditionalismus, Verunsicherung, Veränderung - Männerrolle im Wandel? Bielefeld.

Ders. (1985): Grundlagen, Erscheinungsformen und Wandlungstendenzen der männlichen Rolle, in: Ders. / Schreiber, R. (Hrsg., 1985).

Preissing, Ch. u. a. (1990): Veränderte Kindheitsbedingungen: Neue Freiheiten, neue Zumutungen, neue Chancen? In: Preuss-Lausitz u. a. (1990), a. a. O., S. 10-19.

Prengel, Annedore (1990): Der Beitrag der Frauenforschung zu einem anderen Blick auf die Erziehung von Jungen, in: Sozialmagazin, S. 36-47.

Dies. (1990b): Erziehung von Mädchen und Jungen, in: Pädagogik, S. 40-44.

Dies. (1993): Pädagogik der Vielfalt. Opladen.

Preuss-Lausitz, Ulf (1983): Vom gepanzerten zum sinnstiftenden Körper, in: Ders. u. a. (Hrsg., 1983), a. a. O., S. 89-106.

Ders. (1987a): Körper und Politik, in: Liebel, M. / Schonig, B. (Hrsg., 1987), a. a. O. , S. 131-147.

Ders. (1987b): Körper und Politik - Zur historischen Veränderung der Körpersozialisation im 20. Jahrhundert, in: deutsche jugend, S. 299-312.

Ders. (1991): Der Kaiserin neue Kleider? In: pädextra, S. 5-12.

Ders. (Hrsg., 1991c): Pädagogik zwischen Reform und Umbruch. Berlin: TUB-Dokumentation.

Ders. (1992a): Mädchen an den Rand gedrängt? In: Zeitschrift für Sozialisationsforschung und Erziehungssoziologie, S. 66-79.

Ders. (1993): Die Kinder des Jahrhunderts. Weinheim und Basel.

Ders. u. a. (Hrsg., 1983): Kriegskinder, Konsumkinder, Krisenkinder. Weinheim und Basel.

Ders. u. a. (1990): Selbständigkeit für Kinder - die große Freiheit? Weinheim und Basel.

Prokop, U. (1976): Weiblicher Lebenszusammenhang. Frankfurt am Main.

Pross, H. (1984): Die Männer. Reinbek bei Hamburg. 19781.

Rabe-Kleberg, U. (Hrsg., 1990): Besser gebildet und doch nicht gleich. Frau und Bildung in der Arbeitsgesellschaft. Bielefeld.

Rang, B. (1986): Zur Geschichte des dualistischen Denkens über Mann und Frau, in: Dahlhoff, J. u. a. (Hrsg., 1986): Frauenmacht in der Geschichte. Düsseldorf, S. 194-205.

Raschke, J. (1988): Soziale Bewegungen. Frankfurt am Main.

Ders. (1991): Zum Begriff der sozialen Bewegung, in: Roth, R. / Rucht, D. (Hrsg., 1991), a. a. O., S. 31-38.

Reh, S. (1992): Arbeitslose Mädchen in der Weimarer Republik - Zur Geschichte weiblicher Jugend, in: Tillmann, K.-.J. (Hrsg., 1992), a. a. O., S. 94-108.

Reichwein, R. (1970/71): Sozialisation und Individuation in der Theorie von Talcott Parsons, in: Soziale Welt, S. 161-184

Reinecker, H. (1984): Einzelfallanalyse, in: Roth, E. (Hrsg., 1984), a. a. O., S. 276-291.

Remplein, H. (1966): Die seelische Entwicklung des Menschen im Kindes- und Jugendalter. München.

Rerrich, Maria S. (1989): Was ist neu an den „Neuen Vätern"?, in: Keupp, H. / Bilden, H. (Hrsg., 1989), a. a. O, S. 93-102.

Rolff, H.-G. (1969): Sozialisation und Auslese durch die Schule. Heidelberg.

Ders. u. a. (Hrsg., 1989): Jahrbuch der Schulentwicklung, Bd. 5. Weinheim und München.

Ders. u. a. (Hrsg., 1990): Jahrbuch der Schulentwicklung, Bd. 6. Weinheim und München.

Rosenbaum, H. (Hrsg., 1978): Seminar: Familie und Gesellschaftsstruktur. Frankfurt am Main.

Dies. (1983): Die Konzeption der Sozialstruktur in der schichtenspezifischen Sozialisationsforschung, in: Kölner Zeitschrift für Soziologie und Sozialpsychologie, 1983, S. 41-58.

Roth, E. (Hrsg., 1984): Sozialwissenschaftliche Methoden. München.

Roth, R. (1987) Auf dem Weg in die Risikogesellschaft? In: Sozialwissenschaftliche Literaturrundschau, S. 19-25

Ders. / Rucht, D. (Hrsg., 1991): Neue soziale Bewegungen in der Bundesrepublik Deutschland. Bonn.

Ruble, D. N. (1980): A developmental perspective on theories of achievement motivation, in: Fyans, L. J., Jr. (Hrsg.): Achievement motivation. New York.

Rülcker, T. (1990): Selbständigkeit als pädagogisches Zielkonzept, in: Preuss-Lausitz, U. u. a. (1990), a. a. O., S. 20-27.

Rustemeyer, R. (1982): Wahrnehmungen eigener Fähigkeiten bei Jungen und Mädchen. Frankfurt am Main.

Dies. (1988): Geschlechtsstereotype und ihre Auswirkungen auf das Sozial- und Leistungsverhalten, in: Zeitschrift für Sozialisationsforschung und Erziehungssoziologie, 2/88, S. 115-129.

Scarbath, H. (1992): Abschied von der Kindheit - Jugend und Geschlecht in psychoanalytischer Sicht, in: Tillmann, K.-J. (Hrsg., 1992), a. a. O, S. 111-123.

Schäfers, B. (Hrsg., 1993): Lebensverhältnisse und soziale Konflikte im neuen Europa. Frankfurt am Main.

Schelsky, H. (1975): Die skeptische Generation. Frankfurt/Main.

Scheer, A. (1993): Möglichkeiten und Grenzen der Jugendarbeit mit rechten Jugendlichen, in: deutsche jugend, S. 127-125.

Ders. (Hrsg., 1992): Jugendarbeit mit rechten Jugendlichen. Bielefeld.

Schenk, H. (1979): Geschlechtsrollenwandel und Sexismus. Weinheim und Basel.

Dies. (1981): Die feministische Herausforderung. München.

Scheu, U.(1977): Wir werden nicht als Mädchen geboren, wir werden dazu gemacht. München.

Schleiermacher, F. E. D. (1860): Predigten über den christlichen Hausstand. Berlin: Reimer, S. 14-22.

Schmerl, Ch. (1978): Sozialisation und Persönlichkeit. Stuttgart.

Dies. (1990): Geschlechtsunterschiede, in: Grubitzsch, S. / Rexilius, G. (Hrsg., 1990), a. a. O., S. 379-393.

Schnack, D. / Neutzling, R. (1990): Kleine Helden in Not. Reinbek bei Hamburg.

Schneewind, K. A. (1991): Familienpsychologie. Stuttgart.

Ders. (1992, Hrsg.): Wandel der Familie. Göttingen.

Ders. (1992): Familie zwischen Rhetorik und Realität: eine familienpsychologische Perspektive, in: Ders. (1992, Hrsg.), a. a. O., S. 9-35.

Ders. u. a. (1983): Eltern und Kinder. Stuttgart.

Schopenhauer, A. (1851): Über die Weiber; Auszug aus Parerga und Paralipomena. Bonn. 1948.

Schoppe, W. (1994): Die Drohung mit dem Mutterkreuz, in: DIE ZEIT, Nr. 15, 8. April 1994, S. 70/71.

Schülein, J. A. (1989): Rollentheorie revisited, in: Soziale Welt, S. 481-496.

Schulze, G. (1993): Die Erlebnisgesellschaft. Frankfurt am Main - New York.

Schulze, H.-J. / Künzler, J. (1991): Funktionalistische und systemtheoretische Ansätze in der Sozialisationsforschung, in: Hurrelmann, K. / Ulich, D. (Hrsg. 1991), a. a. O, S. 121-136.

Schütze, Y. (1988): Zur Veränderung im Eltern-Kind-Verhältnis seit der Nachkriegszeit, in: Nave-Herz, R. (Hrsg., 1988), a. a. O., S. 95-114.

Dies. (1993): Geschlechtsrollen, in: Zeitschrift für Pädagogik, 4/93, S. 551-560.

Dies. / Geulen, D. (19892): Die „Nachkriegskinder" und die „Konsumkinder": Kindheitsverläufe zweier Generationen, in: Preuss-Lausitz, U. u. a. (Hrsg., 1983), a. a. O., S. 29-52.

Sechster Jugendbericht: Verbesserung der Chancengleichheit von Mädchen in der Bundesrepublik Deutschland. Bonn 1984.

Shellstudie `81. Band 1-3. Opladen.

Shellstudie `85. Band 1-5. Opladen.

Shellstudie '92. Band 1-5. Opladen.

Sielert, U. (1989): Jungenarbeit. Weinheim und München.

Sinus (1983): Die verunsicherte Generation. Opladen.

Sinus (1985): Jugend privat. Verwöhnt? Bindungslos? Hedonistisch? Opladen.

Spiegel, 22/1992: Die Männer schlagen zurück.

Squire, C. (1989): Significant Differences - feminism in psychology: London.

Statistisches Bundesamt (Hrsg., 1983): Frauen in Familie, Beruf und Gesellschaft. Wiesbaden.

Statistisches Bundesamt (Hrsg., 1983): Datenreport. Bonn.

Statistisches Bundesamt (Hrsg., 1988): Statistisches Jahrbuch. Bonn.

Steinkamp, G. (1980): Klassen- und schichtenspezifische Ansätze in der Sozialisationsforschung, in: Hurrelmann, K. / Ulich, D. (Hrsg., 1980), a. a. O., S. 253-284.

Ders. (1991): Sozialstruktur und Sozialisation, in: Hurrelmann, K. / Ulich, D. (Hrsg., 1991), a. a. O., S. 251-278.

Ders. / Stief, W. H. (1978): Lebensbedingungen und Sozialisation. Opladen.

Stopczyk, A. (1980): Was Philosophen über Frauen denken. München.

Sturzenhecker, B. (1991): Was folgt aus neuen Argumenten zu jugendlichem Rechtsextremismus für die pädagogische Praxis? In: deutsche jugend, S. 496-504.

Süssmuth, R. (1989): Gleichberechtigung der Frau im Parlament, in: Barzel, Rainer (Hrsg. 1989): Sternstunden des Parlaments. Heidelberg.

Taylor, M. C. / Hall, J. A. (1982): Psychological androgyny: Theories, methods, and conclusions, in: Psychological Bulletin, S. 347- 366.

Terman, L. M. / Miles, C. C. (1936): Sex and personality: Studies in masculinity and feminity. New York.

Teuter, L. (1989): A Mann is A Mann wanns A richtiger Mann is, in: Sozialextra, 1-2/1989, S. 10-13.

Theweleit, K. (1987): Männerphantasien. 2 Bd. Reinbek bei Hamburg.

Thürmer-Rohr, C. (1987): Vagabundinnen. Berlin.

Dies. (1988): Gesellschaftstheoretische Grundlagen feministischer Frauenforschung. Technische Universität Berlin, Studienschwerpunkt „Frauenforschung" am Institut für Sozialpädagogik. Unveröffentlichtes Vorlesungsmanuskript.

Dies. (1990): Texte zur feministischen Gesellschaftskritik, TU Berlin/Institut für Sozialpädagogik/Studienschwerpunkt Frauenforschung.

Dies. (1990a): Befreiung im Singular. Zur Kritik am weiblichen Egozentrismus, in: Dies. (1990).

Dies. (1990b): Natur statt Moral, in: Dies. (1990).

Tillmann, K.-J. (1989): Sozialisationstheorien. Reinbek bei Hamburg.

Ders. (1989): Sozialisation und Geschlecht - zugleich eine Einführung in psychologische Basistheorien, in: Ders. (1989), a. a. O., S. 41-100.

Ders. (1990): Das Leben nach der Schule, in: Rolff, H.-G. u. a. (Hrsg., 1990), a. a. O., S. 263-286.

Ders. (Hrsg., 1992): Jugend weiblich - Jugend männlich. Opladen.

Tittle, C. K. (1986): Gender research and education, in: American Psychologist, 41, S. 1161-1168.

Todt, E. (1992): Interesse männlich - Interesse weiblich, in: Shellstudie '92. Band 2. Opladen, S. 301-317.

Tölke, A. (1991): Partnerschaften und Eheschließungen, in: Bertram, H. (1991b), a. a. O., S. 113-157.

Topitsch, E. (Hrsg.; 1965): Logik der Sozialwissenschaften. Köln.

Ders. (Hrsg.; 1980): Logik der Sozialwissenschaften. Köln.

Tourraine, A. (1983): Soziale Bewegungen: Spezialgebiet oder zentrales Problem soziologischer Analyse?, in: Matthes, J. (Hrsg.), a. a. O., S. 94-105.

Trautner, H. M. (1979a): Psychologische Theorien der Geschlechtsrollenentwicklung, in: Degenhardt, A. / Ders. (Hrsg., 1979), a. a. O. , S. 50-84.

Ders. (1987): Geschlecht, Sozialisation und Identität, in: Frey, H. P. / Haußer, K. (Hrsg., 1987): Identität. Entwicklungen psychologische und soziologischer Forschung. Stuttgart, S. 29-42.

Ders. (1991): Entwicklung der Geschlechtstypisierung, in: Trautner, Hans-Martin (1991): Lehrbuch der Entwicklungspsychologie. Band 2: Theorien und Befunde. Göttingen, S. 322-410.

Ders. (1992): Lehrbuch der Entwicklungspsychologie. Band 1: Grundlagen und Methoden. Göttingen.

Ders. u. a. (1988): Unkenntnis - Rigidität - Flexibilität: Ein Entwicklungsmodell der Geschlechtsrollen-Stereotypisierung, in: Zeitschrift für Entwicklungspsychologie und pädagogische Psychologie, S. 105-120.

Ders. u. a. (1989): Längsschnittliche Analysen von Entwicklungsmerkmalen der Geschlechtstypisierung im Kindesalter. Arbeiten aus dem Forschungsprojekt, gefördert von der Deutschen Forschungsgemeinschaft. Schlußbericht. Münster und Frankfurt.

Tyrell, H. (1986): Geschlechtliche Differenzierung und Geschlechterklassifikation, in: Kölner Zeitschrift für Soziologie und Sozialpsychologie, 38, S. 450-489.

Tzankhoff, M. (1992): Interaktionsforschung und Geschlechtersozialisation - Zur Kritik schulischer Interaktionsstudien, in: Tillmann, K.-J. (Hrsg., 1992), a. a. O., S. 125-133.

Ulich, D. (1991): Zur Relevanz verhaltenstheoretischer Lern-Konzepte für die Sozialisationsforschung, in: Hurrelmann, K. / Ders. (Hrsg., 1991), a. a. O., S. 57-75.

Walker, L. J. (1991): Geschlechtsunterschiede in der Entwicklung des moralischen Urteils, in: Nunner-Winkler, G. (Hrsg., 1991), a. a. O., S. 109-120.

Walter, H. (Hrsg., 1973a): Sozialisationsforschung, Band I. Stuttgart.

Ders. (Hrsg., 1973b): Sozialisationsforschung, Band II. Stuttgart.

Ders. (Hrsg., 1973c): Sozialisationsforschung, Band III. Stuttgart.

Watzlawick, P. (1978): Wie wirklich ist die Wirklichkeit? München.

Weber, Max (1980): Wirtschaft und Gesellschaft. Tübingen..

Welsch, W. (1988): „Postmoderne". Genealogie und Bedeutung eines umstrittenen Begriffes, in: Kemper, P. (Hrsg. 1988), a. a. O., S. 9-36.

Willis, P. (1979): Spaß am Widerstand.Syndikat.

Willems-Herget, A. (1985): Frauenarbeit. Frankfurt am Main.

Wissinger, J. (1994): Schulleiter- Beruf und Lehreridentität - zum Rollenkonflikt von Schulleiterinnen und Schulleitern, in: Zeitschrift für Sozialisationsforschung und Erziehungssoziologie, S. 38-57.

Zahlmann-Willenbacher, B. (1979a): Geschlechtsrollendifferenzierung und Geschlechtsrollenidentifikation, in: Degenhardt, A. / Trautner, H.-M. (Hrsg., 1979), a. a. O., S. 85-101.

Dies. (1979b): Kritik des funktionalistischen Konzepts geschlechtstypischer Arbeitsteilung, in: Eckert, R. (Hrsg., 1979), a. a. O., S. 60-77.

Zapf, W. (Hrsg., 1991): Die Modernisierung moderner Gesellschaften. Frankfurt am Main.

Ders. (1975): Die soziologischen Theorien der Modernisierung, in: Soziale Welt.

Ders. u. a. (1987): Individualisierung und Unsicherheit. Untersuchungen zur Lebensqualität in der Bundesrepublik Deutschland. München.

Ders. (1991): Modernisierung und Modernisierungstheorie, in: Ders. (Hrsg., 1991), a. a. O., S. 23-39.

Ders. (1993a): Entwicklung und Sozialstruktur moderner Gesellschaften, in: Korte, H. / Schäfers, B. (Hrsg., 1993), a. a. O. , S. 181-193.

Ders. (1993b): Entwicklung und Zukunft moderner Gesellschaften seit den siebziger Jahren, in: Korte, H. / Schäfers, B. (Hrsg., 1993), a. a. O., S. 195- 210.

Ziehe, T. (1991): Zeitvergleiche. Weinheim und München.

Zinnecker, J. (1987): Jugendkultur 1940-1985. Opladen.

Ders. (1990): Kindheit, Jugend und soziokultureller Wandel in der Bundesrepublik Deutschland, in: Büchner, P, u. a. (Hrsg., 1990), a. a. O., S. 17-36.

Zoll, R. u. a. (1989): „Nicht so wie unsere Eltern!". Opladen.